سيكولوجية رعاية الموهوبين والمتميزين
وذوي الاحتياجات الخاصة
" الأساليب والنظريات "

الأستاذ الدكتور
صالح حسن أحمد الداهري

دار وائل للنشر
الطبعة الثانية
٢٠١٠

رقم الايداع لدى دائرة المكتبة الوطنية : (٢٠٠٤/٩/٢٢٨٧)
الداهري ، صالح حسن
سيكولوجية رعاية الموهوبين والمتميزين وذوي الاحتياجات الخاصة: الأساليب والنظريات/ صالح حسن الداهري.
- عمان، دار وائل، ٢٠٠٤.
(٤٨٣) ص
ر.إ. : (٢٠٠٤/٩/٢٢٨٧)
الواصفات: سيكولوجية الطفولة / رعاية الطفولة / نمو الطفل / الأطفال
* تم إعداد بيانات الفهرسة والتصنيف الأولية من قبل دائرة المكتبة الوطنية

****

رقم التصنيف العشري / ديوي : ١٥٥.٤٥
ISBN ٩٩٥٧-١١-٥٧٠-٧ (ردمك)

* سيكولوجية رعاية الموهوبين والمتميزين وذوي الاحتياجات الخاصة
"الأساليب والنظريات"
* الأستاذ الدكتور صالح حسن أحمد الداهري
* الطبعة الأولى ٢٠٠٥
* الطبعة الثانية ٢٠١٠

* جميع الحقوق محفوظة للناشر

* الأردن - عمان - شارع الجمعية العلمية الملكية - مبنى الجامعة الاردنية الاستثماري رقم (٢) الطابق الثاني
هاتف : ٠٠٩٦٢-٦-٥٣٣٨٤١٠ - فاكس : ٠٠٩٦٢-٦-٥٣٣١٦٦١ - ص. ب (١٦١٥ - الجبيهة)
* الأردن - عمان - وسط البلد - مجمع الفحيص التجاري- هاتف: ٠٠٩٦٢-٦-٤٦٢٧٦٢٧
www.darwael.com
E-Mail: Wael@Darwael.Com

الإهداء

إلى فلذ كبدي ونبراس حياتي

ولدي العزيز علي حفظه الله

مقدمة الكتاب

إن للموهوبين والمتميزين أثراً كبيراً في حياة المجتمعات وخاصة المتقدمة منها.

وقد جاءت فكرة هذا الكتاب عندما زرت جمهورية مصر ـ العربية في سنة ٢٠٠١ ، إذ

عقد مؤتمر يخص رعاية الموهوبين والمتميزين في جامعة بنها وقد قدمت بحثاً علمياً

للمؤتمر يخص سيكولوجية الطفل الموهوب، مما حدى بي أن أكمل اهتمامي

بهذا الاختصاص، فحاولت جاهداً أن أكتب في هذا الموضوع، والحمد لله وفقني الله

لإكمال هذا الكتاب الذي سيفيد القارئ والطالب على مستوى البكالوريوس والماجستير

والدكتوراة.

شكري وتقديري لكل من أسهم في إتمام هذا الكتاب والله الموفق .

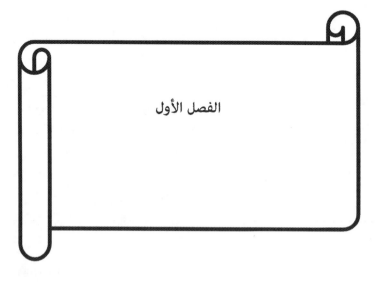

الفصل الأول

محتويات الفصل الأول

مدخل إلى التربية الخاصة

١- تاريخ تربية المتميزين

٢- تاريخ وتطور التربية الخاصة في مصر

٣- التعريفات القانونية

٤- المستويات التي تعمل عليها التربية الخاصة.

٥- أهداف التربية الخاصة .

٦- مشكلات التربية الخاصة.

٧- المبادئ الواجب مراعاتها في الخدمات الخاصة.

٨- مسار التربية الخاصة.

٩- الخدمات الفنية والإرشادية في التربية الخاصة.

١٠- الخدمات غير الأكاديمية في التربية الخاصة.

١١- استراتيجيات التربية الخاصة ونظامها

١٢- برامج التربية الخاصة ومستويات خدمتها

الطلبة الموهوبين

تعريف الطفل الموهوب

التعريفات الكلاسيكية والحديثة

نسبة الأطفال الموهوبون

قياس وتشخيص الموهوبين

الخصائص السلوكية للموهوبين

البرامج التربوية للموهوبين

الاتجاهات العامة في تربية الموهوبين

مدخل إلى التربية الخاصة

ظل ذوو الاحتياجات الخاصة لفترة طويلة - لاسيما ذوو الانحرافات السلبية كالمرضى النفسيين والمتخلفين عقلياً والعميان -عرضة لسوء المعاملة والاضطهاد الذي وصل في بعض المجتمعات القديمة إلى حد القتل والتعذيب، بدل أن تتفهم المجتمعات حالاتهم وتتقبلها، وتكفل لهم حقوقهم في حياة كريمة. وفي الرعاية المستحقة الكاملة وفي المشاركة الفاعلة سواء بسواء مع أقرانهم العاديين بحسب استعداداتهم وقدراتهم في تحمل المسؤولية ودفع عجلة التقدم ورفع مستوى الحضارة .

إن النظرة لذوي الاحتياجات الخاصة تعكس ايماناً عميقاً بأن المجتمع عندما يحمل هؤلاء الأفراد فلن يؤدي ذلك إلا إلى تفاقم مشكلاتهم ومضاعفة إعاقتهم وآثارها الجانبية ، فيصبحون عالة على مجتمعهم وعلى أسرهم . ولن يجني المجتمع في النهاية إلا الخسارة الفادحة لجزء من ثروته البشرية يتعين عليه استثماره، وتحويله إلى طاقة فاعله منتجة في إطار خطته التربوية والتنموية.

ثم تناولنا بمؤلفنا الحديث المتفوقين والموهوبين وهي مسألة تربوية حديثة العهد، فشغلت الكثير من الأمور التربوية والتعليمية واهتمت بتربية الأطفال منذ البداية من منطلق أن الأذكياء كنز من كنوز الأمة، ويمكن الحفاظ عليهم وتطويرهم.

تاريخ تربية المتميزين

إن هناك محاولات مستمرة لتطوير الأشخاص ذوي التفكير المتقدم ففي الحضارة اليونانية القديمة، كان الأطفال ذوو القدرات القيادية والفصاحة اللغوية يتم اختيارهم في سن مبكرة ويقدم لهم تدريساً خاصاً من العلوم والفلسفة والفيزياء .

وفي روما كان الاهتمام بهؤلاء الأشخاص لأغراض الجيش والتجنيد والحرب، وفي الصين كان الإمبراطور نفسه يهتم بمثل هؤلاء الأشخاص ويقدم لهم التعليم والإقامة المجانية .

بدأت الدراسة العلمية والعملية للموهوبين منذ القرن التاسع عشر- وتقسم هذه الدراسة إلى ثلاث فترات:

الفترة الأولى : أثر التجارب البريطانية

١- فرانسيسو جالتون

٢- جيمس كاتل

٣- كارل بيرسون

٤- شارلن سبيرمان

الفترة الثانية : الأثر التحليلي الفرنسي

١- الفرد بينيه

٢- وليام ستيرن

٣- جودارد.

الفترة الثالثة: أثر علماء النفس والمربين الأمريكيين

١- ستانلي هول

٢- أدموند كلارك سانفورد

٣- لويس تيرمان (السرور ٢٠٠٠)

وقد عني المسلمون بالكشف عن الموهوبين والنابهين المتميزين بسرعة الحفظ وسلامة التفكير وقوة الملاحظة ، وإلحاقهم بمجالس العلماء والمجامع العلمية والاحتفاء بهم وإكرامهم من قبل الحكام وتعليمهم فنون اللغة والأدب وعلوم الدين والدنيا؛ كالحديث والفقه والنحو والبلاغة والعلوم والرياضيات والطب ولم يتوقف عند حد النقل وإنما أضافوا الكثير إلى علوم الإغريق والفرس والهند ونبغ منهم علماء أفذاذ من أمثال جابر بن حيان في الكيمياء ، والرازي في الطب... الخ.

ومع منتصف القرن التاسع عشر أخذت بعض المؤلفات التي تتناول العبقرية في الظهور وعلى رأسها دراسة فرانسيس جالتون الذي تحدث عن العبقرية الموروثة والتي نشرت لأول مرة عام ١٨٦٩ وقد أكد على أن العبقرية موهبة فطرية تتوارثها الأجيال .

وأشار جيرهارت إلى أنه طور وجرب عدة برامج تعليمية للطلاب المتفوقين في المدارس الحكومية في الولايات المتحدة الأمريكية ١٨٨٦ وكانت هذه البرامج قائمة

على التسريع وتخطي الصفوف الدراسية، وتجميع المتفوقين في مجموعات متجانسة داخل فصول خاصة بهم لبعض الوقت وتزويدهم بمنهج خاص وخبرات تعليمية إضافية معمقة في سانت باربارا كاليفورنيا ١٨٩٨ ونيويورك   ١٩٠٠ وكليفلاند –أوهايو ١٩٢٠.

ثم ظهر اختبار ألفرد بينيه ١٩٠٥ للذكاء وترجم إلى اللغة الانجليزية وتم تعديله وتقنينه بالولايات المتحدة بواسطة تيرمان ونشر- لأول مرة ١٩١٦ باسم اختبار ستانفورد –بينيه.

في عـام ١٩٢١ قـام لـويس تيرمـان في بحوثـه عـن المتفوقين والتي عرفـت بالدراسات الجينية عـن العبقرية، وفي عـام ١٩٤٢ بـدأت شركـة وستنجهاوس مشروعاً لاكتشاف طلاب المرحلة الثانوية الموهوبين ، فأنشأت الرابطة الأمريكية عـام ١٩٤٧ ثم صدر كتاب الطفل الموهوب (١٩٥١)، وفي عام ١٩٥٣ أنشأت المنظمـة القوميـة للأطفال الموهوبين .

واستمر الاعتراف الرسمي بالاحتياجات الخاصة للموهوبين والمتفوقين إلى إن كلف الكونجرس سيدني مارلاند المفوض التعليمـي بـإجراء دراسة موسّـعه عـن أوضاع الأطفال الموهوبين. (القريطي,٢٠٠١)

تاريخ وتطور التربية الخاصة في الوطن العربي

في عهد الخديوي إسماعيل بدا بعض الاهتمام بتعليم بعض ذوي العاهات, وقد قام دوريك رئيس تفتيش المدارس في ذلك الوقت بإنشاء مدرسه خاصة لتعليم المكفوفين والصم عام ١٨٧٤ ، حيث بدأ بتعلم ثمانية أطفال (ستة من البنين واثنتين من البنات) ثم قدم دوريك مشروعاً لتأسيس مدرسة لذوي العاهات إلى الخديوي إسماعيل عدد تلاميذها مئة تلميذ وتلميذة, وكان عدد التلاميـذ المكفـوفين ٤٤ تلميذ وتلميذة, والتلاميذ الصم ١٦ تلميذ وتلميذة, وسن القبول للبنين بالمدرسة من ٩-١٢ سنة والبنـات من ١٣-١٨ سنة، ثم ألغيت مدرسة العميان والخرس عام ١٨٨٨ ، وفي عام ١٩٠٠ أنشئت مدرسة العميان بالاسكندرية على يد سيده إنجليزية لرعايـة وتعليـم الأطفال العميـان. وفي عام ١٩٠١ أنشئت مدرسة العميان بالزيتون وتبرعت بإنشائها مستر ارميتاج.

وفي عـام ١٩٢٦ اتجهـت وزارة المعـارف إلى إعـداد معلـمات للتعامـل مـع المكفوفين وأسست لتحقيق ذلك قسماً تـم إلحاقه بمدرسة المعلـمات ببـولاق لتخرج معلمات لتعليم المعاقين (المكفوفين).

وفي عام ١٩٢٧ بدأت إدارة التعليم الأولى إنشـاء صفوف لتعليم المكفوفين ببعض مدارسها الإلزامية , وفي عـام ١٩٣٣ أنشأت السيدة الدانماركية مدرسـه أهليـه للصم بالإسكندرية .

وفي عام ١٩٣٣ صدر قانون التعليم الإلزامي الذي أعطى حق التعليم لجميع الأطفال في سن الإلزام. وفي عام ١٩٣٩ أنشأت أول صفوف للصم, وكانت عبـارة عـن صفين أحدهما بالاسكندر يه والآخر بالقاهرة.

وفي عـام ١٩٤٣ زاد الاهـتمام ورأت وزارة المعـارف تأسيس مـدارس جديـدة مستقلة لهم, وفي عام ١٩٥٠ تم إنشاء أول معهد مهني لخريجي معاهد النور, وفي عام ١٩٥٣ أنشأت مدرسة المركز النمـوذجي للمكفـوفين بـالزيتون، وكانت أول مدرسه لهـا صفه رسميه ومناهج منظمه ومعهد النور بالمعتمدية بمنطقة الجيـزة وكذلك أنشأت الوزارة قسماً ملحقاً بمعهد الأمل للصم بالزمالك.

وفي عام ١٩٥٦ اهتمت الوزارة بتأسيس أول معهد للأطفال المتخلفين عقلياً, وهو معهد التربية الفكرية ويقبل هذا المعهد الأطفال الذين تتراوح نسبة ذكائهم مـن (٥٠-٧٠) كما اهتمت الـوزارة بإعـداد معلـم الطفل غـير العـادي وأرسـلت بعثـات إلى إنجلترا.

وفي عام ١٩٥٨ وافقت الـوزارة علـى فتح مـدارس جديـدة في مجـال التربيـة الخاصة, كذلك اهتمت الوزارة بأطفال الملاجئ على اعتبار أنهـم يمكن استيعابهم منذ صـغر سـنهم وتعهـدهم لضـمان عـدم انحـرافهم، أمـا عـن مـدارس صفوف المشـافي (المستشفيات) فقد وضعت تحت رعاية الإدارة العامة للتربيـة الخاصة عـام ١٩٦٩ وفي هذه المدارس يلتحق الطلاب المرضى والذين يعالجون بالمستشفيات.

التعريفات القانونية

مفهـوم التربيـة الخاصـة:- هـي مجموعـة البـرامج والخطط والاسـتراتيجيات المصممة خصيصاً لتلبية الاحتياجات الخاصة بالأطفال غير العاديين وتشتمل على طرائـق تدريس وأدوات وتجهيزات ومعدات خاصة بالإضافة إلى خدمات مساندة.

الفئات الخاصة :- إن هذا المصطلح يقوم على أساس أن المجتمع يتكون من فئات متعددة، وأن بين تلك الفئات فئات تتفرد بالخصوصية. وهذا المصطلح لا يشتمل على أي كلمات تشير إلى سبب الخصوصية.

إن ذوي الاحتياجات الخاصة في المجتمع هم أفراد يختلفون عن عامة أفراد المجتمع، ويعزو المصطلح السبب في ذلك إلى أن لهؤلاء الأفراد احتياجات خاصة يتفردون بها دون سواهم، وتمثل تلك الاحتياجات في برامج أو خدمات أو طرائف أو أساليب أو أجهزة وأدوات أو تعديلات تستوجبها كلها أو بعضها ظروفهم الحياتية، وتحدد طبيعتها وحجمها ومدتها الخصائص التي يتسم بها كل فرد منهم ويشمل الموهوبين والمتخلفين عقلياً.

كما أن ذوي الاحتياجات الخاصة هم أفراد ينحرفون عن المستوى العادي أو المتوسط في خصيصة ما من الخصائص، أو في جانب أو اكثر من جوانب الشخصية، إلى الدرجة التي تحتم احتياجهم إلى خدمات خاصة، تختلف عما يقدم إلى أقرانهم العاديين وذلك لمساعدتهم على تحقيق أقصى ما يمكنهم بلوغه من النمو والتوافق. (عبد المطلب القريطي، ١٩٨٩).

التربية الخاصة (مفهوم شامل) : هي نوعية متخصصة من الخدمات في العملية إلى سائر الخدمات التربوية غير المعتـاة التي تستخدم في العملية التعليمية متضمنة التعديلات التي يتم إدخالها على المنهج التعليمي العادي ليلائم طبيعة انحراف كل فئـة من الفئات الخاصة مـن حيـث نوعيته - إيجاباً أو سـلباً- ودرجـة شـدته - بسيطة أم متوسطة أم حـادة - ولمواجهـة الاحتياجـات التربويـة والتعليميـة الناجمـة عـن هـذا الانحراف بطريقة مناسبة . ولتمكين المعلمين من القيام بدورهم بفاعلية مـع كـل فئة ، كما تتضمن الوسائل اللازمة التي تمكن الفئات الخاصة من الاستفادة القصوى مـن هـذا المنهج كالأجهزة

والأدوات والمصادر التعليمية ، وأساليب التدريس والتعديلات في البيئة الفيزيقية والمرافق، والمعلمين والأخصائيين الذين يؤهلون للعمل مع ذوو الاحتياجات الخاصة.(القريطي، ٢٠٠١)

والتربية الخاصة يجب أن تفهم في إطار من المحكات التالية:

١- التأهيل الفعال والمناسب للمدربين أو الخبرة الكافية أو كليهما .

٢- التدريب الفعال والمناسب لبقية الأخصائيين بشكل شامل أو لجزء من الوقت.

٣- بيئة تربوية وفيزيقية تشمل الوسائل والمعينات والمواد والأدوات والمصادر الضرورية لاحتياجات الطفل.

إن خدمات التربية الخاصة المقدمة تتأثر تأثراً كبيراً بالقوانين والتشريعات التربوية في الدول المختلفة، وأن التعريفات المقدمة تتصل اتصالاً وثيقاً بالتشريعات التربوية والتأهيلية . ومنها ما يلي:

- **الأطفال المعاقون Handicapped children:**

والطفل المعاق هو كل شخص مصاب بقصور كلي أو جزئي بشكل مستقر في قدراته الجسمية أو الحسية أو العقلية أو التواصلية أو النفسية ، إلى المدى الذي يقلل من إمكانية تلبية متطلباته العادية في ظروف أمثاله من غير المعاقين.

وهذا المصطلح تندرج تحته جميع فئات ذوي الإعاقات المختلفة مثل : المعاقين بصرياً، وسمعياً، وعقلياً، وجسمياً، وصحياً وذوي صعوبات التعلم، والمضطربين تواصلياً، وسلوكياً وانفعالياً والمتوحدين ، ومزدوجي العوق إلى غير ذلك .

تعدد العوق: هو وجود أكثر من إعاقة لدى التلميذ من الإعاقات المصنّفة ضمن برامج التربية الخاصة مثل الصمم وكف البصر أو التخلف العقلي ، أو الكف البصري والتخلف العقلي ... الخ تؤدي إلى مشاكل تربوية شديدة لا يمكن التعامل معها من خلال البرامج التربوية المعدة خصيصاً لنوع واحد من أنواع الإعاقة .

التلميذ العادي: هو الذي لا يحتاج إلى خدمات التربية الخاصة.

التلميذ غير العادي: هو التلميذ الذي يختلف في قدراته العقلية أو الحسية أو الجسمية والصحية أو التواصلية أو الأكاديمية اختلافاً يوجب تقديم خدمات التربية الخاصة له.

التلميذ المعاق: هو كل تلميذ لديه قصور كلي أو جزئي بشكل مستقيم في قدراته العقلية أو الحسية أو الجسمية أو التواصلية أو الأكاديمية أو النفسية إلى الحد الذي يستوجب تقديم خدمات التربية الخاصة له.

العوق البصري : هو مصطلح عام تندرج تحته جميع الفئات التي تحتاج إلى برامج وخدمات التربية الخاصة بسبب وجود نقص في القدرات البصرية، والتصنيفات الرئيسية هي:

الكفيف: هو الشخص الذي تقل حدة إبصاره بأقوى العينين بعد التصحيح عن ٦٠/٦ مترا (٢٠/٢٠٠قدم) أو يقل مجاله البصري عن زاوية مقدارها (٢٠) درجة.

ضعيف البصر : هو الشخص الذي تتراوح حدة إبصاره بين ٢٤/٦ و٦٠/٦ مترا (٨٠/٢٠، ٢٠/٢٠٠) بأقوى العينين بعد إجراء التصحيحات الممكنة.

العوق السمعي: جميع الفئات التي تحتاج إلى الخدمات التربوية الخاصة بسبب وجود نقص في القدرات السمعية ، والتصنيفات الرئيسية لهذه الفئات هي:

الأصم: هو الفرد الذي يعاني من فقدان سمعي يبدأ بـ ٧٠ ديسبل فأكثر بعد استخدام المعينات السمعية مما يحول دون اعتماده على حاسة السمع في فهم الكلام.

ضعيف السمع: هو الشخص الذي يعاني من فقدان سمعي يتراوح بين ٣٠ و٦٩ ديسبل بعد استخدام المعينات السمعية مما يجعله يواجه صعوبة في فهم الكلام بالاعتماد على حاسة السمع فقط .

التخلف العقلي: هو حالة تشير إلى جوانب قصور ملموسة في الأداء الوظيفي الحالي للفرد، وتتصف الحالة بأداء عقلي أقل من المتوسط بشكل واضح يكون متلازماً مع جوانب قصور في مجالين أو اكثر من مجالات المهارات التكيفية التالية: التواصل ، العناية الذاتية ، الحياة المنزلية ، المهارات الاجتماعية ، استخدام المصادر المجتمعية، التوجيه الذاتي، الصحة والسلامة، المهارات الأكاديمية الوظيفية، وقت الفراغ ومهارات العمل، ويظهر التخلف العقلي قبل سن الثامنة عشرة ويصنف المتخلف عقلياً تربوياً إلى :

١- القابلون للتعلم : تتراوح درجة ذكائهم ما بين ٧٥-٥٥ درجة تقريباً على اختبار وكسلر.
٢- القابلون للتدريب : وتتراوح درجة ذكائهم ما بين ٤٥-٤٠ درجة تقريباً على اختبار وكسلر
٣- الفئة الاعتمادية: وتكون درجة ذكائهم أقل من ٤٠ درجة على اختبار وكسلر.

اضطرابات التواصل : هي اضطرابات ملحوظة في النطق أو الصوت أو الطلاقة الكلامية أو تأخر لغوي أو عدم نمو اللغة التعبيرية أو اللغة الاستقبالية الأمر الذي يجعل الطفل بحاجة إلى برامج علاجية تربوية خاصة وهي نوعان :

اضطرابات الكلام: خلل في الصوت أو لفظ الأصوات الكلامية أو في الطلاقة النطقية مثل أ-اضطرابات الصوت ب-اضطرابات النطق ج-اضطرابات الطلاقة.

اضطرابات اللغة: هي خلل أو شذوذ في تطور أو نمو واستخدام الرموز المنطوقة والمكتوبة للغة، والاضطراب يمكن أن يشمل أحد أو جميع جوانب اللغة.

صعوبات التعلم : هي اضطرابات في واحد أو أكثر من العمليات الأساسية التي تتضمن فهم واستخدام اللغة المكتوبة أو اللغة المنطوقة والتي تبدو في اضطرابات الاستماع والتفكير والكلام والقراءة والكتابة وتعود إلى أسباب تتعلق بالإعاقة العقلية أو السمعية أو البصرية أو غيرها أو ظروف التعلم أو الرعاية الأسرية.

المدرسة الداخلية: هي مدرسة يتلقى فيها التلاميذ ذوو الاحتياجات الخاصة برامجهم التربوية بالإضافة إلى السكن والإعاشة.

المدرسة النهارية الخاصة: هي مدرسة يتلقى فيها التلاميذ ذوو الاحتياجات التربوية الخاصة برامجهم التربوية طوال اليوم الدراسي .

مركز الإقامة الدائمة: هو مؤسسة داخلية يقيم فيها التلاميذ من ذوي الإعاقة الشديدة والحادة بصفة مستمرة.

معاهد التربية الخاصة: هي مدارس داخلية أو نهارية تخدم ذوي الاحتياجات الخاصة فقط.

الصف الخاص: هو غرفة دراسية في المدرسة العادية تتلقى فيها فئة محددة من ذوي الاحتياجات الخاصة برامجها التربوية معظم أو كامل اليوم الدراسي.

غرفة المصادر: هي غرفة بالمدرسة العادية يحضر إليها التلميذ ذو الاحتياجات الخاصة لفترة لا تزيد عن نصف اليوم الدراسي بغرض تلقي خدمات تربوية خاصة من قبل معلم متخصص .

الدمج: هو تربية وتعليم التلاميذ غير العاديين في المدارس العادية مع تزويدهم بخدمات التربية الخاصة .

الخدمات المساندة: هي البرامج التي تكون طبيعتها الأساسية غير تربوية ولكنها ضرورية للنمو التربوي لتلميذ من ذوي الاحتياجات الخاصة، مثل : العلاج الطبيعي والوظيفي وتصحيح عيوب النطق والكلام وخدمات الإرشاد النفسي.

الفريق متعد التخصصات: هو أسلوب يقوم على أساس مفهوم تربوي يتضمن إشراك عدد من المتخصصين وغيرهم ممن تستدعي حالة التلميذ مشاركته مثل. مدير المدرسة أو البرنامج، معلم التربية الخاصة، ولي أمر الطالب.

معلم الصف: هو الذي يقوم بتربية وتعليم التلاميذ في أحد الصفوف الأولية في المرحلة الابتدائية من خلال تدريس المواد المختلفة في ذلك الصف .

معلم المادة: هو المعلم المتخصص في مجال محدد ويقوم بتدريس مادة معينة كالرياضيات أو مجموعة من المواد المتصلة ببعضها مثل اللغة العربية، المواد الدينية .

المعلم المستشار : هو معلم متخصص في التربية الخاصة يقوم بتقديم النصح والمشورة لمعلمي الفصول العادية الذي لديهم تلميذ أو أكثر من ذوي الاحتياجات الخاصة في أكثر من مدرسة في المدارس العادية.

المعلم المتجول: هو معلم متخصص في التربية الخاصة يقوم بتعليم تلميذ أو أكثر من ذوي الاحتياجات الخاصة .

معلم التربية الخاصة: هو الشخص المؤهل في التربية الخاصة ويشترك بصورة مباشرة في تدريس التلاميذ غير العاديين.

التأهيل الشخصي: هو تهيئة التلميذ للتكيف مع الإعاقة والتعامل معها بشكل سليم من جميع الجوانب النفسية والاجتماعية والاقتصادية، ويشمل ذلك تأهيله لاستخدام الوسائل والأساليب التعويضية الملائمة.(الخطيب ، ٢٠٠٢)

المستويات التي تعمل عليها التربية الخاصة:

١- **المستوى الوقائي:** وهو كفالة الإجراءات اللازمة لمنع حدوث الإعاقة وتهيئة الظروف التي تحمي الطفل من التعرض لمسبباتها المختلفة وتحقق سلامته الجسمية والحسية والعقلية والنفسية والاجتماعية، ويسهم في هذا المستوى من الوقاية الأطباء ومؤسسات ومراكز رعاية الطفولة والأمومة ومكاتب الصحة ومؤسسات الإعلام ومعلمات ومشرفو دور الحضانة.

والدور الأكبر هنا في الكشف المبكر عن نقائص النمو والاضطرابات والإعاقات والتدخل للتخفيف من شدة تأثيرها، والعلم على تجنب الظروف التي يمكن أن تؤدي إلى تطور الإعاقة وتفاقم المشكلات الناجمة عنها بحيث لا تدهور حالة الطفل إلى أبعد من الحد الذي وصلت إليه، ويتم الحفاظ على ما أمكن مما لديه من استعدادات فعلية يمكن تنميتها واستثمارها فيما بعد.

٢- **المستوى العلاجي- الإنمائي :** والهدف هنا هو إزالة القصور أو العجز في المجالات الوظيفية المختلفة ، أو خفضه والتخفيف من حدته، أو التعويض عنه ببناء بديل لهذا القصور أو ذلك العجز حالما يتعذر إزالته وتصحيحه ، كما تهدف إلى استغلال وتنمية واستثمار كل ما يمتع به الفرد المعاق من طاقات واستعدادات لبلوغ أقصى ما يمكن من النمو (القريطي، ٢٠٠١).

أهداف التربية الخاصة:

يمكن إجمال أهداف التربية الخاصة عموماً بما يلي:

١- تحقيق الكفاءة الشخصية Personal Competency

وتعني مساعدة الفرد من ذوي الاحتياج الخاص على الحياة الاستقلالية والإكفاء والتوجيه الذاتي والاعتماد على النفس، وتمكينه من تصريف شؤونه الشخصية والعناية

الذاتية بدرجة تتناسب وظروفه الخاصة، بحيث لا يكون عالة على الآخرين، وذلك بتنمية إمكانياته الشخصية واستعداداته العقلية والجسمية والوجدانية والاجتماعية.

٢- تحقيق الكفاءة الاجتماعية Social Competency

غرس وتنمية الخصائص والأنماط السلوكية اللازمة للتفاعل وبناء العلاقات الاجتماعية المثمرة مع الآخرين، وتحقيق التوافق الاجتماعي لذوي الاحتياجات الخاصة، وإكسابهم المهارات التي تمكنهم من الحركة النشطة في البيئة المحيطة والاختلاط والاندماج في المجتمع ، وهذا يمنحهم شعوراً بالاحترام والتقدير الاجتماعي وتحسن من مكانتهم الاجتماعية، وإشباع احتياجاتهم النفسية إلى الأمن والحب والتفهم والثقة بالنفس، والتقليل من شعورهم بالقصور والعجز والدونية.

٣- تحقيق الكفاءة المهنية Vocational Competency

تتعلق الكفاءة المهنية بإكساب ذوي الاحتياجات الخاصة لا سيما المعاقين من فهم بعض المهارات اليدوية والخبرات الفنية المناسبة لطبيعة إعاقاتهم واستعداداتهم والتي تمكنهم بعد ذلك من ممارسة بعض الحرف أو المهن كأعمال البياض والزخرفة، والتريكو والتطريز والنسيج والسجاد. (القريطي، ٢٠٠١).

ومن جملة الأهداف أيضاً:

١- تنمية وتدريب الحواس المتبقية لدى المعوقين

٢- الكشف عن استعداد وميول المعاقين وتنميتها وإكسابها المهارات الأساسية للحياة اليومية اللازمة للمشاركة والاندماج مع إخوانهم في المجتمع.

٣- تأهيلهم لاكتساب مهارات مهنية معينة تتناسب مع قدراتهم وميولهم وظروفهم وفق خطط مدروسة وبرامج مطورة للوصول بهم إلى أفضل مستوى من التأهيل.

٤- تزويدهم بقدر كاف من المعرفة والثقافة المختلفة الروافد بقدر ما تسمح به ظروف كل فئة من فئات المعاقين.

٥- توفير الخدمات الصحية والنفسية والاجتماعية التي تساعد المعاق على التكيف مع المجتمع تكيفاً يشعرهم بما لهم وما عليهم من واجبات .

٦- إزالة الموانع والعقبات والصعوبات التي قد تحول دون اندماج المعاق في المجتمع .

مشكلات التربية الخاصة

إن قضية التعارض بين وجود مشكلات في التربية الخاصة وعدم وجود مشكلات يعد من أكثر القضايا الساخنة في عصرنا الحالي, كما تعد من أكثر القضايا التي تطرح في ميدان الصراع والتنافس ومنشأ الصراع في هذه القضية.

١- التربية الخاصة جديدة العهد في العالم بشكل عام وفي الوطن العربي بشكل خاص.

٢- التطور والنمو المتزايد في مجالات التربية الخاصة في هذا القرن.

ومن مشكلات التربية الخاصة:

١- قضية تطبيق التعليم الفردي لطلاب التربية الخاصة.

٢- استخدام غرف المصادر لفئات التربية الخاصة.

٣- استخدام الكمبيوتر في تعليم الفئات الخاصة.

٤- تطوير البرامج الأكاديمية في الجامعة التي تعمل على تأهيل الكوادر اللازمة للعمل في برامج ومعاهد التربية الخاصة.

٥- تطوير برامج التدخل المبكر لفئات التربية الخاصة.

٦- تطوير أساليب التدريس لفئات التربية الخاصة

٧- الدمج المكاني والأكاديمي والاجتماعي لفئات التربية الخاصة .

٨- نقص الكوادر المؤهلة في مجال التربية الخاصة

٩- قضية رعاية الموهوبين

١٠- تطوير برامج بديلة أو خدمات للأطفال من ذوي التحصيل التربوي المتدني الذين ليسو في الوقت نفسه مؤهلين لتلقي الخدمات الخاصة بصعوبات التعلم أو خدمت التربية الخاصة .

١١- تدريب وإعداد المعلمين المحولين من التعليم العام للتعليم الخاص .

١٢- إعداد وبناء مناهج التربية الخاصة.

١٣- تطوير الوسائل التعليمية في مجال التربية الخاصة .

١٤- عقد دورات تدريبية لمعلمي التربية الخاصة أثناء الخدمة في مجالهم.

١٥- تطوير أدوات القياس والتشخيص لفئات التربية الخاصة.

المبادئ الواجب مراعاتها في الخدمات الخاصة.

يمكن إجمال أهم المبادئ الواجب أخذها بعين الاعتبار ومراعاتها في الخدمات الخاصة
فيما يلي:

١- الخدمات الخاصة حقوق أصلية ومستمرة لذوي الاحتياجات الخاصة.

إن رعاية ذوي الاحتياجات الخاصة حق مستمر كفلته الشرائع السماوية
ومبادئ حقوق الإنسان في المساواة وتكافئ الفرص بين أفراد المجتمع ، تمكيناً لهم من
تنمية ما لديهم من استعدادات بما يجعلهم قادرين على حماية وإعالة أنفسهم وعلى
المشاركة الفاعلة في الحياة الاجتماعية وتطوير مجتمعاتهم.

فالطفل الذي لديه إعاقة له حقوق الرعاية الصحية والتعليمية والاجتماعية
والتأهيلية في جميع مراحل نموه. وله حق العمل والتوظيف في مرحلة العمل، وله حق
تكوين أسرة في الزواج ما لم يكن هناك حائل يمنع ذلك. وله حق الحياة والتمتع بكافة
الحقوق المادية والاجتماعية والإدارية.

كما أن عليه كل واجبات المواطنة بقدر الاستطاعة وتحمل المسؤولية ونشير
بالذكر إلى إن تجاهل هذه الحقوق أو إغفالها لا يؤدي إلا إلى أن يدفع المجتمع الثمن
باهظاً عندما تزداد أفراد هذه الفئات سوءاً وتدهوراً . فيتحولون إلى طاقات معطلة غير
مستثمرة ويصبحون عالة على ذويهم ومجمعاتهم.

٢- الخدمات الخاصة خدمات متكاملة وشاملة .

إن الخدمات الخاصة مجموعة من الخدمات المتواصلة المتكاملة
Integrated والشاملة Comprehensive التي تستهدف مختلف جوانب شخصية
ذوو الاحتياجات الخاصة الجسمية، والعقلية المعرفية، والانفعالية والاجتماعية أي أنها
تتناول كل شخصية الفرد، وذلك لأن الآثار التي تترتب على الإعاقة غالباً ما تكون
متعددة في نواحي مختلفة مما يستلزم خطة متكاملة من الخدمات المتنوعة لتجنب
هذه الآثار أو الحد من مضاعفاتها،

كما تقدم هذه الخدمات أيضاً في جميع مراحل العمر بدءاً من مرحلة الاكتشاف المبكر، والتدخل بالرعاية المبكرة، ومروراً بالمراحل التعليمية وعمليات التدريب والتأهيل والدمج الاجتماعي والرعاية اللاحقة في سن الرشد بلوغاً إلى ممارسة هؤلاء الأفراد لأدوارهم في سياق الحياة الاجتماعية كمواطنين لهم ما للآخرين من حقوق وعليهم ما عليهم من واجبات في حدود ما تسمح به استعداداتهم.

٣- **الخدمات الخاصة بعمل فريق Teamwork** متعدد التخصصات.

تحتاج الخدمات الخاصة مجموعة من الخدمات التخصصية الشاملة في النواحي الصحية والتربوية التعليمية ، والنفسية والاجتماعية، والتأهيلية والمهنية والثقافية والإعلامية التي تضمن لأفراد هذه الفئات فرص النمو المتكامل والمتوازن والاندماج في المجتمع، إذن فهي مسؤولية فريق متكامل من الأطباء والممرضين والفنيين والمعلمين والأخصائيين النفسيين والاجتماعيين والمدربين المهنيين وأخصائيي التأهيل التخاطب والوالدين وغيرهم.

٤- **وجوب الرعاية الخاصة للإعاقات البسيطة كوجوبها للإعاقات الشديدة**

يشكل ذوو الاحتياجات الخاصة بنسبة تتراوح ما بين ٧و ١٠ ضمن أي قطاع سكاني، وربما تزيد هذه النسبة إلى ما هو أعلى من ذلك في البلدان النامية والفقيرة، ويمثل ذوو الإعاقة البسيطة أو الخفيفة الغالبية العظمى من هذه النسبة إضافة إلى الحالات البيئية.

وعدم كفالة الخدمات التي تلبي احتياجاتهم غالباً ما يؤدي إلى زيادة مضاعفة إعاقتهم ومنها القصورات الوظيفية وتدهور أوضاعهم النمائية وبالتالي تضخم حجم مشكلة الإعاقة . بينما يؤدي التبكير في اكتشاف هذه الحالات وتوفير فرص من قبيل توفير المعينات السمعية والبصرية والأجهزة التعويضية والخدمات العلاجية والتعليمية والتدريبية المبكرة. إلى تقليل الآثار السلبية للاعاقة على مظاهر نموهم وتحسين حالاتهم ومفهومهم عن ذواتهم وزيادة مقدرتهم على التوافق الشخصي- والاجتماعي.

٥- استنفار المشاركة الشعبية وتحقيق التكامل بينها والجهود الحكومية

إن الخدمات الخاصة تحتاج إلى نفقات باهظة حيث أن الطفل غير العادي يتكلف على الأقل من ثلاثة إلى ثمانية أضعاف تكلفة تعليم الطفل العادي في المدرسة العادية إضافة إلى مستلزمات إنشاء الصفوف وكلفة الأجهزة التعويضية، ومن هنا تبدو الحاجة ملحة لمساندة الجهود الحكومية في هذا المجال بمشاركة شعبية واعية وصادقة ومنظمة من قبل الجمعيات الأهلية في المجتمع المحلي وأصحاب رؤوس الأموال والمصانع والورش والمتطوعين.

٦- الدعم الأسري والمشاركة الوالدية.

كما تؤثر الإعاقة في الطفل فإنها تؤثر في حياة أسرته. وتؤدي إلى شعور الوالدين بالصدمة وبخيبة الأمل والإحباط والإحساس بالذنب والقلق وعدم السيطرة وتؤثر على المناخ الأسري سلباً في بناء العلاقات والتفاعلات بين الطفل المعاق وأفراد أسرته، ويستلزم ذلك ضرورة تضمين رعاية الوالدين وإرشادهما ومشاركتهما كأهداف أساسية لا ينبغي إغفالها في برنامج الخدمات الخاصة، وذلك لما لها من دور هام في حياة الطفل وفي إنجاح تلك البرامج.

مسار التربية الخاصة

إن البرنامج التعليمي لمساق التعليم الخاص مخصص لإعداد وتأهيل مربين للعمل مع الطلاب ذوي الاحتياجات الخاصة ضمن أطر التعليم الخاص المتنوعة من مدارس خاصة، صفوفاً خاصة.

يتضمن البرنامج التعليمي خمسة مجالات تعليمية:

١- تعليم أساسي ومساعد: يهدف إلى تعليم الطالب أسس ومواد مساعدة ضرورية لتأهيله وترسيخ آفاقه .

٢- تعليم تربوي ، يشمل هذا المجال على مقدمة ودروس أساسية في الفكر التربوي (علم الاجتماع، علم النفس، نظريات وأساليب البحث) ويهدف إلى تأسيس المعرفة في مجالات تعليمية أساسية، في مجال القراءة والكتابة والحساب وتخطيط الدروس وتدريس المساقات المتقدمة في التوعية والتربية الخاصة.

٣- تعليم تخصصات في التعليم الخاص : يشتمل هذا المجال على تعليم مواضيع ودروس تختص بكيفية تدريس وتشخيص الطلاب ذوي الحاجات الخاصة وأساليب معالجة الصعوبات والمشاكل التعليمية التي يواجهونها.

٤- تطبيقات عملية: بالإضافة إلى البرنامج التعليمي النظري يعرض هذا البرنامج حوالي ثماني عشرة ساعة سنوية للتطبيق العملي على مدار ثلاث سنوات والذي يختلف علاقة عامة بين مضامين الدروس النظرية المتعلقة بالتعليم الخاص وبين التجربة العملية حيث تشكل هذه التجربة حقلاً واسعاً لتطبيق المعرفة والمعلومات المتعلقة بطرق التعليم الخاص مع دمج وسائل مساعدة وخاصة.

٥- تعليم تخصصات أخرى: بالإضافة إلى التعليم الخاص يعرض البرنامج التعليمي عدة تخصصات ثانوية في مجالات التعليم الخاص التي تدرس في المدارس (علوم، حاسوب، رياضيات ، فنون).

الخدمات الفنية والإرشادية في التربية الخاصة.

١- توفير عدد كاف من الأخصائيين النفسيين والاجتماعيين .

٢- إعداد دوارات للأخصائيين الجدد لتعريفهم بواجبات وظائفهم .

٣- إعداد دليل للأخصائي ثم حقيبة إرشادية يستدل منها على مجالات عمله واستراتيجياتها وطرقها وفنياتها وأدواتها ومعايير العمل .

٤- يجب أن يتضمن التدريب للأخصائيين الجوانب المختلفة للطفل الخاص.

٥- أن يكون التدريب للأخصائي مهتماً بالخبرات والتطبيقات والمهارات التي يستخدمها الاخصائي مع التلميذ الخاص.

٦- توجيه الاهتمام في قضية الاتجاهات والبيئة الاتجاهية في علاقتها في الفئات الخاصة.

٧- استثمار الأنشطة الترويجية أو المجالية أو الأنشطة الاجتماعية في تقديم الخدمات والبرامج الإرشادية بصورة غير مباشرة مع توفير الكوادر البشرية اللازمة .

٨- لا بد أن يتسع البرنامج داخل المدرسة أو خدمات إرشادية مقصورة ومنظمة للوالدين والآمرة لتقديم المساندة اللازمة لفهم التلميذ الخاص.

٩- إن يتوافر في مدرسة التربية الخاصة أو الجمعيات الخاصة وحدة ارشادية لتقديم الخدمات الإرشادية المساندة للتلميذ الخاص وأسرته مع تدعيم الصلة مع السلطات المحلية لتسهيل ضمان استمرارية الخدمات وحلول المشكلات.

الخدمات غير الأكاديمية للتربية الخاصة.

- وقد أقيمت الكثير من الندوات التي تناشد الهيئة العامة للتأمين الصحي تعميم مجانية صرف الأدوية والأجهزة التعويضية للتلاميذ من ذوي الاحتياجات الخاصة .

- توفير الخدمات المعاونة داخل المدرسة .

- الرعاية الصحية الدورية والعلاجات التخصصية والتدخل على مدار العام وبالمجان.

- تعميم نظام التغذية في المدارس والفصول

- تدعيم خدمات الإقامة والمبيت وتعميم تعيين أخصائيين اجتماعيين لهذه الوظيفة.

- توفير الميزانية المناسبة لتدبير الملابس للتلاميذ من ذوي الحاجات الخاصة.

- تمثل المواصلات مشكلة لكثير من التلاميذ من ذوي الاحتياجات الخاصة وخاصة المعاقين منهم، لذلك فإن الانتظام في المدرسة والتغلب على مشكلات الانتقال في أمر مرغوب فيه.

التعريف المبكر والتعميم الشامل

• يوحي مؤتمر نمو الطفل منذ مرحلة ما قبل المدرسة

- ضرورة استكمال نواحي التعرف- باستخدام أدوات مقننة وصادقة بمواصفاتها السيكومترية.

- ضرورة الاعتماد على محكات ومنبئات متعددة في التعرف على الحالات وبخاصة المتفوقين والموهوبين كاختبارات الذكاء.

- تدريب الكوادر البشرية المتخصصة في مجال الفئات الخاصة على استخدام اختبارات المقاييس المختلفة وأدوات التشخيص اللازمة.

استراتيجيات التربية الخاصة ونطاقها

أولاً: النظام العزلي: أي عزل الاطفال المعاقين في ملاجئ أو مؤسسات أو مدارس خاصة، ومبررات ذلك:

١- إن من اليسير تطبيق النظام الادماجي لذوي الاحتياجات الخاصة على العاديين في المدارس العادية بالنسبة لذوي الاعاقات البسيطة أو المتوسطة مع توفير المساعدات والخدمات الخاصة اللازمة لهم، إلا أن نظام الرعاية العزلية سواء في فصول خاصة داخل المدارس العادية قد يكون شيئاً محتماً بالنسبة لذوي الإعاقة الشديدة والمتعددة ممن يعانون من صعوبات حادة يتعذر معها توفير فرص رعايتهم واشباع احتياجاتهم التربوية والتعليمية في نطاق المدارس العادية.

٢- إن بعض المجتمعات النامية والمختلفة تعاني من ظروف اقتصادية كالفقر ، مما لا يمكنها من تهيئة المدارس العادية وتنظيمها وتوفير التجهيزات المادية والفنية، والكفاءات والكوادر البشرية المدربة اللازمة لتربية وتعليم ذوي الاحتياجات الخاصة.

٣- صعوبة تجاهل الاتجاهات الاجتماعية السلبية السائدة في المجتمع نحو المعاقين، والتي تؤثر بدورها على برامج الرعاية التربوية والتعليمية وتعد هذه الاتجاهات من معوقات تعميم النظام الإدماجي للمعاقين مع التلاميذ العاديين.

ثانياً: النظام الادماجي.

١- الدمج الكلي : يوضع ذوي الاحتياجات الخاصة في فصول العاديين طوال الوقت على أن يتلقى معم الفصل العادي المساعدة الاكاديمية اللازمة من معلمين أخصائيين استشاريين.

٢- الدمج الجزئي: يوضع الأطفال ذوو الاحتياجات الخاصة مع العاديين لفترة معينة من الوقت يومياً، بحيث ينفصلون بعد هذه الفترة عنهم في فصل مستقل أو عدة فصول خاصة لتلقي مساعدات تعليمية متخصصة لإشباع احتياجاتهم الخاصة الاكاديمية على يد معلمين أحصائيين .

٣- الدمج المكاني والاجتماعي : يتم تجميع الأطفال ذوي الاحتياجات الخاصة المتماثلة من حيث نوع الاعاقة في فصول دراسية خاصة داخل نطاق المدارس العادية، بحيث يدرسون فيها وفقاً لبرامج دراسية خاصة تناسب احتياجاتهم طوال الوقت.

٤- أن يتلقى ذوو الاحتياجات الخاصة تعليمهم لبعض الوقت على مدار ساعات أو عدة أيام متصلة في مدارس خاصة بهم ، ويسمح لهم بقضاء باقي الوقت بمدارس عادية في نطاق البيئة المحلية.

• **مبررات النظام الإدماجي**

١- الآثار السلبية للنظام العزلي

٢- قصور الخدمات التربوية والتأهيلية والتفاوت في توزيعها

٣- ارتفاع الكلفة الاقتصادية لنظام الرعاية العزلية.

٤- تأمين الحياة الطبيعية كحق من حقوق الطفل المعاق.

• **عناصر عملية الدمج.**

زملاء الطفل، الكوادر البرنامجية من المعلمين والاخصائيين والمدربين، والذين يعملون مع الطفل لتعليمه وإعداده وإرشاده وتدريبه وإرشاد أسرته، وتهيئة الوالدين والأسرة ، والإدارة المدرسية أو المؤسسية، التي يتعلم فيها الطفل ويتدرب، كما يشتمل التخطيط والتنفيذ والبيئة المحلية ومصادر المجتمع، مع تأكيد ضرورة أن يكون البرنامج محققاً للشراكة بين كل من عناصر العملية التعليمية والتأهيلية.

برامج التربية الخاصة ومستويات خدمتها.

إن الاختبار المناسب لنوع البرنامج الملائم للطفل يعتمد على:

١- التشخيص والتقييم الشامل لحالة الطفل.

٢- تحديد الاحتياجات التربوية والتعليمية الخاص بالطفل.

٣- تقييم البرامج والبدائل المتوافرة في نطاق البيئة المحيطة .

٤- اختيار البرنامج المناسب لاشباع احتياجات الطفل وتحقيق ـ أقصى ـ درجة من النمو التعليمي والنفسي والاجتماعي وفي إطار الأهداف المراد تحقيقها .

وتتدرج هذه البرامج في المستويات التالية .

١- برنامج الصف العادي طيلة الوقت.

٢- برنامج الصف العادي طيلة الوقت مع توفير خدمات استشارية .

٣- برنامج الصف العادي طيلة الوقت مع مساعدة معلمين اخصائيين .

٤- برنامج الصف العادي مع الاستعانة بخدمات غرفة المصادر .

٥- برنامج الصف العادي بالإضافة لفصل خاص يومياً.

٦- برنامج الصف الخاص طيلة الوقت داخل مدرسة عادية .

٧- برنامج المدرسة الخاصة النهارية.

٨- برنامج المدرسة الخاصة الداخلية.   (القريطي، ٢٠٠١)

١. برنامج الصف العادي طيلة الوقت :

يتلقى معظم الأطفـال غير العـاديين الـذين يعـانون مـن إعاقـات أو لـديهم مشكلات بسيطة وفقاً لهذا البرنامج خدماتهم التعليميـة في صفوف دراسية عاديـة, وتحت إشراف معلم عادي قادر على توفير بيئة ومواد تعليميـة واتبـاع طرق تدريسية ملائمة لحاجات هؤلاء الأفراد دون الحاجة إلى مساعدة متخصص أو مستشار في مجال التربية الخاصة.

٢. برنامج الصف العادي طيلة الوقت مع توفير خدمات استشارية

يتلقـى الأطفـال ذوو الاحتياجـات الخاصـة تعليمهـم طبقـاً لهـذا البرنـامج في صفوف المدارس العادية مع أقرانهم العاديين بحيث يعد معلم الفصل العـادي مسؤولاً عنهم من الناحية الأكاديمية ، مع بعض الخدمات المتخصصة في مجال التربية الخاصة عن طريق معلم مستشار يتولى زيارة المدرسة بشكل دوري لتقديم الاستشارات اللازمـة للمعلم العادي.

٣. برنامج الصف العادي طيلة الوقت بمساعدة متخصصين متنقلين أو متجولين.

ويقضي الأطفال غير العاديين معظم وقتهم في الصفوف الدراسية العادية ولا يتركونها سوى لفترة قليلة يتلقـون خلالها خدمات خاصة مـن أخصائيين مـدربين في مجالات مختلفة، وينتقل هؤلاء الاخصائيون بين المدارس العادية التي بها أطفال معاقين طبقاً لجدول زمني محدد. أو عندما تقتضي الضرورة .

٤. **برنامج الصف الدراسي العادي مع الاستعانة بخدمات غرفة المصادر.**

ينتظم الطفل طبقاً لهذا البرنامج في فصل دراسي عادي بمدرسة عادية بحيث يمكن له الانتقال من الفصل العادي لفترات محددة متفاوتة يومية أو أسبوعية بحسب حاجته، إما منفرداً أو ضمن مجموعة، إلى غرفة خاصة داخل مدرسة أو على مستوى الحي يطلق عليها اسم غرفة المصادر Resource Room يتلقى فيها تعليماً ومساعدات أكاديمية ومهارية وتوجيهية متخصصة ملائمة لإعاقته ، عن طريق معلم متخصص، وذلك عندما يعجز المعلم العادي عن توفير هذه الخدمات أو تقديمها له ضمن نشاطات الفصل العادي. كما يجب توافر التجهيزات التالية فيها:

- المقاعد ، المناضد، الأرفف الدواليب والسبورات والحواجز المتحركة .
- الوسائل التعليمية البصرية واللمسية والسمعية والأدوات والأجهزة والمواد التعليمية.

من أهم مهام المعلم أو أخصائي المصادر ما يلي:

أ- ترتيب غرفة المصادر وتنظيمها وإدارتها من اختيار الأثاث والأجهزة والمواد التعليمية .

ب- تحديد مستوى الأداء والاحتياجات التربوية والتعليمية الخاصة للتلاميذ الذين يحالون من فصوله إلى غرفة المصادر.

ج- تحديد المهارات التعليمية المطلوبة والاستراتيجية التدريسية، والأنشطة والاجراءات العلاجية المناسبة.

د- متابعة التلاميذ ذوي الاحتياجات الخاصة في فصولهم العادية وتقديم النصح والمشورة والإرشاد المدرسي.

هـ- تعليم بعض المعلمين وتدريبهم على مهارات وأساليب التعامل مع ذوي الاحتياجات الخاصة داخل الفصول العادية.

و- توثيق الصلة بين المدرسة وأسر ذوي الاحتياجات الخاصة وزيادة استبصار الوالدين بخصائص هذا الطفل واحتياجاته ، وبدورهما في متابعة نموه التعليمي

٥. **تعليم الطفل غير العادي في صف عادي بالإضافة إلى صف خاص يومياً .**

يصلح هذا البرنامج لإعاقات اكثر حدة تحتاج إلى خدمات تعليمية خاصة مستمرة بحيث يمكن للطفل المعاق أن يتلقى بصورة يومية جزءاً من تعليمه مع الأطفال العاديين في مواد دراسية وأنشطة معينة، وينتقل في الجزء الآخر من اليوم إلى فصل خاص بالمدرسة ذاتها لدراسة بعض الموضوعات أو المواد الدراسية التي يصعب عليه دراستها مع الأطفال العاديين لعدم استطاعته مسايرتهم.

٦. **إقامة الطفل غير العادي في مدرسة داخلية .**

إن هذا البرنامج يعد من أكثر البرامج والأوضاع التعليمية عزلاً للطفل عن بيئة الطبيعية العادية، كما يزيد من شعور الطفل بإعاقته ويؤكد عليها ، إلا أنه بالرغم من المآخذ قد يعد اكثر البرامج صلاحية لبعض الحالات التي يبدو معها الوالدان غير قادرين على مواجهة متطلباتها أو يستلزم رعاية مستمرة وإمكانات علاجية لا يتسنى لهما توفيرها. وتتضمن خدمات المدرسة الداخلية كل وجوه الرعاية من مأكل وعلاج وخدمات نفسية واجتماعية وبرامج تعليمية ويعتبر هذا البرنامج من أكثر البرامج صلاحية بالنسبة للأطفال ذوي الاعاقة الحادة والمتعددة الذين يعاون من اضطرابات انفعالية والجانحين والعدوانيين وتقتضي مثل هذه الحالات عدم اقامتهم بين أعضاء أسرتهم وفي البيئة الخارجية خوفاً من تفاقم حالاتهم إلى أبعد مما وصلت اليه.

٧. **تلقي الخدمات التعلمية والعلاجية في المنازل أو المستشفيات والمراكز العلاجية**

وهناك حالات إعاقة حادة ومتدهورة بدرجة شديدة تستلزم رعاية طبية واجتماعية بصورة مستمرة ولفترة طويلة وقد تكون هذه الرعاية متصلة كأن تكون في المنزل لصعوبة توفيرها في المدرسة الداخلية، وقد لا يتسنى تقديمها سوى في مستشفى أو مركز علاجي متخصص، كما تتطلب مثل هذه الحالات خدمات تعليمية لتجنب ما قد يترتب عليها من تخلف وتأخر دراسي، وتقدم هذه الخدمات من خلال زيارات المدرسين والخبراء المتنقلين لتلك المستشفيات والمراكز لمدة محددة يومياً أو عن طريق فصول خاصة يلم بها معلمون متخصصون بالمستشفيات الكبيرة.(القريطي، ٢٠٠١).

٦- برامج الاسراع

الانتقال من صف إلى صف أعلى دون الامتثال لنظام الالتحاق في الصف الذي يليه في الترتيب العادي. أو الالتحاق في المواد التي تدرس في الكليات ، الالتحاق بمواد صيفية أو مسائية أو تدريبات أو ورشات عمل خاصة,

خيارات من البرامج المناسبة لطلاب المرحلة الثانوية .

١- القبول في المدرسة الثانوية في سن مبكرة.

٢- الاسراع في إنهاء المهاج أو عدم دراسة أحد الموضوعات .

٣- دراسة بعض الموضوعات في الجامعة اثناء دراسة المرحلة الثانوية

٤- دراسة الطالب لبعض الموضوعات في الجامعة، وذلك عن طريق التسجيل في المبحث فقط، ثم قراءة الكتب المقرة واجتاز امتحان خلال فترة تتراوح بين ٣-٦ أسابيع.

٥- الالتحاق بمدارس خاصة أو منفصلة عن المدرسة العادية أو مدارس خاصة بتعليم مواد معينة.

٦- الالتحاق بصفوف خاصة ضمن المدرسة العادية .

٧- برامج المسابقات

٨- البرامج الارشادية

٩- برامج منبثقة عن الصف العادي ، مثل غرفة المصادر أو الدراسات الفردية.

١٠- برامج اكتساب الخبرات في اماكن عمل معينة.

١١- برامج أيام العطل الأسبوعية والبرامج الصفية.(السرور،٢٠٠٠).

الأطفال الموهوبون

يعتبر موضوع التربية الخاصة (Special Education) من الموضوعات الحديثة في ميدان علم النفس والتربية . مقارنة مع الموضوعات المطروحة في ميدان التربية وعلم النفس كموضوع علم نفس النمو. وعلم النفس التربوي، وعلم النفس الاجتماعي.

اذ تعود البدايات العلمية المنظمة لهذا الموضوع إلى النصف الثاني من هذا القرن. ويجمع موضوع التربية الخاصة بين عدد من العلوم. إذ تمتد جذوره إلى ميادين علم النفس والتربية ، وعلم الاجتماع ، والقانون والطب.

كما يتناول موضوع التربية الخاصة الأفراد غير العاديين Exceptional Individual . والذين ينحرفون انحرافاً ملحوظاً عن الأفراد العاديين في نموهم العقلي والحسي والانفعالي والحركي واللغوي.

مما يستدعي اهتماماً خاصاً من قبل المربين بهؤلاء الأفراد من حيث طرائق تشخيصهم. ووضع البرامج التربوية المناسبة واختيار طرائق التدريس الخاصة بهم.

ويقصد بفئات الأفراد غير العاديين، والتي تنطوي تحت مظلة التربية الخاصة الفئات التالية.

الموهبة والتفوق Giftedness

الإعاقة العقلية Mental Impairment

الإعاقة البصرية Visual Impairment

الإعاقة السمعية Hearing Impairment

الإعاقة الانفعالية Emotional Impairment

الإعاقة الحركية Mator Impairment

صعوبات التعلم Deatining Disabilities

اضطرابات النطق أو اللغة language and Speech Disorders

وقد يجد الدارس لموضوع التربية الخاصة مصطلحات تدلل على فئة الأفراد غير العاديين مثل مصطلح الأطفال المعاقين، ويعكس هذا المصطلح فئات الأفراد غير العاديين السابقة فيما عدا فئة الموهوبين وهذا ما ذكره المؤلف في مقدمة هذا الفصل .

وخلال هذا الفصل سيتم التطرق إلى موضوعات متعددة منها تعريف الاطفال الموهوبين، والبرامج التربوية المقدمة للأطفال الموهوبين ، ونسبة الموهوبين في الأردن، وكيفية قياس وتشخيص الأطفال الموهوبين ، إضافة إلى الخصائص السلوكية

والسيكولوجية للموهوبين ، وأخيراً الاتجاهات العامة في تربية الأطفال الموهوبين، وأهـم الدراسات العربية في سيكولوجية الأطفال الموهوبين.

تعريف الطفل الموهوب

نتيجة للكثير من البحوث والدراسات التي أجريت حول الأطفال الموهوبين . تعددت وكثرت المصطلحات التي تعبر عـن الأطفـال الموهوبين (Gifted Children) . مثل مصطلح الطفل المتفوق ومصطلح الطفل المبـدع (Ceative Child). أو مصطلح الطفل الموهوب (Gifted Child). ومهما كانت التسميات حـول الأطفال الموهوبين ، فإن جميع هذه المصطلحات تدور حول، أو تعبر عن فئة الأطفـال غـير العـاديين والتـي تندرج تحت مظلة التربية الخاصة.

ومن هنا ظهرت بعض المبررات التي تعتبر موضوع تربية الموهوبين موضوعاً رئيساً من موضوعات التربية الخاصة. ومن هذه المبررات ما يلي: -

١- تشكل نسبة الأطفال الموهوبين ٣%، وتقـع هـذه النسبة عـلى طرف منحنى التوزيع الطبيعي. وهذا يعني إن هناك اختلافاً واضحاً وكبيراً في قدرات هـذه النسبة من الأطفال عن غيرهم من الأطفال العاديين.

والشكل التالي يمثل منحنى التوزيع الطبيعي للموهوبين والمتفوقين .

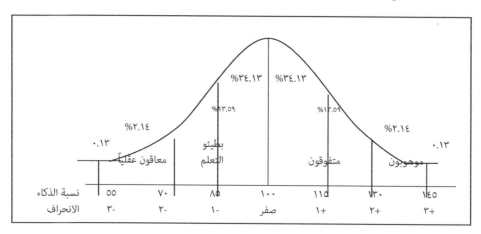

٢- تختلف حاجة الأطفال الموهوبين إلى البرامج والمناهج التربوية من حيث المحتوى والمضمون عن غيرها من البرامج والمناهج التربوية المقدمة للأطفال العاديين.

٣- يحتاج الأطفال الموهوبون إلى طرق وأساليب ووسائل تدريس ذات طبيعة مختلفة عن تلك الطرق وأساليب التدريس المتبعة في تدريس الأطفال العاديين .

وبناءً على ما سبق ذكره من مبررات، فقد تم الاتفاق على وضع وإدراج موضوع تربية الموهوبين في قائمة التربية الخاصة. والتي تهتم بتربية الأطفال غير العاديين.

أما فيما يتعلق بتعريفات الطفل الموهوب. فقد ركزت هذه التعريفات على القدرة العقلية من جهة ، وعلى الارتفاع في التحصيل الأكاديمي من جهة ثانية، وعلى الابداع من جهة ثالثة، وعلى الخصائص والسمات الشخصية والعقلية من جهة رابعة.

وقد وجد الباحثون بعض الصعوبات في تحديد مفهوم واضح للطفل الموهوب. وأسباب ذلك تعود إلى المكونات الكثيرة (Components) . لمفهوم الطفل الموهوب. وصعوبة الاتفاق على الأسئلة المطروحة في مجال الموهبة.

- السؤال الأول كان يدور حول مجالات التفوق لدى الموهوبين ، سواء أكانت تندرج تحت الذكاء العام أو تحت القدرة العقلية العامة . (I Q). أم تحت الابداع والمواهب ومثال ذلك ، الإبداع العلمي أو الأدبي أو الفني أو التحصيل الأكاديمي المرتفع Academic Achievement. أم وجود العديد من السمات الشخصية.
- السؤال الثاني يدور حول كيفية قياس الموهبة، سواء أكان بمقاييس الذكاء العامة أم بمقاييس الابداع (Geativity Tests). أم بمقاييس التحصيل الأكاديمي ، أم بمقاييس السمات الشخصية والعقلية التي تميز الموهوبين .
- السؤال الثالث يدور حول الحدود الفاصلة بين الطفل الموهوب والطفل العادي، وهل هذه الحدود تعتمد على الذكاء ونسبته، ام تعتمد على التحصيل الأكاديمي ، أم على درجة الأداء على مقاييس الابداع، أم حسب السمات الشخصية والعقلية؟

وبشكل عام، فإن اختبارات الذكاء هي التي تستخدم عادة للتعرف على الأطفال الموهوبين. وأن الأطفال الذين يفوق أداؤهم على هذه الاختبارات حداً معيناً (غالبا ١٣٥-١٥٠). يعدون أطفالاً موهوبين.

لكن بعض العلماء هذه الأيام يعتقدون أن مفهوم الموهبة يجب أن يتسع ليشمل إلى جانب ذلك اولئك الأطفال الذي يظهرون قدرات متميزة في جانب من جوانب شخصيتهم العقلية كالذاكرة الخارقة، أو القدرات الحسابية المتميزة، أو القدرات المكانية.

ويقترح البعض التمييز بين نوعين من الموهوبين.

١- الموهبة العامة حيث يقطف الموهوب زهرة من كل روض ، دون أن يبدي قدرة غير عادية في مجال واحد بعينه. وهؤلاء هم الذين يحصلون على درجات ذكاء بحدود ١٥٠-١٣٥ على اختبارات الذكاء .

٢- النوع الثاني هم الموهوبون جداً . وهم اولئك الذي يحصلون على درجات ذكاء عالية جداً . أو الذين يبرزون في جانب عقلي معين. (علاونة، ١٩٩٤).

التعريفات الكلاسيكية والحديثة:

التعريفات السيكومترية/ الكلاسيكية تركز على القدرة العقلية حيث اعتبرت القدرة العقلية المعيار الوحيد في تعريف الطفل الموهوب والتي يعبر عنها بنسبة الذكاء المرتفعة.

ومن هذه التعريفات ما يلي :

- **تعريف تيرمان** الذي ركز على القدرة العقلية العامة General Intellectual Ability. والتي يمكن قياسها عن طريق اختبارات الذكاء.

وقد اعتبر تيرمان إن نسبة الذكاء البالغة (١٤٠). هي الحد الفاصل بين الموهوبين والعاديين (Bust, ١٩٩٥).

- **تعريف السرور للموهبة:**

اعتبرت ناديا السرور أن الموهبة Talent هي سمات معقدة تؤهل الفرد للإنجاز المرتفع في بعض المهارات والوظائف، وبذلك فإن الموهوب هو ذلك الفرد الذي يملك

استعداداً فطرياً، وتصقله البيئة الملائمة؛ لذا تظهر الموهبة في الغالب في مجال محدد مثل الموسيقى أو الشعر أو الرسم ... وغيرها.(السرور، ٢٠٠٠).

- تعريف هافجهرست:
اعتبر هافجهرست القدرة العقلية مركباً يشمل جوانب متعددة منها الموهبة ، والقدرة اللفظية ، والقدرة المكانية، والتخيل الواسع، والجوانب والقدرات الميكانيكية، والموسيقية. وبعد تلك الفترة ، ظهرت تعريفات جديدة للأطفال الموهوبين أضافت بعداً جديداً للموهبة ألا وهو الأداء المتميز   Remarkable Performance. وخاصة في المهارات الموسيقية، والفنية، والكتابية، والميكانيكية، والقيادة الاجتماعية. وكان من بين العلماء الذين ساهموا في وضع هذا التعريف كلاً من سمبتون، ولوكنج، وكوسيتو، وجيلفورد.

- تعريف كيرك:
اشار كيرك إلى أن الطفل الموهوب هو ذلك الفرد الذي يتميز بقدرة عقلية عالية، حيث تزيد نسبة ذكائه عن (١٣٠). كما يتميز بقدرة عالية على التفكير الابداعي. (Carr، ١٩٩٦) .

ظهرت العديد من الانتقادات للتعريفات السيكومترية انطلقت من كون إن مقاييس الذكاء مثل مقاييس ستانفورد بينية، أو مقياس وكسلر لا تقيس قدرات الطفل الأخرى ، مثل القدرات الابداعية، أو المواهب الخاصة، أو السمات العقلية ، أو السمات الشخصية.

بل تظهر فقط قدرته العقلية العامة والمعبر عنها بنسبة الذكاء.

إضافة إلى أن مقاييس الذكاء أخذ عليها التحيز الثقافي ، والطبقي والعرقي، والصدق والثبات.

كما أن مقاييس الذكاء تنقصها القدرة على قياس التكفير الابتكاري   Divergent Thinking
ومن أصحاب هذا الاتجاه كلاً من تورانس ، ونيولاند، وهيوارد.

- تعريف مارلند:
الطفل الموهوب هو ذلك الفرد الذي يظهر أداءً متميزاً في التحصيل الأكاديمي، وفي بعد أو أكثر من الأبعاد التالية:

- القدرة العقلية العامة
- الاستعداد الاكاديمي المتخصص
- التفكير الابتكاري أو الابداع
- القدرة القيادية
- المهارات الفنية
- المهارات الحركية

- **تعريف رينزولي:**

الطفل الوهوب هو ذلك الفرد الذي يملك قدرة عقلية عالية على الابداع، والقدرة على الالتزام بأداء المهمات المطلوبة منه.(الروسان، ٢٠٠١)

وبناءً على كل ما سبق ذكره من تعريفات ، اجمع العديد من العلماء على تعريف شامل وحديث للأطفال الموهوبين هو:

الطفل الموهوب: هو ذلك الفرد الذي يظهر اداءً متميزاً مقارنة مع المجموعة العمرية لتي ينتمي إليها- في واحدة أو أكثر – من الأبعاد الآتية:

- القدرة العقلية العالية، حيث تزيد نسبة الذكاء عن انحراف معياري واحد أو انحرافين معياريين).
- القدرة الإبداعية العالية.
- القدرة على التحصيل الأكاديمي المرتفع.
- القدرة على القيام بمهارات متميزة ومواهب متميزة كالمهارات الفنية، أو الرياضية أو اللغوية.
- القدرة على المثابرة والالتزام ، والدافعية العالية، والمرونة، والاستقلالية في التفكير، وذلك كسمات شخصية وعقلية تميز الموهوب عن غيره.

مثال:

عندما بلغ مايكل من العمل سنتين وثلاثة أشهر، زارت عائلته مختبر علم النفس، ذكر والداه أنه بدأ الكلام في الشهر الخامس من عمره ، وفي الشهر السادس كانت

حصيلته اللغوية حوالي خمسين كلمة. وبدأ يقرأ الانجليزية في الشهر الثالث عشرـ مـن العمر ، وتبين في المختبر أنه يتكلم بخمس لغات، ويستطيع القراءة بثلاث منها .

كان في هـذا العمـر المبكـر يفهـم الجمـع والطرح والضرب والقسمة والجـذر التربيعي، وكان مغرماً ببعض المفاهيم العلمية ، وكان يجب أن يتلاعب باللغـة . فينـتج منها الطرف والنكات .

وفي الثانية من عمره حصل عـلى درجـة ذكـاء (١٨٠) عـلى اختبـار سـتانفورد – بينيه للذكاء .

وفي الرابعة النصف كان أداؤه على هـذا الاختبـار معـادلاً لأداء طفـل في الثانيـة عشرة من عمره .

وحصل على درجة ذكاء تفوق (٢٢٠) على ستانفورد–بينيه (Bee-١٩٨٥, P٤٩٩)

نسبة الأطفال الموهوبين :

اختلفت نسبة الأطفال الموهـوبين بـاختلاف المعـايير المسـتخدمة في تعريـف الطفل الموهوب.

وكلما قل عدد المعايير المستخدمة في التعريفات ، زادت نسبة الأطفال الموهوبين والعكس صحيح.

ومثال على ذلك:

إن الاتجاه الحديث في التعريف تضمن أبعاداً متعددة منهـا القـدرة العقليـة العالية، والتي تحدد غالباً بنسبة الذكاء التي تزيد عن (١٤٥) أو ثلاثة انحرافات معياريـة فوق المتوسط للذكاء . ومن هنا نجد أن نسبة الموهوبين تصل إلى حوالي١%.

أما فيما يتعلق بنسبة الذكاء التي تزيد عن (١٣٠) أو انحرافين معياريين فـوق المتوسط، فإن نسبة الموهوبين تصل إلى حوالي ٣%.

وإذا كان الاهتمام بـأكثر مـن معيار في تحديد نسبة الأطفـال الموهـوبين فـإن النسبة تقل .

فمثلاً إذا كانت نسبة الذكاء تزيد عن (١٣٠) ، وكـان الأطفـال متميزين بقـدرة إبداعية عالية وتحصيل أكاديمي مرتفع، فإن النسبة تصل إلى حوالي (١%).

قياس وتشخيص الموهوبين :

لقد اعتبر العلماء عملية الكشف عن الموهوبين وقياسها وتشخيصها عملية صعبة ومعقدة ، وذلك انطلاقاً من احتوائها الكثير من الإجراءات ، والتي بدورها تستخدم الكثير من أدوات القياس والتشخيص للأطفال الموهوبين.

وقد عزا العلماء تعقد وصعوبة عمليات القياس والتشخيص للأطفال الموهوبين إلى مجموعة من الأسباب كان من أهمها:

• أن مفهوم الطفل الموهوب يتضمن مكونات وأبعاد كثيرة ومتعددة. وقد أشرنا سابقاً إلى هذه الأبعاد ، والتي تتضمن :

- القدرة العقلية
- القدرة الإبداعية
- القدرة التحصيلية
- المهارات والمواهب الخاصة.
- السمات الشخصية والعقلية .

والشكل التالي يمثل مفهوم الطفل الموهوب، والأبعاد التي يتضمنها . وأدوات القياس الخاصة لكل بعد.

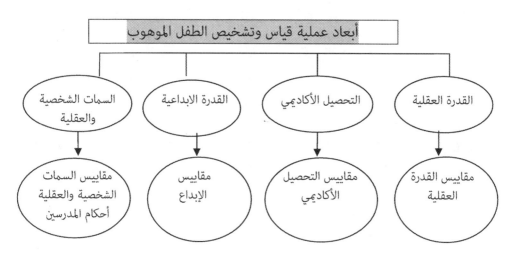

ونظراً لأهمية عملية القياس والتشخيص للأطفال الموهوبين، أراد المؤلف أن يقدم شرحاً موجزاً لأهم مقاييس وأدوات القياس والتشخيص للأطفال الموهوبين.

- **مقاييس القدرة العقلية:**

اعتبر العلماء أن من أهم مقاييس القدرة العقلية العامة ما هو معروف عن مقاييس ستانفورد بينيه ، ومقياس وكسلر.

وفيما يتعلق بمقاييس ستانفورد بينيه ، فهي تعود إلى العالم النفسي الفرنسي بينيه (Ghfeed-Binet) ، (١٨٥٧ – ١٩١١).

حيث كانت اهتمامات بينيه منذ وقت مبكر بعلم النفس، والفروق الفردية في القدرات العقلية.

وعمله المبكر في مستشفى (لبيتير) في باريس، سمح له الوقت بالمراقبة والتجريب مع الأشخاص ذوي حالات الهلوسة، وحالات نفسية غير عادية. الإدراك، التنويم المغناطيسي، المشي أثناء النوم.

لقد كان هدف بينيه من كل ذلك تطوير اختبار يقيس القدرة بالعلاقة مع العمر، والعمر المدرسي، لإظهار الارتباط مع تقدير المدرس، ولقياس مدى القدرات العقلية. ومن هنا كان بينيه أول من وضع الاختبارات المقننة، حيث ابتكر بينيه أول اختبار ذكاء يتضمن استخدام مفهوم العمر العقلي ، وتطوير مقياس للإعاقة ، والذي قاد لقياس القدرات العقلية المرتفعة.

وبذلك يمكن القول إن بينيه قد مهّد الطريق للبحث في مجال الموهوبين، وفئات الأشخاص من ذوي القدرات الخاصة. ولقد اعتمد العلماء مقياس ستانفورد بينيه إلى جانب مقياس وكسلر كمقاييس مناسبة في تحديد القدرة العقلية العامة للمفحوصين. ويعبر عن هذه القدرة العقلية العامة عادة بما يسمى بنسبة الذكاء .

وتكمن قيمة وأهمية مثل هذه الاختبارات في تصنيف المفحوصين ، وتحديد موقعهم على منحنى التوزيع الطبيعي الذي أشرنا إليه سابقاً. ولقد أشارت مقاييس القدرة العقلية إلى أن زيادة نسبة الذكاء لدى الطفل ، تدعو إلى اعتبار هذا الطفل موهوباً.

حيث تكون الزيادة في نسبة الذكاء أكبر من انحرافين معياريين فوق المتوسط (١٠٠+).

• **مقاييس التحصيل الأكاديمي:**

إن من المقاييس المناسبة واللازمة في تحديد قدرة المفحوص التحصيلية ما يسمى بمقاييس التحصيل الأكاديمي ، سواء ما كان منها مقنناً ، أو المقاييس المدرسية غير المقننة.

وعادة ما يعبر عن هذه المقاييس بنسبة مئوية.

الأمثلة على مقاييس التحصيل الأكاديمي:

- امتحانات القبول في الجامعات
- امتحانات الثانوية العامة
- الامتحانات التحصيلية المدرسية.
- يعتبر المفحوص متفوقاً أكاديمياً وتحصيلياً إذا كانت نسبة التحصيل الأكاديمي لديه (٩٠%) فما فوق.
- أي أعلى من ٣% من الطلبة في التحصيل الأكاديمي.

• **مقاييس الابداع:**

عرف (Davis, ١٩٨٩) الابداع:

إن الابداع نمط حياة، وسمة شخصية، وطريقة لإدراك العالم. فالحياة الابداعية هي: تطوير لمواهب الفرد، واستخدام لقدراته . فهذا يعني استنباط أفكار جديدة، وتطوير حساسيته لمشاكل الآخرين.

ويذكر كل من (Ragers and Maslow , ١٩٧٨) أن الشخص المبدع هـو نفس الشخص المحقق لذاته .

ويعرف (تورانس ، ١٩٧٤) الابداع:

على أنه : عملية تشبه البحث العلمي فهو عملية الاحساس بالمشاكل، والثغرات في المعلومات. وتشكيل أفكار أو فرضيات ثم اختبار هذه الفرضيات ، وتعـديلها ، حتـى يتم الوصول إلى النتائج.(Torrance, ١٩٩٠).

وبناء على ما سبق من تعريفات للإبداع. فقد اعتبر العلماء إن مقاييس الابداع، أو ما يسمى بالتفكير الابداعي. أو غيرها من المواهب الخاصة. من المقاييس الجيدة والمناسبة في قياس وتحديد القدرات الابداعية لدى الأطفال المفحوصين.

ومن المقاييس الشائعة والمعروفة في تحديد وقياس التفكير الإبداعي:

- مقياس توارنس للتفكير الابداعي: ويتألف من صورتين اللفظية والشكلية.
- مقياس توارنس وجيلفورد للتفكير الابداعي/ الابتكاري . ويتضمن الأبعاد التالية:
  - الطلاقة في التفكير .
  - المرونة في التكفير .
  - الأصالة في التفكير.

ولقد اعتبر تورانس وجيلفورد أن الفرد المفحوص يعتبر مبدعاً إذا كانت درجته على مقاييس التفكير الابداعي والابتكاري عالية جداً.

ولقد أرتأى مجموعة من علماء النفس في الأردن ، أن يعدلوا ويطوروا مقاييس التفكير الابداعي والابتكاري بما يتناسب مع البيئة الأردنية . مثل مقاييس توارنس للتفكير الابداعي.(الشنطي، ١٩٨٣، عقل ، ١٩٨٣)

- **ومن أساليب الكشف عن الابداع :**

١- قوائم الأنشطة الابداعية مثل:

- Renhulli and Smith, ١٩٨٠ .
- Renhulli and Reis ١٩٨٥.

وكل هذه القوائم متمثلة فيما يسمى : -

(Action Information)

٢- أسلوب رواية القصة المبني على صور مقدمة للطفل : حيث يتم قياس الابداع لدى الطفل من خلال، حب الطفل للقصة، طريقة سرده لها، التخيل،المنطق، الحركة، التفاصيل، اللغة، المفردات، التتابع المنطقي.

٣- القوائم المتعلقة بالخصائص الشخصية والدافعية ومن الأمثلة على هذه القوائم:

١. Dacis, ١٩٩٢.
٢. Torrance , ١٩٧٧.

وهذه القائمة مكونة من ١٨ صفحة للطلبة المبدعين الأقل حظاً والتي سماها "الايجابيات الابداعية".

   ٣. Sternberg , ١٩٨٨.

   ٤. Renhulli, ١٩٨٣.

وقوائم رينزولي تركز على الخصائص الشخصية الإبداعية . وكل ما سبق ذكره هي أساليب غير رسمية في الكشف عن الإبداع والتفكير الإبداعي والابتكاري. أما أساليب الكشف الرسمية فهي متمثلة في :

- اختبارات الإبداع-

أ- اختبارات إبداعية مبنية على معطيات إبداعية وشخصية، وتقوم هذه الاختبارات بتقييم :

- أنواع الاتجاهات ، الميول الشخصية، المميزات، الدافعية، الاهتمامات، معلومات عن السيرة الذاتية .

ب- اختبارات الإبداع التشعيبية (التفكير التشعيبي) هذه الاختبارات تقوم على تقييم عينة من القدرات الإدراكية إلا أنها أهملت السمات الشخصية والمعلومات الشخصية عن الفرد.

وتقوم هذه الاختبارات بتقديم اسئلة للطلبة ، وهذه الأسئلة تتطلب إجابات مفتوحة النهاية لكل سؤال، أو مشكلة مطروحة ، وتم وضع درجات لهذه الاختبارات . ومن الأمثلة على هذه الاختبارات.

١- اختبارات تورانس للتفكير الابداعي ١٩٩٠ و ١٩٨٤ و ١٩٦٦.

٢- اختبارات تورانس الإبداعية في الأداء والحركة ١٩٨١.

٣- جيتزلز وجاكسون ١٩٦٢.

٤- والاش وكوغان ١٩٦٥.

٥- جلفورد ١٩٦٧.

٦- هوبنز وهمنغواي ١٩٧٣.

٧- ويليامز ١٩٨٠.

٨- تورانس وكاتينا للتفكير الإبداعي بالصوت والكلمات ١٩٧٣.

٩- إيربان وجيلين للتفكير الإبداعي لانتاج الرسومات ١٩٩٣.

• مقاييس السمات الشخصية والعقلية:

اعتبر العلماء أن مقاييس السمات الشخصية والعقلية وأحكام المدرسين، من الأساليب المناسبة في تمييز الأطفال الموهوبين من أصحاب التفكير الابتكاري المرتفع .

ومن أهم السمات العقلية والشخصية التي تكشف عنها مقاييس السمات الشخصية والعقلية ما يلي:

- الطلاقة في التفكير، المرونة في التفكير، الأصالة في التفكير، قوة الدافعية، المثابرة، الالتزام بأداء المهمات، الانفتاح والخبرة.

وفيما يتعلق بالبيئة الأردنية فقد قام (أبو عليا، ١٩٨٣) بتطوير مقياس للسمات الشخصية والعقلية بما يتناسب والبيئة الأردنية .

حيث تضمن المقياس ٧٥ فقرة، موزعة على ٩ أبعاد هي:

- القدرة على تحمل الغموض.
- الاستقلال في التفكير والحكم.
- المرونة في التفكير .
- الأصالة في التفكير.
- التفكير التأملي.
- القدرة على التفكير .
- الانفتاح على الخبرات. (أبو عليا، ١٩٨٣)

ومن المقاييس الأخرى المناسبة لقياس السمات الشخصية والعقلية ما يسمى بأحكام المعلمين.

• وتتضمن أحكام المعلمين الأمور التالية:

- ملاحظة المعلمين للطلبة في المواقف الصفية والمواقف اللاصفية .
- جمع المعلمين ملاحظات عن مدى استجابة الطلبة ومشاركتهم في المواقف الصفية، طرحهم لنوعيات معينة من الأسئلة ، استجاباتهم المميزة ، اشتراكهم في

الجمعيات والأندية العلمية، التحصيل الأكاديمي المرتفع ، الميول الرياضية، والفنية ، والموسيقية، والجمالية.

ومن المقاييس المقننة لقياس السمات الشخصية والعقلية "مقياس تقدير الخصائص السلوكية للطلبة المتفوقين ". وهو مقياس طوره رينزولي ورفاقه عام (١٩٧٥) . وذلك لقياس السمات الشخصية المميزة للمتفوقين والموهوبين, وقد عرف هذا المقياس باسم :

Scafe for Rating Behavioral Characteristics of Supsion Students.

ويتضمن هذا المقياس أربعة مجالات وجوانب رئيسية وهي:

- القدرة على التعلم، الدافعية، الإبداعية، القيادية.

الخصائص السلوكية للموهوبين :

يشترك الأطفال فيما بينهم بخصائص نمائية عامة تفيد في تحديد الظواهر النمائية غير العادية والطبيعية لدى هؤلاء الأطفال فتساعد كل من علماء النفس والنمو، والأطباء، والمهتمين في تحديد التأخر النمائي، أو إبراز القدرات العالية لدى الطفل ، والتي تفوق مستوى عمر الفئة التي ينتمي إليها.

• وكان من ضمن أسباب تحديد خصائص الموهوبين وأهميتها:

- التعرف على واجبات الأطفال الموهوبين .
- تقديم الخدمات المناسبة لهم ضمن البيئات المناسبة لقدراتهم.

ومن هنا نستطيع أن نجزم القول بأن الأطفال لا يختلفون فقط في اللون والشكل، والحجم، بل يختلفون في كثير من الأمور أهمها:

- القدرات العقلية، والمعرفية، واللغوية.
- الاهتمامات.
- أنماط وأشكال التعليم.
- مستويات الدافعية.
- الصحة النفسية.
- مفهوم الذات.
- الخلفية السابقة.

وقد قام مجموعة من العلماء والباحثين بدراسات متعددة لوضع قوائم لخصائص الموهوبين ومنها دراسات تيرمان وأودن، في عام ١٩٥١.

ولقد قام (Rderman and Oden , ١٩٥١). بوضع مجموعة من الخصائص للطلبة الموهوبين الذين قاموا بدراستهم ، ومن هذه الخصائص ما يلي:

- وضع جسمي، ولياقة بدنية أفضل من اقرانهم.
- قدرات عالية في القراءة واستخدام الدقة .
- المهارات الحسابية.
- معارف واسعة في الآداب، والعلوم، والفنون.
- معارف ومعلومات واقعية في تاريخ الأمم والشعوب.
- الاهتمامات الذاتية والمتمثلة فيما يلي :
  - القراءة بسهولة.
  - الكتابة بشكل أفضل من أقرانهم.
  - الهوايات المتعددة.
  - ممارسة الكثير من الألعاب والحيل.
  - الثقة بالنفس.

وكما قامت كلارك (Clark, ١٩٧٩). بتقسيم الخصائص المميزة للموهوبين في خمس مجموعات رئيسة اهمها:

١- الخصائص المعرفية / التفكير

Cognitive Characteristics -Thinking-

٢- خصائص انفعالية /المشاعر

Affective Characteristics -Feeling-

٣- خصائص جسمية/ حسية

Physical Characteristics -Sensation-

٤- خصائص حدسية
Intuitive Characteristics

٥- خصائص اجتماعية
Social Characteristics

وتقول كلارك إن الخصائص السابقة تنبثق عنها مجموعة من الحاجات المرتبطة والمتعلقة بها . إضافة إلى عدد من المشاكل المحتملة ، والمصاحبة لظهور هذه الخصائص

.

ولقد أورد ميرلاند في تقرير له عن الطلبة الموهوبين ، بناء على تعريف مكتب التربية الأمريكي : حدد ميرلان ستة خصائص أساسية للطلبة المتميزين . ويندرج تحت كل خاصية من هذه الخصائص، مجموعة من الخصائص الفرعية ، توضح كل منها السمات التي يتسم ويتميز بها الطلبة المتفوقون (الموهوبون (U.S. Office of)
Education, ١٩٧٢)

أنظر إلى الصفحة التالية والتي تحتوي شكلاً يلخص الخصائص المميزة للموهوبين.(السرور ،٢٠٠٠ : ٥٤)

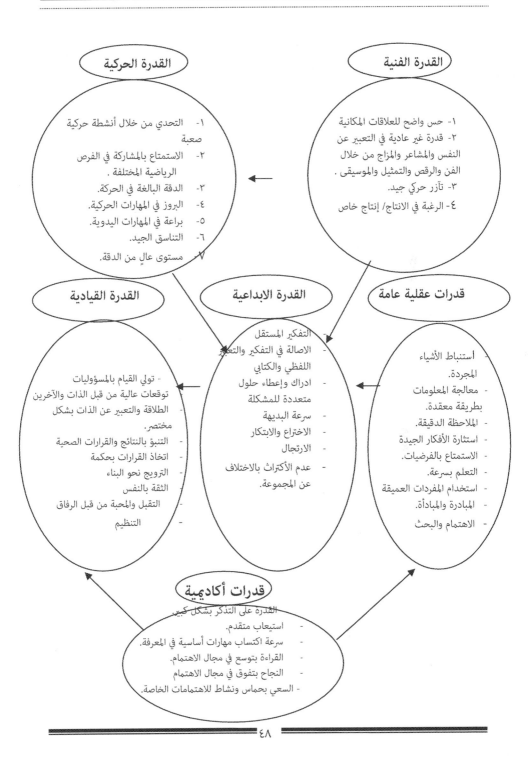

القدرة الحركية

١- التحدي من خلال أنشطة حركية صعبة
٢- الاستمتاع بالمشاركة في الفرص الرياضية المختلفة .
٣- الدقة البالغة في الحركة.
٤- البروز في المهارات الحركية.
٥- براعة في المهارات اليدوية.
٦- التناسق الجيد.
٧- مستوى عالٍ من الدقة.

القدرة الفنية

١- حس واضح للعلاقات المكانية
٢- قدرة غير عادية في التعبير عن النفس والمشاعر والمزاج من خلال الفن والرقص والتمثيل والموسيقى .
٣- تآزر حركي جيد.
٤- الرغبة في الانتاج/ إنتاج خاص

القدرة القيادية

- تولي القيام بالمسؤوليات
- توقعات عالية من قبل الذات والآخرين
- الطلاقة والتعبير عن الذات بشكل مختصر.
- التنبؤ بالنتائج والقرارات الصحية
- اتخاذ القرارات بحكمة
- الترويج نحو البناء
- الثقة بالنفس
- التقبل والمحبة من قبل الرفاق
- التنظيم

القدرة الابداعية

- التفكير المستقل
- الاصالة في التفكير والتعبير اللفظي والكتابي
- ادراك وإعطاء حلول متعددة للمشكلة
- سرعة البديهة
- الاختراع والابتكار
- الارتجال
- عدم الأكتراث بالاختلاف عن المجموعة.

قدرات عقلية عامة

- استنباط الأشياء المجردة.
- معالجة المعلومات بطريقة معقدة.
- الملاحظة الدقيقة.
- استثارة الأفكار الجيدة
- الاستماع بالفرضيات.
- التعلم بسرعة.
- استخدام المفردات العميقة.
- المبادرة والمبادأة.
- الاهتمام والبحث

قدرات أكاديمية

- القدرة على التذكر بشكل كبير
- استيعاب متقدم.
- سرعة اكتساب مهارات أساسية في المعرفة.
- القراءة بتوسع في مجال الاهتمام.
- النجاح بتفوق في مجال الاهتمام
- السعي بحماس ونشاط للاهتمامات الخاصة.

شكل يمثل الخصائص المميزة للموهوبين

وهناك نفر من العلماء قاموا بتقسيم الخصائص السلوكية للموهوبين إلى ثلاث مجموعات كان أهمها:

- **الخصائص الجسمية:**

حيث كان هناك اعتقاد خاطئ بأن من الخصائص الجسمية للموهوبين: الضعف في نمو الجسم، إضافة إلى النحول. ولكن وجدت العديد من الدراسات الحديثة عكس ذلك حيث دحضت الاعتقادات السابقة الخاطئة . وقد أشارت هذه الدراسات إلى أن من الخصائص الجسمية للموهوبين أنهم أكثر صحة، ووزناً، وطولاً ووسامة، وحيوية. إضافة إلى التآزر الحركي المرتفع ، وأنهم اقل عرضة للأمراض . كما أن هناك فروقاً فردية بين الموهوبين في توافر هذه الخصائص لديهم .

وقد أثبتت الدراسات تفوق الموهوبين في الخصائص الجسمية عن غيرهم من الأطفال العاديين ، ومن بين هذه الدراسات:

- دراسة تيرمان ١٩٢٠. ١٩٢٠ , Terman
- دراسة تيرمان وأودن ١٩٥٩. ١٩٥٩ Terman and Oden
- دراسة ويلرمان وفدلر ١٩٧٤.١٩٧٤ , Willerman and Fiedler
- دراسة جالجر ١٩٧٦.١٩٧٦ , Gallaghor

- **الخصائص العقلية :**

لقد اعتبر العلماء الخصائص العقلية أكثر تمييزاً للأطفال الموهوبين عن غيرهم من الأطفال العاديين من نفس العمر الزمني . ومن ضمن هذه الخصائص العقلية.

- الانتباه وحب الاستطلاع
- القراءة والكتابة في عمر مبكر .
- أكثر طرحاً في حل المشكلات التعليمية .
- الدقة في الاستجابة
- تحصيل أكاديمي مرتفع

- التعبير عن النفس بدقة.
- النقد البناء.
- المشاركة في النشاطات التعليمية .

• الخصائص الانفعالية والاجتماعية :

كان من بين التصورات الخاطئة عن خصائص الموهوبين الاجتماعية والانفعالية أنهم أكثر عزلة من الآخرين وأقل مشاركة في الحياة الاجتماعية.

في حين أثبتت الدراسات الحديثة عكس ذلك ، وأوردت مجموعة من الخصائص الانفعالية والاجتماعية للموهوبين أهمها :

- الانفتاح على العالم الخارجي.
- أكثر تجسيداً للمشكلات الاجتماعية.
- النقد البناء.
- الاستقرار الانفعالي والاجتماعي.
- الالتزام بالمهمات المكلفين بها .
- الحساسية لمشاعر الآخرين.

ومن بين الدراسات التي تناولت الخصائص الانفعالية والاجتماعية للموهوبين دراسة كل من :

- هلهان وكوفمان ١٩٨١، هيوارد وأورلانسكي ١٩٨٠، كيرك ١٩٧٠، تايلور ١٩٦٥، تروبرج ١٩٧٢.

أما فيما يتعلق بالخصائص السلوكية للأطفال الموهوبين في الأردن ، فقد قامت (السرور) في رسالة دكتوراة لها عام (١٩٨٩) . درست خلالها أهمية مشاركة المعلمين في عملية الكشف عن الطلبة الموهوبين ، وصدق وثبات أحكام المعلمين على خصائص الموهوبين السلوكية وإمكانية بناء صدق لمقاييس تقدير الخصائص السلوكية للطلبة الموهوبين.

وقد توصلت الدراسة إلى نتائج كان من أهمها أن خصائص الأطفال الموهوبين السلوكية في الصف التاسع ، تتشابه مع الخصائص السلوكية للموهوبين الأمريكيين. وذلك على مقياس (SRBCSS) .

وخلصت الدراسة إلى أن هناك خمسة أبعاد رئيسية للخصائص السلوكية للموهوبين الأردنيين وربما العرب وهي :

١- القيادة: محبوب من قبل زملائه ، تحمل جيد للمسؤولية، مشارك ومتعارف مع المعلمين والزملاء.

٢- التعلم: حصيلة عالية كماً ونوعاً من المفردات ، طموح كبير للمعرفة، اهتمام كبير في القراءة.

٣- الابداع: حب الاستطلاع ، الخيال ، والمغامرة.

٤- المثابرة ك نشدان الكمال، المشاركة في جميع الأنشطة ، الانتاج .

٥- مرونة التفكير: استجابات سريعة ، القدرة القوية في الحكم على الأشياء ، لا يزعجه التغيير في الروتين .(السرور ، ١٩٨٩)

البرامج التربوية للموهوبين .

هناك العديد من البرامج التربوية (التعليمية) للموهوبين في جميع أنحاء العالم . وغالبية هذه البرامج يمكن تصنيفها في مجموعات رئيسية. حيث تتشابه فيما بينها في الأهداف وطبيعة التنفيذ.

ومن هذه البرامج ما يلي:

١- المدارس الخاصة:

يفضل اللجوء إلى مثل هذه البرامج في حالة واحدة فقط، وهي تقديم خدمات تعليمية خاصة بالطلبة الموهوبين الموجودين في مجتمعات محلية فيها صعوبات اجتماعية واقتصادية ، وثقافية وانفعالية.

ولكن بعض الدراسات أثبتت عدم جدوى هذه البرامج وذلك لعدة أسباب أهمها:

- حرمان فئة كبيرة من الطلبة من فرص التنافس في الصف العادي .
- لها أبعاد انفعالية سيئة على الطلبة.

- صعوبة تكيف الطفل الموهوب مع العالم المحيط بعد خروجه من المدرسة الخاصة المثالية.

- عدم العدالة في صرف الأموال العامة على فئة معينة فقط، وذلك بدلاً من تحسين فرص التعليم للجميع.

٢- **غرفة المصادر : برنامج الإثراء المدرسي الشامل :**

تعتبر غرفة المصادر من البرامج التربوية الشائعة في تعليم الموهوبين ، كونها أقل كلفة، وأكثر تقبلاً من أفراد المجتمع المحلي ، كما أن غرفة المصادر تحسن من بنية التعليم في المدارس العادية.

كما أن غرفة المصادر من أكثر البرامج فعالية وذلك كونها تقدم الفائدة للمتميزين، فيقومون بدورهم بنقل هذه الفائدة للأطفال العاديين في غرفة الصف العادية.

٣- **برامج الإسراع**

يرى بعض الباحثين أن التسريع أسلوب عملي، وهو السماح للطلبة بالتحرك بالجدول الذي يريحهم ويستطيعون التفوق فيه .

كما أن التسريع هو تنظيم وقت التعلم ليقابل ويواكب القدرات الفردية للطلبة، وهو بالتالي يقود إلى المزيد من التفكير الابداعي.

وقد ذكر التربويون أسباباً منطقية ونفسية للتسريع :

- الأسباب المنطقية : أن درجة التقدم في البرامج التربوية يجب أن تكون ملائمة للسرعة في استجابات المتعلمين. وبالتالي تكون ملبية للفروق الفردية بين الطلبة في مجال القدرات والمعرفة.

- الاسباب النفسية: وتكمن في ثلاثة مبادئ أهمها:-

١. التعلم هو مجموعة من العمليات المتطورة والمتسلسلة .

٢. الفروق الفردية بين الأفراد في أي عمر زمني في التعلم.

٣. التعليم الفاعل يتضمن تحديداً لموقع المتعلم في العملية التعليمية، وتشخيص الصعوبات التي يعاني منها المتعلم ومن ثم معالجتها.

-أشكال التسريع :

تعني البرامج السريعة : السماح للطالب بإكمال المراحل الدراسية المختلفة بعمر زمني أقل من المعتاد، وذلك عن طريق مرونة المناهج الدراسية المختلفة.

ومن أشكال برامج التسريع :

١- القبول المبكر في الصف الأول الأساسي ورياض الأطفال .

حيث يتم السماح للطفل بدخول الصف الأول الابتدائي قبل عمر ست سنوات.

وقد وضعت (Rim, ١٩٨٥) : شروطاً خاصة للقبول المبكر في رياض الأطفال أهمها:

- قدرة عقلية فوق المتوسط

- تآزر بصري حركي جيد، وذلك من خلال إعطاء الطفل مجموعة من الاختبارات المتخصصة في مجال المهارات الحركية والإدراكية .

- استعداد جيد للقراءة.

- النضج الاجتماعي والانفعالي : وذلك من خلال ملاحظات العائلة، والاخصائي النفسي في تحديد التكيف الاجتماعي المدرسي.

- صحة جيدة

- الجنس : فالبنات أكثر نضجاً من الذكور.

٢- قفز الصفوف

أو ما يسمى بالتسريع الكلي، أو الترفيع المزدوج ، حيث إنه يحدث في الصفوف الابتدائية وأحياناً في الصفوف المتقدمة.

وبعض الأطفال يقفزون صفين أو ثلاثة ، وبذلك يلتحقون بالجامعة في عمر ١٥ أو ١٦ سنة.

وأهم المشكلات المرتبطة ببرامج قفز الصفوف:

- فقدان الطالب لمهارات أساسية وخطيرة في القراءة والرياضيات، مما يؤدي إلى عدم استمراره بالحصول على درجات مرتفعة ، وينظر لنفسه بأنه أقل من زملائه، ويفقد الدافعية نحو التعلم.

- التكيف الاجتماعي مع الأقران : حيث وجدت بعض الدراسات أن قفز الصفوف هو سبب سوء التكيف نتيجة لفقدان الطفل بعض المهارات الأساسية، التي تؤدي إلى عدم التحصيل الجيد.

وللحد من هذه المشكلات المتصلة بقفز الصفوف ، لا بد من اتباع الاقتراحات التالية:

١- الذكاء المرتفع لدى الطالب .

٢- عدم تقفيز الطالب أكثر من صف واحد.

٣- تشخيص الفجوات التعليمية ، لمساعدة الطالب على تعلم أية مهارات أساسية مفقودة.

٤- حل المشكلات الاجتماعية المتعلقة بالقفز من قبل المعلمين والمرشدين والأقران.

٥- الأخذ بعين الاعتبار كلاً من القدرات العقلية للطالب ، والتكيف الاجتماعي له في الصف الحالي.

٦- اتخاذ قرار قفز الصفوف بشكل فردي أي لكل طالب على حدة، مع الأخذ بعين الاعتبار ما يلي:

- النضج الجسمي للطالب.
- الاتزان الانفعالي
- الدافعية
- القدرة على العمل والتحدي.

٣- **القبول المبكر في المدارس الاعدادية أو الثانوية .**

إن الطالب الذي قفز عن الصف ٥ أو ٦ في المرحلة الابتدائية سوف يدخل المدرسة الاعدادية مبكراً. كما أن الطالب الذي قفز عن الصف ٨ أو ٩ في المرحلة الاعدادية يمكن أن يدخل المدرسة الثانوية مبكراً. إن من مميزات هذا النوع من التسريع أنه يتيح الفرصة لتطوير علاقات اجتماعية بين الطلبة الموهوبين في المراحل الدراسية المختلفة.

٤- التسريع وقفز المواد بالتسريع الجزئي:

ويعد هذا النوع من التسريع سهلاً للتطبيق ، وله العديد من المميزات، كونه يسمح للطالب بدراسة مستوى محدد للمجال الذي يبرز فيه، بينما يستمر في إكتساب مهارات صفه العادي في المجالات الأخرى. وبذلك يسمح له بالتفاعل مع أقرانه في نفس العمر الزمني ، مما يؤدي إلى زيادة التكيف الاجتماعي.

- ومن أشكال التسريع الجزئي ما يلي:

١. اعتماد المساقات الجامعية من خلال الامتحانات.
٢. الالتحاق بمساقات جامعية في نفس الفترة التي يكون فيها الطالب ملتحقاً في المدرسة الثانوية.
٣. المساقات المناظرة، أي أن تقوم الجامعة بتوفير مساقات مناظرة لمستويات السنة الأولى والثانية على الأقل في نفس المدرسة، وتكون هذه المساقات معتمدة جامعياً، لأن الذي يكتبها هم أساتذة جامعيون.
٤. البرامج المضغوطة : تنظيم الدراسة العادية في مواد مكثفة ، يدرسها الطالب في فترة زمنية أقل من المعتاد.
٥. القبول المبكر في الجامعة: ويكون رسمياً أو جزئياً.

٤- برامج الاثراء

الإثراء هو أسلوب من أساليب تنمية الموهبة والتفوق عن طريق تزويد الطلبة الموهوبين بخبرات متعمقة ، ومتنوعة في موضوعات ونشاطات تفوق ما يعطى في المناهج المدرسية العادية.

ويقسم الاثراء إلى نوعين:

- الاثراء الأفقي : Horizontal Enrichment
- الاثراء العمودي: Vertical Enrichment

والاثراء الأفقي: هو تزويد الطفل بخبرات غنية في عدد من الموضوعات المدرسية.

والاثراء العمودي: هو تزويد الطفل الموهوب بخبرات غنية في موضوع معين من الموضوعات المدرسية.

ولقد اتفق العلماء والباحثون على مجموعة من أساليب الاثراء أهمها:

١- سياسية الباب الدوار: حيث يتمكن الطالب الانتقال من وإلى غرفة المصادر في أي وقت.

٢- الزيارات الميدانية للمؤسسات التعليمية ، والمصانع ، والمختبرات.

٣- المشاركة في الندوات ، والنوادي، والجمعيات ، والمخيمات.

٤- استخدام البحث العملي في التحصيل الأكاديمي .

٥- دراسة مواد علمية أعلى في مستواها الأكاديمي من العمر الزمني للطفل الموهوب.

٦- استخدام الحاسوب في تعليم الموهوبين /حوسبة التعليم.

٧- التعلم الذاتي من قبل الطالب الموهوب.

الاتجاهات العامة في تربية الموهوبين :

لقد اختلفت الفلسفات الاجتماعية في المجتمعات ، واختلفت نظرتها إلى الهدف من تربية الموهوبين. وبناءً على ذلك تباينت الاتجاهات العامة في تربية الموهوبين .

وهناك ٣ اتجاهات في تربية الموهوبين هي:

أ- اتجاه ينادي بدمج الموهوبين في المدارس العادية : ومن مبررات هذا الاتجاه:

- المحافظة على التوزيع الطبيعي للقدرات العقلية في الصفوف العادية والذي يتمثل في المستوى المتفوق، والعادي ، والذي يقل عن المستوى العادي.
- يحافظ هذا الاتجاه على العلاقات الاجتماعية ، والتفاعل داخل الصف العادي، مع المحافظة على التنافس.

ب- اتجاه ينادي بفصل الموهوبين عن العاديين ، ومن ثم القيام بفتح مدارس خاصة لهم Special school for the Gifted وأهم مبررات هذا الاتجاه ما يلي:

- دعم المجتمع بالقيادات الفكرية، والعلمية، والاجتماعية، والاقتصادية.
- إعداد الكفاءات والكوادر العلمية المتخصصة.
- توفير فرص الإبداع العلمي للموهوبين في مجالات متعددة.

ج- اتجاه ينادي بدمج الموهوبين في المدرسة العادية، ولكن في صفوف خاصة بهم.

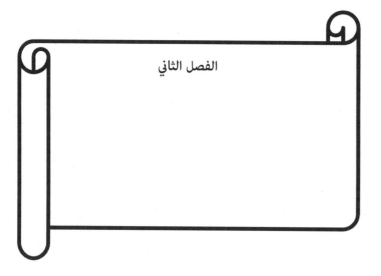

الفصل الثاني

محتويات الفصل الثاني

الإعاقة الحركية

أسباب الإعاقة الحركية

مظاهر الإعاقة

صفات المعاق حركياً

تشخيص الإعاقة الحركية

قياس الإعاقة الحركية

خصائص السلوك للمعاق حركياً

البرامج التربوية للمعاق حركياً

وظائف الخدمة الاجتماعية

أهداف التأهيل للمعاقين

وسائل تنفيذ التأهيل في المجتمع المحلي

المشاكل التي تواجه العملية التأهيلية

تعديل البيئة الملائمة للشخص المعاق حركياً

الإعاقة السمعية

تصنيف الإعاقة السمعية

أسباب الإعاقة السمعية

العوامل المكتسبة والتي تؤدي إلى الإصابة بالإعاقة السمعية

خصائص المعاقين سمعياً

تشخيص المعاقين سمعياً

طرق قياس القدرة على السمع

الرعاية التربوية والتعليمية للمعاقين سمعياً

الاستراتيجيات التعليمية للأطفال الصم

اضطرابات النطق واللغة

أسباب اضطرابات النطق واللغة

قياس وتشخيص الأطفال المضطربين لغوياً

الخصائص السلوكية والتعليمية للأطفال المضطربين لغوياً

مراحل النمو اللغوي

العوامل المؤثرة في النمو اللغوي

التصنيف الطبي لاضطرابات الكلام

أعضاء جهاز النطق

الإعاقة الناتجة عن التهتهة

معالجة مشكلات اللغة والكلام

تصحيح أسلوب النطق

مهارات التنمية اللغوية

تطوير مهارة الاستماع لدى الطفل المعاق سمعياً

نسبة الاضطراب اللغوية

البرامج التربوية المقدمة للأطفال المضطربين لغوياً

المهارات التي تشتمل عليها البرامج التربوية المقدمة للأطفال المضطربين لغوياً في تعليمهم

دور المعلم في تحسين التواصل للطفل في الغرفة الصفية

الفروق الفردية التي يجب مراعاتها عند تصميم البرامج التربوية الخاصة بالأطفال الذين يعانون من اضطرابات في التواصل

الإعاقة الحركية Meteorically Handicapped

يريد المؤلف هنا أن يوضح بعض التعريفات الخاصة بالإعاقة بشكل عام والإعاقة الحركية بشكل خاص ومنها:

الإعاقة : هي عبارة عن صعوبة تصيب فرداً معيناً ينتج عنها اعتلال أو عجز يمنع الفرد من قيامه بعمله الطبيعي. (عبيد ، ١٩٩٩ : ٤٠) .

العجز : هو عبارة عن خاصية ملحوظة قابلة للقياس يحكم عليه من خلال انحرافها عن المعايير .

المعاق : هو الشخص الذي ينحرف انحرافاً ملحوظاً عما نعتبره عادياً سواء أكان من الناحية العقلية أو الانفعالية أو الاجتماعية أو الجسمية بحيث يستدعي هذا الانحراف نوعاً من الخدمات التربوية التي تختلف عما يقدم للأفراد العاديين. (سليمان ، ١٩٩٩ : ١٩) .

المعاق حركيا : هو الشخص الذي يكون لديه عائق جسدي يمنعه من القيام بوظائفه بشكل طبيعي نتيجة مرض أو إصابة أدت إلى ضمور في العضلات أو فقدان في القدرة الحركية أو الحسية ، أو كليها معاً في الأطراف العليا والسفلى أحياناً أو إلى اختلال في التوازن الحركي، أو بتر أحد الأطراف.(عبيد ، ١٩٩٩: ٤١) .

"الفئات التي تدخل ضمن المعاقين حركياً"

من خلال إطلاع المؤلف على عدد من البحوث والمؤلفات التي تخص الاعاقة وجد أن هناك فئات تندرج تحت المعاقين حركياً وهم:

١- المصابون باضطرابات تكوينية : وهم من توقف نمو الأطراف لديهم أو أثرت هذه الاضطرابات على وظائفها وقدرتها على الأداء .

٢- المصابون بشلل الأطفال : وهم المصابون في جهازهم العصبي ،مما يؤدي إلى شلل بعض أجزاء الجسم وخصوصاً الأطراف السفلى والعليا.

٣- المصابون بالشلل المخي : وهو اضطراب عصبي يحدث بسبب الأعطاب التي تصيب بعض مناطق المخ وغالباً ما يكون مصحوباً بالتخلف العقلي .

٤- المعاقون حركياً : بسبب حوادث الطرق والحروب والكوارث الطبيعية ، وأحياناً إصابات العمل أي من خلال العمل الذي يعمل به هذا الفرد كالحدادة أو النجارة ، مما يؤدي إلى فقد طرف من أطراف الجسم تجعل هذا الإنسان عاجزا عن أداء وظائفه على أتم وجه . (سليمان ، ١٩٩٩)

أسباب الإعاقة الحركية

هناك العديد من الأسباب المؤدية إلى الإعاقة الحركية سواء أكانت هذه الأسباب مكتسبة أو مستمدة من البيئة أو من الوراثة ومن هذه الأسباب :-

١- نقص الأوكسجين (Anoxia) عن دماغ الطفل سواء كان هذا الطفل في مرحلة ما قبل الولادة أو أثناءها أو بعدها لأن ذلك يؤدي إلى الشلل .

٢- العوامل الوراثية (Genetic) أي خلل في الكروموسومات ينتقل من الآباء إلى الأبناء حيث يحدث هذا الخلل إعاقة جسدية لدى هذا الطفل المسكين حديث الولادة .

٣- اختلاف دم الأم عن دم ابنها ، ويقصد به العامل الريزيسي .

٤- تعرض الأم الحامل للأمراض المعدية : أثناء الحمل قد تصيب الأم الحامل بعض الأمراض المعدية، وقد لا تلجأ إلى العناية والاهتمام بنفسها أو الذهاب إلى الطبيب فكل ذلك يؤدي إلى شلل الطفل المولود حديثاً أو إصابته إصابة غير سهلة ، وذلك مثل إصابة الأم بالحصبة الألمانية أثناء الحمل ، ويجب عليها أثناء ذلك اخذ التطعيمات المناسبة والمضادة لهذا المرض الذي قد ينتقل إلى جنينها .

٥- تناول الأم الحامل الأدوية الممنوعة خلال الحمل ، فهناك العديد من الأمهات غير المكترثات للأمومة أو لوجود الجهل وعدم معرفة الأم بأن هناك علاجاً قد يسبب الكثير لابنها ولنفسها أيضاً من المتاعب التي لا غنى عنها فلو عرفت كل هذا لما لجأت إلى شرب الأدوية .

٦- مرض السحايا : قد يصاب الأطفال بمرض السحايا وهذا المرض هو من اخطر الأمراض التي تصيب الأطفال لأن هذا المرض يحدث تلفاً في خلايا الدماغ أو القشرة الدماغية .

٧- الخداج (Immaturity) : وولادة أطفال الخداج تعني عدم اكتمال نموهم وذلك بسبب ولادتهم قبل اكتمال المدة الزمنية .

٨- صعوبات الولادة : هناك العديد من النساء اللواتي يعانين من الولادة الصعبة وهذا تصحبه مشاكل جمة منها ما قد يصيب الطفل من خلع ولادة ويتسبب له في إعاقة دائمة وهو (الخلع الوركي) .

٩-الإصابات المختلفة : هناك العديد من الإصابات الناتجة عن السقوط من أعلى ومن حوادث الطرق ، والكوارث الطبيعية ، وكل ذلك يؤدي إلى إعاقات حركية أو عقلية أو جسدية دائمة . (العزة ، ٢٠٠٠)

مظاهر الإعاقة الحركية

يشير المؤلف إلى العديد من المظاهر التي تميز المعاق حركياً وتظهر هذه بوضوح في سلوكه وتصرفاته وتجعل الآخرين يعرفون أن ذلك الشخص لديه وضع غير طبيعي ومن أهم هذه المظاهر هي :-

أولاً : مظاهر تربوية واجتماعية

يتسم المعاق حركياً بالخجل والانطواء ،ويعاني من مشكلات هامة تواجهه في الطعام وأيضاً في التبول ويمتازون بالضعف الاجتماعي ، والأفكار المحيطة لذواتهم ونظرتهم إلى المجتمع نظرة دونية لأن هذا المجتمع من منظورهم ينظر إليهم على أنهم عجزة ولا يستطيعون القيام بالأعمال بشكل صحيح ، وشعورهم الذاتي بعدم قدرتهم على المشاركة الاجتماعية ، واعتمادهم على الآخرين ، وعدم تحملهم المسؤولية تجاه أنفسهم، ومن مظاهر فقدان الشهية أيضاً أو الإفراط في الطعام مما يؤدي إلى السمنة ، وهذا يؤثر تأثيراً عكسياً على أجسامهم وخصوصاً أن لديهم عجزاً في مدى تحمل الفطام .

ويتمثل دور العلاج في تشجيعهم أولاً على تقبلهم لذواتهم وأيضاً تقبله للمجتمع وتقبل المجتمع لديهم ، وأن لديهم القدرة العالية على الاندماج وتدعيمه في الخدمات التربوية والمادية ، وإعفائهم من الضريبة الجمركية التي تفرض على احتياجاتهم والقيام بكل ما يوفر لهم ويلزمهم ومساعدتهم على تدعيم ثقافتهم والنواحي المعرفية لديهم. وذلك

من خلال الكتب والمجلات المعدة لتثقيفهم وتشجيعهم على مواكبة الحياة العملية، وأن هذا الأمر هو واقع لا بد منه . (العزة ، ٢٠٠٠)

ثانياً : المظاهر العصبية وخصائصها

يتصف الإنسان المعاق بتلف في الدماغ أو خلل وظيفي في عمله، لذلك فهؤلاء يعانون من مشاكل القراءة والكتابة ، لأن حواسهم غير سليمة ، وقد ينتج عن ذلك سوء التغذية ، وإصابتهم بالرضوض والكسور في الجسم ، وشعوره بعقدة النقص، وهذا يتمثل في سلوك أو عمل غير مفهوم ، ويميل في هذا السلوك إلى الوسائل الدماغية وقد يلجأ هذا الشخص أحياناً إلى استدراك وعطف الآخرين له لما لديه من إعاقة تصاحبها شفقتهم عليه.

ومن الناحية التربوية يجب أن يشجع هذا الشخص على استغلال ما لديه من طاقات كافية إلى أقصى حد ممكن ، وتدريب الأعضاء السليمة على القيام بالأعمال على خير وجه . (فهمي ، ٢٠٠١)

ثالثاً : الخصائص والمظاهر النفسية

هناك الكثير الخصائص النفسية التي يتصف بها الإنسان المعاق حركياً منها الخجل والعزلة والانطواء والحزن وعدم الرضا عن الذات وعن الآخرين، ويتصفون بعدم اللياقة وعدم الانتباه وتشتت الذهن ، وشعورهم بالحرمان والإحباط .

وهؤلاء بحاجة ماسة إلى الإرشاد الوقائي والنمائي، وذلك لتوجيههم التوجيه الصحيح والتعامل مع مراحل نموهم المختلفة التي يمرون بها ، ولهذا يجب توفير الظروف المناسبة لهم في البيت والأسرة والمدرسة بحيث يبعدهم هذا عن التوتر والقلق والمعاناة ، والابتعاد عن العقاب الجسدي، لأن ذلك يترك أثراً سيئاً في نفوسهم ويجعلهم محبطين .

وهناك التشجيع الأسري والتربوي والدعم المالي ، حتى يستمروا في حياتهم كغيرهم من الأسوياء ، وأن يعيشوا بعيداً عن تهديد الذات ويجب أن تؤخذ هذه الخصائص بعين الاعتبار وذلك عند وضع البرامج التربوية والتعليمية ، ورسم الخطط العلاجية وذلك للتعامل مع المشكلات التي تطرأ أو يواجهونها في حياتهم اليومية وفي العمل . (عبده، حلاوة ، ١٩٩٧ ، العزة ، ٢٠٠٠)

رابعاً : الخصائص التعليمية

في كثير من الأحيان يعزل المعاق نفسه عن الآخرين، وذلك يعود لأسباب قد تكون نفسية أو عصبية أو اجتماعية . وأحياناً لعجزه عن مشاركة الآخرين مشاعرهم، وأفكارهم وغالباً ما يعاني من حرج في الاتصال ويشعر بأنه شخص خارجي وغريب وهذا الأمر هو الذي يقود الآخرين على رفضه وعدم قبوله في المجتمع .

ومن الخصائص التعليمية مشكلة عدم الانتباه (Distraction) ويواجه صعوبة في التركيز ، وذلك لوجود مشاكل لديهم في حاسة السمع والبصر- أحياناً، وكل هذه الصفات تنعكس على سلوك هذا الشخص المعاق ، مما يجعله يميل إلى الانسحاب والعدوان في سلوكه مع الآخرين ومع نفسه . (القريطي، ٢٠٠١)

خامساً : الخصائص المهنية للمعاق حركياً

يتصف الإنسان المعاق حركياً بعدم قدرته على الالتحاق بأي عمل بسبب العجز الجسمي الموجود لديه وهم غير قادرين على القيام بالأعمال التي يقوم بها الإنسان العادي.

كما تحد إعاقتهم من استعدادهم وميولهم وقدراتهم المهنية التي يرغبون فيها وتدفعهم إلى الابتعاد عن العمل وعدم الرغبة في تشغيلهم بسبب تدني إنجازهم وعطائهم.

بينما يستطيع المعاق حركياً في الدول المتقدمة أن يعمل في مجالات عدة لأن معظم الأعمال هناك مبرمجة على الكمبيوتر وعمله فقط يتلخص بالضغط على الأزرار للتشغيل والإيعاز ، بل إنهم يعتبرون أكثر إنتاجية في بعض الأحيان من الإنسان السوي.

أما في بلادنا فتنقصهم البرامج المجهزة والمعدة الأعداد الصحيح لمثل هذا الإنسان الذي تنقصه الحركة في بعض الأحيان فيجب على المسؤولين عن برامج الإعاقات أن يهتموا بوضع البرامج المعدة الإعداد الصحيح ، والأجهزة التي تقوم على خدمة الإنسان المعاق وتجعله إنساناً فعّالاً في الحياة العملية وتمنحه القدرة على العطاء والإنتاج ، ومساعدة الآخرين لهم المساعدة التي تمنحهم الثقة بالنفس وتمدهم بالتشجيع وتعزيز الذات لديهم . (العزة ، ٢٠٠٠)

سادساً : الخصائص التدريبية

بسبب وجود الإعاقة لديهم فمن الصعب أن يقوموا بـالأعمال الروتينيـة التـي يقـوم بها الإنسان السوي ، مثل قضاء الحاجة أو نظافة الجسم أو تناول الطعام والشراب .

ويجب تدريبيهم التدريب الكافي، وذلك مثل الألعـاب الخفيفـة، والتـدريب العقـلي البسيط الذي يهدف إلى إكسابهم المرونة الكافية للقيام بـالأعمال اليوميـة . وهـو بحاجـة إلى أخصائي عظام في مجال تقويم العظـام والعـلاج الطبيعـي والمسـاج. وتشـجيعهم عـلى التربيـة البدنية وتدريبهم على ممارسة التمارين الرياضـية الخفيفـة، وأيضـاً تشـجيعهم عـلى الأعـمال الفنية مثل الرسم والدهان ،وهم بحاجة إلى الدعم النفسي والتغذية الراجعة. (عبده، حلاوة، ١٩٩٧) .

صفات المعاق حركياً

بشكل عام يتصف الإنسان المعاق حركياً بعدة أمور وأهمها :-

١- قلة الميل إلى النشاط الحركي وكراهية العالم الخارجي

٢- الشعور بالنقص الذي يعتريه نتيجة قصوره الحركي

٣- المعاناة من نقص الثبات الانفعالي والسلوكي مما يؤدي إلى تذبذب في المشاعر لديه.

٤- فشل التشخيص في تحقيق التوافق الاجتماعي

٥- احتمال إصابة الشخص بالاكتئاب مع شعوره بشدة الحساسية وخصوصاً في فترة المراهقة .

٦- إصابة الشخص بالمشاعر العدوانية ، تجاه نفسه وتجـاه الآخـرين. (القـدافي، ١٩٩٣: ١٨٧-١٨٨)

أسباب تجنب هذه الأعراض والصفات والوقاية منها

١- وضع نظام غذائي مناسب للأم الحامل.

٢- معرفة فصيلة دم الأبوين وعامل الريزيسي فيهما.

٣- الوقاية من الأمراض والأخطار المؤدية إلى الإعاقة الحركية.

٤- الاهتمام بأساليب التشخيصي المبكر.

٥- تعميم التشخيص الإجباري ضد بعض الأمراض المعدية.

٦- الوقاية من حوادث الطرقات وتفادي الأسباب المؤدية إلى حوادث العمل والإصابات.

٧- توعية الشعور بمخاطر الحروب والتدرب على طرق الوقاية منها وتجنبها قدر المستطاع .

تشخيص الإعاقة الحركية

تعتبر عملية التشخيص عملية مهمة ودقيقة ، من خلالها يتم معرفة قدرات الطفل المعاق من خلال استخدام مقاييس واختبارات مهمة مختلفة .

والشخص الذي يقوم بعملية التشخيص يحمل مؤهلات علمية ولديه القدرة على استخدام الاختبارات والتدريب الميداني ، فكلما كان التشخيص مبكراً للطفل كان تجنب الحالة أكثر أو تقليلها وحصرها ، ولقد تطورت وسائل الكشف والتشخيص فبإمكان الأطباء عن طرق استخدام التحاليل المخبرية للمواليد الجدد اكتشاف بعض الاضطرابات الجسمية والعقلية . وقد أدى ذلك إلى تطور أجهزة الكشف والتشخيص فالكشف يهدف إلى التعرف السريع على الأطفال الذين لديهم إعاقة أو قابلية لحدوث إعاقة كونهم في حالة خطر لأسباب بيولوجية أو بيئية . والتشخيص هي خطوة متقدمة ومن خلال التشخيص نستطيع أن ننفي أو نؤكد وجود حالة التأخر أو الإعاقة وفي حالة وجودها يتم تحديد أسبابها واقتراح طرق العلاج .

وهناك عدة أسباب لتشخيص الإعاقة متمثلة في العيوب الخلقية أو العيوب المكتسبة أو المستمدة من البيئة التي يعيش فيها الفرد ومن أهم هذه الأسباب :-

١- عوامل وراثية Genetic

٢- نقص الأوكسجين. (الخطيب ، ١٩٩٨)

كيفية الكشف عن الضعف الحركي

الكشف عن الضعف الحركي هي مسؤولية الاختصاصي مثل (طبيب الأطفال والأعصاب ، والعلاج الطبيعي) ، فيجب على الأهل أن يهتموا ويراقبوا أبناءهم المراقبة الجيدة ، ومن ثم تقديم الملاحظات للمسؤولين .

ويتم تقييم الأنماط الحركية على يد المختصين والقائمين على المعالجة لهؤلاء وعادةً ما يهتم المختصون بعمر الإنسان عند حصول الإعاقة الحركية أو حدوثها (العزة ، ٢٠٠٠).

قياس الإعاقة الحركية

ليس من السهل قياس الإعاقة الحركية ولكن اتفق المختصون على بعض الطرق والأساليب التي من خلالها يمكن قياس حدوث الإعاقة الحركية ، وهناك أربع طرق اتفق المختصون على استخدامها في قياس الإعاقة الحركية هي :-

١- العد   Counting

٢- التوقيت   Timing

٣- الفحص   Checking

٤- الدرجة   Reading

وفيما يلي شرح لكل منها بشكل واضح.

أولاً : العد   Counting

وهذا يتمثل في عدد مرات قيام الشخص المعاق حركياً بتكرار هذا السلوك، فمثلاً للدلالة على ذلك كم مرة يبلل يده ثم يغسلها أو يقوم بسلوك الضرب أو العدوان في اليوم الواحد ، وبهذا نستطيع أن يستفيد منه في مقياس اتساع حجم المشكلة لديه، وبذلك نستطيع أن نرسم صورة عامة لهذا الشخص أو السلوك .

ثانياً : التوقيت   Timing

هذا القياس هو من أفضل أساليب الفحص لدى المعاق حركياً لأن الوقت يجيب على عدة أسئلة مثل كم طول المدى الذي ارتدى فيه المعاق ملابسة ؟ وكم من الوقت يتحدث المعاق في مناقشة جماعية ؟ حيث إن السلوك يتكرر عدة مرات بدقة مثل التحدث إلى النفس أو المشي ، كم من الوقت يحتاج هذا الشخص لأداء ذلك .

ثالثاً : الفحص   Checking

هذا الأسلوب يعتمد على أسئلة توجه إلى المعاق، وتكون نوعية الأسئلة التي تتطلب الإجابة عليها بـنعم أم لا . ومـن خـلال ذلك نستطيع جمع البيانات لعـدد مـن الفحوص المتشابهة لنستطيع قياس مدى أداء ذلك السلوك .

رابعاً: الدرجة   Reading

هذه الطريقة قد تكون من اصعب الطرق في قياس سلوك الإنسان المعاق إلا أنها تتضمن عنصراً موضوعياً حتى وإن كانت اقل ديمومة من القياسات الأخرى، وهي أحكام ضرورية عن جوانب خاصة من سلوك المعاق بطريقة تستخدم بعض الأسئلة للإجابة عليها مثل كيف يكون اجتماعياً ، أو كيف يتعامل ويتعاون مع الناس الآخرين ؟ .

وتستخدم هذه الطريقة ثلاثة مقاييس

١- مقياس متعدد الأبعاد   A numerical Scale

٢- المقياس ذو البعدين   Agiler Scale

٣- المقياس ذو البعد الواحد   Aunipola Scale

إن القياس الدقيق للملحوظات يكون ذا قيمة قليلة في حالة سُجلت بطريقة جيدة يمكن الاستفادة منها ، فالتسجيل الملخص يتميز بسهولة مهمة خلال اللحظة التي يتم بها.

وهناك شروط يجب ملاحظتها عند تسجيل السلوك :-

١- التعليمات الواضحة المفهومة

٢- التسجيل في الحال

٣- وضوح التسجيل

٤- تناول الطرق السليمة

٥- تعريف المعاق حركياً بطريقة التسجيل عندما يكون في وضع أفضل .

(فهمي ، ٢٠٠١: ٢٢١)

خصائص السلوك للمعاق حركياً

من خلال الدراسات التي تبنت هذا الموضوع وهو الإعاقة سواء أكانت هذه الإعاقة حركية أم جسمية أو حسية أو عقلية، فتأثيرها واضح على تصرفات الفرد وسلوكاته اليومية، فالشعور بالنقص الناشئ عن القصور العضوي يصبح عاملاً مهماً وفعالاً في النمو النفسي للشخص .

ومعنى قصور أحد الأعضاء هو عدم استكمال نمو هذا العضو أو توقف نموه أو عجزه عن العمل .

ويقول ادلر Adler أن شعور الإنسان بالنقص العضوي يدفع الإنسان إلى البحث عن طرق ووسائل بديلة للتخفيف من شعوره بالمذلة والضيق .

وكذلك يقول عالم النفس الاجتماعي روجرباركر Roger Barker إن شعور المعاق بأنه عضو في جامعة للاقليات تخضع كغيرها من الاقليات للضغوط الاجتماعية، والاقتصادية ، وهذا الشعور ينمى المظاهر الانفعالية التي تكافح فيها الأقليات في سبيل الاحتفاظ ببقائها .

ولخص شعور المعاق بما يلي :-

١- الشعور بالنقص

٢- الشعور بالعجز

٣- عدم الشعور بالأمن

٤- عدم الاتزان الانفعالي

٥- سيادة مظاهر السلوك الدفاعي

مكونات السلوك الحركي

هناك أربعة مكونات للسلوك الحركي

١- مكون إدراكي : وهذا يعني قدرة الفرد على توجيه انتباهه نحو المثيرات الحسية المختلفة .

٢- مكون معرفي : و يتعلق بالقدرة العقلية التي تمكن المتعلم من فهم المهارة

٣- مكون تنسيقي : وهو مرتبط بالتنسيق بين المدخلات المثيرة الحسية ، والاستجابة الحركية فلولا التآزر الحسي الحركي في نسق منظم لتعزّز القيام بأي سلوك .

٤- مكون شخصي : وهذا يعني أن المهارات الحركية تتأثر بالاسترخاء والاحتفاظ بالهدوء في ظروف تستثير التوتر .

أنواع السلوك للمعاق حركياً

هناك من يقسم سلوك الشخص المعاق حركياً إلى قسمين :-

١- السلوك السوي   Normal

٢- السلوك غير السوي   Not Normal

– فالسلوك السوي : هو سلوك الفرد الذي يتمشى مع السلوك الطبيعي لـدى المجتمـع
  ولا يكون هناك أي خلل أو لفت للانتباه لذلك السلوك .

– أمـا السلوك غـير السـوي : فهـو السـلوك الـذي لا يتمشى ـ مـع المعاييـر الاجتماعيـة
  والثقافية .

وهناك من يقسمه إلى سلوك منحرف وسلوك اجتماعي إيجابي وهذا السلوك يحقـق
نتيجة ناجحة لصاحبه ولأفراد مجتمعه . لقد اهتمت النظرية السوسيولوجية في هـذا المجـال
وتوصلت إلى أن علاقة السلوك المنحرف بكل مـن المعاييـر الاجتماعيـة والثقافيـة والجماعـات
الاجتماعية له أثر أحياناً يكون سلبياً على سلوك هذا الشخص المعاق حركياً.

أما بالنسبة للمعايير الاجتماعية وهو السلوك الاجتماعي الإيجابي ، والتفاعـل بـين
الأفراد مستمر ما دامت الحياة ، وأن الإنسان دائماً بحاجة إلى أخيه الإنسان . ويعد السلوك
الاجتماعي هو الهدف الأساسي لعملية التنشئة الاجتماعيـة، وأن تعامـل الكـائن البشري مـع
بيئته يعتمد على أساليب متعلمة، وهـذه الأساليب لا يكتسبها الفرد إلا مـن خـلال عمليـة
التنشئة الاجتماعية .

ويعتبر النجاح دليلاً على التوافق والتفاعل مـع البيئـة ، ولـو فكرنـا في هـذا السلوك
لوجدنا أنه ينمو ويتطور مع نمو وتطور الفرد، فالسلوك المقبول مـن طفل مـا قبـل المدرسـة
يختلف تماماً عن سلوك أطفال المدرسة .

ونستطيع أن نقول بأن السلوك الاجتماعي الإيجابي هو دلالـة عـلى النمـو الصحيح.
وعكس ذلك كما قلنا سابقاً هو السلوك غير السوي الـذي يجعـل صـاحبه يقـوم بسـلوكات لا
تتفق وقيم المجتمع الذي يعيش به من عادات وقيم ومبادئ وكـل ذلك راجـع إلى أن هـذا
الشخص لديه إعاقة حركية تمنعه من القيام بالسلوك الاجتماعي الحسن . (الحيدري، ١٩٩٥)

العوامل المؤثرة في السلوك الحركي

١- التغذية الراجعة Feed Back

نشير إلى المعلومات التي تتوفر لدى المعلم حول طبيعة أداء هـذا الشخص لمهـارة حركية ، أي أن التغذية الراجعة هي المعلومات التي يشتقها المتعلم من خبراته وأفعالـه عـلى نحو مباشر .

وهذه المعلومات هي التي تمكن المعلم من أجراء بعض التعديلات اللازمـة للتغيـير في سلوكه الحركي .

٢-التدريب

التدريب له أثر كبير في تعليمه سلوكاً حركياً لأن المهارة الحركيـة تتطلب ممارسـة لفترة زمنية طويلة للتمكن من القيام بأدائها بشكل رشيق .

٣-الانعصاب المعلوماتي

هذا يعني الحالـة الانفعاليـة الداخليـة للفـرد عنـدما يكـون في ظروف غـير مواتيـة للشخص وهناك دلالة تشير إلى وجـود علاقـة بـين مسـتوى الانعصـاب المعلومـاتي، ومستوى الأداء الحركي ، وتكون إيجابية في ضوء مستوى معين من الانعصاب وإذا تعداه تكون العلاقـة سلبية . فكلما كان الفرد أكثر امتلاكاً لقوة التركيز وتحمل ضغوطاً كان أكثر قـدرة عـلى تحمـل الانعصاب المعلوماتي ، وكان أداؤه أقل تأثيراً . (حلاوه ، ١٩٩٧)

نسبة الإعاقة الحركية

تختلف نسبة الإعاقة الحركية من مجتمع لآخر وذلك تبعاً لعدة عوامل أهمها :-

١- عامل الوراثة

٢- الوعي الصحي والثقافي

٣- القدرة على التوعية والإرشاد

٤- العوامل المكتسبة المتمثلة في الحروب وحوادث الطرق والإصابات مـن خـلال الدراسـات التي أجريت، لقد تبين أن هناك واحداً من بين عشرة أشخاص مـن سكان العـالم مصـاب بشكل أو بآخر من أشكال الإعاقة سواء أكانت هذه الإعاقة حركية، أو

جسمية أو عقلية ، ولقد قدرت المنظمات المتخصصة في الأمم المتحدة هؤلاء بـأكثر مـن ٥٠٠ مليون شخص .

وتقدر نسبة المعاقين حركياً في أميركيا عـام ١٩٧٥ بـ ٥٠% في العـالم ، أمـا بالنسبة للأردن فقد بلغت نسبة المعاقين حركياً نسبة عاليـة لا تضاهيها نسبة أخـرى بلغـت حـوالي ٦٤٧٩ شخص عام ١٩٧٩ م أي نسبة ٣٤.٣ % من مجموعة المعاقين في الأردن .

أما بالنسبة للوطن العربي في شيوع الإعاقة الحركية، فقـد وجـد المختصون أنـه مـن الصعوبة إيجاد بيانات تبين نسبة المعاقين . وليس هناك مـا يـدل عـلى اتجاه نحـو أعـداد المعاقين زيادة ونقصاناً ، وقد يرجع سبب هذا النقص إلى مشكلة الإعاقة لأنها مـا زالـت لا تطرح نفسها كعقبة اجتماعية تستحق المواجهة . وهناك اختلاف كبير في مدى تحديد من هو الشخص المعاق؟ وأيضاً اختلاف المعايير التي استخدمت في كـل بحث ، وفي طبيعـة وتركيـب حجم العينات التي تجري عليها الدراسـة ، وأيضاً قصور الأدوات التي يمكن استخدامها في قياس وتحديد نوع الإعاقة، وفي أي الأماكن أو الأعمال أو النوع أو المهن تكون الإعاقة أكـثر انتشاراً وشيوعاً وأيضاً هو أن الإعاقة أمر نسبي تتوقف عـلى نوع النشـاط المطلوب ممارسـته والقيام به . والكثير من الدول في العالم ركزت في تحديدها حجم مشكلة المعاقين على مشكلة التخلف العقلي أكـثر من أي تخلف أومن الإعاقة الحركية حيث قدرت نسبة هـؤلاء بـ ٢.٦% و ٣.٢% وأن أكثر مـن٨٠% في الـدول الصناعية مـن حـالات التخلـف البسـيط .(الخطيـب ، (١٩٩٨

البرامج التربوية للمعاقين حركياً

يحتاج المعاق حركياً إلى العناية التربوية غير العادية ، والاهتمام البـالغ في تـوفير كـل ما يلزم له من توفير الخدمات اللازمة في إطار العملية التربوية . والتي تتضمن التغيرات التـي تـدخل عـلى المـنهج التعليمـي العـادي ليناسب طبيعـة هـذا الشـخص المعـاق ولمواجهـة الاحتياجات التربوية والتعليمية الناجمة عن هذه الإعاقة بطريقة مناسبة .

ومن خلال تغيير هذه المناهج وتطويرها لتناسب هذا الشخص المعاق كل هذا يساعد في رفع مستوى المعاق حركياً على الأداء الاجتماعي Functioning Social اكثر من الناحية المرضية كما يهتم بتحقيق الذات وأهميتها للمعاق أكثر من الناحية العلاجية لأن ذلك يؤثر تأثيراً بالغاً في نفسية الأشخاص المعاقين .

ومن أهم البرامج التربوية للمعاق هي:-

أولاً : دور الخدمة الاجتماعية

إن دور الخدمة الاجتماعية هو دور فعال ومهم للمعاق حركياً، وهذا الأمر يساعده على تحقيق التوازن المتبادل بين الإنسان المعاق وبين البيئة التي يعيش فيها ويتفاعل معها.

وظائف الخدمة الاجتماعية

١- مساعدة المعاق على اكتساب مهارات سلوكية تجعلهم أكثر اعتماداً على أنفسهم

٢- إقامة الصلات بين الإنسان المعاق حركياً والإنسان السوي ، وذلك من أجل التفاعل المتبادل بين الطرفين والتعاون فيما بينهم لأن ذلك يمنح الشخص المعاق ثقة بالنفس وتعزيز الذات .

٣- مساعدة مؤسسة رعاية وتأهيل المعاق على تنظيم نفسها داخلياً ودعمها اقتصادياً، وذلك لتقديم كل ما يلزم الإنسان المعاق .

٤- وضع سياسة اجتماعية لرعاية المعاقين .

٥- تدعيم الطبقة الاجتماعية لمقاومة الانحراف والجريمة عن طريق الوقاية التي تقدمها المؤسسات المسؤولة عن رعاية الإنسان المعاق حركياً ، وعن طريق توعية المعاق توعية ثقافية وتربوية وإرشادية فيبتعد عن الانحراف واللاأخلاقيات .

٦- توفير المجلات الثقافية والعلمية المثيرة والتي تشجع الإنسان المعاق وتوعيّه وتبث العزيمة في نفسه، وذلك عن طريق روح التعاون بين الجميع. (القريطي ، ٢٠٠١)

أهم البرامج التي تقدمها الخدمة الاجتماعية

أولاً : البرامج العلاجية

وهي البرامج التي تقدم للمعاق وتساعده على مواجهة مشكلته وعلاجها من خلال ما يلي:-

١- العلاج بالعمل

٢- العلاج الطبي

٣- العلاج الطبيعي

٤- التدريب المهني

٥- العلاج النفسي

٦- الخدمات الاجتماعية

٧- الخدمات الترفيهية

٨- الخدمات التعليمية . (فهمي ، ٢٠٠١ ، ٢٣٦)

ثانياً : البرامج النمائية

وهذه البرامج تهدف إلى تنمية شخصية هذا المعاق وزيادة أدائه الاجتماعي.

وكما يرى البعض أن شعور الإنسان المعاق بالنقص والدونية ، يدفعهم إلى الجد والمثابرة لتعويض هذا الشعور الملازم لهم .

ثالثاً : البرامج الوقائية

هذه البرامج الوقائية تهدف إلى وقاية الإنسان المصاب بالإعاقة أو المرض، ونجاح هذه البرامج تؤدي إلى تقليل نسبة المعاقين في الدولة ودعم المراكز المخصصة لذلك اقتصادياً ومعنوياً وثقافياً، وكل ذلك يساعد على توعية هذه الفئة الخاصة .

رابعاً : برامج العلاج الجماعي

قد يواجه المعاق مشاكل اجتماعية وشخصية والسبب في هذه المشاكل هـو الإعاقـة وقد ينتج حالة نفسية سيئة وهنا يأتي دور العلاج الجماعي الذي يهدف إلى مساعدة الحالة على التغير فكرياً وشعورياً وسلوكياً وذلك عن طريق التدريب ، وطرق التدريب كثيرة

ومتنوعة، وذلك بتنوع الإعاقة وشدتها فقد تكون في مدارس عادية أو خاصة أو في صفوف خاصة .

ويمكن تدريب المعاق في مدارس عادية وفق الحالات التالية :-

١- إذا كانت لدية قدرة عقلية عالية

٢- إذا كانت لدية قدرة حركية كافية

٣- إذا كان قادراً على التفاعل مع الآخرين

٤- إذا كانت لدية الرغبة في الالتحاق بمدرسة عادية

٥- إذا كان قد مر بخبرات تعليمية واجتماعية

٦- إذا كان قادراً على الأداء المستقل

٧- إذا كان لدية استقرار انفعالي

٨- إذا كانت لديه القدرة على التواصل بطرق واضحة (العزة ، ٢٠٠٠: ١٢٢) .

ثانياً : التأهيل المهني

يجب أن نعرف أولاً ما هو التأهيل المهني ؟

التأهيل : هو العملية المنسقة التي تهدف إلى أن يستعيد ويطور الشخص المعوق جسمياً أو عقلياً أكبر قدر ممكن من القدرة على العمل وقضاء حياة مفيدة اجتماعياً وشخصياً .

والتأهيل المهني : هو ذلك الجزء من العملية التأهيلية المستمرة والمنسقة التي تشمل تقديم الخدمات المهنية ، كالإرشاد المهني ، والتدريب المهني ، والتشغيل المتخصص الـذي يضـمن للمعاق التوظيف المناسب.

والتأهيل هو تنمية مكونات وقدرات الفرد المصاب بالإعاقة، وذلك من خلال العمل للتغلب على هذه الإعاقة من خلال الخدمات الطبية والعلاج الطبيعي ، وتشتمل عملية التأهيـل مهنياً ونفسياً واجتماعياً على عدة جوانب منها :-

١- الجراحة .

٢- الطب النفسي وما يتصل به من خدمات نفسية .

٣- الخدمات المساعدة (العلاج المهني ، العلاج الطبيعي والتمريضي).

٤- عمل الأطراف الصناعية وتزويد المعاق بها إذا احتاج لذلك .

٥- تحمل العمل

٦- الإرشاد النفسي

٧- مساعدة المعاق على أن يتعايش مع المجتمع ، وإثارة وتحفيز المجتمع ليتعايش مع المعاق ومساعدته .

ويجب أخذ الاعتبار أن التأهيل للأطفال المعاقين يكون شاملاً لطبيعة البيئة التي يعيش فيها وأن تأهيل المعاق حركياً يختلف من بيئة لأخرى حسب المكان الذي يعيش فيه ،وأن الأسرة هي الأكثر قدرة على مساعدة أبنائها ، وأن جميع الأطفال بحاجة إلى الحب والتقدير ، وأنهم بحاجة إلى إتاحة الفرص أمامهم للإبداع وإخراج الطاقات الكامنة وأن كل إنسان لديه القدرة على الإبداع وخدمة المجتمع مهما كانت إعاقته.(عبيد ، ١٩٩٩).

أهداف التأهيل للمعاقين

لكل عمل من الأعمال هدف يسعى إلى تحقيقه من أجل مساعدة المعاقين ورسم الأهداف والخطط لهم ومن أهداف تأهيل الطفل المعاق حركياً وأيضاً البيئة المحيطة به ما يلي:-

١- مساعدة الأهل والأصدقاء والجيران على قبول المعاقين واحترامهم.

٢- توفير البيئة المناسبة المحلية لمساعدة المعاق على أن يتعايش بسهولة وأمان .

٣- التعاون المشترك بين الأهالي والمجتمع من أجل إنشاء المراكز التأهيلية للمعاقين .

٤- توفير فرص تدريبية للعائلات المفككة .

٥- على جميع المراكز أن توفر فرص عمل وتدريب للجميع.

٦- توفير فرص تبادل الأفكار بين المتدربين المعاقين والآخرين .

٧- استخدام موارد البيئة المحلية وتقديم المساعدات المادية. (الخطيب ، ١٩٩٨)

وسائل تنفيذ التأهيل في المجتمع المحلي :

إن التأهيل في المجتمع يجب النظر إليه على أنه تأهيل يخص المجتمع المحلي ممثلاً في السلطة أو الحكومة المحلية ، ويعتبر عنصراً من العناصر السياسية والاجتماعية والصحية على جميع المستويات .

وأن الأساليب العامة في عملية تطوير التأهيل الحقيقي تحتوي على صياغة وتنفيذ جميع السياسات المساندة لهذا التأهيل ، والعمل على مستوى المراكز الإدارية المحلية والمقاطعات وعلى المستوى الوطني للبلد .

وقد يكون هناك دعم خارجي قد يأتي من البلدان الأخرى للمجتمع المحلي ، مثل توصيات برنامج العمل العالمي بشأن الأشخاص المعاقين الذي أعد خلال عقد الأمم المتحدة مؤتمراً للمعاقين .

وقد يرجع ذلك إلى دعم المجتمع المحلي لأبناء وطنه أي للمعاقين من هذا المجتمع، وقد يرجع أيضاً إلى مبادرات من منظمات المعاقين أنفسهم واهتمامهم بشؤون أمورهم .

ويمكن أن يقدم التأهيل المجتمعي وسائل الدمج الاجتماعي لجميع أفراد المعاقين في المجتمع المحلي ، والأمر متوقف على مدى التزام المجتمع بذلك ، وعلى موارده، وخدمات الدعم التي يتلقاها من الحكومة والمنظمات الأخرى ، ويتمثل هذا الدعم في مساعدة أعضاء المجتمع المحلي لتمكينهم من المشاركة في برنامج التأهيل المجتمعي وتقديم الدعم المباشر للأفراد المعوقين من أجل العلاج ، والتعليم، أو المعدات التي لا يمكنهم الحصول عليها على مستوى المجتمع المحلي .

المشاكل التي تواجه العملية التأهيلية

التأهيل عملية مهمة في إعداد المعاقين حركياً إعداداً صحيحاً ، إذ بعدها يخرج هذا الإنسان المعاق حركياً إلى المجتمع ولديه طاقات هائلة من الإنتاج والاندماج الكلي مع المجتمع السليم المحيط به .

وهناك بعض المشكلات الهامة التي تواجه العملية التأهيلية وهي :-

١- أن التأهيل عملية تتعامل مع عناصر معاقة متقدمة في السن ، وبالتالي تواجه عملية صعبة مع الكبار وخصوصاً الصعوبات التي تواجه عملية تعليمهم .

٢- والتأهيل يعني إعادة تدريب وتعليم المعاق على مهارات معينة لتناسب قدراته الباقية بدون إعاقة ، وهذا يعني جر أمر مألوف إلى أمر غير مألوف ، وهذا يؤدي إلى مقاومة المعاق تمشياً مع النزعة العامة للفرد لمقاومة التغير .

٣- يتطلب التأهيل إمكانيات مادية وبشرية هائلة وكبيرة قد لا تتوفر هذه الإمكانيات في بعض المجتمعات مما يعود سلباً على تأهيل هذه الفئة من الناس ,وعدم قدرتهم على مواكبة المجتمع من حولهم .

١- التأهيل يعني عملية إعداد وتوجيه المعاق إعدادا وتوجيها صحيحاً وهذا يتطلب وجود مقاييس معينة تقيس قدرات المعاق عند التأهيل أو عند التوجيه المهني كعملية تستهدف اختيار الفرد المناسب لمهنة يتقنها . (فهمي، ٢٠٠١)

ثالثاً : النشاطات الرياضية للمعاقين حركيا

للرياضة أثر فعّال ومهم في تقوية الجسم والمحافظة على التناسق الحركي، بالإضافة إلى مالها من فوائد اجتماعية ونفسية ويجب على القائمين على رعاية المعاقين حركياً حثهم على ممارسة أنواع متعددة ومن الرياضة ومن أهم هذه الرياضات :-

١-السباحة ، رمي الرماح ، رمي الجلة ، التنس ، كرة الطائرة

٢- أما بالنسبة للمقعدين فيناسبهم رمي القرص ، رمي الرمح ، رمي الجلة ، سباق المقاعد المتحركة ،السلاح ، رمي القوس ، رفع الأثقال ، البيليياردو وهناك المصابون بشلل المخ فيناسبهم الجري ، العاب الميدان .

رابعاً : النشاطات التربوية للمعاق حركياً

لقد اهتمت وزارة التربية والتعليم اهتماماً بالغ الأهمية في الشؤون التي تخص الإنسان المعاق حركياً والمعاق بشكل عام ، وقامت التربية بتقديم برامج خاصة وهذه البرامج تعني التنظيم المتكامل والذي يضم جميع الخدمات التي يمكن أن تقدمها للطفل غير العادي .

ولقد اشتملت هذه الخدمات على الجوانب الآتية:

١- الاجتماعية

٢- النفسية

٣- الصحية

٤- التعليمية

ولقد اهتمت اهتماماً بالغاً في البناء المدرسي المُعد لهذه الفئة ، ويشمل ذلك المدارس الداخلية والمدارس الخاصة ، وحجرة الخدمات الخاصة ، والتدريس في المستشفى أو المنزل .

وتهدف التربية إلى التعرف على الأطفال غير العاديين وهذا يتمثل بالقياس والتشخيص المناسبين لكل فئة من فئات التربية الخاصة . وأيضاً إلى إعداد البرامج التعليمية ، وتوفير طرق التدريس المناسبة لكل فئة من فئات التربية الخاصة ،وإعداد برامج الوقاية من الإعاقة بشكل عام . وإعداد المعلمين إعداداً صحيحاً للتعامل مع المعاق حركياً وتقبله قبولاً صحيحاً في كل الأحوال والمجتمعات .

تعديل البيئة الملائمة للشخص المعاق حركياً

إن الإنسان المعاق حركياً هو إنسان غير عادي وهذا يعني أن الظروف التي يعيش بها تختلف اختلافاً تاماً عن الإنسان العادي وذلك لتناسب هذه الظروف وطبيعة إعاقته ، وهذه الظروف المختلفة يجب أن تكون في البيت والمدرسة والشارع والعمل .

- التكيف في البيت

وذلك يكون واضحاً من خلال نوع الإعاقة التي يعاني منها هذا الشخص، واعتماد هذا الشخص على نفسه أو اعتماده على الآخرين . وما هي الأوضاع المعيشية التي يعيشها وأيضاً العادات والتقاليد في البيئة المحلية التي تخصه فحتى يتكيف المنزل يجب مراعاة ما يلي :-

١- تكييف الممر أو مدخل البيت بحيث يسهل الدخول والخروج

٢- تكييف طريقة الصعود إلى الطابق العلوي

٣- تكييف الطاولات والكراسي

٤- تكييف المغاسل والحمامات وخصوصاً للإنسان الذي لديه إعاقة في الأطراف السفلى .

٢- تكييف المكاتب بحيث تصبح سهلة الحركة . (سليمان ، ١٩٩٩)

- التكيف في المدرسة

ويتم ذلك من خلال جعل جو المدرسة جواً مناسباً لهذا الشخص، وذلك من حيث المرافق العامة . وأيضاً من خلال وضع الحواجز على الأرضيات أو الساحات أو في الشوارع حيث إن هذه الحواجز تمنع المعاقين من الانزلاق .

وضع المدرس الجيد للمعاق حركياً يجعله متقدماً تربوياً حيث يتغلب على بعض المشاكل سواء من ناحية المهارات الكتابية أو القراءة .

ويمكن الأخذ بعين الاعتبار ، نوع غرفة الصف ، هل هي واسعة ؟ هي مريحة؟ هل عدد الشبابيك كاف ؟ وما هي نوعية الأثاث الموجود في غرفة الصف.

فعند تصميم غرفة الصف لهؤلاء الطلبة يجب عليهم مراعاة كل هذه الأمور السابقة لجعل هذه الغرفة مريحة نفسياً وجسدياً لتعطي المعاق حافزاً على التعلم والراحة .

وهناك اتجاهات حديثة في تعليم هذا المعاق، وذلك من خلال التعليم الفردي Individual Programme بحيث يتم من خلال هذا البرنامج تحديد المشكلة ، وتحديد الهدف السلوكي وتحديد السياسات التربوية .

وهناك أيضاً رسم الخطة العلاجية ، وذلك من خلال تعزيز قدرات المشيء وقدرات التحكم ، والتوافق والتآزر بين العين واليد .

ومن التكييف المدرسي أيضاً تكييف غرفة المصادر لأن هذه الغرفة تقدم للمعاق خدمات أكاديمية حسب جدول زمني منظم ، ويعمل في هذه الغرفة معلم تربية خاصة، لديه خبرة كافية بالعمل مع التلاميذ أصحاب الإعاقات الحركية .

ويتعلم الطلاب في غرفة المصادر التدريب على مهارات العناية بالذات ، والمهارات التي تحث على التواصل ، وأيضاً بناء علاقات عمل فعالة مع معلم الصف .

- التكيف في الشارع

١- ويتم ذلك من خلال جعل الحافلات مناسبة من حيث الصعود والنزول ، والتكيف يتم أيضاً من خلال السلامة العامة داخل المواصلات لهذا الإنسان المعاق حركياً.

٢- أن تكون الأبواب مغلقة وآمنة وسليمة

٣- وإذا أراد هـذا المعـاق أن يسـوق بسـيارته فيجب أن تكـون هـذه السـيارة معـدة خصيصاً لمثل هذه الإعاقة .

ويجب على الجميع في نهاية هذا الموضوع التكاتف والتعاون مـع كـل إنسـان لديـه إعاقة مهما كانت ويفرض نفسه مكان هذا الشخص المعاق ، ويقدم له يد العون والمسـاعدة والنظرة الإنسانية المتواضعة إلى هذا الشخص ومنحه الثقة بالنفس والتشجيع المستمر له على مواكبة الحياة اليومية .

ومن خلال ما شاهدت في بعض الدول الأجنبية لقد وجدت الاهتمام البالغ والشديد في أمور الإنسان المعاق وتوفير سبل الراحة سواء أكانت هذه السبل مادية أو معنوية، وكل هذا ينعكس إيجابياً على شخصية الإنسان المعاق . ويؤكد المؤلف من خلال اطلاعه قد وجد كثيراً من المعاقين حركياً أفضل من كثير من الأسوياء في ممارسة حيـاتهم العمليـة، وذلـك مـن خلال الدعم المـادي والمعنـوي لهـم وإعطـائهم الاتجاهـات الصحيحة في الـذهاب إلى المـدن الرئيسية والرجوع منها وذلك في معظم دول أوروبا.

وتقوم الجمعيات الخيرية في معظم الدول الغربية بتقديم وتخصص جـزء كبير مـن المال لتوفير سبل المعيشة الكريمة لهم وتقديم التأمين الصحي المجاني طوال الحياة .

وأيضاً يقومون بفتح قنوات الاتصال مع الغير أو الأسوياء من خلال النوادي الرياضية والثقافية والتي يتم من خلالها استعمال إحدى وسائل التكنولوجيا مثل الكمبيوتر والانترنت، وذلك لدمجهم الدمج الصحيح في المجتمع .

الإعاقة السمعية

لقـد تعـددت التعـاريف التـي تناولـت الإعاقـة السـمعية أو مـا يعـرف بالقصور السمعي:-

فالمعاقين سمعياً : هم أولئك الـذين فقـدوا القـدرة السـمعية في السـنوات الثلاثـة الأولى مـن أعمارهم أو من ولدوا وهم فاقدي السمع تماماً ، أو بدرجة أعجزتهم عن الاعتماد على آذانهم في فهم الكلام وتعلم اللغة .

١- الأطفال الصم Deaf

ويقصد بهم أولئك الذين يعانون مـن عجـز سـمعي ، ٧٠ ديسبل فـأكثر ولا يمكنهم الانتفاع بحاسة السمع في أغراض الحياة اليوميـة أو الكلام ومنهم اللغـة اللفظيـة سـواء مـن ولدوا فاقدي السمع تماماً أو من فقدوا السمع بدرجة أعجزتهم عن الاعتماد على آذانهـم في فهم الكلام وتعلم اللغة أو من أصيبوا بالصمم في طفولتهم قبل اكتساب اللغة أو مـن أصيبوا بالصمم بعد تعلم اللغة مباشرة لدرجة تلاشت فيها آثار التعلم تماماً ، بالتالي هـم بحاجـة إلى تعليمهم إلى تقنيات وأساليب تعليمية ذات طبيعة خاصة تمكنهم من الاستيعاب والفهم دون مخاطبة لغوية لأنهم فقدوا جزءاً كبيراً من سمعهم .

ويقسم الصمم ايتولوجياً إلى نوعين حسب وقت حدوثه :

أ- صمم فطري خلقي   Congenital

وهو ما يعرف بالصمم الكلي Deaf Child فالطفل الأصم كلياً هو ذلك الطفل الذي ولد أصماً وكنتيجة لذلك فلم يستطيع اكتساب اللغة، وكما يطلق عليه أيضاً مصطلح الطفـل الأصم الأبكم Deaf Mute Child .

ب- ثقيلوا السمع (ضعاف السمع)   Hard of hearing

وهو ما يعرف بالصمم الجزئي فالطفل الأصم جزئياً هو ذلك الطفل الذي فقد جـزءاً من قدرته السمعية ، وكنتيجة لذلك فهو يسمع عند درجة معنيـة ، كـما ينطق اللغة وفق مستوى معين يتناسب ودرجة إعاقته السمعية. (الروسان، ١٩٩٦)

فهنالك من يعرّف الإعاقة السمعية تعريفاً طبياً ، والمعـاق سـمعياً بأنه الفرد الـذي فقد حاسة السمع منذ ولادته ، إلى درجة يصبح معها الكلام المنطوق مستحيل السمع مـع أو بدون المعينات السمعية ، أو هو الذي فقد القدرة قبل تعلم الكلام أو الذي فقدها بمجـرد أن تعلم الكلام لدرجة أن آثار التعلم فقدت بسرعة.

ويعرفه كل من جابر عبد الحميد وعلاء كفافي. تعريفاً معجمياً بأنه الغيـاب الجـزئي أو الكلي أو الفقدان الكامل لحاسة السمع ، وقد تعود هـذه الحالـة إلى الوراثـة وقد تكون مكتسبة متسببة عن إصابته أو مرض حدث للفرد في أي مرحلة مـن مراحل عمـره بمـا فيهـا المرحلة الجينية أو الرحمية .

كما يعرف الصمم: بأنه فقدان السمع الذي يتعدى ٨٠ ديسبل عادة أو عدم القدرة على التعرف على الأصوات في حالة استخدام الأجهزة السمعية المعينة بدون اللجوء إلى استخدام الحواس الأخرى للاتصال بالآخرين . (القدافي ، رمضان ، ١٩٩٤ : ١٣٦)

ويعرف الطفل الأصم بأنه الطفل الذي فقد حاسة السمع لأسباب إما وراثية أو فطرية أو مكتسبة سواء منذ الولادة أو أثناء الولادة أو بعد الولادة الأمر الذي يحول بينه وبين متابعة الدراسة وتعلم خبرات الحياة مع أقرانه العاديين وبالطرق العادية، ولذلك فهو في حاجة ماسة إلى تأهيل يناسب قصوره الحسي. (سليمان ، ١٩٩٩: ١٦)

ويحاول المؤلف توثيق وتلخيص هذه التعاريف للإعاقة السمعية بأن القدرة السمعية وظيفة تعبر عن مدى قدرة الفرد على تمييز الأصوات المختلفة التي تصل إلى أذنه وحينما تضعف قدرة الفرد السمعية بدرجة لا يمكنه من سماع وفهم الكلام المحيط به فإنه يُطلق عليه في هذه الحالة كلمة أصم ، أما إذا كانت إمكانياته تمتاز بالضعف وعدم القدرة على فهم الكلام المحيط به باستعمال أو بدون استعمال معين سمعي فإنه يطلق على هذه الحالة مصطلح " ضعيف السمع " .

ومن هنا يصعب وضع تعريف يفصل بين الأصم وضعيف السمع فالصم هم أولئك الأشخاص الذين لا تؤدي عندهم حاسة السمع وظيفتها من اجل أغراض الحياة اليومية، أما بالنسبة لضعاف السمع فهم الأشخاص الذين تؤدي حاسة السمع عندهم وظيفتها على الرغم من تكونها بواسطة آلات السمع المعينة أو بدون ذلك.

كما أن هناك اصطلاحات كثيرة وتعبيرات متعددة للتعبير عن حالات الصم المختلفة مثل : أصم ، أصم وأبكم ، أبكم وشبه أصم شبه أبكم ، ثقيل السمع ، ضعيف السمع ، معاق سمعياً .

كما أن هناك فروقاً فردية بين الصم أنفسهم وذلك يرجع إلى أسباب نفسية وفسيولوجية وتعليمية منها : درجة فقدان السمع ، العمر الذي حدث فيه الصمم ، الخبرات السابقة ، التعليم الذي حصل عليه الأصم من قبل .

كما وتلعب نظرة الأسرة للطفل الأصم دوراً هاماً في تحديد شخصية الأصم وتقبله لعجزه ومدى محاولاته للتغلب على هذا العجز ، وكما تلعب وسائل التفاهم ومدة توافرها

(الإمكانيات البديلة والتعويضية) كالسماعات وغيرها ، من الأجهزة المكملة لحالة العجز في حاسة السمع التي لها دور هام في تحديد الفرص الاجتماعية للأصم .

تصنيف الإعاقة السمعية

لقد تم تصنيف الإعاقة السمعية من وجهات نظر متعددة، كما تم تصنيف الإعاقة السمعية تصنيفات مختلفة من كتاب إلى كتاب آخر إلا أن أشهر هذه التصنيفات ما يلي:

أولاً : التصنيف الطبي

وفي هذه التصنيف يُصنف المعاقين سمعياً على أساس التشخيص الطبي تبعاً لطبيعة الخلل الذي قد يصيب الجهاز السمعي .

- إصابة طرف الاتصال السمعي (Conductive hearing) وتمثل الإصابة هنا خللاً في طرق الاتصال السمعي أو التوصلي، وقد تكون الإصابة هنا في الأذن الخارجية أو الالتهابات التي تصيب قناة الأذن الخارجية، وكذلك الحالة المعروفة باسم(Otit is Media) والتي تبدو في التهاب الأذن الوسطى والتي تنتج بسبب التهاب قناة ستاكيسوس أو بسبب الحساسية ،وغالباً ما تكون نسبة الإعاقة السمعية أو الخسارة السمعية نتيجة هذه الإصابة أقل من ٦٠وحدة ديسبل أو ما بين ٢٠-٤٠ ديسبل

- إصابة طرق الاتصال الحسي العصبي Sensor neural

وتمثل الإصابة هنا خللاً في طرق الاتصال الحسي- العصبي والأسباب هنا تؤدي إلى إصابة الأذن الداخلية ومن أهم أعراض هذه الحالة الصعوبة في فهم الكلام أو اللغة المنطوقة لدى الفرد ، أو ما يعرف بإصابة طنين الأذن وغالباً ما تكون الخسارة السمعية نتيجة لهذه الإصابة أكثر من ٦٠ وحدة ديسبل . (الروسان ، ١٩٩٦)

ثانياً : التصنيف الفسيولوجي

ويركز الفسيولوجيون في تصنيفهم للإعاقة السمعية على درجة الفقدان السمعي والتي يمكن قياسها بالأسباب الموضوعة ، أو المقاييس السمعية لتحديد عتبة السمع. (سليمان، ١٩٩٩) وعتبة السمع هي المستوى الذي يستطيع الفرد أن يتعرف فيه على الصوت نصف عدد المرات وتقاس العتبة بجهاز قياس السمع ووحدة القياس هي الديسبل.

ومن أمثلة هذه التصنيفات الفسيولوجية ما أورده كلاً من تيلفورد وماوري (١٩٨١) وقد جاءت كما يلي :-

- فقدان سمعي خفيف : أو كما يعرف في تصنيف ليبورتا وزملائها ١٩٦٨ بفئة الإعاقة السمعية البسيطة وتتراوح درجة من ٢-٤٠ ديسبل ويعد من يعانون من هذه من القصور السمعي فهي فئة بينية أو فئة فاصلة بين عاديي السمع وثقيلي السمع ، ويمكنهم تعلم اللغة والكلام عن طريق الأذن بالطريقة الاعتيادية ، كما أنهم يجدون صعوبة في متابعة الحديث الذي يدور بين الناس بعضهم البعض وكما أنهم لا يستطيعون سماع الأصوات البعيدة (الروسان، ١٩٩٦)

- **فقدان سمعي هامشي Marginal** أو كما يعرف في تصنيف ليبورتا وزملائها بفئة الإعاقة السمعية البسيطة وتتراوح بين درجة ٣٠-٤٠ ديسبل، ومع أن أفراد هذه الفئة يعانون بعض الصعوبات في سماع الكلام ومتابعة ما يدور حولهم من أحاديث إلا أنه يمكنهم الاعتماد على آذانهم في فهم الكلام وتعلم اللغة، ومن آثار فقدان السمع على هذه الفئة تكون على فهم الكلام واللغة ، وكما يمكن للطفل فهم المحادثة الكلامية من مسافة ٣-٥ أقدام في حالة مواجهة المتحدث وربما يفقد الطفل ٥٠% تقريباً مما يدور من نقاش داخل الغرفة الصفية إذا كانت الأصوات منخفضة، وقد يعاني الطفل من صعوبات وضعف في نطق بعض الكلمات .

- **فقدان سمعي متوسط : moderate**

وكما يعرف حسب تصنيف ليبورتا وزملائها بفئة الإعاقة السمعية المتوسطة وتتراوح درجتهما ما بين ٤٠- ٦٠ ديسبل ويعاني صاحب هذه الفئة من الفقدان السمعي من صعوبات أكبر في الاعتماد على آذانهم في تعلم اللغة ما لم يعتمدوا على بصرهم كحاسة مساعدة لفهم الكلام وتعلم اللغة وما لم يستخدموا بعض المعينات السمعية المكبرة للصوت كالسماعات ويحصلوا على التدريب السمعي اللازم، كما أنهم قد يعانون من بعض المشكلات اللفظية .

ومن آثار درجة الفقدان على فهم الكلام والمحادثات والمناقشات يجب أن تكون بصوت مرتفع حتى يمكن للطفل فهمها سيكون لديه صعوبة في استخدام اللغة، مما يؤدي إلى عدم فهمها واستيعابها بدرجة كافية ، وتكون حصيلة الطفل من المفردات محددة جداً.

- فقدان سمعي شديد Severe

وكما يعرف حسب تصنيف ليبورتا بفئة الإعاقة السمعية الشديدة، وتتراوح درجتها ما بين ٦٠-٧٥ ديسبل ويحتاج أفراد الفئة إلى خدمات خاصة لتدريبهم على الكلام وتعلم اللغة، حيث يعانون من صعوبات كبيرة في سماع الأصوات وتمييزها ولو من مسافة قريبة، إضافة إلى عيوب في النطق ، كما يُعد أفراد هذه الفئة بأنهم صم من وجهة النظر التعليمية، وكما يعرف أفراد هذه الفئة حسب تصنيف لسترنج Streng فهم يتعلمون الاتصال عن طريق استخدام الوسائل الخاصة.(سليمان ،١٩٩٩)

- فقدان سمعي عميق Protornel

وحسب تصنيف ليبورتا: فئة الإعاقة السمعية الشديدة جداً أو الفئة الخاصة حسب تصنيف لتسرنج وتبلغ درجته ٧٥ ديسبل فأكثر وأفراد هذه الفئة لا يمكنهم في أغلب الأحوال فهم الكلام وتعلم اللغة سواء بالاعتماد على آذانهم أو حتى في استخدام المعينات السمعية، بل ويتم تعليمهم اللغة والكلام من طريق قراءة الشفاه . أي أن الطفل يعتمد على الحاسة البصرية في الاتصال بالآخرين ويحتمل أن يشعر الطفل ببعض الأصوات ولكنه يشعر بالذبذبات الصوتية أكثر من شعوره بالنغمات والنبرات الصوتية .

وقد أوضح (عبد الرحيم وأحمد ١٩٧٩) بأن الفئة الرابعة والخامسة (الشديدة والشديدة جداً) أقرب إلى الصمم من الفئات الثلاثة الأخرى والتي تندرج تحت حالات ثقل السمع , وقد أوضح لتسرنج بأن هناك مجموعة من العوامل التي تحدد دلالات التصنيف السابق مثل تاريخ ظهور الإصابة مدى الإصابة وطبيعتها ، مستوى ذكاء المصاب وقدرته على التعلم ، ومدى استعداد الأسرة لتقبل الحالة وجود معيقات أخرى غير ضعف السمع كالشلل أو الضعف العقلي أو غيرها .

ثالثاً : التصنيف التربوي

يعني أصحاب هذا التصنيف بالربط بين درجة الإصابة بفقدان السمع وأثرها على فهم وتفسير الكلام وتمييزه في الظروف العادية وعلى نحو القوة الكلامية واللغوية لدى الطفل وما يترتب على ذلك من احتياجات تربوية وتعليمية خاصة، وبرامج تعليمية لإشباع هذه الاحتياجات فهناك مثلاً من يعانون من درجة قصور سمعي بسيطة قد لا تعوق إمكانية استخدام حاسة السمع والإفادة بها من الأغراض التعليمية سواء بحالتها الراهنة أم مع تقويتها بأجهزة مساعدة ومعينات سمعية وهناك من يعانون من قصور ما أو عميق بحيث لا يمكنهم استخدام حالة السمع أو الاعتماد عليها من الناحية الوظيفية في عمليات التعلم والنمو العادي للكلام واللغة وفي مباشرة النشاطات التعليمية المعتادة أو الأغراض الحياتية اليومية والاجتماعية العادية ، وبين هاتين الفئتين توجد درجات أخرى متفاوتة الشدة من حيث الفقدان السمعي تتباين احتياجاتها الخاصة ومعالجتها التربوية .

ويميز التربويين بين فئتين من المعاقين سمعياً هما :-

- الصم : ويقصد بهم أولئك الذين يعانون من عجز سمعي ٧٠ ديسبل فأكثر لا يمكنهم الكلام وفهم اللغة اللفظية بالتالي لا يستطيعون التعامل بفاعلية في مواقف الحياة الاجتماعية ، حتى وإن استخدموا معينات سمعية مكبرة للصوت ، حيث لا يمكنهم اكتساب المعلومات اللغوية أو تطوير المهارات الخاصة بالكلام واللغة عن طريق حاسة السمع وبالتالي فهم يحتاجون إلى تعليمهم تقنيات وأساليب تعليمية ذات طبيعة خاصة تمكنه من الاستيعاب والفهم دون مخاطبة كلامية لأنهم يفتقدون جزءاً كبيراً من سمعهم .

- ثقيلوا السمع :هم أولئك الذين يعانون من صعوبات أو قصور في حاسة السمع تتراوح ما بين ٣٠ وأقل من ٧٠ ديسبل لكنه لا يعوق فاعليتها من الناحية الوظيفية في اكتساب المعلومات اللغوية سواء باستخدام المعينات السمعية أم بدونها كما يمكنهم استيعاب المناهج المصممة للأطفال المعاقين .

كما تُشير كثير من الكتب إلى تصنيف منظمة الصحة العالمية للإعاقات السمعية ويشمل الفئات التالية :-

١- فقدان السمع العميق وهو ما يزيد عن ٩١ ديسبل (وحدة صوتية)

٢- الضعف السمعي الشديد وهو من ٩٠ إلى ٧١ ديسبل

٣- الضعف السمعي معتدل الشدة وهو من ٧٠ إلى ٥٦ ديسبل

٤- الضعف السمعي المعتدل وهو ٥٥ إلى ٤١ ديسبل

٥- الضعف السمعي الخفيف وهو من ٤٠ إلى ٢٦ ديسبل (الروسان، ١٩٩٦: ١٤٥)

ويرى المختصون بأن فقدان السمع يؤدي إلى اضطرابات شديدة على الطفل الأصم من كثير من الإعاقات الحسية الأخرى ، وأن تأثيره يؤدي إلى تأخير المصابين من الأطفال عن النمو في مجالات كثيرة والي تعطيلهم عن الكلام ، أي مواجهتهم لمشاكل تعليمية وسلوكية واجتماعية ونفسية بشكل مؤقت أو دائم .

أسباب الإعاقة السمعية

لقد تم تصنيف العوامل المسببة للإعاقة السمعية تبعاً لعدة أسس ومن بينها هذه العوامل (الوراثية والمكتسبة) وزمن حدوث الإصابة بالإعاقة السمعية قبل الولادة أو أثناء الولادة أو بعد الولادة .

أولاً : العوامل الوراثية

كثيراً ما تحدث حالات الإعاقة السمعية الكلية أو الجزئية نتيجة انتقال بعض الصفات الحيوية أو الحالات المرضية من الوالدين إلى أبنائهم عن طريق الوراثة ومن خلال الكروموسومات الحاملة لهذه الصفات كضعف الخلايا السمعية أو العصب السمعي، ويقوى احتمال ظهور هذه الحالات مع زواج الأقارب ممن يحملون تلك الصفات .

وتظهر الإصابة بالصمم الوراثي منذ الولادة (صمم أو ضعف سمع ولادي) أو بعدها بسنوات حتى سن الثلاثين أو الأربعين ومن أمثلة الأمراض السمعية الوراثية مثل مرض تصلب عظمية الركاب لدى الكبار ، وفي هذه الحالة يتعذر انتقال الموجات الصوتية للأذن الداخلية نتيجة التكوين غير السليم والاتصال الخاطئ لهذه العظمية بنافذة الأذن الداخلية ومرض العصب السمعي .

ثانياً : العوامل غير الوراثية

قبل الولادة : إصابة الأم الحامل ببعض الأمراض ومن أخطرها ، إصابة الأم الحامل خلال الشهور الثلاثة الأولى من الحمل بأمراض معينة كفيروس الحصبة الألمانية، الزهري ، الانفلونزا الحادة ، مرض البول السكري .

- تعاطي الأم الحامل بعض العقاقير ، حيث يؤدي تعاطي الأم أثناء فترة الحمل العقاقير دون مشورة الطبيب الاختصاصي إلى إصابة الجنين ببعض الإعاقات، كالتخلف العقلي والإعاقة السمعية فضلاً عن التشوهات التكوينية، ومن هذه الأدوية والعقاقير الثاليدويد و الاستربتوماسين وأنواع أخرى من العقاقير قد تستخدم لمدة طويلة كاستخدام الأسبرين في علاج الروماتيزم يؤدي إلى إسقاط الجنين مما يؤثر بشكل مباشر على خلايا السمع، وبالتالي الإصابة بالإعاقة السمعية أو سقوط الأم من أعلى أو الحروق أو الإصابة الشديدة بالحمى الروماتيزمية يؤدي إلى الخلل من الأعصاب أو التهاب الأذن .

- عوامل ولادية أثناء مرحلة الولادة

الولادة قبل الميعاد وما يترتب عليها من إصابة الجنين بنزف المخ أو نقص كمية أوكسجين الدم مما يترتب عليه موت الخلايا السمعية وإصابة الجنين بالصمم، وكما أن الولادات المبكرة قبل اكتمال وقضاء الجنين لسبعة أشهر على الأقل في رحم الأم قد يعرضه للإصابة ببعض الأمراض نتيجة عدم اكتمال نموه ونقص المناعة لدية. (سليمان، ١٩٩٩).

العوامل المكتسبة والتي تؤدي إلى الإصابة بالإعاقة السمعية

١- إصابة الطفل ببعض الأمراض

غالباً ما تؤدي إصابة الطفل وخصوصاً خلال السنة الأولى من حياته ببعض الأمراض إلى الإعاقة السمعية ومن بين هذه الأمراض الحميات الفيروسية والميكروبية كالحمي المحنية الشوكية أو الالتهاب السحائي ، والحصبة والتيفؤيد والأنفلونزا الحادة والحمي القرمزية والدفتريا. ويترتب على هذه الأمراض تأثيرات مدمرة الخلايا السمعية والعصب السمعي ومن أمثلة الأمراض التي تُصيب خلايا السمع والأعصاب السمعية:-

١- صمم توصيلي

ويحدث هذا النوع من الصمم عندما تتعرض قناة الأذن الخارجية أو الأجزاء الموصلة للسمع بالأذن الوسطى ، كالمطرقة أو السندان أو الركاب عملية نقل الموجات والذبذبات الصوتية التي يحملها الهواء إلى الأذن الداخلية، ومن ثم عدم وصولها إلى المخ ومن أمثلة هذه الاضطرابات والإصابات حدوث ثقب في طبلة الأذن أو وجود التهابات صديدية أو تكديس المادة الشمعية الدهنية (الصمّاغ) بكثافة في قناة الأذن الخارجية .

وفي مثل هذه الحالات لا يفقد المريض أي (المعاق سمعياً) في الغالب اكثر من ٤٠ وحدة صوتية إلا في حالات نادرة ومتأزمة جداً وقد يصاب الطفل بصمم حسي عصبي، وتكون الإصابة هناك في الأذن الداخلية .

ونتيجة حدوث تلف في العصب السمعي الموصل إلى المخ مما يستحيل معه وصول الموجات الصوتية إلى الأذن الداخلية مهما بلغت شدتها أو وصولها منحرفة، وبالتالي عدم إمكانية قيام مراكز الترجمة في المخ من تحويلها إلى نبضات عصبية سمعية، وعدم تفسيرها عن طريق المركز العصبي السمعي ، ومن بين أهم أسباب هذا النوع من الصمم الحُميات الفيروسية والميكروبية التي تصيب الطفل قبل أو بعد الولادة، واستخدام بعض العقاقير الضارة بالسمع ، وقد يكون هناك صمم مركزي يرجع إلى إصابة المركز السمعي في المخ بخلل ما لا يمكن معه من تمييز المؤثرات السمعية أو تفسيرها .

كما أن هناك صمماً هستيرياً، ويكون سبب هذا الصم هو التعرض لخبرات وضغوط انفعالية شديدة صادمة وغير خفيفة.

كما أن الطفل قد يتعرض للحوادث والضوضاء مما يؤدي إلى إصابة بعض أجزاء الجهاز السمعي كإصابة طبلة الأذن الخارجية بثقب وحدوث نزيف في الأذن نتيجة آلة حادة أو لطمة أو صفعة شديدة. كما أن التعرض للحوادث مثل حوادث السيارات أو السقوط من أماكن مرتفعة أو العمل في أماكن بها مستويات عالية من الضجيج والضوضاء كالورش والمصانع أو المطارات وميادين القتال العسكري وغيرها .

كما أن هناك نوعاً من الصمم يُصيب كبار السن وسبب في هـذه الإعاقة هـو ضمور أنسجة السمع ، وهو ما يعرف بصمم الشيخوخة كنتيجة لتقدم العمر.(القريطي، ١٩٩٦)

خصائص المعاقين سمعياً

يؤثر فقدان القدرة اللغوية نتيجة للإعاقة السـمعية ، بشـكل فعّـال عـلى المظاهر السلوكية الأخرى للفرد المعاق سمعياً، مثل المظاهر العقلية والانفعالية والاجتماعية .

وإذا يصعب فصل اللغة عن تلك المظاهر من الشخصية وتشير كثير مـن الدراسـات إلى أن آثار الإصابة بالإعاقة السمعية أكثر ضرراً على الفرد من آثار الإصابة بالإعاقة البصرية ، إذ تحول الإعاقة السمعية دون النمو اللغوي والعقلي والاجتماعي معاً، لـذلك لا يمكـن فصل أي منها عن الأخرى ، كـما وتبـدو آثـار الإعاقـة السـمعية واضحة عـلى كثير مـن الخصائص الشخصية لدى المعاق سمعياً كالخصائص اللغوية والخصائص العقليـة والخصائص الأكاديمية والخصائص الاجتماعية .

أولاً : الخصائص اللغوية

يعتبر النمو اللغوي أكثر مظاهر النمو تأثراً بالإعاقة السمعية ، لأن هناك ارتباطاً ما بين ظاهرة الصم والبكم، إذ يؤدي الصمم بشكل مباشر إلى حالـة البكـم، وخاصـة لـدى ذوي الإعاقة السمعية الشديدة .

وهذا يعني أن هنالك علاقة طردية واضحة بين درجة الإعاقة السـمعية مـن جهـة ومظاهر النمو اللغوي من جهة أخرى ، وأكبر دليل عـلى أثـر الإعاقة السـمعية عـلى النمـو اللغوي هو انخفاض أداء المعاقين سمعياً عـلى اختبارات الـذكاء اللفظيـة. كـما يـذكر جلهان وزملاؤه (١٩٨١) ثلاثة آثار سلبية للإعاقة السـمعية عـلى النمو اللغوي، وخاصـة مـن يولـد أصماً. هذه الآثار لا يتلق الطفل الأصم أي رد فعل سـمعي مـن الآخـرين , عندما يصدر أي صوت من الأصوات كما أنه لا يتلقى أي تعزيز لفظي من الآخرين عندما يصدر أي صوت من الأصوات، كما أن الطفل الأصم لا يتمكن من سمع النماذج الكلاميـة مـن قبـل الكبـار كـما يقلدها .

وهذا يعني أن الطفل الأصم محروم من ردود أفعـال الآخـرين نحـو الأصـوات التـي يصدرها ، فالمشكلة لدى الطفل الأصم تبدو في صعوبة حصوله على التحصيل السمعي.

وكما تتأثر مظاهر النمو اللغوي بدرجة الإعاقة السمعية ، فكلما زادت درجة الإعاقة السمعية زادت المشكلات اللغوية والعكس صحيح، علماً بأن ضعاف السمع يعانون من مشكلات لغوية بدرجة متفاوتة كمشكلات صعوبة سماع الأصوات المنخفضة ، وفهم ما يدور حولهم من مناقشات ومشكلات وتناقص عدد المفردات اللغوية وصعوبات في التعبير اللغوي بالنسبة لذوي الإعاقة السمعية المتوسطة . (عبده حلاوة ١٩٩٧)

ثانياً : الخصائص التعليمية (التحصيل الأكاديمي) .

كما أن الإعاقة السمعية تؤثر على التحصيل المدرسي بشكل أو بآخر ذلك لأن الإعاقة السمعية تؤثر بشكل واضح على النمو اللغوي لدى الفرد ، ولما كانت جوانب التحصيل الأكاديمي مرتبطة بالنمو اللغوي فمن الطبيعي أن تتأثر الجوانب التحصيلية كالقراءة والعلوم والحساب والكتابة نتيجة لاعتماده بالدرجة الأولى على النمو اللغوي لدى المعاق سمعياً إضافة إلى تدني مستوى دافعيتهم وعدم تلاؤم الطرق التدريسية المتبعة في المدارس معهم .

ويبدو ذلك واضحاً في الانخفاض الملحوظ في معدل التحصيل القرائي، إذ تُشير نتائج البحوث إلى أن المعدل يقل في المتوسط بأربعة أو ثلاثة صفوف دراسية عن مستوى التحصيل للطلبة العاديين في العمر الزمني نفسه .

كما بينت الدراسات والبحوث أيضاً بأن الأطفال من آبائهم تكون درجة تحصيلهم القرائي أعلى من أقرانهم الصم من آباء عاديين ، وفسرت هذه النتيجة على أساس أن الآباء الصم يكون بإمكانهم مع أبنائهم بطرق أخرى بديلة ومناسبة كلغة الإشارة، مما يساعدهم أكثر على التعلم كما لوحظ أيضاً أن الأطفال الصم من آبائهم الصم يكونون أكثر توافقاً نفسياً واجتماعياً ومدرسياً وأكثر تفاعلاً ونضوجاً اجتماعياً وتقديراً وضبطاً لذواتهم وتحصيلاً أكاديمياً من الأطفال الصم لآباء عاديي السمع .

وكما لوحظ مستوى التحصيل لدى الصم يتأثر بعدة عوامل منها :- درجة الاعاقة السمعية من حيث الشدة والبساطة ، ودافعية الفرد الأصم ، طرق التدريس المتبعة في تدريبهم ، نسبة الذكاء للأصم .. الخ . (الروسان ، ١٩٩٦)

ثالثاً : الخصائص العقلية للمعاقين سمعياً

تؤثر الإعاقة السمعية بشكل واضح على النمو اللغوي للفرد ، ومعنى ذلك وجـود علاقة طردية بين درجة الإعاقة السمعية ومظاهر النمو اللغوي ، فكلـما زادت درجة الإعاقة السمعية ، زادت المشكلات اللغوية للفرد .

ومن الطبيعي ملاحظة تدني أداء المعاقين سمعياً على اختبارات الـذكاء، وذلك بسبب اعتماد تلك الاختبارات على الناحية اللفظية، ويشير فيرث وآخرون إلى تشابه عمليات التفكير كما هي لدى بياجيه ومن الأطفال العاديين والصم وبالرغم مـن الصعوبات التـي يواجهها الصم في التعبير عن بعض المفاهيم وخاصة المفاهيم المجردة .

كما يشير فيرث أيضاً إلى أن الفروق في الأداء بين المعـاقين سـمعياً والعـاديين يعـود إلى النقص الواضح في تقديم العمليات واختبارات الـذكاء، وخاصة اللفظية لـدى الصم إلا إلى القدرات العقلية للصم، ونتيجة ذلك فإن اختبارات الـذكاء الموضوعة للأطفال العاديين لا تقيس قدرات الصم العقلية الحقيقية للصم إلا إذا صممت بطريقة تناسب درجة إعاقتـه السمعية ، وما ينطبق على اختبار بياجية ينطبق أيضاً على اختبار وكسلر .

ولقد توصل فيرث Furth إلى أن عمليات التفكير للأطفال الصم متشابهة، وقد أكد على ذلك أيضاً بياجية .

كما استنتج فيرنون ١٩٦٩ وبعد مراجعة عدد من الدراسات التي أجريت حول ذكاء المعاقين سمعياً أن معدل ذكائهم وإن كان ينخفض عن معدل العاديين فإن أداءهـم يتحسـن ويصل الى المستوى العادي على الجزء العملي مـن اختبار وكسـلر لـذكاء الأطفـال. (حلاوة ، ١٩٩٧ : ١٢٢)

ومع ذلك فإن نتائج البحوث التي استخدمت فيها اختبارات الـذكاء عمليـة أو غـير لفظية قد تضاربت بشأن ذكاء الصم، حيث نصّت نتائج بعضها إلى أن هناك فروقـاً في مستوى الذكاء لدى الصم يقل عن مستوى الذكاء لدى العاديين بحوالي عشر إلى خمـس عشرة نقطـة مثل :

أجريت العديد من البحوث مثل بتتز وماترسون وليون وغيرهم، وانتهى البعض الآخر إلى عدم وجود فروق في الذكاء بين العاديين والصم مثل بحوث توفر وسبرنجر وجوانف وغيرهم .

رابعاً : الشخصية والنضج والتكيف الاجتماعي والمهني لدى المعاقين سمعياً

تعتبر اللغة وسيلة مهمة من وسائل النمو العقلي والانفصالي، ومن الوسائل الهامة في الاتصال الاجتماعي، لذلك يعتمد النمو الاجتماعي والمهني على اللغة وتعتبر اللغة الوسيلة الأولى في الاتصال الاجتماعي ، من هنا يعاني المعاقون سمعياً من مشكلات تكيفية في نموهم الاجتماعي والمهني .

وسبب هذا النقص الواضح في قدراتهم اللغة ، أنهم يجدون صعوبة في التعبير عن أنفسهم ، وصعوبة فهمهم للآخرين ، سواء كان ذلك في مجال الأسرة أو العمل أو المحيط الاجتماعي بشكل عام .

لذا يبدو على الأصم دائماً ، وكأنه يعيش في عزلة مع الأفراد العاديين الذين لا يستطيعون فهمه ، لهذا السبب يميل المعاقون سمعياً إلى تكوين النوادي والتجمعات الخاصة بهم . وسبب تعرض الكثير منهم لمواقف الإحباط التي تترتب على نتائج التفاعل الاجتماعي بين الأفراد العاديين والصم .

أما من الناحية المهنية فالأفراد الصم يميلون دائماً إلى المهن التي لا تتطلب الكثير من الاتصال الاجتماعي كالرسم والخياطة والنجارة والحدادة .. الخ . ولقد حظي جانب الشخصية بنصيب وافر من الدراسات التي قام بها الباحثون ومن أهم سمات الشخصية للمعاقين سمعياً قلة الرغبات والاهتمامات في الحياة، كما أن الأطفال الصم أكثر ميلاً من أقرانهم العاديين إلى الانسحاب من المواقف الاجتماعية والمشاركة الاجتماعية ، وعدم الاستعداد لتحمل المسؤولية كما أنهم يمتازون بالعصبية والشعور بالنقص وأحلام اليقظة كونهم أقل اعتماداً على أنفسهم، كما أنهم يتصفون بالانطوائية والعدوانية ويعانون من الشعور بالقلق والإحباط والحرمان ، والتمركز حول الذات والاندفاعية والتهور وعدم القدرة على ضبط النفس وانخفاض مستوى النضج الاجتماعي وسوء التوافق الشخصي

والاجتماعي . كما يتصف المعاقون سمعياً بالاضطراب الانفعالي مثل التمرد والعصيان والسلوك المضاد للمجتمع والسلوك المدمر والعنيف .

وقد كشفت نتائج الدراسات (عبد العزيز الشخص ١٩٩٢) عن انخفاض مستوى السلوك التكيفي وارتفاع النشاط الزائد لدى الأطفال المعاقين سمعياً بالنسبة لأقرانهم العاديين ، وكما أن الأطفال المعاقين سمعياً الذين يخضعون لأسلوب الرعاية العلمية الخارجية يتميزون بارتفاع مستوى سلوكهم التكيفي أكثر من أقرانهم الذين يخضعون لأسلوب الرعاية والإعاقة في مؤسسات داخلية وخلاصة القول أنه كلما زادت درجة الإعاقة السمعية حدة ، ازداد التباعد بين المعاق سمعياً والعاديين .

بالتالي فإن فرص التفاعل بينهم كجماعة متفاهمة ، بينما يكون تفاعلهم مع العاديين اكثر انعزالاً ونزعاً إلى الانسحاب ، كما أنهم أقل تكيفاً من الناحيتين الشخصية والاجتماعية وذلك لمحدودية علاقاتهم ، وعدم مقدرتهم على فهم ما يدور من حولهم وعجزهم عن المشاركة فيه والاندماج في أنشطتهم، وهو ما يؤدي إلى تأخر نضجهم النفسي والاجتماعي .

إلا أنه من الممكن التخفيف من حدة هذه السمات عند توفير وسائل التفاهم والاتصال بينهم وبين أعضاء الجسم وتوفير الرعاية التربوية والطرق التي تقدم لهم الخدمات المثالية.

وتعتبر اتجاهات الوالدين نحو الإعاقة باتجاهات إيجابية، وذلك لأن أساليب المعاملة الوالدية اللاأبوية للأبناء الصم كالقوة والتفرقة وإثارة الشعور بالنقص والسلوك العدواني لدى هؤلاء الأبناء مما يفقد الطفل الأصم وضعيف السمع الحب والعطف والأمن من قبل والديه وهذا يؤثر على نمو شخصيته وعلى نموه الاجتماعي، ويجعله بعيداً عن الشعور بالنقص والقلق والإحباط .(الروسان ، ١٩٩٦ ، سليمان ، ١٩٩٩)

تشخيص المعاقين سمعياً

إن اكتشاف الصمم وتشخيصه هو من الأمور المعقدة جداً، ذلك لأن الأطفال الصغار لا يستطيعون الكلام أو التفاهم، ومع ذلك فإنه من الأفضل التبكير في اكتشاف وتقدير مدى فقدان السمع حتى يمكن تقرير احتياجات الطفل التعليمية في وقت مبكر ،

وبالتالي المساعدة في رسم مسلك حياة الطفل الأصم وخاصة الأطفال الذين أصيبوا بالصمم منذ الولادة قبل تعلم الكلام والتفاهم .

ويمكن الكشف عن المعاقين سمعياً نتيجة ما يريد أن يشير إليه المؤلف وهي :-

إذا لم يستطيعوا الكلام في السن والوقت المناسبين مقارنة بالأطفال العاديين، وعدم قدرتهم على تفهم الكلام وانعدام تجاوبهم وتميزهم للأصوات ، لذلك فإن مراحل التشخيص متعددة لانعدام سجل تاريخي لعوامل وراثية ، ومضاعفات الحمى أو العلل التي تصيب بها الأم خاصة في مراحل الحمل الأولى ولا يمكن الجزم أن الصمم قد حدث بسبب العلاقات السابقة وحدها ذلك لأن الطفل الصغير الأصم عادة ما يتجاوب مع بعض الأصوات .

وعادة يتم استدعاء مختلف الأخصائيين لحضور هذه الاختبارات فمنهم أخصائيو النطق والكلام وعلماء النفس والأعصاب وغيرهم، وذلك للحصول على أفكار وملاحظات مفيدة في التشخيص ، فتغير صوت الطفل أو رد الفعل عند حدوث أصوات أو أوامر خاصة ربما توفر علامات وظواهر تدل على التشخيص الصحيح، وفي النهاية تجمع ملاحظات المختصين في الحالات المشكوك فيها، وتفحص حتى يتمكنوا من الوصول إلى التشخيص الصحيح .

ويرى عبد العزيز حسن ١٩٨٦ بأنه يمكن اكتشاف الصمم لدى الأطفال المصابين بالصمم منذ الولادة أو قبل تعليمهم الكلام في سن مبكرة ، أما بالنسبة لإمكانية اكتشاف الصمم لدى الأطفال المصابين به منذ الولادة أو قبل تعليمهم الكلام في سن مبكرة، فالأطفال هؤلاء تكون آذانهم الداخلية مصابة وعصب السمع تالف أو معطل عن العمل .

أما بالنسبة إلى حالات الصمم التي حدثت بعد تعليم الطفل الكلام والتفاهم فهي ليست معقدة، ذلك أن الطفل يستطيع أن يتعاون مع الأخصائيين للقيام بإجراءات قياس سمعه ووصف حالته السمعية .

بالواقع الحقيقي إن عملية اكتشاف الصم ليست بالعملية السهلة بل عملية معقدة نتيجة لتشابك أسبابها الفسيولوجية والنفسية بالإضافة إلى الأسباب العضوية السابقة الذكر ويمكن أن يكون فقدان السمع (الكلام أو الصم) عرضاً من الأمراض النفسية المصاحبة

لنمو الطفل في الطفولة المبكرة أو لفطامه ، وقد يكون عرضاً من أعراض الهستيريا أو الصراعات الانفعالية الشديدة ، كما تؤدي عملية الضغط المستمر على الطفل أثناء تعليمه اللغة إلى تكوين اتجاهات سلبية نحو الكلام فتؤثر على السمع أو تحدث له عيوب وأمراض الكلام (الحيدري ، ١٩٩٥) .

ويرى القريطي ، ١٩٩٦ أن الطرق والأساليب التي تستخدم في الكشف عن الإعاقة السمعية كثيرة إلا أن أشهرها :-

أ- الملاحظة   Observational Method

وهي أحدث طرق البحث العلمي في جمع المعلومات ،مع أنها قد لا تؤدي إلى جمع بيانات كمية دقيقة يمكن الاعتماد عليها بشكل نهائي في تحديد نوعية الإعاقة السمعية ودرجتها إلا أن الملاحظة قد تساعد الأمهات في التعرف على بعض الأمراض والمؤشرات التي يحتمل معها وبشكل مبدئي وجود مشكلة يعاني منها الطفل .

ووجود مثل هذه المشكلات تستدعي إحالته إلى مختص في قياس السمع لتقييمها وتشخيصها بدقة أكبر ، ليقرر ما إذا كانت هناك إعاقة سمعية أو المساعدة في تقديم الرعاية في الوقت المناسب .

والملاحظة كطريقة لدراسة سلوك الطفل ومتابعة جوانب نموه ضرورتها بالنسبة للمعلمين والأطباء ، والأخصائيين النفسين والاجتماعين في مرحلة ما قبل المدرسة الابتدائية فإن هذه الملاحظة الدقيقة لتلك الأعراض التي يجب ملاحظتها وأخذها بعين الاعتبار للكشف عن احتمال وجود إعاقة سمعية لدى الطفل ووجود تشوهات خلقية في الأذن الخارجية ،شكوى الطفل المتكررة من وجود الآلام وطنين في أذنيه ، نزول إفرازات صديدية من الأذن بشكل غير طبيعي . عدم استجابة الطفل للصوت العادي أو حتى الضوضاء الشديدة.

ترديد الطفل لأصوات داخلية فجة مسموعة أشبه بالمناغاة ، عزوف الطفل عن تقليد الأصوات ، يبدو الطفل كسولاً وفاتر الهمة وسرحان وبطء واضح في نمو الكلام واللغة ، إخفاق الطفل في الكلام في العمر الزمني والوقت الطبيعي الذي يتحدث فيه الأطفال العاديون وكما يمكن ملاحظة عدم قدرة الطفل على التمييز بين الأصوات، وقد

يطلب إعادة ما يقال له من الكلام ، أو ما يلقى عليه من تعليمات باستمرار ، إخفاق الطفل المتكرر في فهم التعليمات وعدم استجابته لها .

عدم تجاوب الطفل مع الأصوات والمحادثات الجارية من حوله وتحاشيه الاندماج مع الآخرين ،معاناة الطفل من بعض عيوب النطق واضطرابات الكلام ، تأخر الطفل دراسياً برغم مقدرته العقلية العادية، وقد يتحدث الطفل بصوت أعلى بكثير مما يتطلبه الموقف .

كما أن الطفل قد يقترب كثيراً من الأجهزة الصوتية كالتلفزيون والراديو ويرفع درجة الصوت بشكل غير عادي ومزعج للآخرين، وقد تبدو على مسمات وجه خالية من التعبير الانفعالي الملائم الموجة إليه أو الحديث الذي يجري من حوله .

قد يحاول الطفل جاهداً الاصغاء إلى الأصوات بطريقة مميزة وغير عادية كأن يُميز برأسه باستمرار اتجاه الصوت ومصدره مع وضع يده على أذنه ملتمساً للسمع أو يبدو عليه التوتر العصبي ، أو يتطلع بطريقة مختلفة إلى وجه المتحدث أثناء الكلام. إلا أن بعض هذه الأعراض أو المؤشرات لا تدل بالضرورة على وجود إعاقة سمعية كالصم أو مثل السمع .

حيث إنها قد تدل على أعراض إعاقات أخرى ، كالتخلف العقلي والاضطرابات الانفعالية مما يلزم التحقق بدقة فائقة من صحة احتمال وجود قصور سمعي لدى الطفل عن طريق جهاز قياس السمع، وفي ضوء بيانات تفصيلية عن الحالة الصحية والاجتماعية للطفل وسلوكه العام وقدرته العقلية .

٢- اختبارات الهمس   Whispering Test

وهي من الاختبارات المبدئية التي من خلالها يتمكن الآباء والأمهات والمعلمات من إجرائها على الطفل لاختبار قدرته على السمع وتتطلب من الفاحص الوقوف خلف الطفل أو بجانبه ومخاطبته بصوت منخفض أو هامس أو طريقة سماع دقات الساعة (Watch Test) وتعبر هذه الطرق التقليدية المستخدمة في عمليتي القياس والتشخيص، وتقوم هذه الطريقة مخاطبته الطفل مع الابتعاد عنه تدريجياً حتى الوصول إلى مسافة

يشعر الطفل بأنه لم يعد يسمع الصوت، عندها ويتم إجراء هذا الاختبار لكل من أذن على حدة بعد تغطية الأذن الأخرى . (سليمان ، ١٩٩٩)

٣- اختبارات الساعة الدقاقة Watch Tick Test

وهي أيضاً الاختبارات المبدئية التي تساعد في الكشف المبكر عن الإعاقة السمعية وتقوم هذه الطريقة على الطلب من المفحوص وهو مغمض العينين الوقوف عند النقطة التي يسمع عندها الفرد العادي بصوت الساعة ، فإذا لم يستطيع سماع الصوت عند هذه النقطة يتم تقريب الساعة من إذنه بالتدريج حتى يتمكن من سماع دقاتها وتحسب المسافة من الوضع الأخير مقارنة بالوضع العادي ، فإذا ما كانت أقل من نصف المسافة لدى العاديين زاد احتمال كون المفحوص ضعيف السمع .

٤- جهاز قياس السمع الكهربائي

وتعتبر طريقة القياس هذه من الطرق الحديثة في تشخيص الإعاقة السمعية وهي طريقة تمتاز بالدقة مقارنة بالطرق التقليدية .

وتقاس هنا حدة السمع باستخدام جهاز قياس السمع الكهربائي الاوديوميتر Andiometer الذي يبعث أصواتاً مختلفة من حيث التردد ، وكثافة الصوت أو شدته، وينتقل الصوت إلى المفحوص عبر سماعه خاصة ليحدد النقطة التي يبدأ عندها في سماع الصوت لنوع معين من التردد ،وتسمى هذه النقطة بعتبة السمع، وذلك بواسطة وحدات تسمى (Hertz) والتي تمثل عدد الذبذبات الصوتية في كل وحدة زمنية . وتقوم بقياس التردد على مستوى كل أذن على حدة كما تًسجل النتائج عن طريق رسام السمع الكهربائي الأوديوجرام Audiogram . ويترتب على الزيادة النقصان في مستوى التردد الصوتي والتغيرات في شدة الصوت أو حدته ، بحيث كلما زاد التردد ، زادت حدة الصوت ، فالأفراد العاديون يكونون قادرين على سماع الأصوات التي تتراوح معدلات تردداتها بين ٢٠ - ٢٠٠٠٠ ذبذبة في الثانية ويعد مدى التردد الصوتي الذي يتراوح ما بين ٥٠٠٠ - ٢٠٠٠ ذبذبة في الثانية هو الأكثر أهمية لفهم المثيرات اللازمة الكلام والحوار في الحياة اليومية العادية .

الوحدة الصوتية المتعارف عليها هي الديسبل ويتدرج مقياسها من ١٠-١٢- ديسبل وهذا يُشير إلى التدرج في مقياس الأصوات من المنخفضة أو الهامة إلى المرتفعة أو العالية . (القدافي ، ١٩٩٣)

فالصوت العالي يختلف في تسجيله عن الصوت المنخفض والصوت الهامس يَسجل على مؤشر ديسيبل، وهذا يشير إلى التدرج بما يسجل الكلام في حالات المحادثة العادية من بعد أربعة أمتار حوالي ٣٠-٦ ديسبل.

ويبدأ مستوى السمع الذي يقل عن المعدل العادي إلى وجود مشكلة أو مشكلات سمعية من ٢٥-٣٠ ديسبل، وهذا يعني فقدان سمعي بسيط ، ويتدرج هذا المستوى حتى يصل إلى أحد حالات العجز السمعي .

ويمكن توضيح درجات القدرة السمعية مقاسه بوحدات ديسبل.

تدرجات القدرة السمعية	وحدة ديسبل
السمع العادي	٠- ٢٠
الإعاقة السمعية المتوسطة	٢٠-٤٠
الإعاقة السمعية الشديدة	٧٠-٩٢
الإعاقة السمعية الشديدة جداً	٩٢ – فما فوق

(الروسان ، ١٩٩٦ : ١٤٥)

ومن هنا نجد أن تشخيص الإعاقة السمعية يكون وفق طريقين؛ الطريقة التقليدية في التشخيص مثل الملاحظة، وطريقة سماع دقات الساعة، وطريقة الهمس فهذه الطرق تعتبر غير ذات جدوى في تشخيص الإعاقة السمعية بسبب انعدام دقتها مقارنة مع الطرق الحديثة التي تعتمد على طرق أكثر دقة في التشخيص من الطرق التقليدية وقد تم ذكرها في الصفحات السابقة .

ومن الاختبارات التربوية التي تستخدم في قياس قدرة المفحوص على التمييز السمعي مقياس ويمان للتميز السمعي، إذ يهدف هذا الاختبار إلى قياس قدرة المفحوص على التمييز بين ثلاث مجموعات من الكلمات المتباينة كما يصلح للأعمار ما بين الخامسة والثامنة ويطبق بطريقة فردية . (الروسان ، ١٩٩٦: ١٤٥)

طرق قياس القدرة على السمع :-

يمكن قياس القدرة على السمع بالطرق الآتية :-

١- قياس السمع للأطفال دون الخامسة ، وذلك بمعرفة مدى استجابة الطفل للأصوات حسب شدتها وذبذبتها، ويستخدم في ذلك جهاز يسمى الأوديومتير أو جهاز قياس حدة السمع والذي يصدر أصواتاً مختلفة كالأجراس والطبول وما إلى ذلك خلف الطفل فإن لم ينتبه الطفل إليها أخذ الفاحص تقريب الجهاز شيئاً فشيئاً من الطفل حتى يلتفت الطفل نحو مصدر الصوت ويقيس المختبر بذلك قدرة الطفل على السمع ومدى قصوره السمعي وفيما يتعلق باكتشاف الطفل المعاق سمعياً .

ويرى المؤلف من خلال خبرته أن السن الذي يمكن عنده اكتشاف مشكلات الأطفال السمعية يختلف من طفل إلى آخر ، وأنه يمكن اكتشاف معظم الأطفال المصابين بفقدان سمعي حاد عند سن التاسعة وحتى في سن الاثني عشر شهراً . حيث تتوقف المناغاة والمناغاة هنا تمثل بداية النمو اللغوي لإنهاء الأصوات التي تسبق النطق ،كما أنهم لا يستجيبون لما يطلب منهم عند مداعبتهم . وقد يبدأ الأطفال الصم وكذلك الأطفال الأسوياء السمع الهديل والمناغاة في نفس السن إلا أن المناغاة لدى الأطفال الذين يعانون من مشكلات سمعية شديدة يصبح أكثر تحديداً وأوضح بدخولهم الشهر التاسع من العمر .

ويتطلب التقدم إلى هذه المرحلة قدرة على التقليد والتكرار وربط الأصوات بالصورة حيث إن الطفل الأصم لا يستطيع سماع الأصوات ، لذا فهو لا يستطيع تقليدها، فإنه لا يستطيع أن يواصل مناغاته ويتوقف عن إصدار هذه المناغاة .

كما أنه من الممكن اكتشاف الإعاقة السمعية قبل الشهر التاسع، خاصة عند الأطفال غير مكتملي النمو أو المصابين باليرقان أو بأمراض بكتيرية تُشير إلى احتمال تعرضه لفقدان السمع وعادة ما يكون هؤلاء الأطفال تحت الملاحظة من قبل الآباء والأطباء. كما أن حوالي ٢٠% من الأطفال ذوي الخلل السمعي لا يتم اكتشاف إعاقتهم من سن ١٨ شهر، وهؤلاء عادة يعانون من فقدان سمعي بين الوسط والشديد، فكلما قلت شدة الفقدان السمعي بين البسيط والمتوسط لا يلاحظ فقدانهم السمعي إلا عند دخولهم المدرسة الابتدائية عندما يمرون ببرامج الفحص الطبي في سن السادسة فيفشلون في

الاختبار السمعي عند دخولهم المدرسة لذلك من الضروري استخدام طرق لقياس حاسة السمع . (سليمان ١٩٩٩)

٢- قياس السمع عند الأطفال بعد سن الخامسة

وهنا يتم استخدام طرق لقياس حاسة السمع وفق عدة طرق سبق شرحها شرحاً وافياً ومن هذه الطرق طريقة الساعة لمعرفة مدى السماع لدقاتها وعلى أي بُعد أو مسافة يستطيع سماع دقات الساعة ،طريقة الهمس وهي طريقة تقيس حدة السمع لدى الطفل عن طريق الهمس والكلام بصوت خافت أمام الطفل أو خلفه واستخدام الأوديوميتر الفردية والجماعية لقياس وتحديد القصور السمعي في كل أذن على حدة ، والتي عن طريقها يمكن تحديد درجة القصور السمعي لكل ذبذبة من الذبذبات في الثانية من (٠-٨٠) ديسبل .

ويمكن تلخيص الخطوات التي تمر بها عملية التعرف على الأطفال ضعاف السمع على النحو التالي بالفحص الطبي لجميع أطفال المدرسة فحصاً مبدئياً تبدأ من رياض الأطفال وحتى الصف الثالث الابتدائي . أما تلاميذ الصفوف الأعلى فإنهم يحتاجون إلى إجراء فحوص دورية .

وعندما لا يستجيب الأطفال لمثل هذه الاختبار يصبح من الضروري عرضهم على الأخصائيين لقياس السمع أو عن طريق إجراء فحص أدق للأطفال الذين يشتبه في وجود إعاقات سمعية لديهم باختبار عتبة السمع على العلاج الطبي المناسب وإجراء الاختبارات السمعية الدورية والبحث في إمكانية استخدام الأدوات المعينة على السمع ، وإجراء تقييم سيكولوجي تربوي بهدف تحديد نوع الخدمات التعليمية الخاصة اللازمة لكل حالة .

اعتبارات هامة في تشخيص وقياس الإعاقة السمعية عبر مراحل النمو المختلفة

من هو المؤهل للقيام بعملية تشخيص وقياس الإعاقة السمعية ؟ كم من أخصائي قياس السمع Audiologist وأخصائي الأنف والحنجرة هما المهنيان المؤهلان لإجراء القياس السمعي ويجب أن يكون حاصلاً على شهادة ماجستير أو دكتوراة في مجال القياس والتشخيص السمعي، وتتوفر لديه معرفة كاملة بأشكال وأنماط الفقدان السمعي وكيفية التعامل معها ، سواء أكان من خلال توفير المعينات السمعية اللازمة أو الخدمات التربوية

والتأهيلية المناسبة إلا أن اختصاصي السمع ليس مؤهلاً للتعامل مع الحالة طبياً تشخيص الأعراض المرضية أو صرف الأدوية والعقاقير .

فمسؤولية التشخيص للمرض وصرف الأدوية أو إجراء الجراحات في الأذن هي من مهمات أخصائي الأنف والأذن والحنجرة وتختلف أساليب القياس السمعي المتبعة باختلاف عمر الطفل ودرجة الدقة المطلوبة في القياس والأعراض التي تعود إلى عوامل وراثية .

الرعاية التربوية والتعليمية للمعاقين سمعياً

المؤسسات التعليمية الخاصة بالمعاقين سمعياً كانت قد سبقت مؤسسات المعاقين على الإطلاق في الظهور وقد ظهرت على أيادي كل من دي ليبيه في باريس وصمويل صانيك في ألمانيا ١٧٧٨م وتوماس برايد دور في بريطانيا ١٧٦٠م، حيث قام توماس هونيزوجالوديت بإنشاء أول مدرسة لتعليم الصم تحولت فيما بعد إلى معهد لتأهيلهم ثم أصبحت جامعة متخصصة في تعليم الصم .

وعبر مسار التطور التربوي لرعاية المعاقين سمعياً ، تراكمت خبرات عديدة بشأن طرق تعليم المعاقين سمعياً، كما توافرت نتائج بحوث ودوريات علمية عن استعداداتهم وخصائصهم تؤكد جميعها على إمكانية تحويلهم إلى طاقات خلاقة ونتيجة فعالة ، خاصة إذا تم الاكتشاف والعلاج في مرحلة مبكرة للحد من أثر الإعاقة والوقاية من مضاعفاتها وتحسين نظرة الناس لهم واتجاهاتهم نحوهم وتوفر لهم العون والخدمات التربوية والتعليمية والتأهيلية اللازمة في الوقت المناسب . (القريطي ، ١٩٩٦)

بناء على ذلك قامت العديد من الوزارات بوضع أهداف لمدارس المعاقين سمعياً

١- تدريب المعاقين سمعياً على النطق والكلام لتحسين درجة الإعاقة السمعية وتكوين ثروة من التراكيب اللغوية كوسيلة للاتصال بالمجتمع .

٢- تدريب المعاقين على طرق الاتصال المختلفة بينهم وبين المجتمع الذي يعيشون فيه لما يساعدهم على تكيفهم معه .

٣- التقليل من الآثار المترتبة على الإعاقة السمعية سواء أكانت آثار عقلية أم نفسية أم اجتماعية .

٤- تعزيز السلوكيات التي تعين المعاقين سمعياً على أن يكونوا مواطنين صالحين .

٥- تزويد المعاقين سمعياً بالمعارف التي تعينهم على التعرف على بيئتهم وما يوجد منها مـن ظواهر طبيعية مختلفة .

٦- التدريب المهني للمعاقين سمعياً حتى يمكنهم الاعتماد على أنفسهم في الحصول على مقومات معيشتهم بدلاً من أن يكونوا عالة على المجتمع وحتى يصبحوا عناصر فعالة في عملية الإنتاج .

٧- تحين مستوى المعيشة للخريجين

٨- خلق إحساس لدى المعاقين سمعياً بأن لهم قيمة بين أفراد مجتمعهم مما يحفزهم لتنمية قدراتهم وتطويرها واستغلالها في الارتقاء بأنفسهم

لكي يتم تحقيق المزيد من الفاعلية لتعليم المعاقين سمعياً يجب مراعاة العديد من الأمور:-

تطوير برامج تعليمية مساعدة للوالدين بحيث يكون لها دور فعال في تعليم أبنائهم وتدريبهم على مهارات العمل والتواصل مع أطفاله الصم وضعاف السمع كمهارات التدريب السمعي ومهارة قراءة الشفاه، وخاصة خلال فترة تهيئة الطفل للصفين الأول الابتدائي والثاني الابتدائي .

كما يجب التوسع في البرامج التعليمية القائمة على دمج المعاقين سمعياً مع الطلبة العاديين بدلاً من عزلهم في مؤسسات داخلية أو خاصة كالصفوف الملحقة بالمدارس العادية ، وذلك بهدف توفير فرص الاحتكاك والتفاعل مع أقرانهم العاديين وتنمية مشاعر الألفة والفهم المتبادل وكذلك مساعدة الأطفال المعاقين سمعياً على إقامة علاقات اجتماعية واكتساب مهارات السلوك التوافقي . وتزويد الفصول بالوسائل الخاصة والأجهزة السمعية الحديثة والكافية للمساعدة في عمليات التدريب على مهارات النمو اللغوي والاتصال .

ومن الأمور الواجب مراعاتها أيضاً ربط التخصصات المهنية للصم وضعاف السمع بحاجة سوق العمل وتوثيق العلاقة بين المدارس والمراكز التدريبية على مهارات النمو اللغوي والاتصال ، بالإضافة إلى تطوير أهداف التعليم الأساسي والتعليم الإعدادي

بحيث يتم تهيئة الطالب للالتحاق بالتعليم الثانوي والجامعي أسوة بالمكفوفين وضعاف البصر .

لا بد من تطوير المناهج المدرسية الخاصة بالمعاقين سمعياً بحيث تكون هذه الموضوعات والمناهج وثيقة الصلة بالحياة اليومية للمعاقين سمعياً تؤدي إلى تنمية المعارف والمهارات الوظيفية المرتبطة بها .

وكما يجب التنويع بالنشاطات المنهجية بتنوع البيئات التي يعيش بها المعاقين سمعياً ، كما يجب مراعاة الوحدة والترابط الرأسي في المناهج المعدة للمعاقين سمعياً وذلك من صف دراسي إلى آخر في المرحلة الدراسية ذاتها ، وبالترابط الأفقي من مادة إلى مادة أخرى في الصف الدراسي نفسه بحيث يتم تقسيم المناهج إلى وحدات دراسية متسلسلة بما يساعد على تنمية صوت التعلم بحيث يكفل المنهج استخدام إستراتيجيات تدريسية متنوعة ومناسبة لأهدافه ومحتواه وملائمة لطبيعة الإعاقة السمعية . مع توظيف الوسائل التعليمية والتكنولوجية والأجهزة السمعية عند تقييم المحتوى بما يجعل التعليم أكثر استثارة ومتعة وفاعلية وثبوتاً كما يجب مراعاة النشاطات المدرسية المختلفة للمعاقين سمعياً كالزيارات والرحلات والنشاطات الثقافية والرياضية والاجتماعية – وغيرها .

والمناهج الموضوعة للطلبة المعاقين سمعياً يجب أن تثير دافعيتهم إلى التعلم باستمرار وتشجيعهم على التعبير عن أنفسهم بشتى الألوان الممكنة وبث الثقة في أنفسهم.

وهناك بعض الواجبات التي توكل إلى إخصائي التربية الخاصة في مجال الإعاقة السمعية:-

١- تدريب الأطفال المعاقين سمعياً على الاستخدام الصحيح للمعينات السمعية

٢- تدريب الأطفال على استخدام المعينات السمعية، وتقوم هذه الطريقة بتدريب الطفل الصغير على استخدام السماعة بعناية واهتمام فيجب على الطفل أو ما يعرف بالتدريب السمعي .

٣- تعليم الأطفال قراءة الشفاه

٤- تصحيح عيوب النطق والكلام عند هؤلاء الأطفال

أولاً : التدريب على استخدام المعينات السمعية

وتقوم هذه الطريقة بتدريب الطفل الصغير على استخدام السماعة بعناية واهتمام، فيجب على الطفل أن لا يستخدم السماعة طول النهار، ومن الأفضل أن يستخدم الطفل السماعة داخل الصف أثناء الدراسة على أن يكون ذلك تحت إشراف الأخصائي السمعي بعد ذلك يمكن استخدامها لفترة قصيرة من الوقت في ظل تعليمات محددة، ويمكن السماح بزيادة فترات الاستخدام بشكل متدرج إلى أن يتعلم الطفل كيفية استخدامها والاستفادة منها إلى أقصى حد ممكن .

ثانياً : التدريب السمعي

ويقصد به التدريب السمعي للطفل على الاستماع إلى بعض الأصوات التي يمكن للطفل التقاطها ، والتدريب على التمييز بين الأصوات المختلفة والتمييز بين الأصوات العامة غير الدقيقة والتمييز الصوتي لدى الأطفال الصم، وخاصة بين الأصوات المتباينة الدقيقة ، ويمكن لمدرس الصم أو أخصائي التدريب السمعي وحتى الآباء أن ينمي مهارة التدريب السمعي لدى أطفالهم. (الروسان ، ١٩٩٦)

ثالثاً : طريقة قراءة الشفاه

ويطلق عليها أحياناً قراءة الكلام ، وتقوم على مبدأ تدريب الطفل الأصم وثقيل السمع وتوجيه انتباهه إلى الملاحظة البصرية لوجه المتحدث أي (الرموز البصرية لحركة الفم والشفاه أثناء الكلام من قبل الآخرين) وإيماءاته ومراقبة ما يتخذه الفم والشفاه من حركات وأوضاع متباينة أثناء النطق والكلام، وبذلك يمكن تعليم الطفل الكلام واللغة ثم القراءة والكتابة وغير ذلك من معارف وخبرات تبعاً لطريقة الأصوات الصادرة وحروف الكلمات المنطوقة ، كالمد والضم والانطباق والفتح والتدوير وغيرها وترجمة هذه الحركات إلى أشكال صوتية مما يساعد على فهم الكلام مع الاستعانة بتعابير الوجه كالانبساط والعبوس وإيحاءاته وتعبيراته في فهم الكلام .

وبشكل عام هناك ثلاث طرق تستخدم في التدريب على قراءة الشفاه

١- طريقة الصوتيات :- وفي هذه الطريقة يتم التركيز على أجزاء الكلمة، حيث يتعلم الطفل النطق للحروف الساكنة والحروف المتحركة ، ثم يتعلم نطق مجموعة من الحروف المتحركة ثم الحروف الساكنة .

٢- الطريقة التركيبية :- وفي هذه الطريقة لا يكون التركيز على الكلمة أو على الجملة وإنما تهتم بالوحدة الكلية وقد تكون هذه الوحدة قصة قصيرة حتى وإن كان الطفل لا يفهم منها سوى جزءاً صغيراً فقط

٣- الطريقة التي تقوم على إبراز الأصوات المرئية ومعنى هذه الأصوات .

كما يمكن الاستفادة من علم النفس التربوي وقوانين التعلم عند تدريب الطفل الأصم على قراءة الشفاه وأياً كانت الطريقة إلا أنها تعتمد أساساً على مدى فهم المعاق سمعياً للمثيرات البصرية المصاحبة للكلام والتي تمثل تلك المثيرات البصرية أو الدلائل البصرية النابعة من ألسنة الفرد ، كتعبيرات الوجه وحركة اليدين ومدى سرعة التحدث ومدى ألفة موضوع الحديث للمعاق سمعياً ومدى مواجهة المتحدث للمعاق سمعياً والقدرة العقلية للمعاق سمعياً .

فالشخص الأصم إذا لم يتعلم التحدث والاتصال بالغير بطريقة قراءة الشفاه يحيا حياة لا تعرف معنى للحديث أو اللغة حياة ساكنة صامتة يصنعها بنفسه لنفسه، ولكن إذا تعلم الأصم قراءة الشفاه خرج إلى الحياة العادية وشارك إخوانه في الحياة من أفراح وأتراح .

وقد وصف أحد الصم حياته قبل تعلم قراءة الشفاه بعد تعلمها بهذا الوصف المر "عندما كنت أصماً لا أعرف قراءة الشفاه كنت أحس أنني لا أزال داخل زجاجة ، وقد نزعت السدادة فأمكنني أن أصل إلى كثير مما حولي ولكن ببطء" .

(عبد الرحيم أحمد ١٩٧٩ : ١٤٦)

الاستراتيجيات التعليمية للأطفال الصم

عــادة مـا يكــون التركيـز فـي الأسـاليب التعليميـة للأطفـال الصـم عـلى مظـاهر النمو اللغوي وعلى أساليب التواصل مع الأشخاص، ومن أكثر أساليب التواصل شيوعاً مـا يـلي -:

الوسيلة الأولى : التواصل الملحوظ   Oral Communication

هذه الطريقة تركز على المظاهر اللفظية في البيئة وتعتبر أن الكلام وقراءة الشفاه المسالك الأساسية لعملية التواصل ومساعدة المعاقين سمعياً من خلال تنمية مهـارة القـراءة والكتابـة وتنمية الجزء المتبقي من السمع من خلال المعينات السمعية والتدريب .

وبذلك ، فإن أساليب التواصل الملحوظ تساعد الشخص الأصم عـلى الـدخول إلى عـالم الأشخاص العاديين ، في حين أن لغة الإشارة تقيد مجال تواصل هـذا الشـخص وتجعلـه قـاصراً على الأفراد الذين يتقنون هذا الشكل المتخصص من أشكال التعبير .

إلا أن البعض يفضل قراءة الشفاه لأن التخمين لا يساعد المعاق سمعياً عـلى معرفـة الكلام لأن عدداً كبيراً من الكلمات في اللغة تتشابه بعضها البعض عند النطـق بهـا ، كـما أن النجاح في قراءة الشفاه يتطلب وجود أساليب لغوية مناسبة ومعرفـة بقواعـد اللغـة وثـروة لغوية واسعة . ولقد أظهرت العديد من الدراسات أن الصم يفهمون مـن الكـلام عـن طريـق الشفاه من ٢٦% - ٣٦% .

الوسيلة الثانية : أساليب التواصل اليدوي   Manual Communication

وتعد هذه الطريقة ملائمة للأطفال الصم وثقيلي السمع ممن لا يمكنهم سماع ما يدور من حولهم وفهمه حتى باستخدام المعينات السـمعية ، والهـدف مـن هـذا الأسـلوب هـو إكسابهم المهارات التواصلية عن طريق الإبصار ، وذلك من خلال الإشارات والحركات اليدويـة الوصفية كبديل عن اللغة اللفظية التي يرى البعض أن استخدامها مع الصم مضـيعة للوقـت والجهد .

لغة الإشارة   Sign Language

لغة وصفية وهي نظام مـن الرمـوز اليدويـة أو الحركـات المشكلة أو المصورة التـي تستخدم فيها حركات الأيادي وتعبيرات الأذرع والأكتاف لوصف الكلمات والمفاهيم والأفكار والأحداث التي يستجيب لها الفرد أو يرغب في التعبير عنها .

هجاء الأصابع   Finger Spelling

وتقوم هذه الطريقة على التهجي عـن طريـق تحريـك أصابع اليدين في الهـواء وفقـاً لحركات منظمة وأوضاع تمثل الحروف الأبجدية، وهي طريقة للاتصال تتطلب تدريـباً في سـن مبكر فقد أظهرت الممارسة العلمية أن الأطفال الصم الـذين يتعرضون للغة الإشارة وهجـاء الأصابع منذ ميلادهم يكشفون فعالية في هذه المهارة ربما أسهل ممـا يـتعلم الطفل العـادي القراءة عادة . والسبب هو أن هؤلاء الأطفال يتعرضون لهذه الطريقة في وقت مبكر للغايـة كما أنهم يتعرضون لها بشكل أو بصورة دائمة. (القريطي ، ١٩٩٦ : ٣٥٤)

الوسيلة الثالثة : التواصل الكلي   Total Communication

وهي نظام يستخدم في تعليم الأفراد الصم ويستخدم منه كـلاً مـن الإشارات اليدويـة والهجاء الإصبعي بالإضافة إلى الكلام وقراءة الكلام والاستماع ، ويعتبر هذا النظام أكثر فاعليـة في تدريس الأطفال الصم ،كما يعتبر هذا من اكثر طرق التواصل فعاليـة مـع المعـاقين سـمعياً ويتضمن استقبال اللغة والتعبير عنها بحيث يجمع بين كل مـن الإشارات اليدويـة وأبجديـة الأصابع بالإضافة إلى قراءة الشفاه والكلام والقراءة والاستماع بحيث تستخدم جميعاً في وقت واحد .

يشير المؤلف هنا إلى أنه تعتبر اللغة وسيلة أساسية من وسائل الاتصال الاجتماعي ، وخاصة في التعبير عن الذات وفهم الآخرين ،وهي وسيلة من وسائل النمـو العقلي والمعرفي والانفعالي . ويستخدم الإنسان اللغة كوسيلة للتعبير اللفظي، وبالتالي فهو يهدف مـن خـلال النطق إلى التواصل مع الآخرين .

واللغة عبارة عن مجموعة من الرموز التي تستخدم كوسائل للتعبير أو للاتصال مع الآخرين ، واللغة نوعان فهناك لغة منطوقة (لفظية) وهناك لغة غير منطوقة (غـير لفظيـة) ، واللغـة اللفظية هي اللغة التي يتحدث بها الناس الأسوياء .

وهناك لغة غير لفظية وتتم عن طريق الإيماءات والإشارات أو الحركات وتعتبر اللغة أساس التفاعل والاتصال بين الناس كذلك تعتبر الرابط الأساس بين الماضي والحاضر والمستقبل ، وهي التي نقلت لنا التراث والقيم والتقاليد من أسلافنا وكذلك هي من نقلت لنا تاريخ الأمم والحضارات السابقة ، وبالتالي ستكون هي الناقل والمصباح المضيء للأجيال اللاحقة .

وكل أمة في كل زمان ومكان تربطها لغة واحدة ،ونتيجة لهذه الأهمية البارزة للغة كونها شريان الحياة والتواصل بين الشعوب والأمم ، فقد قام العلماء وذوو الخبرة والاختصاص في دراسة اللغة والكلام خصوصاً ما يعرف باضطرابات النطق واللغة أو ما يسمى اضطرابات التواصل ومنها الاضطرابات النطقية. (السعيد ، ٢٠٠٢)

وسأستعرض في كتابتي هذه اضطرابات النطق واللغة وكذلك أسباب اضطرابات النطق واللغة ، قياس وتشخيص الاضطرابات اللغوية ، الخصائص السلوكية للمضطربين لغوياً ، البرامج التربوية المقدمة لذوي اضطرابات النطق واللغة وكذلك كل ماله علاقة أو ذات أهمية باضطرابات النطق واللغة .

وتشتمل اضطرابات النطق واللغة على ما يلي :-

١- اضطرابات الطلاقة وتعني حدوث تقطعات غير منتظمة في الكلام وكلاماً غير منساب ، وتدفع الكلام بشكل سريع وشاذ، مما يؤدي إلى عدم وضوح الكلام بالإضافة إلى تراكيب نحوية خاطئة .

وتتخذ اضطرابات الطلاقة أشكالاً متعددة منها : -

١- التأتأة : وهي اضطراب يصيب تواتر الكلام ،حيث يعلم الفرد تماماً ما سيقوله ، ولكنه في لحظة ما لا يكون قادراً على قوله بسبب التكرار اللاإرادي للكلام أو الإطالة أو التوقف أي أن هناك تردداً في الكلام .

٢- السرعة الزائدة في الكلام:-وهي حالة من اضطراب الطلاقة وتتمثل في السرعة الزائدة في عرض الأفكار وسرعة التعبير مما يؤدي إلى عدم فهم بعض الكلمات والمقاطع .

٣- اضطرابات الصوت:- وهي اضطرابات خاصة بمشكلات نغمة الصوت من حيث علوه أو انخفاضه ،وتعود أسبابها إلى عوامل عضوية مثل فقدان السمع والشلل الدماغي وإلى عوامل غير عضوية مثل الصراخ الزائد عند الأطفال وعوامل انفعالية وعاطفية .

٤- اضطرابات اللغة:- وهي متعلقة باللغة نفسها من حيث زمن الظهور أي بدء الكلام وتأخره ، أو سوء التركيب من حيث المعنى وصعوبة القراءة والكتابة وتشمل التأخر اللغوي والأفيزيا وهي فقدان القدرة على فهم اللغة والتحدث بها والاتصال مع الآخرين .

٥- اضطرابات النطق :- وهي الخطأ في الكلام نتيجة الاكتساب الخاطئ للغة منذ الصغر أي عدم إخراج الحروف من مخارجها الصحيحة . (حموده ١٩٩١)

مظاهر (أشكال) اضطرابات النطق واللغة

١- اضطرابات النطق

تتخذ اضطرابات النطق أشكالاً متعددة حسب نوعها ، شدتها ، أسبابها ،ومن هذه الأشكال أو المظاهر

أ- الإبدال : وهو أن يبدل الفرد حرفاً بآخر من حروف الكلمة ، كأن يقول (تلب بلد كلب) (ستينة بدل سكينة) وهكذا وتحدث ظاهرة الإبدال عند الصغار أكثر من الكبار ويعد الإبدال أمراً طبيعياً ومقبولاً حتى سن دخول المدرسة ، أما إذا استمرت بعد ذلك فإنها تعتبر إحدى مظاهر الاضطرابات اللغوية ، وتحدث ظاهرة الإبدال في أول الكلمة أكثر ما تحدث في نهايتها .

ب- الحذف: - وهو أن يحذف الطفل حرفاً من الكلمة ومثال ذلك أن يلفظ الطالب أو الفرد كلمة عبير فيقول بير فهو بذلك حذف حرف من الكلمة ،ويعتبر الحذف مقبولاً حتى دخول الطفل سن المدرسة ، أما بعد ذلك فيعتبر من اضطرابات النطق .

جـ- التشويه : أي أن يلفظ الطفل الكلمة بشكل مشوه ،مما يؤثر على المعنى وبالتالي صعوبة الفهم، يحدث لدى الراشدين والأطفال الأكبر سناً أكثر من الأطفال الصغار .

د- الإضافة : وهي أن يضيف الطفل حرفاً جديداً إلى الكلمة مما يغير في المعنى وسوء الفهـم من الآخرين ، ومثال ذلك قول الطفل (لعبات بدلاً من لعبة أو أبابا بدلاً من بابا) وما إلى ذلك من هذه الكلمات . (عبيد ، ٢٠٠٠)

اضطرابات الكلام

وتتضمن كلام الفرد بشكل عام من حيث معنـى الحـديث ، وطريقـة عـرض الأفكار والترابط بينها والألفاظ المستخدمة وسرعة أو بطء الكلام ، وتشمل اضطرابات الكلام ما يلي :-

١- ضعف أو قلة الحصيلة اللغوية لدى الأطفال

٢- التأتأة والتردد في الكلام وصعوبة النطق

٣- تكرار الكلمات والعبارات

٤- بطء وسرعة الكلام أو التوقف أثناء الكلام

٥- تشتت الكلمات والأفكار وعدم الانسجام في التعبير

٦- الإطالة في الحديث

٧- الحبسة الكلامية

اضطرابات اللغة

وتشمل هذه الاضطرابات زمن ظهور اللغة لدى الطفل ، تأخرها ، سـوء تركيبهـا، أي أن هناك خللاً أو اضطراباً في قراءة اللغة وكتابتها وفهم معناها ومن هذه الاضطرابات ما يلي :-

أ- تأخر ظهور اللغة - أي أن الكلام لدى الطفل يتأخر للسنة الثانية أو أكثر من عمـره وليس كأقرانه، حيث تظهر الكلمة الأولى خلال السنة الأولى ، ونتيجة لـذلك سيكون لـدى هـذا الطفل مشكلات في الاتصال مع الآخرين ومشكلات لغوية .

ب- عدم القدرة على فهم اللغة والتعبير وصعوبة الاتصال ، أي أن الطفل غير قادر علـى فهـم اللغة المنطوقة، وبالتالي عدم القدرة على التعبير بالشـكل السـليم ، ممـا يـؤثر سـلباً علـى الاتصال الاجتماعي مع الآخرين ويضعف المحصول اللغوي لـدى الطفل ممـا يسبب لـه آثاراً انفعالية سلبية .

جـ- صعوبة الكتابة – أي عدم قدرة الطفل على الكتابة في مرحلة زمنية مـن عمـره بالمقارنـة مع أقرانه الأسوياء .

د- صعوبة التذكر والتعبير ، أي أن الطفل لديه صعوبة في تذكر الكلـمات والعبـارات وبالتـال ستكون لديه مشكلة عند التعبير عن أفكاره عند الحديث .

هـ- صعوبة في فهم الكلمات والجمل ، وهي عدم قدرة الطفل عـلى فهم الكلـمات والجمـل وبالتالي سيجد الطفل صعوبة عند استخدامها والتعبير عنها

و- صعوبة القراءة ، أي عدم قدرة الطفل على القراءة مقارنة مـع الأطفـال الأسوياء في عمـره الزمني

ز- صعوبة تركيب الجملة – وتتمثل في عدم قدرة الطفل عـلى تكوين الجمـل بـسبب عـدم المقدرة على ربط الكلمات وفهم المعنى

اضطرابات الصوت

وهي اضطرابات لغوية تتعلق بدرجة الصوت من حيث الشدة ، والارتفاع وانخفاض الصوت ونوعيته ، مما يؤدي إلى صعوبات الاتصال الاجتماعـي مـع الآخرين، ويدخل ضـمن اضطرابات الصوت (غلظة الصوت وخشونته ،انخفاض الصوت والهمـس، انعـدام الصـوت ، ارتفاع الصوت ، اهتزاز الصوت ، الصوت الطفولي لدى الكبار). (العزة ٢٠٠٢)

الاضطرابات اللغوية

إن الصعوبات اللفظيـة تعتمـد وإلى درجـة كبـيرة عـلى السـمع ومهـارات الفـرد الاستقبالية (القدرة على الاستيعاب) أو المهارات التعبيرية (القدرة على الإرسال) أو كلاهما ، ومن اضطرابات اللغة ما يلي :-

١- عيوب دلالات الألفاظ

هناك عيوب في لغة الاستقبال والتعبير لدى الطفل المعاق لفظياً ،أي أن هناك قصوراً في فهم المتضادات والمترادفات أو في استخدام الكلمات ،أي أن الطفل لا يستطيع الـربط بـين الألفاظ والمعاني .

٢- العيوب التركيبية (البنائية)

يعاني الطفل من قصور في تركيب الجمل بشكل صحيح وتام، كذلك يعـاني مـن عـدم فهم معاني الكلمات وكيفية ترتيبها في الجمل .

٣- عيوب النظام الصرفي

يسيء الطفل استخدام الأسماء والأفعال والصفات ويعجـز عـن استخدام علامـات التشكيل

٤- عيوب النظام الصوتي

أي أن مخزون الطفل الصوتي محدود، فهناك قصور في نظام الصـوت لـدى الأطفال وهو عيب قليل الشيوع لدى الأطفال .

٥- عيوب في استخدام اللغة بشكل فاعل

يتميز الأطفال بقصور في استخدام اللغة بالشكل الصحيح في عمليات حل المشكلات والعمليات العقلية العليا ، ومن مظاهر هذه العيوب ضعف الأطفال في وصف الأشياء أو تفسيرها وعدم القدرة عـلى بيـان أوجـه الشبه والاختلاف بـين الأشياء وعدم القدرة عـلى استخلاص الأفكار . وتظهر هذه العيوب النشاطات التي تتضمن سرد القصص .

أسباب اضطرابات النطق واللغة

١- الأسباب العصبية

هي أسباب مرتبطة بالجهاز العصبي المركزي نتيجـة وجـود خلل أو تلـف في هـذا الجهاز في مرحلة ما قبل الولادة أو أثنائها أو بعدها ، فالجهاز العصبي هو المسؤول عـن كثير من السلوكات ومنها النطق واللغة ، لذا فإن أي خلل في هـذا الجهاز يـؤدي إلى مشكلات في النطق واللغة، ومن أشكال هذا الخلل الأفازيا التي ترجع إلى مشـكلات في الـدماغ ،وحالات صعوبة القراءة والكتابة وصعوبة فهم الكلمات أو الجمل .

٢- الأسباب الوظيفية (النفسية)

وهي مرتبطة بأساليب التنشئة الأسرة وكذلك المدرسية ، ومنها الأساليب الخاطئة في تربية الأبناء مثل الحماية الزائدة والعقاب الجسدي والدلال والتمييز بين الأخوة ، أي حدوث توتر انفعالي لدى الطفل مما يؤثر سلباً على طريقة الكلام والتعابير لديه .

٣- الأسباب العضوية

وهي أسباب متعلقة بالأعضاء الداخلية للطفل مما يؤثر سلباً على طريقة الكلام لدى الطفل ومن أمثلة الأسباب العضوية وجود عيوب في الحنجرة وأوتارها، تشوهات الخلق ،الأنف ، اللسان، وعدم تطابق الأسنان .

٤- أسباب مرتبطة بإعاقات أخرى

- وجود ضعف في حاسة السمع

- حالات التخلف العقلي

- عدم القدرة على تمييز الأصوات وحالات صعوبات التعلم

- الضعف البصري أو انعدامه . (العزة ٢٠٠٢)

قياس وتشخيص الأطفال المضطربين لغوياً

أي الوسائل المستخدمة في الكشف والتعرف على الأطفال المضطربين لغوياً، وتتلخص عملية القياس والتشخيص في عدة مراحل أساسية مترابطة وهي:-

١-مرحلة التعرف المبدئي على الأطفال المضطربين لغوياً

الدور في هذه المرحلة هو للآباء والأمهات بالإضافة إلى دور المدرسة ، فالأهل والمعلمون يلاحظون مظاهر النمو اللغوي لدى الطفل من خلال استقبال الطفل للغة بطريقة تعبيره عنها وتفاعله مع الآخرين واكتشاف مظاهر وسمات غير عادية مثل التأتأة والسرعة الزائدة في الكلام .

٢- مرحلة الاختصاص

حيث يتم تحويل الأطفال ذوي المشكلات اللغوية إلى الأطباء ذوي الاختصاص في مجالات الأنف والأذن والحنجرة، وذلك بهدف التأكد من سلامة الأعضاء

٣- مرحلة اختبار القدرات الأخرى ذات العلاقة بالأطفال ذوي المشكلات اللغوية

وهي مرحلة إحالة الأطفال المضطربين لغوياً إلى ذوي الاختصاص في الإعاقة العقلية السمعية ، والشلل الدماغي وصعوبات التعلم، وذلك بهدف التأكد من خلو الطفل من الإعاقات السابقة .

٤- مرحلة تشخيص مظاهر الاضطرابات اللغوية

يستخدم أصحاب الاختصاص مجموعة من الاختبارات لمعرفة احتمالية وجود بعض الاضطرابات ذات العلاقة بسلامة النطق وسلامة التعبير ، ومن هذه الاختبارات :-

١- اختبار الينوي للقدرات السيكولغوية

٢- اختبار مايكل بست لصعوبات التعلم

٣- مقياس المهارات اللغوية للمعاقين عقلياً، ويتألف هذا المقياس من ثماني فقرات موزعة على خمسة أبعاد وهي :-

أ- الاستعداد اللغوي المبكر

ب- التقليد اللغوي المبكر

جـ- اللغة الاستقبالية

د- اللغة التعبيرية . (عبيد ، ٢٠٠٠ : ١٨٨)

الخصائص السلوكية والتعليمية للأطفال المضطربين لغوياً

١- الخصائص العقلية (الذكاء)

أي التعرف إلى القدرات العقلية لدى هؤلاء الأطفال من خلال أدائهم على اختبارات الذكاء المعروفة ، وتشير اختبارات الذكاء إلى ضعف أداء المفحوصين وتدني درجاتهم نتيجة ارتباط هذه الاختبارات وتأثرها باللغة .

٢- الخصائص الانفعالية والاجتماعية

ترتبط هذه الخصائص بمفهوم الذات لدى الأطفال المضطربين لغوياً ونظرتهم إلى أنفسهم وكذلك نظرة الآخرين لهم ، لذلك تظهر لدى هؤلاء الأطفال مظاهر القلق والإحباط والشعور بالذنب والعدوان والانسحاب على سلوك هؤلاء الأطفال، وذلك بسبب

ارتباط أعراضهم الظاهرة لديهم باللغة ، وتظهر هذه الأعراض نتيجة معاملة الآخرين لهم مثل الحماية الزائدة من قبل الأسرة .

٣- الخصائص الأكاديمية والتحصيلية (المعرفية)

يعاني هؤلاء الأطفال من مشكلات متعددة من الناحية الدراسية بشكل عام، وذلك بسبب ارتباط التحصيل الدراسي بتقدم اللغة أو بطئها أو بسبب وجود صعوبات تعليمية، مما يؤثر سلباً على الناحية المعرفية ومن ثم الاجتماعية (التواصل والاتصال مع الآخرين) وعلى الناحية الانفعالية من وجود إحباط واكتئاب لدى هؤلاء الأطفال .

مراحل النمو اللغوي

هناك علاقة بين اللغة والنمو البيولوجي والاستعداد الفيزيولوجي والعقلي لدى الفرد، ولمراحل النمو اللغوي المراحل التالية :-

١- مرحلة الصراخ أو البكاء

تبدأ هذه الرحلة منذ الولادة وتمتد حتى الشهر التاسع من عمر الطفل ، وتعتبر الصرخة الأولى والبكاء في هذه المرحلة مؤشراً على قدرة الطفل على التحدث مستقبلاً ، وفي هذه المرحلة يعبر الطفل عن حاجاته ورغباته وآلامه بالبكاء والصراخ .

٢- مرحلة الثرثرة أو المناغاة

يتميز الطفل في هذه المرحلة بإصدار الأصوات وتكرارها ، كذلك فإنه يكثر من أحرف العلة ، وتعتبر المناغاة إشارة إيجابية يستدل بها على مستقبل الطفل اللغوي، وتمتد هذه المرحلة من الشهر الرابع حتى الشهر التاسع .

٣- مرحلة التقليد

يتميز الطفل في هذه المرحلة بتقليد الأصوات أو الكلمات التي يسمعها تقليداً خاطئاً ، فهو لا يعيد الكلمات أو الأصوات كما هي، بل إنه يحذف بعض الحروف أو يبدل مكانها ، وتمتد هذه المرحلة من نهاية السنة الأولى حتى السنة الخامسة تقريباً .

٤- مرحلة المعاني

يتميز الطفل بهذه المرحلة بزيادة قوة الإدراك لديه وقدرته على الـربط بـين الرمـوز اللفظية ومعانيها ، أي أن الطفل يتكلم بكلام ذي معنى وجمل شبه مترابطة ، وتمتد هـذه المرحلة من السنة الأولى حتى عمر خمس سنوات وأكثر .

العوامل المؤثرة في النمو اللغوي

١- النضج والعمر الزمني

هناك ارتباط بين العمر الزمني للطفل ونضجه وبين المحصول اللغوي ،فكلما تقدم الطفل في العمر فإن أعضاء الكلام لديه تنضج وبالتالي تزداد قدرتـه الكلاميـة نتيجـة الاتصال والتواصل مع الآخرين وزيادة المحصول اللفظي نتيجة هذا التواصل .

٢- الجنس

تشير أغلب الدراسات إلى أن الإنـاث أكـثر تقدمـاً لغويـاً وأسـرع اكتسابـاً لغويـاً مـن الذكور .

٣- العوامل الأسرية

أي دور الأسرة في إثراء المحصـول اللغـوي أو ضعفـه لـدى الأطفـال ويرتبط بـالأسرة الظروف الاجتماعية والاقتصادية، وكـذلك مـدى اهتمـام الأسرة بالأطفـال ، فزيـادة الاهتمام بالطفل تثري المحصول اللغوي لديه ، وتقوي مهارات الاتصال عنده .

٤- الوضع الحسي والصحي للفرد

يتأثر النمو اللغوي بسلامة الأجهزة الحسـية والسـمعية والبصريـة والنطقيـة للفـرد، لذلك نجد هناك ارتباطاً بين سلامة هذه الأجهزة والنمو اللغوي .

٥- وسائل الإعلام

أي مدى استفادة الأطفـال في إثـراء محصولهـم اللغـوي مـن خـلال متابعـة وسـائل الإعلام وهذا دور مرتبط بالأسرة وظروفها الاقتصادية والاجتماعية .

٦- عملية التعلم

أي كيف تتم عملية تعليم الطفل وتربيته وتنوع أساليب التعلم كالتعزيز والعقـاب والاهتمام والإهمال ودورها في تعلم اللغة .

٧- القدرة العقلية

وهذا يتعلق بالفروق الفردية ، وأهمية القدرة العقلية (الذكاء) فالطفل الذكي المتفوق عقلياً يتميز بمحصول لغوي أعلى من الأطفال العاديين ، وهناك فرق بينهما في بداية اكتساب اللغة وسرعة الاستقبال والتعبير والاتصال مع الآخرين .

٨- ثقافة الوالدين

هناك ترابط بين التقدم اللغوي ومستوى النضج لدى الأطفال مع طبيعة الحياة التي يعيشها الأهل من ناحية الظروف الاجتماعية والاقتصادية وثقافة الأهل ومدى استخدامهم لأساليب التربية الصحيحة من خلال التفاعل مع أطفالهم ومشاركتهم الحديث معهم والإجابة عن استفساراتهم وأسئلتهم، وهذه الأساليب تساعد في زيادة المحصول اللغوي لدى الأطفال .

٩- تعدد اللغات

اختلاف لغة البيت عن لغة المدرسة وكذلك عن لغة اللعب مع الأقران في الشارع والمدرسة يؤدي إلى خلل في مهارات الطفل اللغوية ويؤدي إلى تأخيرها .

١٠- عدد الأطفال في الأسرة وترتيب ميلاد الطفل

فالطفل الوحيد في الأسرة لديه محصول لغوي أكبر من محصول أقرانه اللغوي الذين يعيشون في أسر لديها عدة أطفال . (عبيد ، ٢٠٠٠)

تعريف اللعثمة

ببساطة هي الكلام المتقطع ، وصعوبة في إخراج الكلمات من مخارجها وتتميز بالتكرار المستمر للكلمات والمقاطع ، وقد يصاحب التهتهة حركات لا إرادية من هز الرأس واليدين أو غمز العيون ، والتهتهة مختلفة حسب الموقف فقد تزداد إذا كان الشخص لديه توتر أو قلق شديد وتخف إذا كان الموقف طبيعياً .

بدء اضطرابات اللعثمة

بداية اللعثمة مع بداية نمو الكلام ، أي منذ تعلم الفرد الكلام ، وحسب الدراسات فإن بدايتها بين الثانية إلى السابعة من العمر مع زيادة حدوثها عند الخامسة ،أي أنها تبدأ منذ مرحلة الطفولة المبكرة .

مسار اللعثمة

١- النمط النمائي : هنا يتغير نمو الكلام ويتميز بالتوقف والتكرار والتردد وتحدث بين الثانية والرابعة من العمر ،وعلاجها هو إهمالها من قبل الوالدين .

٢- النمط المتحسن : ويظهر بين سن الثالثة والحادية عشر .

٣- النمط الثابت : ويحتاج هذا النمط إلى علاج طويل ، ويبدأ بين الثالثة والثامنة من العمر

الإعاقة الناتجة عن التهتهة

الخجل ، الإحباط وعدم القدرة على التواصل الاجتماعي مع الآخرين بسبب خوف المريض من التحدث إلى الآخرين في المواقف الاجتماعية ،وقد تؤثر التهتهة في اختيار الوظيفة .

تشخيص التهتهة

تتميز التهتهة بالتكرار المتواصل والمستمر للكلمات والمقاطع بالتالي تؤدي إلى عدم القدرة على التعبير اللفظي الجيد . وتحدث في السنتين الأوليين من حياة الطفل متقطع الكلام، ويحدث اضطراب الطلاقة الكلامية وهي السرعة الزائدة في الكلام .

أسباب اللعثمة (التهتهة)

١- أسباب عضوية

وتتمثل بالصراع بين نصفي المخ أو سيادة أحد النصفي على الآخر ، أو تعود لعوامل الأيض :

- الأمراض طويلة الأمد لدى الطفل .
- الوراثة- بسبب انتشار التهتهة بين الأقارب.
- الكلام خلال عملية الشهيق وليس الزفير كما يتكلم الطبيعيون .
- نقص الكالسيوم وفيتامين د .
- الاضطراب السماعي بسبب عدم توصيل الأصوات بشكل سليم .

وذلك ناتج عن خلل في العضلات الدقيقة التي تنظم حركات الأذن الوسطى. (القدافي ١٩٩٣)

٢- أسباب نفسية

الإثارة الانفعالية للطفل في المواقف الاجتماعية أو الحياتية المختلفة تؤدي أحياناً إلى التهتهة ، بسبب الخجل والتوتر الخوف والقلق الذي يصيب الفرد ،فإذا تكلم الفرد بسرعة فإنها تزداد ، وتختفي التهتهة عندما يتكلم الفرد ببطء، والتهتهة أكثر حدوثاً أمام الكبار بسبب الخوف والخجل ويرجع علماء النفس أسباب التهتهة إلى الرغبات المكبوتة لدى الطفل في المرحلة المبكرة من حياته ،فمنهم من أرجعها إلى المرحلة الشرجية وآخرون أرجعوها إلى المرحلة الفمية .

٣- أسباب اجتماعية

عدم التنشئة الاجتماعية الجيدة وعدم اتباع الأساليب التربوية الحديثة المناسبة مع الأطفال تؤدي إلى التهتهة، ومن ذلك عدم احترام الطفل وعدم تعزيزه وعدم إعطائه الحرية في التعبير عن أفكاره وعواطفه تؤدي به إلى حدوث اللعثمة .

علاج التهتهة :

١- العلاج السلوكي

ويشتمل هذا العلاج على فنيات كثيرة لعلاج التهتهة ومنها :

- تعليم الطفل التحدث ببطء .

- تقليد الطفل لنموذج معين يتحدث بشكل جيد .

- الكلام بالحركات الإيقاعية أي أن الطفل يتكلم مع الحركات .

- الترديد والتكرار للكلمات التي يجد فيها الطفل صعوبة في نطقها .

- فنية سلب الحساسية التدريجي في مواجهة المواقف السلبية للقلق .

- الكلام بطريقة هامشية بحيث يتمرن الطفل على نطق الكلمة .

- طريقة مضغ الكلام بحيث أن الطفل يتهيأ لنطق الكلمة.(حموده، ١٩٩١)

٢- العلاج النفسي التحليلي :

أي الوصول بالمريض إلى أعلى درجة ممكنة من الصحة النفسية والتوافق النفسي من خلال إعادة ثقته بنفسه وقبول نفسه كما هي وتشجيعه على التواصل مع الآخرين . (حسين ، ١٩٨٦)

٣- العلاج النفسي الجماعي :

ويهدف هذا العلاج إلى زيادة ثقة المريض بنفسه والتخفيف من المعاناة التي لديه عندما يرى آخرين لديهم نفس المشكلة، وهنا يتخلص المريض من فكرة كونه مختلفاً عن الآخرين وزيادة علاقاته الاجتماعية .

٤- العلاج بالعقاقير

أي استخدام الأدوية والمواد الكيميائية في علاج التهتهة

٥- العلاج الجراحي

ويتم فيها إزالة بعض أجزاء عضلات اللسان أو قاعدة اللسان، ولكن هذا علاج مؤقت .

معالجة مشكلات اللغة والكلام

يهدف العلاج إلى إكساب الفرد مهارات الاتصال والتواصل مع الآخرين وطرق التغلب على الصعوبات التي لديه ، وبالتالي تطوير العمليات الضرورية لنمو المهارات الكلامية واللغوية لدى الفرد .

ولكي نحقق هذا الهدف لا بد من اتباع الآتي :-

١- تعليم الطفل الأساليب السليمة في تعليم الأصوات

٢- تعليم الطفل المهارات اللفظية والكلامية حسب مرحلته العمرية

٣- تدريب الطفل البناء اللغوي من حيث التشكيل والحركات

٤- تدريب الطفل على الحديث في المواقف الاجتماعية المختلفة

٥- تعزيز الطفل بشكل إيجابي وزيادة ثقته بنفسه

٦- تعليم الطفل مهارات التواصل الاجتماعي من خلال تشجيعه على الاتصال مع الآخرين والاستفادة منهم .

٧- توفير البيئة المناسبة للتعلم السليم بحيث يكتسب الطفل المهارات اللغوية ويطبقها

٨- استخدام الألعاب وسرد القصص وإعطاء الفرصة للطفل للتعبير عن أفكاره ومشاعره

٩- مساعدة الأهل للطفل في حرية التعبير وخلق جو عـاطفي يستطيع الطفل مـن خلالـه التعبير عما يجول في خاطره ، ودور الأهل في الاستماع الجيد لطفلهم مـع تـوفير الأدوات اللازمة التي يحتاجها الطفل من العاب وقصص

١٠- دور المعلم في المدرسة في تقبل الطفل كما هو وخلق البيئة الصفية المناسبة، مـع بيـان دور الطالب في الصف وتشجيعه علـى الاتصـال والتواصـل مـع الآخـرين وزيـادة ثقتـه بنفسه وإعطائه الحرية في التعبير عن أفكاره ومشاعره، مـع تشجيع الطلبـة الآخـرين للاتصال به من خـلال اللعـب ، والأنشطة الصفية والمدرسية الأخـرى ، وعـلى المعلـم المراقبة والملاحظة الدقيقة لهذا الطفل سواء في الصف أو في ساحة المدرسة.

تصحيح أسلوب النطق

أي الطرق والمهارات التي تستخدم مع الطفل بهدف التغلب على مشكلة النطـق لديـه ومنها :-

١- تدريب الطفل على التحكم بنفسه من خلال الشهيق والزفير

٢- تدريب الطفل التحكم في صوته من حيث الشدة والقوة

٣- إكساب الطفل المرونة في النطق

٤- بيان الأحرف ومخارجها الصحيحة وأنواعها الساكنة والمتحركة

٥- تدريب الطفل على الأصوات الساكنة ونطقها

٦- تدريب الطفل على الأصوات المتحركة ونطقها

٧- تدريب الطفل على التمييز بين الأحرف الساكنة والمتحركة

٨- تدريب الطفل على نطق الكلمات منفردة

٩- تدريب الطفل على القراءة الصحيحة

١٠- تدريب الطفل على تقليد الآخرين واستخدام النموذج السليم

١١- استخدام طريقة تسجيل الأصوات الصحيحة وإسماعها للطفل

١٢- استخدام الوسائل المختلفة من اللوحات وأشرطة الفيديو والكاسيت بهدف تعليم الطفل نطق الكلمات والجمل والعبارات بشكل صحيح . (العزة ، ٢٠١)

مهارات التنمية اللغوية

- أي المهارات التي يتم إكسابها للطفل بهدف تنمية اللغة لديه وتطويرها .

- استثمار القدرات السمعية لدى الطفل وتدريبه على الاستماع

- التركيز على مهارة الانتباه لدى الطفل ومساعدته على تطوير هذه المهارة لديه من خلال الموضوعات التي يحبها .

- التدريب على المهارة اللفظية من خلال الاتصال مع الآخرين والتحدث معهم .

- تعليم الطفل مهارة الاتصال اللغوي مع الآخرين والتحدث والتعبير عما يجول في خاطره من أفكار ومشاعر ، وكيفية استقبال رسائل الآخرين اللفظية وغير اللفظية.

- تدريب الطفل على مهارات حياتية بشكل عام من خلال إشراكه في مجموعات تتضمن نشاطات معينة تتطلب استخدام اللغة من حيث التعبير اللفظي والاستقبال السمعي من الآخرين.

- تدريب الطفل على القراءة بمساعدة المعلم أو الشخص الذي يشرف على تعليم الطفل المعاق سمعياً ، وأهمية التدرج بالقراءة بدءاً بلفظ الحروف ثم الكلمات والمقاطع ثم الجملة مع استخدام الصور والرسومات التوضيحية المساعدة .

- مساعدة الطفل على الكتابة ، وهي عملية مقرونة بالقراءة فالطفل يكتب الحرف الذي تعلمه ويكتب الكلمة أو الجملة التي قام بقراءتها وهكذا ، وبهذا يكتسب الطفل مهارات متعددة من حيث تعلم شكل الحروف وصوتها وربطها بالجمل والكلمات ، وبالتالي إكسابه القدرة على التمييز بين الحروف التي تسبب عنده مشكلة معينة في لفظها .

تطوير مهارة الاستماع لدى الطفل المعاق سمعياً

أي الأساليب والوسائل المساعدة في إكساب الطفل مهارة الاستماع ، ومنها :-

١- تعليم الطفل حرية الاختيار في الجلوس والمكان الذي يستريح به ويشعر معه بالاسترخاء والاطمئنان وبالتالي الاستماع بشكل جيد

٢- تعليم الطفل آداب الحديث من خلال الاستماع للمتحدث وعدم المقاطعة

٣- تعليم الطفل كيفية السؤال والاستفسار عن الأشياء التي لم يفهمها

٤- وضع الطفل في بيئة تعليمية مناسبة بعيدة عن المشتقات

٥- تدريب الطفل على الاستماع للأشياء المهمة والتركيز عليها

٦- اختبار ذاكرة الطفل السمعية والطلب إليه إعادة ترتيب بعض الكلمات والجمل حسب سماعها .

٧-تدريب الطفل على معرفة الأصوات وتمييزها

٨- تدريب الطفل على تقليد الأصوات من خلال استخدام نموذج حي مباشر مثل المعلم أو استخدام الأجهزة الصوتية مثل المسجل والأشرطة ، وبعد الاستماع يطلب إلى الطفل إعطاء فكرة موجزة عما سمعه ، وبالتالي هنا نكسب الطفل مهارة الاستماع

٩- لعبة الهمس :كلمة معينة تهمس في أذن طالب، ويطلب منه أن يرددها بالهمس إلى آخر وهكذا لجميع الطلاب .

١٠- لعبة من أنا : تقليد الأطفال لأصوات معينة ثم السؤال عن اسم هذا الصوت ومصدره أو صاحبة ، كصوت القطار أو صوت الديك .

١١- لعبة ماذا أفعل : قيام المعلم أو أحد الطلاب بعمل معين أو تمثيل عمل معين ثم السؤال عن هذا العمل ومصدره والطلب من الطلاب تقليد هذا الصوت أو العمل .

١٢- مهارة الاستماع إلى القصص والموضوعات المختلفة كالأناشيد. (العزة، ٢٠٠١)

نسبة الاضطرابات اللغوية

هناك محددات تحدد نسبة الاضطرابات اللغوية للأفراد ذوي الاضطراب فهناك اختلاف في تحديد النسبة يرجع إلى الجنس ، العمر ، البيئة وكذلك يحدث الاختلاف بسبب تعدد واختلاف الدراسات والأبحاث التي أجريت حول نسبة الاضطرابات اللغوية من حيث أنواعها وأسبابها .

فهناك اضطرابات مثل التهتهة والتلعثم يتعرض لها الذكور أكثر من الإناث والمراهقين وأكثر من نسبة الأطفال ، وحسب العمر تختلف نسبة التهتهة ، ومع تقدم العمر أشارت بعض الدراسات إلى ازدياد اللجلجة في الكلام .

فمثلاً تقدر نسبة الأطفال وذوي الاضطرابات اللغوية التي يشير اليها مكتب التربية هناك الى (٣.٥%) وحسب دراسة (بيركن ١٩٧١) أظهر أن نسبة أطفال المدارس في أمريكا تتراوح من ١-٣% ، وأشار (جلس) وآخرون إلى النسبة بحوالي

١-٢% بين الأطفال الذين يعانون من مشكلات الصوت ، وأن ١% من طلاب المدارس يعانون من أحد أشكال التأتأة .

إذا التهتهة أو نسبة الإصابة بها أو بإحدى أشكال الاضطرابات اللغوية تختلف من بلد إلى آخر، وتختلف من دراسة إلى أخرى , وتختلف حسب الجنس والعمر ، وتختلف حسب نوع الاضطراب الذي أجريت عليه الدراسة من حيث النوع والشدة والعينة ، فمثلاً دراسات أمريكا تختلف عن إنجلترا وهكذا .

وفي دراسة أبو غزالة ١٩٨٦ في الأردن على أطفال المدارس عام ١٩٨٢ ١٩٨٣ أظهرت الدراسة أن عدد الأطفال ذوي المشكلات النطقية ٩٤ حالة . (الروسان،١٩٩٦)

وهناك دراسة أجراها حمزة خالد السعيد حول اضطرابات النطف واللغة ونسبة انتشارها لدى عينة من أطفال رياض الأطفال في المملكة الأردنية الهاشمية وسوريا .

وقد هدفت الدراسة للإجابة عن الأسئلة التالية :-

١- ما نسبة انتشار الاضطرابات النطقية لدى الأطفال ؟

٢- هل للجنس اثر في اضطرابات النطق ؟

٣- هل للعمر اثر في اضطرابات النطق ؟

أما نتائج الدراسة فكانت كالآتي :-

١- إن الإبدال هو أعلى وأكثر الاضطرابات انتشاراً لدى الأطفال، يليه الحذف ثم التشويه وأخيراً الإضافة . (إبدال، حذف ، تشويه ، إضافة)

٢- لم تظهر الدراسة أثراً للجنس في الاضطرابات لدى الذكور والإناث ، فقد أشارت الدراسة إلى تساوي الذكور والإناث تقريباً في نسبة اضطراب النطق

وهذه النتيجة تختلف عن أغلب الدراسات التي أظهرت فروقاً بين الذكور والإناث .

أما بالنسبة للعمر والفئات العمرية ، فهناك فروق في المتوسطات الكلية ما بين الفئة العمرية (٣-٤) سنوات ، والفئة (٤-٥) سنوات ، حيث كانت الأخطاء أكثر لدى الفئات العمرية الصغيرة .

وقد أوصى الباحث بعد هذه النتائج إلى :-

١- دور الأسرة وأثرها وأسلوبها السليم في التعامل مع طفلها في السنوات الأولى بهدف تكوين شخصية سليمة للطفل .

٢- عرض الطفل على الأخصائيين .

٣- عدم السخرية من الأطفال عندما يتحدثون بطريقة خاطئة

٤- عدم تقليد الأطفال حسب أخطائهم وعدم تشجيعهم على نطقهم الخاطئ . (السعيد، ٢٠٠٢)

*** البرامج التربوية المقدمة للأطفال المضطربين لغوياً :**

– يحتاج هؤلاء الأطفال إلى رعاية خاصة وخدمات شاملة في كل المجالات الصحية والاجتماعية والتربوية ، كما أنهم يحتاجون إلى هذه الخدمات في المدارس والعيادات الخاصة والعامة والمستشفيات وكذلك داخل الأسرة ، ومن أشكال هذه البرامج :-

١- غرفة المصادر

وتقدم الخدمة للطفل بشكل فردي بهدف التقدم الإيجابي في حالة الطفل .

٢- الأخصائي المتنقل

ويهدف هذا الأخصائي إلى تقديم الخدمات العلاجية المباشرة إلى الأطفال في المدارس ، وهو أخصائي كلام ولغة .

٣- مراكز التشخيص

وهي مراكز متخصصة في الكلام واللغة ، وتشتمل على فريق من المختصين يهدفون إلى تقديم خدمات تشخيصية وعلاجية لهؤلاء الأطفال داخل المراكز وقد تكون موجودة في المستشفيات والجامعات .

٤- الخدمات الاستشارية

أي تقديم الاستشارات والنصح والتوجيهات للمعلمين والأباء وكل من له علاقة بهؤلاء الأطفال ضمن مجالات اضطرابات اللغة ، ويقدم الأخصائي أثناء إشرافه على المعلمين أفضل الأساليب التربوية والوسائل التعليمية المستخدمة في تعليم هؤلاء الأطفال.

٥- الأوضاع التعليمية الخاصة

وهي أوضاع خاصة بالحالات شديدة الاضطراب والمصحوبة بإعاقات أخرى، وبالتالي فإن هذه الحالات بحاجة إلى رعاية خاصة وأماكن خاصة .

٦- البيت والمستشفى

وتقديم الخدمات لهؤلاء الأطفال داخل البيت أو المستشفى إذا كانت الحالة شديدة ومرتبطة بإعاقات أخرى .

٧- الخدمات العلاجية المبكرة

يقدم الإرشاد الأسري للأسر التي لديها أطفال ذوي اضطرابات لغوية ، وتقدم هـذه الخدمات للأطفال قبل المدرسة . (العزة ٢٠٠٢ ، الروسان ١٩٩٦)

المهارات التي تشتمل عليها البرامج التربوية المقدمة للأطفال المضطربين لغوياً في تعليمهم

١-مهارة الأخصائي في قياس وتشخيص مظاهر اضطرابات النطق واللغـة ، ومـن ثـم وضع البرنامج المناسب بهدف تعليم هؤلاء الأطفال .

٢- المهارة في وضع الخطط التعليمية التي تقوم على أساس أساليب تعديل السـلوك في تعليم الأطفال ذوي الاضطرابات اللغوية ومنها أساليب التعزيز .

٣- مهارة الأخصائي في اختيـار المـادة التعليميـة عـلى أن تكون هـذه المـادة محببـة ومشـوقة للأطفـال ، وكـذلك دور الأخصـائي في إشراك الطالـب في التفاعـل مـع هـذه الموضوعـات والتعبير عن رأيه وانفعالاته .

٤- المهارة في تقبل هؤلاء الأطفال كما هم وتتمثل في مهارة الاستماع الجيـد مـن قبـل المعلـم لأحاديث هؤلاء الأطفال ، وخصوصاً أولئك الطلبة الذين لديهم سرعة زائـدة في الكلام أو التأتأة وعلى المعلم إعطاء الفرصة الكافية للأطفال للتعبير عما يجول في خاطرهم.

٥- مهارة المعلم في تشجيع هؤلاء الأطفال على الحديث أمام الآخرين دون خجل أو خـوف ، مع مساعدة هؤلاء الطلاب على زيادة ثقتهم بأنفسهم .

٦- تدريب الطلاب على النطق الصحيح من خلال تقليدهم للآخرين ذوي النطق الصحيح في نطق الكلمات والجمل .

٧- تدريب الطلاب على استخدام الإيماءات ،الإشارات أو النماذج الكلامية وهذا يشمل تعليم الأطفال في مختلف الإعاقات الذين لديهم اضطرابات لغوية خاصة من ذوي الإعاقة العقلية السمعية ، والانفعالية وصعوبات التعلم .

٨- تنمية لغة الأطفال وتطويرها من خلال الألعاب التربوية سواء أكانت ألعاباً معرفية أو العاباً جماعية أو فردية . (الروسان ١٩٩٦ ، عبيد ٢٠٠٠)

دور المعلم في تحسين التواصل للطفل في الغرفة الصفية

١- ملاحظة مدى تقبل الطفل وشعوره بالرضا داخل الصف

٢- تشجيع الطفل على ممارسة المهارات اللغوية إلى تعلمها

٣- احترام الطالب وتقديره من المعلم والآخرين وعدم الاستهزاء به

٤- تشجيع الطفل على الحديث سواء في الصف أو الساحة أو أي مكان آخر

٥- توجيه الطلبة الآخرين في الصف وكذلك المعلم نفسه يقوم بذلك من خلال التحدث السليم مع الطفل المضطرب لغوياً مع عدم تقليده بطريقته

٦- الدعم المتواصل للطفل بهدف رفع الروح المعنوية لديه وتقبل تحسنه النسبي

٧- تجنب الحديث مع الطفل في المواقف التي يشعر معها بالخوف وتشجيعه على الكلام في الأماكن والمواقف المحببة له

٨- مساعدة الطفل في الاتصال مع الآخرين والتفاعل معهم

٩- التعرف على مخاوف الطفل ومشكلاته داخل الصف أو في المدرسة أو أي مكان آخر ومساعدته على حلها .

١٠- تدريب الطفل على أسلوب التقليد للكلمات والجمل والعبارات الصحيحة التي يتكلم بها المعلم والآخرون داخل غرفة الصف .

١١- تشجيع الطفل على الاشتراك في الأنشطة الصفية ومحاولة الإجابة عن الأسئلة المطروحة . (العزة ، ٢٠٠٢)

الفروق الفردية التي يجب مراعاتها عند تصميم البرامج التربوية الخاصة بالأطفال الذين يعانون من اضطرابات في التواصل

١- هناك أفراد يعانون من اضطراب في الكلام وآخرون يعانون من اضطرابات في اللغة، وأحياناً نجد هذين الاضطرابين في نفس الفرد

٢- اختلاف نوع الإعاقة بالنسبة للأفراد الذين يعانون من اضطرابات الكلام، فبعض الأفراد لديهم اضطراب في مدى وضوح وترابط الكلام مرتبط بأحد الأشكال التالية كالحذف أو الاستبدال، وهناك أفراد يعانون من اضطرابات في الصوت ودرجته أو شدته، وهناك أفراد لديهم عيوب خلقية مثل (شق اللثة) و بعضهم لديه تأتأة وسرعة في الكلام .

٣- هناك اختلاف بالنسبة لنوع اضطراب اللغة فبعض الأفراد لديهم انعدام في نمو اللغة اللفظية وبعض الأفراد يعانون من اختلاف اللغة النوعي أو تأخر في النمو اللغوي أو انقطاعه .

٤- ارتباط اضطرابات اللغة والتواصل لدى هؤلاء الأفراد بإعاقات أخرى هي السبب في هذا الاضطراب مثل التخلف العقلي أو الإعاقة السمعية .

٥- اختلاف في سبب الاضطراب لدى الأفراد، فهناك أسباب متعلقة بالجهاز العصبي المركزي الذي يؤثر على عضلات الكلام، وهناك أسباب تعود إلى عوامل وراثية خلقية وهناك أسباب بيئية وهناك أسباب عائدة إلى عوامل نفسية.

٦- اختلاف الاضطراب لدى الأفراد في درجة وشدة الاضطراب فهناك أفراد لديهم اضطراب شديد يسبب العجز في الكلام، وأفراد لديهم الاضطراب بدرجات متوسطة أو بسيطة، وبإمكان الأفراد بالدرجات المتوسطة التعبير عن أنفسهم لكن بصعوبة .

٧- اختلاف في نوع العلاج المقدم إلى هؤلاء الأفراد ذوي اضطرابات التواصل وذلك بسبب الاختلاف في المسبب للاضطراب فهناك أفراد يحتاجون إلى علاج طبي مركز، وآخرون يحتاجون إلى عمليات جراحية، والبعض يحتاج إلى تمارين وتدريبات رياضية، وبعض الأفراد إلى عدة أنواع من العلاجات أو بحاجة إلى كل أساليب العلاج .

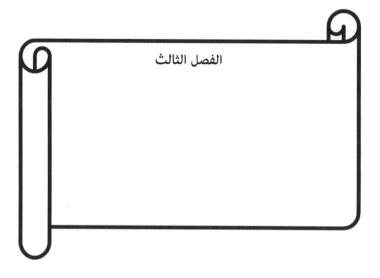

الفصل الثالث

محتويات الفصل الثالث

أسباب اضطرابات التعرف

الصورة الأكلينيكية للاضطراب

نسبة انتشار الاضطراب ومآله

أسباب الاضطراب

أساليب علاج الاضطراب

الأعراض العامة لذوي الأوتيزم

أنواع السلوك الملاحظ بين الأطفال المتوحدين

أهم المشكلات التي يعاني منها ذوي الأوتيزم

الاستراتيجيات التربوية المستخدمة مع ذوي الأوتيزم

الاتجاهات والأساليب العلاجية المقدمة للأطفال المضطربين

دور المعالج في عملية الاستبطار

مسلمات العلاج السلوكي

مبادئ العلاج السلوكي

خصائص العلاج السلوكي

الاعاقة العقلية

مفهوم التخلف العقلي

التكيف الاجتماعي

أسباب الإعاقة العقلية

تصنيف الإعاقة العقلية

الخصائص السلوكية للمعاقين عقلياً

دور الأهل في تطوير الطفل المعاق عقلياً وتدريبه

الإرشاد النفسي للأسرة

نسبة انتشار الإعاقة العقلية

برامج الرعاية الصحية

أسس رعاية المعوقين

الإعاقة البصرية

مظاهر الإعاقة البصرية

تصنيفات الإعاقة البصرية

نسبة انتشار الإعاقة البصرية

الخصائص السلوكية للمعاقين بصرياً

الخصائص الاجتماعية والانفعالية

البرامج التربوية للمعاقين بصرياً

المهارات الأساسية لتعليم وتدريب المعاقين بصرياً.

الأنشطة العملية للمعاقين بصرياً

الوقاية من الإعاقة البصرية

دور المدرسة في التعامل مع المعاق بصرياً

دور الآباء في التعامل مع المعاق بصرياً

المشاكل التي يواجهها المعاق بصرياً في المدرسة

الاتجاهات وتأثيرها على التكيف

ردود فعل الأسرة واتجاهاتها

العوامل المؤثرة في شخصية المعاق

ارشاد المعاقين بصرياً

الاعاقة العقلية في المحيط الأسري

الاضطرابات الانفعالية (Emotionally Disturbances)

كثيراً ما يتعرض الإنسان لمثيرات مفاجئة مختلفة ، قد تكون خارجية أو داخلية فتضطرب نتيجة لذلك شخصيته بأكملها نفسياً وجسدياً ويطلق على هذه الحالة مصطلح الانفعال وتشبه الانفعالات الدوافع في كونها حالات داخلية لا يمكن ملاحظتها أو قياسها مباشرة وفي أثناء وتفاعل الأفراد مع الخبرات التي يتعرضون لها تنشأ الانفعالات نشأة وتتصف تلك المشاعر بعدم القدرة على التحكم فيها بحيث لا يمكن إصدارها أو كفها، وعلى الرغم من أن الانفعالات قد تسبب شعور الإنسان المؤقت بعدم القدرة على السيطرة على سلوكه والتحكم فيه حيث تتعدد المصطلحات التي تدل على موضوع الاضطرابات الانفعالية والإعاقة الانفعالية ومنها كانت المصطلحات التي تدل على موضوع الإعاقة الانفعالية فإنها تمثل أشكالاً من السلوك الانفعالي غير العادية .

ويسير النمو الانفعالي العادي في عدد من المراحل وفقاً لمتغير العمر الزمني، إذ تعكس كل مرحلة عمرية من حياة الفرد عدداً من المواقف الانفعالية المناسبة له، ففي الطفولة الأولى تتمركز الانفعالات حول الذات مثل انفعال الغضب والخوف والسرور، لكنها مع التقدم في العمر تتمركز حول الآخرين أو ترتبط بهم حيث تتحول تدريجياً إلى عواطف إزاء الآخرين أو الأشياء ، أي أن الانفعال حالة من التغير المفاجئ التي تشمل الفرد كله وسرعان ما تتمركز هذه الحالة حول موضوع معين سواء أكانت سلبية أم إيجابية لتتحول تدريجياً إلى ما يُسمى بالعاطفة وهي تراكم لعدد من المواقف الانفعالية حول موضوع ما .

وفي البداية سوف نتعرف على ماهية الانفعال وما هو المقصود به حتى يمُكننا التعرف على مكوناته ومظاهره وطرق قياسيه ونسبة الإعاقة الانفعالية والبرامج السلوكية للمضطربين انفعالياً .

الانفعال :-

هو تغير مفاجئ في شخصية الإنسان، وهو خبرة ذات صفة وجدانية تكشف عن السلوك والوظائف الفسيولوجية تشمل الإنسان في جميع جوانب شخصيته ويؤثر في

سلوكه الخارجي وفي شعوره ويصاحبه تغيرات فسيولوجية وهو حالة وجدانية مركبة تتميز بمشاعر عنيفة واهتياج يصاحبه تعبيرات حركية وتغيرات فسيولوجية (الداهري والكبيسي ، ١٩٩٩ : ١٠٤)

وتعرف (كوخمان) الأطفال المضطربين انفعالياً أولئك الأطفال الذين يظهرون استجابات انفعالية غير متوقعة منهم أو من قبل الآخرين وبشكل مزمن بحيث يستدعي ذلك تعليمهم أشكال السلوك الاجتماعي المناسب .

وتعتبر الاضطرابات الانفعالية بأنها سلوك انفعالي متطرف مزمن يبتعد عن توقعات المجتمع ومعاييره وثقافته وهو جانب ثابت في الغريزة وتغير غير متوقع في البيئة المادية والاجتماعية ، والأطفال المضطربين انفعالياً هم غير القادرين على التوافق والتكيف مع المعايير الاجتماعية المحددة للسلوك المقبول، وبالتالي سوف يتأثر تحصيلهم الأكاديمي وعلاقاتهم الشخصية مع المعلمين والزملاء وهؤلاء لديهم مشكلات تعرض بالصراعات النفسية والتعلم الاجتماعي ولديهم صعوبات في تقبل أنفسهم كأشخاص جديرين بالاحترام والتفاعل مع الأقران بأنماط سلوكية شخصية مقبولة وهي تشير إلى الفرق بين السواء واللاسواء وتعبير السلوك المضطرب انفعالياً غير مقبول وفقاً للتوقعات الاجتماعية والثقافية .

والانفعال هو حالة داخلية تتصف بجوانب معرفية خاصة واحساسات وردود أفعال فسيولوجية وسلوك تعبيري معين ويصيب التحكم فيها كالتعبير بالألفاظ والإيماءات والأوضاع التي يتخذها الفرد عند وقوفه أو جلوسه وملامح الوجه – والأفعال وكما نرى فإنه رغم تعريف الانفعال إلا أنه لا يوجد تعريف محدد ومقبول كلياً متفق عليه، وهذا يعود للأسباب التالية :-

١- عدم وجود تعريف محدد ومتفق عليه للصحة النفسية

٢- صعوبة قياس السلوك والانفعالات

٣- تباين السلوك والعواطف

٤- تنوع الخلفيات النظرية والأطر الفلسفية المستخدمة

٥- تباين المؤسسات والجهات التي تصنف الأطفال المضطربين انفعالياً وتخدمهم

مكونات الانفعال :-

١- الانفعالات الأولى : (المكونات الذاتية)

تظهر بمجرد ميلاد الطفل في ارتباط وثيق بالدوافع مثل بكاء الأطفال وشعورهم بالقلق والانزعاج وهي مكونات ذاتية يشعر بها الشخص المنفعل ويستطيع التعبير عنها بعد تأملها وكأنه يضيف حالة من الفرح أو الدفء والغضب والتوتر، وهذه الانفعالات تعمل كردود أفعال ورسائل تحسن من فرص الطفل في البقاء على قيد الحياة حيث إن درجة شدة الانفعال ومدة بقائه تتوقفان إلى حد ما على إدراك الشخص المنفعل ومعرفته ويمكن تهدئه الشخص وضبط المشاعر والتحكم فيها والتركيز على جوانب المواقف الإيجابية في حين يمكن تغذيته بالتركيز على الجوانب السلبية للمواقف والتنبيه لها، كذلك فإن إدراك الخائف للموقف الذي يخيفه قد يقلل من حدة خوفه، وفي هذا المكون يتعلم الشخص كيف يدرك خبرته الانفعالية التي تحدث له وكيف يصنعها، وهو لا يدركها على حقيقتها الفعلية بل من خلال تأثره بالأوصاف الخاصة التي يصف بها أعضاء المجتمع الذي يعيش فيه.

٢- المكونات الفسيولوجية

أي التغيرات الفسيولوجية التي تحدث خلال الحالة الانفعالية ويمكن الكشف عنها بواسطة أجهزة معينة مثل ضغط الدم- معدل ضربات القلب - توصيلة الجلد - معدل التنفس - حرارة الجسم - التوتر العضلي ، وهذه التغيرات تحدث خلال الغضب والألم الشديد، وتختلف عن بعضها وتتولد ردود الأفعال الفسيولوجية من الجهاز العصبي المركزي والغدد الصماء ، حيث إنه يصعب التمييز بين الحالات الانفعالية على أساس التغيرات الفسيولوجية وحدها نظراً لعدم وجود تغيرات خاصة بكل حالة انفعالية فضلاً عن إن الأعمال الجسدية والفكرية كثيراً ما تؤدي إلى تغيرات فسيولوجية مشابهة لتلك التغيرات التي تحدث خلال الحالات الانفعالية.

٣- المكونات السلوكية

أي مختلف التعبيرات الوجهية والإيماءات والإشارات غير اللفظية المتعددة التي تبدو على وجوه الأشخاص أثناء انفعالهم والحركات والألفاظ التي تصدر عنهم، وهذه

التعبيرات مكتسبة بصورة كبيرة بواسطة الملاحظة والمحاكاة، ويضع كل مجتمع لنفسه معايير معينة يراها مناسبة للمواقف الانفعالية المتعددة ، وهي تحدد القواعد التي تكون للاستجابات الانفعالية استجابات أعضاء هذا المجتمع، وتشكل إطاراً مرجعياً للمجتمع فإن الحكم على الانفعال وتمييزه يكون من خلال الاستجابات الخارجية الملاحظة (داوود ٢٠٠١)

تاريخ الاهتمام بالمضطرين انفعالياً

اختلف العلماء حول تحديد أسباب الاضطرابات الانفعالية، حيث إن البعض اعتقد أنه مس من الشيطان أو أنه إقدام على سلوكات خاطئة حيث أنشئت أول مؤسسة للعناية بهم في لندن عام ١٥٤٧م وكانت تعرف باسم القديسة مريم في بيت لحم وهو المكان ذو الصوت العالي واعتبرت زيارة المؤسسة من الوسائل الترفيهية للعائلة والأطفال، وبدأ التغير في القرن الثامن عشر بفضل الأفراد المتطورين مثل (فيليب بنل) وهو طبيب أمراض نفسية حيث منع تقييد المرضى المضطربين في مصح في باريس .

وظهر التطور في الولايات المتحدة الأمريكية في تشخيص الأطفال والبالغين ذوي الاضطرابات الانفعالية سنة ١٨٠٠ م وعلاجهم وتعبير بنجامين أبو الطب النفسي واقترح طرقاً اكثر إنسانية في علاج هؤلاء وساهمت نظرية فرويد وابنته آنا في التأثير على تعليم الأطفال وعلاج الأطفال ذوي الاضطرابات السلوكية والانفعالية وبدأ برونو تبيلهيم عمله مع الأطفال المعاقين انفعالياً إعاقة شديدة عام ١٩٤٤ م في جامعة شيكاغو .

ويعتبر (ويكمان) أول من أشار إلى الاضطرابات الانفعالية في المدارس وفي عام ١٩٦٩م قدر مكتب التعليم في الولايات المتحدة الأمريكية عدد الأطفال المضطربين سلوكياً وانفعالياً والتي تتراوح أعمارهم ما بين سنة و ١٩ سنة حوالي ٢٠% من المجموعة الكلي .

أما أبرز النظريات التي تبحث في أسباب الاضطرابات الانفعالية فهي :-

١- النظرية السلوكية :-

وتعتبر من النظريات التي تناولت أسباب الاضطرابات الانفعالية وطرق علاجها ويشتمل المنحنى السلوكي في علاج الاضطرابات الانفعالية على ما يلي :-

١- تحديد السلوكات المرغوبة وغير المرغوبة بطريقة قابلة للملاحظة
٢- قياس السلوكات عن طريق إجراءات الملاحظة
٣- استخدام طرق تدخل لمعالجة هذه الاضطرابات
٤- تقييم فاعلية البرنامج عن طريق الملاحظة

فمثلاُ يمكن استخدام استراتيجية تعديل السلوك التابعة للمدرسة السلوكية للتقليل من الاضطراب السلوكي الانفعالي النشاط الزائد أو العدواني .

٢- النظرية البيئية

وتقوم على مبدأ أن الاضطرابات الانفعالية التي تحدث للطفل لا تحدث من العدم أو من الطفل وحدة وإنما نتيجة التفاعل الذي يحدث بين الطفل والبيئة المحيطة به، وترى هذه النظرية أنه ليس هناك سلوك مضطرب بالوراثة إذا لا بد من النظر للسلوك في محتواه قبل فرض أحكام الاضطراب، وهو نتيجة عدم التوازن والتطابق بين الأفراد والمحتوى البيئي وهي لا تعتبر الاضطراب مرض الطفل .

٣- النظرية التحليلية

ترى أن سبب الاضطرابات الانفعالية هي خبرات الطفولة المبتكرة حيث إن بعض الخبرات المبتكرة غير السارة تكبت في اللاشعور وبالتالي عندما تظهر على شكل اضطرابات انفعالية سلوكية وترى أن الأفراد المضطربين انفعالياً يختلفون من حيث الدرجة ، وليس من حيث النوع، وينظر للاضطراب على انه صفات عادية مبالغ بها وأن السلوك المضطرب يظهر نتيجة عدم التوازن بين نزعات الطفل واندفاعاته ونظام الضبط لديه وعندما يكون الضبط غير مناسب فإن سلوك الطفل يصبح عدوانياً ومشتتاً ويصبح غير قادر على التعبير عن نفسه .

٤- نظرية مكدورجال

وتعتبر أن كل التغيرات الجسمية والعضوية المصاحبة للانفعال لها نفس الغرض الأساسي البيولوجي وهو خدمة الفعل الغريزي .

٥- نظرية جيمس ولانك

وتنص على الانفعال مجموعة احساسات مختلفة تسببت بالتغيرات العضوية وتختلف عن بعضها في اختلاف الاحساسات العضوية .

٦- نظرية جيلفورد

وترى بأن هناك ظروفاً ومواقف تؤدي بالشخص إلى الانفعال. ومن هنا يظهر أن تعقيد الانفعالات يرجع لسبب آخر وهو أنها تتغير باستمرار وبشكل عام لا تتحكم المشاعر العنيفة القوية في الأفراد بصورة مستمرة ولكن تسود الانفعالات الأكثر حياداً ويقترح عالم النفس (ريتشارد سولومون) أن عقولنا تحاول المحافظة على وجود توازن انفعالي أمثل عن طريق اختزال شدة المشاعر الموجبة والسالبة وتعمل الخبرات على نشأة انفعالات قوية نسبياً وترتفع شدة تلك الانفعالات إلى أن تبلغ أوجها وتضعف وتثبت وتبقى مستقرة.(دافيدون ، ١٩٨٠ ، ٩٣)

مظاهر الاضطرابات الانفعالية

تتعدد مظاهر الاضطرابات الانفعالية وتتراوح ما بين مظاهر الإعاقة الانفعالية البسيطة إلى مظاهر الإعاقة الانفعالية الشديدة وتتمثل في فئتين :-

١- فئة الأفراد ذوي الاضطرابات البسيطة والمتوسطة

٢- فئة الأفراد ذوي الاضطرابات الانفعالية الشديدة

وتبدو هذه المظاهر فيما يلي :-

١- عدد قليل من الأصدقاء أو بدونهم

٢- اضطراب العلاقات العائلة

٣- اضطراب العلاقات مع المعلمين

٤- النشاط والحركة الزائدة

٥- التهور

٦- العدوان نحو الذات ونحو الآخرين

٧- الاكتئاب

٨- التقوقع حول الذات

٩- القلق

١٠- عدم النضج الاجتماعي

١١- العناد المستمر وعدم الطاعة

١٢- سرعة الغضب والغيرة الزائدة

١٣- الخجل والحساسية الزائدة

١٤- زيادة أحلام اليقظة

١٥- الجنوح مثل السرقة والعدوان اللفظي والمادي والقتل

١٦- وجود موقف معين يفسره الشخص تبعاً لخبراته

١٧- استجابة داخلية لهذه المواقف

١٨- تعبيرات جسمية خارجية مكتسبة للتعبير عن الانفعال (الداهري والكبيسي، ١٩٩٩)

وتتضح مظاهر الاضطرابات الانفعالية السابقة، وخاصة المزمنة منها والمتكررة في أبناء الطبقات الفقيرة والمتوسطة، كما تزيد لدى الذكور مقارنة مع الإناث ، إذ تطور الإناث أشكالاً من السلوك العصابي، وذلك بسبب بعض الظروف أو المعايير الاجتماعية، ومن مظاهر الاضطرابات الانفعالية الشديدة انفصام الشخصية مثل خصام الطفولة وهي الحالات التي تظهر أشكال سلوكية تبدو في الانسحاب التام أو إثارة الذات بشكل مستمر أو القيام بحركات جسمية مستمرة أو الاضطرابات العقلية أو الادراكية وقد ترتبط مثل هذه الحالة بحالات أخرى مثل الإعاقة العقلية والادراكية وتقدر نسبة الأفراد ذوي الاضطرابات الانفعالية الشديدة بحوالي ٢-٦ لكل عشرة آلاف طفل .

حيث يبلغ عدد الأطفال الذين يعاونون من فصام الطفولة مائة ألف فرد في الولايات المتحدة الأمريكية، ويعانون من مشكلات سلوكية واضحة منذ الولادة تبدو في النوم وتناول الطعام وارتداء الملابس وتعلم المهارات الاستقلالية واللغوية والاجتماعية ومن مظاهر حالات فصام الطفولة ما يلي :-

١- ضعف الاستجابات الحسية نحو الآخرين حيث إن الطفل لا يستجيب للمثيرات الحسية التي تصدر أمامه كالحديث معه أو الابتسام له .

٢- الانسحاب التام أو العزلة التامة من المواقف الاجتماعية

٣- إثارة الذات وخاصة أشكال الإثارة المتكررة لتحريك أيديهم وأرجلهم

٤- إيذاء الذات وخاصة أشكال إيذاء الذات الجسدي إلى درجة نزف الدم أو العض.

٥- الاعتماد على الآخرين حتى في مهارات الحياة اليومية كتناول الطعام والشراب والاستحمام

نسبة الإعاقة الانفعالية

يصعب وضع نسب محددة لظاهرة الاضطرابات الانفعالية، ويكون السبب في ذلك صعوبة وضع تعريف محدد للإعاقة الانفعالية من جهة وسبب اختلاف معايير السلوك السوي والسلوك المضطرب انفعالياً من مجتمع إلى آخر ومن ثقافة إلى أخرى ومن جهة أخرى يقدر شولتز ورفاقه المضطربين انفعالياً بنسبة تتراوح ما بين ٠,٥% – ١٥ % في عدد من الولايات المتحدة الأمريكية عام (١٩٧٥) وتقدر بنسبة الأطفال المضطربين انفعالياً حوالي ٢% وذكر مورس بأن نسبة هؤلاء الأطفال تتراوح ما بين ١% - ٣ % .

أما في الأردن فيشير التقرير الصادر عن صندوق الملكة علياء للعمل الاجتماعي التطوعي الأردني إلى أن مجموع المسجلين من المعاقين انفعالياً بلغ ٤٥٧فرداً وأن نسبة المعاقين انفعالياً مقارنة مع المجموع الكلي للمعاقين المسجلين في الأردن (١٩٧٩) هي ٢.٤% موزعين على محافظات المملكة ، عمان ٣٨.٧ % ، اربد ٣٧.٦% ، البلقاء ٧.٧ % ، الكرك ١٠.١ % ، معان ٥.٩ %

ويشير التقرير الصادر عن صندوق الملكة علياء للعمل الاجتماعي التطوعي الأردني إلى أن -:

- ٢١ % من المعاقين انفعالياً يحصلون على خدمات طبية
- ٤٥.١ % منهم يحصلون على خدمات تعليمية
- ١٢.٦% منهم يحصلون على خدمات اجتماعية
- ١٣.٨ % منهم على خدمات طبية تربوية (الروسان ، ١٩٩٦ : ٢٠٢)

أسباب الاضطرابات الانفعالية

الأسباب التي تؤدي إلى الاضطرابات الانفعالية غير معروفة، فالأطفال أشخاص متميزون ولا تزال الدراسات العلمية حول الأسباب البيولوجية في بداية الطريق

والتفاعلات التي تحدث للأطفال والصغار مع أسرهم والبيئة والمجتمع معقدة جداً لدرجة أننا لا نستطيع تحديد سبب واحد مؤكد للاضطرابات الانفعالية .

وتتعدد أسباب الاضطرابات الانفعالية تبعاً لتصنيفها، فغالباً ما تعود أسباب الاضطرابات الانفعالية البسيطة والمتوسطة إلى العوامل البيئة وأسباب الاضطرابات الانفعالية الشديدة تعود إلى عوامل بيولوجية ، فهناك أسباب بيئية كالعوامل الأسرية والمدرسية والاجتماعية وأسباب بيولوجية .

الأسباب البيولوجية

تعتبر العوامل البيولوجية من أهم العوامل المؤدية إلى الاضطرابات الشديدة مثل فصام الطفولة، وهي مرتبطة بالعوامل الجينية وعوامل ما قبل الولادة مثل سوء التغذية والعقاقير والأدوية والأمراض التي تصاب بها الأم الحامل ، وعوامل ما بعد الولادة مثل إصابات الدماغ. حيث يؤكد العلماء أن هناك منحى بيولوجي لبعض الاضطرابات مثل فقدان الشهية، الشره المرضي ، الشخصية الفصامية ، الاكتئاب . والمهم في ذلك أن هناك أسباباً وعوامل بيولوجية مباشرة مسؤولة عن الاضطرابات الانفعالية وبعض هذه السلوكات يمكن تغييرها من خلال عملية التنشئة الاجتماعية، وهناك الكثير من الدلائل والبراهين التي تشير إلى وجود علاقة للعوامل البيولوجية بالاضطرابات الانفعالية الشديدة والشديدة جداً لدى الأطفال .

الأسباب البيئية

وهي الأسباب المرتبطة بالعوامل الأسرية أو المدرسية والاجتماعية . ويشير (جلهان وكوفان) ١٩٨١ م إلى عدد من الأسباب الأسرية، والتي قد تؤدي إلى واحدة أو أكثر من الاضطرابات الانفعالية البسيطة أو المتوسطة مثل :-

١- نمط العلاقة بين الأم والطفل

٢- العلاقة بين الأب والطفل

٣- نمط التربية الأسرية

٤- التدليل الزائد والحماية الزائدة

٥- الإهمال الزائد والاحباطات

حيث إن للعائلة دوراً مهماً في التطور الصحي للأطفال وأدلت الأبحاث التجريبية العلاقات الأسرية أهمية كبيرة حيث إن الأطفال ذوي الاضطرابات الانفعالية الشديدة والشديدة جداً يعاونون من عدم اتساق وتماسك في علاقاتهم مع والديهم ، حيث إن هناك سلوكات يقوم بها الآباء تؤدي إلى اضطرابات انفعالية لدى الأبناء مثل - ضرب الأطفال - إلحاق الأذى بهم ، إهمالهم ، عدم مراقبتهم ، انخفاض عدد التفاعلات الإيجابية وارتفاع عدد التفاعلات السلبية وعدم الانتباه والاهتمام ووجود نماذج سيئة من البالغين .

أيضاً تعتبر المدرسة المصدر الثاني من مصادر اضطرابات الطفل الانفعالية بما توفره من خبرات غير سارة للطفل مثل نمط التربية الأسرية ونمط وطرائق التدريس المتبعة وأشكال العقاب والمقارنات المتكررة بين الطلاب، حيث إن للمعلمين دوراً عظيماً على الطلاب من خلال تفاعلهم معهم حيث توقعات المعلمين على الأسئلة التي يوجهونها للطلبة وعلى المدرسين الفاعلين بتحليل علاقاتهم مع طلابهم، وكذلك البيئة التعليمية والانتباه الجيد المقصود إلى المشاكل الموجودة والمتوقع حدوثها .

أيضاً يساعد المجتمع على ظهور الاضطرابات الانفعالية والسلوكية، حيث إن الفقر الشديد وحالات سوء التغذية والعائلات المفككة والشعور بفقدان الأصل والحي العنيف كل ذلك يساعد على ظهور الإضرابات عند التعرض لأي ضغوطات مثل تمزق العائلة والوفاة والمرض والعنف وتوجد حالات من الأطفال عاشوا في صغرهم ظروفا صعبة وعندما كبروا أصبحوا أصحاء مما يؤكد أن الظروف الصعبة لا تقود دائما إلى الاضطرابات الانفعالية والسلوكية .بينما يصبح الأطفال الآخرون حساسون جدا للمشاكل وتظهر عليهم الاضطرابات.

ولا توجد علاقة سببية واضحة لتفسير لماذا يطور فرد معين سلوكاً مضطرباً في زمن معين ولا يطور فرد آخر سلوكاًً مضطرباً في نفس الزمن .

قياس وتشخيص الاضطرابات الانفعالية

يُقدر علماء النفس الانفعالات الإنسانية عن طريق فحص تكوين واحد أو أكثر من مكوناتها سواء العنصر- الذاتي (المعرفة والاحساسات والسلوك) أو المكون الفسيولوجي، وبالطبع فإن دراسات الانفعال عند الحيوان على قياس العناصر السلوكية الفسيولوجية.

ولاكتشاف المعرفة والاحساسات التي تصاحب الانفعال ، فعادة ما يطبق علماء السلوك الاختبارات على المفحوصين أو يجرون معهم مقابلات شخصية ويتمثل قياس وتشخيص الاضطرابات الانفعالية في مرحلتين رئيسيتين هما :

١- مرحلة التعرف السريع على الأطفال المضطربين انفعالياً

٢- مرحلة التعرف الدقيق على الأطفال المضطربين انفعالياً

ويقصد بالمرحلة الأولى : تلك المرحلة التي يلاحظ فيها الآباء والأمهات أو المعلمين والمعلمات أو ذوي العلاقة بعض المظاهر السلوكية غير العادية لدى أطفالهم وخاصة تلك المظاهر السلوكية والتي لا تتناسب والمرحلة العمرية التي يمرون بها أو تكرار تلك المظاهر وشدتها مثل تكرار سلوك شد الرأس أو العناد وإيذاء الذات والانطواء. وتهدف إلى التعرف على الأطفال الذين يشك بأنهم مضطربون انفعالياً. وأما المرحلة الثانية فهي تلك المرحلة التي تهدف إلى التأكيد على وجود مظاهر الاضطرابات الانفعالية لدى الأطفال المشكوك بهم، وذلك من خلال تطبيق المقاييس التي تكشف عن تلك الاضطرابات الانفعالية .

وهناك مقاييس عديدة يمكن الاعتماد عليها للتعرف على الاضطرابات الانفعالية، حيث توجد هناك أسئلة توجه استجابات الأفراد وفقاً لشكل معين بحيث يمكن تقديرها كمياً ومقارنتها بردود أفعال الآخرين إلا أن صدق التقديرات الذاتية موضع شك ، فقليل من الناس على درجة من الدقة في الملاحظة الذاتية ويكشفون عما يشعرون به دون تحريف أو تزييف

.

ونستنتج أن الانفعالات من الملاحظة المباشرة للسلوك مثل فهم الغضب يجب على الباحثين أن يتوصلوا إلى :-

١- مقدار تكرار شدة الارتجاف وتورد الوجه

٢- تقدير ارتفاع الصوت

٣- قياس الرغبة في الاعتداء على مصدر الغضب

ويفترض استخدام الملاحظات السلوكية كمقاييس للانفعال أن السلوك يعكس الشعور بدقة إلا أن استجابات الأفراد تتأثر بالخبرات السابقة وإدراك الموقف المباشر وفهمه

وتستخدم الوسائل الفسيولوجية في تقدير الانفعال حيث يراقب علماء النفس ردود الأفعال الجسمية الداخلية التي تصاحب المشاعر ويتضمن هذه التغيرات الحادثة في معدلات ضربات القلب والنفس وتوتر العضلات ، وتسجل هذه الاستجابات على جهاز رسم ردود الأفعال المتعددة أو جهاز كشف الكذب وهي أداة تسجل في آن واحد أكثر من رد فعل أو حدث وتعتبر المقاييس الفسيولوجية مثل طراز البيانات الأخرى وهي صعبة في وقتها، وهناك أنواع كثيرة من المقاييس الخاصة بالانفعالات :

١- مقياس بيركس لتقدير السلوك .

٢- مقياس السلوك التكيفي للجمعية الأمريكية للتخلف العقلي .

٣- المقاييس الاسقاطية مثل مقياس بقع الحبر لرورشاخ .

٤- مقياس رسم الرجل لجود أنف .

٥- مقياس تفهم الموضوع للكبار (TAT) .

٦- مقياس تفهم الموضوع للأطفال (CAT) .

ويعتبر المقياس الأول لتقدير السلوك من أهم المقاييس في ميدان قياس وتشخيص الاضطرابات الانفعالية، وذلك للتعرف على مظاهر الاضطرابات لدى الأفراد وصمم بيركس هذا المقياس للتعرف على الاضطرابات لدى الأفراد من عمر السادسة فأكثر ويتألف من ١١٠ فقرات موزعة على ١٩مقياساً فرعياً، وتحققت له دلالات الصدق والثبات وتم تطويره في البحرين على يد القريوتي وجرار عام ١٩٨٧ م على عينة مؤلفة من ٥٢٥ مفحوصاً من الطلبة العاديين والمتخلفين عقلياً واستخرجت له دلالات صدق وثبات مقبولة .

أما مقياس أيزنك فهو من مقاييس الشخصية المعروفة والذي أعد في جامعة لندن وهو يقيس سمات معينة في الشخصية مثل الانطوائية والانبساطية والعصبية وقد تم تقنينه على عينة مؤلفة من ٣٠.٠٠٠ مفحوص وحسبت دلالات صدقه وثباته وهناك أيضاً عدداً من المقاييس الإسقاطية مثل بقع الحبر عند رورشاخ، واختبار تفهم الموضوع للكبار والصغار واختبار رسم الرجل وتعتبر هذه الاختبارات معروفة في مقياس وتشخيص الاضطرابات، فمثلاً في اختبار تفهم الموضوع يعرض على المفحوص عدداً من

البطاقات، وعليه أن يسقط ما في نفسه علمياً، وهنا نستطيع الكشف عن ما إذا كانت هناك اضطرابات انفعالية عنده أو لا وهناك طرق متعددة لقياس الاضطرابات الانفعالية :-

مثل الطرق التعبيرية وتستخدم لقياس بعض التغيرات لدى المفحوص مثل ضغط الدم أو سرعة النبض عن طريق أجهزة خاصة في غاية الدقة، وتتمثل في عرض قصص أو صور أو استبانات لمعرفة نوع الانفعالات .

الخصائص السلوكية للمضطربين انفعالياً

١- الفهم والاستيعاب (Comprehension)

بعضهم غير قادر على فهم واستيعاب المعلومات القادمة من البيئة ولديهم فهم قليل لمعنى القصة ويستطيعون حل المسائل الحسابية وغير قادرين على اعادة نص معين .

٢- الذاكرة (Memory)

وهي القدرة على استرجاع المعرفة المتعلمة سابقاً ولا يستطيع الشخص الفاقد للذاكرة تذكر موقع ممتلكاتهم وكذلك قوانين السلوك .

٣- السلوك الهادف إلى جذب الانتباه (Attention seeking behavior)

وهو أي سلوك لفظي أو غير لفظي يقوم به الطفل لجذب انتباه الآخرين له مثل الصراخ والمرح والحركات الجسدية باليدين والرجلين .

٤- القلق (Anxiety)

وهو الخوف والتوتر والاضطراب ويظهر عند لقاء أصدقاء جدد أو وداع أصدقاء قدماء أو البدء والانتهاء بنشاطات جديدة .

٥- السلوك الفوضوي (Disruptive Behavior)

وهو الذي يتعارض مع سلوكات الفرد والجماعة ويتمثل في غرفة الصف بالضحك والتصفيق والضرب .

٦- العدوان الجسدي (Physical Aggression)

وهو القيام بسلوكات جديدة جسدية عدوانية مثل إيذاء الذات والآخرين كالضرب والعض والخدش .

٧- العدوان اللفظي (Verbal Aggression)

وهو سلوك عدائي ضد الذات والآخرين وهو لفظي مثل ، أنا غبي ، أنا سيّئ، أنا أحمق .

٨-عدم الاستقرار (Instability)

ويتمثل بالمزاج المتقلب من الحزن إلى السرور وبالعكس ، ومن الهدوء إلى الحركة .

٩- التنافس الشديد (Over Competitiveness)

وهو سلوك لفظي وغير لفظي للفوز بالمنافسة وتكون المنافسة بين الذات والآخرين .

١٠- الاندفاع (Impulsivity)

هو الاستجابة الفورية لأي مثير وتظهر كضعف في التفكير والتخطيط وتكون سريعة متكررة وغير ملائمة .

١١- عدم الانتباه (Inventiveness)

وهو عدم القدرة على التركيز على مثير معين لوقت كاف لإنهاء مهمة ما ويمثل عدم الاهتمام بالمهمة .

١٢- التكرار (Resereration)

وهو الاستمرار بنشاط معين بعد انتهاء الوقت المناسب لهذا النشاط

١٣- النشاط الزائد (Hyperactivity)

وهو نشاط جسدي مستمر يتصف بعدم التنظيم .

١٤- الانسحاب (Withdrawal)

سلوك انفعالي يتضمن الترك والعرب من مواقف الحياة، ويسبب صداعاً نفسياً وعدم راحة ، ويعبر عن فشل الفرد المضطرب انفعالياً في التكيف مع المتطلبات الاجتماعية ومن مظاهر الانطواء على الذات ، وأحلام اليقظة والقلق الزائد وتعتبر حالة الفصام الطفولي مثالاً على السلوك الانسحابي .

١٥- السلوك العدواني (Aggression)

وهو أهم ما يميز الأفراد وذوي الاضطرابات الانفعالية ومثالنا عليه العدوان اللفظي والمادي والصراخ في وجه الآخرين وشد شعر الآخرين ، وإيذاء الذات وإثارتها

١٦- السلوك الفج

وهو غير الناضج انفعالياً ويصدر عن الأفراد ويتمثل في المبالغة في التعبير الانفعالي الضحك واللامبالاة، ويعتبر النكوص مثالاً جيداً على أنماط السلوك غير الناضجة. (خولة ، ٢٠٠٠)

الخصائص العقلية والأكاديمية

تتمثل في عدد من المظاهر، وخاصة ذوي الاضطرابات الانفعالية البسيطة والمتوسطة، ومن هذه الخصائص ما يلي ولا بد بداية من الإشارة إلى ما يلي : -

١- يصعب قياس القدرة العقلية للأفراد المضطربين انفعالياً سبب مواجهة صعوبة في موقف اختباري .

٢- قدرات الأفراد المضطربين تقع في حدود متوسطي الأداء العقلي على مقاييس الذكاء أي أن متوسط ذكائهم هو بحدود ٩٠-١٠٠ كما هو الحال بالنسبة للعاديين .

٣- تحصيل الأفراد ذوي الاضطرابات الانفعالية متدنٍ .

٤- إن تدني الأداء التحصيلي للأطفال المضطربين انفعالياً يعود إلى تدني القدرة العقلية لديهم وتدني الانتباه لديهم أيضاً وصعوبات التعلم .

خصائص الأطفال المضطربين انفعالياً بدرجة شديدة واعتيادية

١- الفشل والعجز في مهارات الحياة اليومية: ويفشل هؤلاء في القيام بأبسط مهارات العناية بالذات ويكونون غير قادرين على إطعام أنفسهم وارتداء ملابسهم وعلى الاتصال مع الآخرين .

٢- انحراف الإدراك الحسي: فالكثير من الأطفال المضطربين انفعالياً بدرجة شديدة مكفوفون أو صم إلا أنه في الوقت نفسه قد يستجيب إلى بعض المؤثرات البصرية والسمعية .

٣- عجز الإدراك: يصعب إخضاع معظم الأطفال المضطربين انفعالياً بشكل شديد للاختبار، وبعضهم يبدون أذكياء لكن ذكاءهم هنا يكون زائفاً .

٤- غير مرتبط بالآخرين: انهم يستجيبون للآخرين بشكل مادي فهو يتجنب الوالدين والآخرين عندما يحاولون اظهار الحب والعطف والاهتمام به .

٥- انحراف اللغة والكلام: إن الأطفال المضطربين انفعالياً لا يتكلمون ويظهرون عدم فهم للغة، ويرددون ما يسمعون دون إضافة أي شيء وبعضهم تكون لديه نوعية صوت غريبة جداً.

٦- الإثارة الذاتية: وهذا شائع لدى الأطفال المضطربين انفعالياً وسلوكياً بدرجة شديدة وممكن أن تأخذ إثارة الذات أشكالاً متعددة مثل الحركة المستمرة والضرب باليدين.

٧- سلوك إيذاء الذات: حيث يؤذي بعض الأطفال المضطربين انفعالياً بقصد أنفسهم وبشكل متكرر، لذا يجب إبقاؤهم مقيدين حتى لا يقوموا بتشويه أنفسهم أو قتل ذواتهم .

٨- التكهن بمستقبل حالتهم ضعيف: فهم في مستوى المعاقين عقلياً ويتطلب وضعهم إشراف ورعاية دائمين حتى بعد سنوات (الروسان ، ١٩٩٦ : ١٠٢)

بعض الخصائص وأشكال الاضطرابات الانفعالية

١- النشاط الزائد (Hyperactivity)

وهو نشاط جسمي حركي حاد مستمر وطويل المدى لدى الطفل أسبابه تعود لأسباب نفسيه أو إصابة في الدماغ ويظهر في سن الرابعة حتى ١٥ سنة وهو زيادة في النشاط عن الحد المقبول بشكل مستمر .

وتتراوح مظاهر النشاط الزائد بسلوك الفوضى والمشي في غرفة الصف وعدم الالتزام بالتعليمات والقلق والتهور وعدم القدرة على الانتباه .

أسبابه :-

١- العوامل الجينية وهناك علاقة بين العوامل الوراثية والنشاط الزائد

٢- العوامل العضوية حيث إن الأطفال الذين لديهم نشاط زائد هم أطفال تعرضوا أكثر من غيرهم للعوامل المسببة للتلف الدماغي أو الأورام ونقص الأوكسجين .

٣- العوامل النفسية قبل المزاج المتقلب مما يسبب انخفاض تقدير الذات . والطفل الأقل نشاطاً يميل إلى زيادة مستوى نشاطه ويصبح قريباً من الطفل الأكثر نشاطاً.

٤- العوامل البيئية مثل التسمم بالرصاص يؤدي إلى نشاط زائد وضعف انتباه واندفاع، وأيضاً الإضاءة العادية تسبب نشاطاً زائد والمواد الحافظة والصابغة والحوامض .

قياسه :-

يمكن التعرف عليه عن طريق قوائم الشطب وبالتالي إيجاد ضوابط تحكم هذا السلوك ومثال ذلك أيضاً مقياس (Connors)

طرق ضبطه :-

١- طرق التنظيم الذاتي وتشمل الملاحظة الذاتية والمتابعة والتعزيز الذاتي وهي من طرق تعديل السلوك .

٢- طريقة الاسترخاء : حيث إن الاسترخاء العضلي يقلل من تشتته وزيادة نشاط الطفل وتم استخدام الاسترخاء العضلي لعلاج ٢٤ طفلاً بنجاح لأنه يقلل التوتر.

٣- أسلوب التغذية الراجعة : ويشمل تغذية راجعة سمعية لمعرفة مدى صدور حركة الطفل ومعدلها عن طريق جهاز، وعند انخفاض حركة الطفل يُعزز.

٢- الغضب

انفعال يتميز بدرجة عالية من النشاط في الجهاز العصبي وبشعور قوي من عدم الرضا سببه خطأ وهمي أو حقيقي، وقد يؤدي إلى سلوك صامت أو إلى الانسحاب والانهيار وعندما يتعرض شخص لاعتداء جسدي أو لفظي فمن المحتمل أن يثور غضبه ويقوم بهجوم على الطرف الآخر ، إن الغضب الذي يشعر به الشخص لسبب ما يؤثر عليه ويقصر العمر ويختلف هذا التأثير من شخص إلى آخر حتى وإن كان الإنسان يهرب من الغضب فإن أمامه أكثر من طريق والواقع أن الإنسان يغضب عندما يشعر بالإحباط وقد يدفع الغضب عند الإنسان الاتجاه نحو العدوان فأي موقف ممكن أن يواجهه الإنسان قد يغضب له فقد يغضب الشخص إذا فرض عليه آخر شيئاً وكان في موقع السلطة .

وشعور الشخص بالإهانة إما إن يؤدي إلى الحزن أو إلى الغضب فإذا استسلم الشخص للإهانة فإنه يشعر بالحزن أما عدم استسلامه فهو تعبير عن غضبه وإن

الدراسات تشير إلى أن كثيراً من الجرائم في الولايات المتحدة الأمريكية حالياً يرتكبها أقارب أو أصدقاء أو معارف أثناء المشاجرات أو النقاش ويعبر الأشخاص عن غضبهم بأفعال متعددة كالصراخ وارتعاش الأيدي وجحوظ الأعين والإيذاء والشتم والسب، والغضب يؤثر على القلب والشرايين ويؤدي إلى الذبحة الصدرية ونوبات الربو والتشنج وضيق التنفس واضطراب الكليتين والدوار وتقلص العضلات وأحياناً الإغماء .

لذا لا بُدّ أن يتغلب الشخص على غضبه وينتصر عليه ويحاول السيطرة على غضبه حتى يتمكن من مواجهة الحياة ويجب عليه أن يستبدل هذا السلوك والانفعال بانفعال أفضل بديل عنه حتى لا يتطور لديه هذا الانفعال، وبالتالي يصبح حالة مرضية عن طريق تركيزه على ظروف ونشاطات بديلة أفضل من تلك الأنشطة . (رفعت، ١٩٨٦ ، حقي ، ١٩٩٥)

١- القلق

وهو انفعال يتميز بالشعور بخطر مسبق وتوتر وحزن مصحوب بتيقظ الجهاز العصبي ويترك القلق عند صاحبه تأثيرات سلبية في جوانب متعددة من الشخصية فيصعب مثلاً على الطلبة القلقين استرجاع المعلومات السابقة عند الإجابة عن أسئلة الامتحانات، والقلق يؤثر في عملية استقبال المعلومات التي تؤثر بدورها في حفظ المعلومات في الذاكرة .

لذا فإن الشخصية القلقة هي التي تخاف من مواجهة الحقيقة وتكتم المرض وتخفي كل معالمه وهي تهرب من مواجهة حقائق الحالة المرضية والشخصية القلقة بدرجة شديدة يسيطر عليها أحياناً اليأس وتتعقد حالته المرضية والشخصية القلقة بدرجة تؤثر على الصحة النفسية والجسمية للشخص القلق، ومما تجدر الإشارة إليه هو أن قرحة المعدة لا تحدث بالضرورة نتيجة الضغوط عند كل الأشخاص وإنما فقط عند من لديه استعداد طبيعي للاستجابة للتوتر بزيادة الإفرازات المعدية وأن كثيراً من الضغوط والمعاناة اليومية هي من العوامل المسببة للقلق حيث يسبب القلق الناتج عنها في إحداث تغيرات بيوكيميائية تسهم بدورها في إحداث مشكلات في القلب .

لذا فإن القلق يتراوح بين الضعيف والشديد والمتوسط وتنقسم اضطرابات القلق إلى ثلاث فئات :-

الأولى : الخوف من افتقاد المألوف مثل رهاب الساح أو رهاب الخلاء والخوف من الأماكن المفتوحة وعدم الشعور بالأمان والخوف من التجمعات والسفر بالطائرة والقطار .

الثانية : المخاوف الاجتماعية وتبدأ خلال فترة المراهقة مثل الخوف من النقد والاختبار والخوف من الظهور أو مقابلة الجنس الآخر .

الثالثة : الفوبيا الخاصة، وتخص مواقف محددة من الاقتراب من الحيوانات ذات الفراء أو المخالب والحيوانات المتوحشة والأليفة أو الحيوانات الصغيرة والكبيرة.(اسعد، ١٩٨٨، عبد الرزاق ، ١٩٨٧)

علاج القلق :

يتفق علماء الصحة النفسية على حقيقة هامة في العلاج النفسي وهي أن الطريق غير المباشر في العلاج أفضل من الطريق المباشر ، ولا يتم علاج القلق بعمليات جراحية ولا عن طريق الحقن ولا بفحص الأجهزة الداخلية من الجهاز العصبي والغدد وإنما يقتصر ذلك على تشغيل أجهزة الجسم بممارسة بعض التمرينات الرياضية التي تكفل التخلص من الطاقة الحيوية المختزنة ببعض الأعضاء، حيث إن هناك صلة وثيقة بين الخمول الجسمي وبين القلق.

أيضاً من وسائل التخلص من القلق وغيره من مظاهر التوتر النفسي- مشاهدة أفلام الشجاعة التي يتعرض فيها الممثلون للمخاطر والصراعات أو حتى مشاهدة مباراة كرة قد يخفف من غلو التوترات النفسية- ومن شدة القلق النفسي. ويجب أن نشير أيضاً إلى أن التجدد الثقافي والنفسي والأخذ بالأفكار السليمة فيما يتعلق بموقف المرء من نفسه ومن غيره والفلسفة الحياتية التي يأخذ بها وينهجها الشخص تكفل له كثيراً من الركامات النفسية الرديئة .

٤- الاكتئاب والعبوس

وهو انحطاط مزاج المريض وهو حالة نفسية لها تعبيراتها الخارجية المتعددة وشعور الشخص بفقدان تمتعه بما يبهج له الآخرون وهي تتفاوت في الشدة والبساطة

والتوسط وتتفاوت من شخص لآخر وتتلخص في هبوط في القدرة على التركيز وانخفاض تقدير المريض لذاته وثقته بنفسه ومعاناته من الإحساس بالذنب وعدم الأهمية وسرعة الإنهاك والإقدام على الانتحار والنوع المتقطع وانعدام الشهية.

ويتركز المحتوى الفكري لمرضى الاكتئاب على فكرة الفقد حيث يشعر المريض أنه خسر شيئاً يراه ضرورياً لسعادته أو طمأنينته حيث يؤدي هذا الإحساس والتوقعات السلبية إلى الانفعالات المميزة للاكتئاب مثل الحزن والإحباط والتبلد والمكتئب يفقد عاطفة تقديره لذاته والمواهب الموجودة لديه وهو يحسد الآخرين على كل قدراتهم وهو غير قادر على إسعاد الآخرين ، وينخرط في أحلام اليقظة وهو مصاب بالأرق وفقدان الشهية ويشعر بالذنب لأنه يجد نفسه غير جديرة بالحياة، وتكون لديه رغبة في الانتحار والتخلص من الحياة ويفقد علاقاته بالعالم الخارجي ويجد إساءات الآخرين له إساءات عادية .

علاج الاكتئاب

يمكن للشخص أن يتجنب وقوعه بالاكتئاب والأمراض والاضطرابات النفسية بإعادة التربية الذاتية حيث يوجه الفرد نفسه بنفسه ويعمل على سد الفجوات لديه والتي نشأت نتيجة إهمال ناحية معينة من الشخصية والخطوة الثانية في علاج الاكتئاب هي إحلال بدائل محل الأشياء المفقودة .

أيضاً بإمكان الشخص التخلص من الاكتئاب عن طريق دعم الواقع الاجتماعي والحذر من الانغلاق على الذات وسد المسالك إلى الخارج، أيضاً الاهتمام بالصحة وتناول العقاقير المنشطة والمقوية ، ومن المفضل أن يذهب الشخص المكتئب للطبيب النفسي- حتى يخلصه من هذا المرض، وخاصة إذا كانت تنتابه موجات متقطعة منه والمواظبة على الاستحمام البارد والساخن لأن كليهما له تأثير إيجابي في تنشيط خلايا المخ وتوفير الدم لجميع أنحاء الجسم وبالتالي الشعور بالحيوية والتخلص من الاكتئاب .

٥- الغيرة

وهي اتصال مركب يتكون من خوف الشخص أن يفقد من يحب وكرهه للمنافسة ورغبته في إيذائه والشعور بالنقص والنقد الحاد للذات والشعور بالذنب، فالطفل مثلاً يولد

وقد غرز بجبلته دافع إلى الغيرة من الآخرين والطفل الوليد لم يستعد اجتماعياً بعد التنافس مع أقرانه وعندما ينمو تبدأ غيرته .

وتتجلى مظاهر الغيرة بالمظاهر الجسمية كاحمرار الوجه وارتعاش اليدين وزيغان البصر وتصبب العرق ورعشة الصوت وارتفاع ضغط الدم .

والاضطرابات النفسية تتمثل في أحلام اليقظة والانطواء الشديد واضطرابات التفكير وجنوح الخيال والسلوك العكسي ويأخذ السلوك النفسي طريقاً آخر فيعمد الشخص ذو الغيرة إلى السلوك العكسي فبدل أن يميل إلى الانطواء الشديد فإنه يأخذ الطريق الانبساطي المبالغ فيه .

أما المظاهر الاجتماعية فتتمثل في العدوانية التي يمكن أن يتلبس بها السلوك لدى الشخص ذي الغيرة وقد يلتئم بعض الأشخاص أحد الشخصيات ويتميز هذا الشخص بقلة العلاقات الاجتماعية .

علاج الغيرة

هناك فرق بين الغيرة والحقد، فكما نعلم أن الشخص المتصف بالغيرة يكون إيجابياً في حياته بينما يتصف الشخص الحاقد بالسلبية والركون إلى أحلام اليقظة السوداء ويتمثل علاج الغيرة بأن يتخلص الشخص من الغيرة التي تستولي عليه وأن يحدد الجوانب الإيجابية في شخصيته ويبحث عن الآفاق العامة للتفوق على غيرته وأن يحاول تجنب الأشخاص الذين يحاولون إثارة غيرته كما أن الترويح عن النفس من الوسائل المهمة في علاج الغيرة والتخلص منها .

ومن وسائل التخلص من الغيرة هو كسب مجموعة من الأصدقاء والمعارف وقضاء الوقت الممتع معهم وذلك أن الحصول على الأصدقاء وكسبهم إلى صفه يكون فيه تعويض له عما يفقده وأن يتعلم أن يقدم ولا ينتظر بديلاً لما قدمه للآخرين، لذا فإن الشخص ذا الغيرة يجب أن يقيس نفسه تجاه الأشخاص الذين يغار منم والا سوف تستولي عليه الغيرة لتصبح مرضاً نفسياً واضطراباً عنيفاً لديه ويجب مراعاة الأمانة والدقة في عملية تقييم الشخص لذاته.

وأهم خطوة يجب التركيز عليها في علاج الشخص الذي تستولي عليه الغيرة هي أن نشعره بذاته وبقيمته وبالجوانب الإيجابية لديه حيث إنه لا يقل عن الآخرين بشيء فكما أن الآخرين يتمتعون بالحوافز والإيجابيات فإنه أيضاً تكون لديه كما لدي الآخرين، وأن يفيد بناء ثقة الشخص بنفسه .

٦- الحزن والتشاؤم

يندفع الحزن والتشاؤم مثل موجة عارمة تواجه الشخص، وهذا الحزن والتشاؤم لا يلتهم المستقبل البعيد فحسب بل يتغلغل إلى كل رغبة وكل مهمة يضطلع بها الشخص، والتشاؤم هو توقع حدوث الشر في المواقف المتباينة التي تصادف الشخص في حياته وقد يشكل الشخص التشاؤم فلسفة حياتية ينتهجها ويبني عليها سلوكه ويسارع بوصف جميع الناس بالشر وان جميع الأشخاص يتأخرون عليه ويميل المتشائم إلى تغيير الكون بالشر.

فالشخص المتشائم ينظر للوجود بمنظار أسود من حوله وتفيد الأشياء والمواقف تفسيراً معيناً والمتشائم قد يتطرق في تشاؤمه إلى حد الشك في الحبُ ويرى أن العلاقة التي تقوم بين الزوجين في الأسرة لا تعدو أن تكون علاقة اقتصادية والمتشائم يسارع في إصدار الحكم العام في ضوء خبرته ببعض الحالات القليلة فمثلاً الشخص المتشائم أن شعر بأن صديقاً من أصدقائه قد خانه فإنه يسارع بالحكم على جميع أصدقائه بالخيانة.

علاج الحزن والتشاؤم

هناك عدة وسائل قد تساعد الشخص على التخلص من الحزن والتشاؤم المستولي عليه عن طريق توسيع دائرة العلاقات الاجتماعية، لأن الانغلاق في إطار اجتماعي واحد ضيق أو لا يسمح بالتخلص من عبء الاستجابات التشاؤمية وأيضاً تغيير البيئة والمجتمع المحلي الذي اكتسب الشخص منه التشاؤم المتعلق بالأشياء والأشخاص .

ويجب على الشخص أن يبحث بحكمة عن الشخص الآخر الذي يمكن أن يقف بجانبه في أزمته فمشاركة الشخص للمتشاؤم تقلل من تأثير الانفعال وبدلاً من التشاؤم واليأس عند حدوث مشكلة يجب أن يُعطي الشخص نفسه فرصة التفكير لمواجهة هذه المشكلة ومجرد المحاولة في هذا المجال سيقلل من وقع المشكلة وتأثيرها على الشخص. (حقي ، ١٩٩٥)

٧- الخجل

انفعال نفسي داخلي يفقد الشخص القدرة على التحكم فيه وهو تعبير عن شعور الشخص بالدونية قبالة الأشخاص الذين يخجل منهم أو قصوره عن مجابهة الموقف الذي يوجد فيه بنجاح وهناك أسباب عديدة لشعور الشخص بالخجل منها الإحساس بالدونية لشعوره بوجود نقص في مظهره الخارجي يسمح به ثم يخجل فمثلاً اتساخ ملابس الشخص قد يشعر بالخجل أو خوفه من كل ما هو جديد تزيد إحساسه بالخجل، فالطفل الذي يجد نفسه في موقفاً جديداً فإنه يخاف ويصرخ ويكون أحياناً الخجل نتيجة شعور الشخص بالرغبة الشديدة مع الإحساس بنفس الوقت بأن الموضوع المرغوب فيه شديد البعد فالشاب الذي يكون شديد الإعجاب بامرأة ما يشعر أحياناً بالخجل منها . وكما نعلم فإن الخجل غالباً ما يظهر أكثر شيء بين المراهقين والمراهقات.

إن السبب الرئيسي لشعور الشخص بالخجل هو فقدان الثقة بالنفس مع عدم القدرة على التعبير في مواقف محددة، وهناك علاقة بين الخجل والوارثة حيث نلاحظ أحياناً أن الشخص الخجول يكون له أب خجول أو جد أو عم أو خال أو أحد الأقارب وهنا يكون الشخص قد تلقى مقومات وراثية تتعلق بالخجل، ومن هنا نجد أن هناك صلة وثيقة جداً بين الخجل والوراثة، وهناك اختلاف فطري وراثي ما بين الحياء والخجل. أما الحياء فهو مكتسب ويختلف الناس في الموضوعات التي يستجيبون لها وتختلف أيضاً من مجتمع لآخر طرق التعبير عن الحياء ولا يقتصر الخجل على الطفولة والمراهقة بل يستمر بعد ذلك في حياة الإنسان حتى الشيخوخة إلا انه في الشيخوخة يرتبط بالإحساس بالدونية وبفقدان كثير من مقومات التكيف والتوافق، والإنسان الذي يعاني من الخجل المفرط تتبدى لديه عقد نفسية تسمى اللوازم وهي نوعان لوازم حركية ولفظية حيث يبدأ الشخص الخجول بالتلبس باللوازم الحركية أو اللفظية مثل حركات الحاجبين والشفة تحريك الأيدي بكثرة والعبوس أو الابتسام أو الحركات العصبية أو اللفظية مثل تكرارات معينة مثل كلمة (مثلاً) أو (يعني) التي يكثر استخدامها على ألسنة المصابين أو التلعثم واللجلجة في الكلام وقلب الأحرف مثل قلب السين تاء أو الراء غين .

وقد يشعر الشخص بالخجل نتيجة شعوره بالنقص في أحـد أعضـاء جسـمه أو إصابته بإعاقة جسدية معينة مما يجعله يضطرب انفعالياً ويُصاب بالخجل .

إن الخجل الزائد عن الحد يُصيب الإنسان بالعديد من الظروف النفسية منها ضعف الثقة بالنفس وعدم القدرة على إتقان العمليات المطلوبة منه على أكمل وجـه وعـدم قدرتـه على مواجهة المواقف الصعبة، ويشعر بأنه غير قادر على تحمل المسؤولية، إضافة إلى إعاقة النمـو النفسي ـ ويحد مـن قـدرة الفرد عـلى إتقان التفاعـل بينـه وبين المؤثرات البيئيـة والاجتماعية، ويكون الشخص الخجول متقاعساً عن النقد ويجنح للاستسلام والالتزام بالسلبية وتقبل ما يساس به وما يفرض عليـه وما يُطلب منـه ويحـد مـن قـدرة الفـرد عـلى التقـدم الاجتماعي .

علاج الخجل

يجب أن يبدأ علاج الخجل بإحداث تغيير جذري في جو الأسرة والطريقة التي يعامل بها الطفل حتى يستعيد ثقته بنفسه ويعرف أن به نواحي حسنة كثيرة لا تتوفر في الآخرين، فإن الشخص الذي يشعر بالخجل لوجود نقص أو عيب في جسمه، فمن هناك حسنات كثيرة بجانب هذا العيب ويجب أن نشرك الطفل في أوجه النشاط مع الآخرين وأن لا نضعه وسط مجموعة تتفوق عليه. أما بالنسبة للشاب المراهق فإن علاج مشكلته يكمن في الإرادة القويـة والرغبة في تغيير أسلوب الحياة ، وعدم الهروب مـن الحيـاة بـل الانضمام إلى النـوادي والمجتمعات، ويستطيع الشخص أن يكسرـ حاجز الخجل والشعور بالنقص والدونيـة عـن طريق الاختلاط مع نفس الجنس ثم توسيع دائرة اختلاطه مع الآخرين ، ويمكن للطبيب أن يدعم موقف الإنسان الخجول بـبعض الأدويـة المطمئنة حتى تختفي أعراض الخجل ثم يتوقف عن استعمالها أما إذا كان الخجل ضمن أعراض أمراض نفسية أخرى فيبدأ الطبيب بعلاج المرض نفسه وبالشفاء من المرض النفسي حتى يختفي الخجل نهائياً وتلقائياً.

العدوان

اضطراب انفعالي سلوكي يتمثل في إيقاع الأذى على النفس والآخرين والممتلكات والعدوانية عند الأطفال عرض عادي وتصرف كثير الحدوث حتى يكاد يكون قاعدة ويمكن ملاحظة التصرفات العدوانية ردود فعل العناد إذ يرفض الصغار القيام بواجبهم .

والاضطرابات السلوكية العدوانية تكون مباشرة أو غير مباشرة غير ظاهرة والعدوانية المباشرة يمكن ملاحظتها بسهولة لدى أطفال المدارس، وخاصة أثناء لعبهم وغير المباشرة تكون واضحة، وفي الغالب تحدث من قبل أشخاص أذكياء حيث يتصفون بحبهم للمعارضة في إيذاء الآخرين بسخرياتهم أو بدفع الآخرين إلى القيام بأعمال غير اجتماعية وتؤدي العدوانية المكبوتة إلى عصابية الأعضاء مما يسبب أمراضاً نفسية مثل التبول والتلعثم وآلام المعدة والرأس وضيق النفس .

وتتراوح العدوانية ما بين الاعتداء على الذات بضرب الشخص نفسه والشتم السب لشخصه والاعتداء على الآخرين بالإيذاء والألفاظ البذيئة والاعتداء على الممتلكات بإتلافها وتدميرها. وقد يكون العدوان لفظياً أو جسدياً وكلا الحالتين يطلق عليها عدوان وإيذاء.

علاج العدوان

يمكن التخلص والحد من العدوانية عن طريق محاولة التخلص من ردود الفعل العدوانية بتكوين ردود فعل تحل محلها ويكون العلاج النفسي، إما على انفراد أو جماعي مع إعطاء المصاب فرصة اللعب بالماء والطين واستعمال "غرفة العدوانية " ويتجه المعالج إلى تحسين التكيف الاجتماعي عند المصاب بضمه إلى مجموعات حسب ميوله سواء كانت رياضية أو ثقافية .

٩- الانسحاب الاجتماعي

وهو عبارة عن نمط من السلوك يتميز عادة بإبعاد الفرد عن نفسه وعن القيام بمهمات الحياة العادية ويصاحب ذلك إحباط وتوتر وخيبة أمل ويتضمن الابتعاد عن مجرى الحياة الاجتماعية العادية وعدم التعاون وعدم الشعور بالمسؤولية والهروب إلى درجة ما من الواقع الذي يعيشه الفرد وهو الميل إلى تجنب التفاعل الاجتماعي والإخفاق

في المشاركة في المواقف الاجتماعية ويتراوح ما بين عدم إقامة علاقات اجتماعية إلى كراهية الاتصال والانعزال عن الناس والبيئة المحيطة وعدم الاكتراث بما يحدث وقد يبدأ ما قبل المدرسة ويستمر فترات طويلة وربما طوال الحياة .

وتتمثل مظاهر الانسحاب بالعزلة وانشغال البال ولا يسمح بالانتماء وهو لا يعمد إلى السيطرة على الناس من حوله بقصد فرض قوته الذاتية عليهم وقد يشمل الشعور بعدم الارتياح لمخالطة الآخرين والتفاعل معهم وهذا الشعور يصحبه أحياناً عدم الشعور بالمسؤولية وأحياناً شعور بالاكتئاب وقد يشمل سلوكات مثل القلق والكسل والخمول والخوف من التعامل مع الآخرين والشعور بالنقص والدونية والشعور بالحزن وفقدان الثقة بالنفس وبالآخرين .

أشكاله

١- الانسحاب الاجتماعي : ويتمثل في أن الأطفال لم يسبق أن أقاموا علاقات اجتماعية مع الآخرين ،وعدم نمو مهاراتهم الاجتماعية والخوف من التفاعلات الاجتماعية .

٢- العزل الاجتماعي أو الرفض : ويتمثل في أن الأطفال الذين لم يسبق أن أقاموا تفاعلات اجتماعية مع الآخرين والمجتمع ولكن تم تجاهلهم وإهمالهم نهائياً بطريقة سيئة .

أسبابه

١- التربية وأساليبها الخاطئة التي يتلقاها الفرد منذ طفولته

٢- نقص المهارات الاجتماعية الموجودة لدى الفرد

٣- عدم احترام الطفل وتقبله من الآخرين

٤- رفض الآباء لأبنائهم وإهمالهم لهم

٥- خوف الطفل من الأهل

٦- وجود إعاقة أو عاهة عند الطفل تسبب له العزلة والانطواء

٧- الخجل وعدم قدرة الفرد على مواجهة الآخرين.(خولة ، ٢٠٠٠)

قياسه

هناك ثلاث طرق رئيسية لقياس الانسحاب الاجتماعي :-

١- الملاحظة الطبيعية : وهي الأكثر استخداماً وتتمتع بالصدق الظاهري وتتم عن طريق ملاحظة الطفل في الظروف الطبيعية .

٢- المقاييس السيسومترية : وتعرف باسم (ترشيح الأقران) وتشمل تقدير الأقران للسلوك الاجتماعي عند الطفل .

٣- تقدير المعلمين : أي تقدير المعلمين للسلوك عند الطالب عن طريق مقاييس وقوائم التقدير لتقييم السلوك الاجتماعي .

علاج الانسحاب

١- تعتبر أساليب تعديل السلوك من أفضل الأساليب وأكثرها فعالية في علاج الانسحاب وتشمل التعزيز وتدريب الرفاق ، والتدريب على المهارات الاجتماعية .

٢- القضاء على فكرة التلقين لتحل محلها فكرة المشاركة ومسؤولية صنع القرارات

٣- استخدام التعزيز والابتعاد عن أشكال العقوبات

١٠- الخوف

انفعال فطري لدى الإنسان من مواقف محددة على تصور مبالغ فيه وأحياناً يتمثل بالخوف من الوجوه الغريبة والأصوات المرتفعة وترتبط بعدة متغيرات مثل المستوى الاقتصادي والاجتماعي، فمثلاً الطفل يخاف من الأرجوحة أثناء ركوبه فيها وينحنى الخوف منحى اجتماعياً مثل الخوف من انتقادات الناس والخوف من ارتكاب الخطأ أو الخوف من فقدان مقومات الحياة وهو وسيلة ذات فاعلية في تقريب الإنسان من الله تعالى.

علاج الخوف

في علاج الخوف تستخدم عادةً طريقة مهمة مثل الاسترخاء للتخلص من الخوف حيث يفكر الشخص في مخاوفه وهو مسترخٍ، فمثلاً يركز الشخص على ماذا يفكر وتأتي لديه الرغبات والدوافع المختبئة والتبصر بها ومن ثم فهمها ،والإدراك للموقف، وهذا في حد ذاته يجعل الخوف يبتعد .

البرامج التربوية للأفراد المضطربين انفعالياً

كما تعلم فإن الاهتمام بالمضطربين سلوكياً وانفعالياً ظاهرة حديثة نسبياً وظهرت هناك عدة توجهات اهتمت بشكل مباشر بتقديم عدد من البدائل النفسية والاجتماعية، لذا فإن البرامج التربوية للمضطربين انفعالياً هـي عبـارة عـن طرائـق بـرامج تربيـة المضطربين انفعالياً والخدمات النفسية المقدمة لهم تشمل :-

* العلاج النفسي والعلاج النفسيـ الجماعـي وعـلاج الوالـدين والعـلاج العـائلي والمهنـي ومـن الخدمات المقدمة لهم هي :-

١- الخدمات التربوية

وتعتبر من أهم الخدمات التـي يجـب تقديمها للأطفال المضطربين انفعاليـاً وخاصـة خدمات التربية الخاصة فكانت المدارس تقوم بمعالجة هؤلاء الأطفال خارج إطارها وقد كانت الاستجابة الطبية الأولى هي للمضطربين انفعالياً، وقد وضع هؤلاء في مراكز للإيواء لتعريضهم لبرامج تدريبية متخصصة وافضل طريقة لعلاج هؤلاء الأطفال هو القيام بدمجهم مع الأطفال الآخرين حتى يتم تقوية مفهومهم لذواتهم وتطوير نموهم الاجتماعي .

وهناك عدد من البرامج المقدمة للمضطربين انفعالياً مثل مراكز الإقامة الكاملة لـذوي الاضطرابات الانفعالية الشديدة خاصة في مراكز التربية الخاصة ومثالها مراكز الإحداث، أو الإصلاح والتأهيل ومراكز التربية الخاص النهارية ويلتحق بها الأطفال ذوي المشاكل الانفعالية المتوسطة ودمج الأطفال ذوي الاضطرابات الانفعالية البسيطة في الصفوف الخاصـة والأطفال ذوو الاضطرابات الانفعالية البسيطة في الصف العادي بالمدرسة العادية، ومن الخدمات التـي يقدمها معلم الصف العادي للمضطربين انفعالياً :-

١- الإحالة حيث يعتبر المعلم أول من يكتشف حاجة الطفل لبرامج التدخل المتخصصة وهـذا مهم للتعرف على الإجراءات الملائمة لعملية الإحالة .

٢- الوقاية : حيث يستطيع المعلم تـوفير جـو مناسب مـن الصـحة النفسية بحيـث يسـاعد الأطفال مع القلق والإحباط والسلوك اللاتكيفي والعدواني .

٣- الخطة التربوية الفردية : أي أن يكون المعلم قادراً على اتخاذ القرارات المناسبة لتعليم الطفل وتوضع هذه الخطة لتعليم الطفل واشتقاق الأهداف التعليمية المناسبة له .

وهناك أيضاً خدمات وبرامج داعمة ومتخصصة هو التعاون والتنسيق بين برامج التربية الخاصة وبرامج التربية العادية مثل خدمات التشخيص الذي يشمل على جمع بيانات عن السلوك المضطرب والقياس الرسمي لقدرات الطلبة والاستشارة الفنية لمساعدة المعلم على التعامل مع المشكلات السلوكية والانفعالية التي يظهرها الأطفال المضطربون في الصف وقيام المعلم بالتنسيق بين جهود المدرسة والمجتمع لتوفير الخدمات المناسبة لهم .

وهناك أيضاً خدمات تقدمها المدرسة الخاصة للاضطرابات الانفعالية مثل توفير الكوادر المدربة والمصادر والأدوات المناسبة للأطفال المضطربين وفريق عمل داعم ومساند لحاجات الأطفال المضطربين ومن الضروري أن تقوم المدرسة بتوفير غرف خاصة تساهم في ضبط سلوك الطلبة المضطربين وهي غرف الإرشاد والعزل وغرف الملاحظة .

٢- الخدمات النفسية والطبية

وهناك أيضاً خدمات نفسية وخدمات طبية تقدم للأطفال المضطربين انفعالياً لإعادة تأهيل هؤلاء الأطفال مثل خدمات استخدام برامج تعديل السلوك وخدمات المقابلات النفسية ولعب الأدوار والدراما النفسية، والفنون والموسيقى وتتم طرق العلاج النفسي بتحسين التكيف عند الطفل المضطرب بواسطة تخفيض الأعراض المزعجة ومساعدة الطفل على التخلص من الصراعات والمشاكل الداخلية، وقد تم استخدام هذا العلاج بشكل ناجح مع الأطفال المضطربين انفعالياً، ويتحدد هذا النوع من العلاج بعمر الطفل، فالأطفال الأصغر عمراً يكونون ميالين لتقليل فترة الاتصال المباشر مع المعالج وزيادة الاتصال مع الوالدين، أما الأطفال الأكبر أو المراهقين فإن العلاج باستخدام اللعب والقصص الإبداعية والعلاج الغني الذي يشمل العلاج بالصور يعد أفضل الأساليب لعلاج هؤلاء الأطفال وأحياناً يجد الطبيب نفسه غير قادر على مساعدة الطفل لسلبية والديه وعدم

مساعدتهم له في تلك الحالة يجب إدخال الوالدين في برنامج علاج فردي أو جماعي لأنه من المهم أن يتجاوز الوالدين مشكلاتها الخاصة قبل التعامل مع مشكلات أبنائهم .

وهناك طرق متعددة وبرامج متخصصة لعلاج هؤلاء الأطفال مثل خدمات التدريب المهني للحالة العاطفية للمريض وعمره وحالته الجسدية واهتماماته والعلاج النفسي العائلي عن طريق الحوار والنقاش للمشاكل الانفعالية والسلوكية ولعب الأدوار ويعتمد هذا النوع من العلاج على خبرة المعالج وتدريبه وحاجاته ومميزات أعضاء المجموعة المشاركة .

٣- الخدمات الاجتماعية

هناك عدد كبير من الخدمات الاجتماعية التي يجب توفيرها للأطفال المضطربين وعائلاتهم مثل تسهيلات السكن والخدمات العائلية والخدمات العامة وخدمات إعادة التأهيل المهني والخدمات المجتمعية الأخرى ، وهذه جميعها تركز على إعادة ثقة الطفل بمجتمع الكبار وتلبية حاجاته الأساسية المتعلقة بالعائلة والمدرسة والأصدقاء ومساعدته على النمو العادي والسليم الذي يتناسب مع قدراته العقلية وتوفير المصادر والوسائل المختلفة لمساعدته على تحقيق حاجاته وتحديد أهدافه والتخلص من بعض العادات التي تساهم في رفضه من قبل المدرسة والعائلة والمجتمع أيضاً مساعدة الطفل على تكوين شعوره بالانتماء لمجتمعه الذي يعيش فيه.

وهناك عدد من النماذج التي تقدم الخدمات للمضطربين انفعالياً ومنها :-

* نموذج دينو (١٩٧٠)

ويشمل سبعة مستويات من الخدمات المقدمة لهؤلاء الأطفال

١- ويشمل الأطفال المضطربين انفعالياً القادرين على الاستمرار في الصف العادي مع تقديم الخدمات المساندة.

٢- يشمل على برامج الصفوف العادية والخدمات النفسية والاجتماعية والعلاجية المساندة.

٣- يتضمن الصفوف ذات الدوام الكلي.

٤- المراكز النهارية الخاصة بالأطفال المضطربين انفعالياً.

٥- البرامج والخدمات المنزلية بوجود معلم متخصص للتدريس في المنزل .

٦- خدمات الوكالات الصحية ويشمل :-

أ- التدريس في المشفى

ب- الخدمات العلاجية غير التربوية (خولة ، ٢٠٠٠ : ١٥٣)

هناك عدد من الاعتبارات الواجب أخذها بعين الاعتبار عند تدريس الأطفال المضطربين انفعالياً ومنها :-

١- أن يتم التعليم بشكل فردي أي أن يتعلم هؤلاء بطريقة فردية بحيث يصمم لذلك بـرامج تربوية خاصة .

٢- عدم مشاركة الطلاب في الصفوف العادية حتى يتعلموا بعض المهارات الأولية الضرورية .

٣- توفير خصائص معينة لدى المعلمين الذين يشرفون على الأطفال المضطربين انفعالياً مثل الرغبة في العمل مع الأطفال المضطربين والتحلي بالصبر والمثابرة على العمل معهم .

٤- أن يتبع المعلـم ويطبـق مبـدأ الثواب والعقاب في حال ظهور السـلوك المرغوب وغير المرغوب فيه .

٥- أن يعلم المعلم الطفل ماهية الأشياء المسموح بها وغير المسموح بها .

٦- تحويـل بعض حـالات الاضطرابات الانفعاليـة إلى غرفة المصـادر بحيـث يتلقـى هـؤلاء المساعدة اللازمة من قبل معلم غرفة المصادر والعمل علـى إعـادتهم مـرة أخرى إلى الصفوف العادية .

٧- تنظيم الأنشطة الهادفة من قبل مدرسي الأطفال المضطربين انفعالياً والتـي تعمل عـلى تفريغ النشاط الانفعالي وتوظيفه بالنشاط التربوي .

٨- الاستفادة من أساليب تعديل السلوك في تدريس هؤلاء الأطفال وتحديد السلوك المرغوب فيه إجرائياً أو غير المرغوب مثلا لتعزيز الإيجابي والسلبي والعقاب وتشكيل السلوك .

٩- العمل على دمج هؤلاء الأطفال المضطربين بدرجة بسيطة ومتوسطة في الصفوف العادية والتقليل من عمليات عزل هؤلاء الأطفال إلا في الحالات الشديدة .

١٠- لذلك يجب أن يتعلم الطفل في أول لقاء بينه وبين المعلم أن هناك معياراً للسلوك يجب المحافظة عليه .

١١- تدريس هؤلاء مهارات الحياة الأساسية وذلك لأهميتها لهؤلاء الأطفال. (الروسان، ١٩٩٦)

الاضطرابات والأمراض النفسية عند الأطفال

قبل الخوض في ماهية الاضطرابات والأمراض النفسية التي تصيب فئة من الأطفال ، لابد لنا أولا من تبيان عدة موضوعات ذات علاقة ، كالصحة النفسية ، ونمو الطفل ومراحل تطوره ، ودور الوراثة والبيئة في نمو الطفل ، والحياة النفسية للطفل ومكوناتها ، والحاجات النفسية لمرحلة الطفولة ، عند ذلك نستطيع أن نقف على أساس سليم ، نفهم من خلاله المقصود بالاضطرابات الطفلية وأسبابها ، وأعراضها وأشكالها وأنواعها وسبل علاجها ، وغير ذلك من الموضوعات ذات الصلة .

الصحة النفسية

تتعلق الصحة النفسية عند الأفراد بجميع جوانب شخصياتهم جسميا ونفسيا واجتماعيا ، فلا يقتصر معنى الصحة النفسية على الحالة أو الجانب النفسي عند الأفراد ، بل يمتد ويتسع ما هو أكثر من ذلك ، ولا يتعلق مفهوم الصحة النفسية عند الأفراد من الأمراض فقط بل يتعدى هذا المفهوم ذلك ليعني قدرة الفرد على الأداء بكفاءة مقترنا ذلك بمشاعر السعادة ، (الخليدي ، و وهبي ١٩٩٧) .

ويرى القوصي أن مفهوم الصحة النفسية يعبر عن التوافق (Adjustment) أو التكامل (Integration) من الوظائف النفسية المختلفة مع القدرة على مواجهة الأزمات النفسية التي تطرأ عادة على الإنسان ومع الإحساس الإيجابي بالسعادة والكفاية .

و يذكر مغاريوس أن مفهوم الصحة النفسية يتمثل بمدى النضج الانفعالي والاجتماعي أو مدى التوافق بين الفرد ومجتمعه ." ويتضمن أساس الحكم على مدى توافر الصحة النفسية لدى فرد ما ، المعيار الذي نستخدمه للحكم على تمتع هذا الفرد بصحته

النفسية ، والمعيار ليس واحدا ، وبناء على ذلك تختلف الأحكام وفقا لكل معيار مستخدم ، فهناك معيار اجتماعي ينظر إلى الفرد من حيث سوائه وانحرافه على أساس قدرته للتكيف مع متطلبات مجتمعه، **أما المعيار الطبيعي** فترى فلسفته أن ما نسبة ٦٨% من الأفراد يقعون في المتوسط والباقي على الأطراف للتوزيع الطبيعي ، بمعنى أن هناك نسبة ما على طرف المنحنى تعاني من سوء التكيف والتوافق ، وهناك المعيار الديني ، يستخدم مفهومي الحلال والحرام للحكم على سواء الفرد وانحرافه ، وإلى غير ذلك من هذه المعايير .

نمو الطفل ومراحل تطوره

يتأثر نمو الطفل وتطوره بعاملين أساسيين هما : - الوراثة والبيئة ، ويتداخل كل من هذين العاملين في نمو الطفل وتطوره مما يصعب إرجاع صفة أو سمة ما إلى الوراثة وحدها أو البيئة وحدها ، وقد تؤثر مكونات كل من الوراثة والبيئة في الفرد سلبيا وإيجابيا ؛ وفيما يلي تفصيل لهذين العاملين وأثرهما : -

١- الوراثة

تلعب الوراثة دورا مهما وحاسما أحيانا في انتقال بعض السمات من الآباء إلى الأبناء، ويتم هذا الانتقال بمد جينات الكروموسومات الموروثة من الأب والأم ولا يتوقف الانتقال على سمات أو صفات ، بل وتؤثر الوراثة في كونها تسهم في انتقال الاستعداد للأمراض ، ولا يتوقف الأمر هنا فالفرد في مراحل نموه يتأثر بعوامل داخلية كإفرازات الغدد التي تتدخل إلى حد كبير في طبيعة البنية الجسمية والعقلية والانفعالية ، وفي هذا العدد يمكن الحديث عن نوعين من الغدد : -

أ – الغدد الصماء التي تصب في قنوات

ب- الغدد الصماء التي لا تصب في قنوات

وجميع هذه الغدد بإفرازها تؤثر في جميع جوانب الشخصية ومستوياتها ، من حيث نمو الغدد ومراحل ذلك ، الحالة النفسية والمزاجية للفرد ، البنية الجسمية والعقلية ، وإلى غير ذلك من مستويات الشخصية .

٢- البيئة

يقصد بالعوامل البيئية هي جميع العوامل الخارجية التي تتدخل في نمو الفرد ومراحل تطوره سواء بشكل مباشر أو غير مباشر ، وقد تكون هذه العوامل مادية أو اجتماعية أو ثقافية ، وهنا كذلك ما يعرف بمصطلح البيئة الرحمية وهي العوامل التي تؤثر في سير نمو الطفل أثناء وجوده في رحم أمه بعد حدوث عملية الإخصاب ، فتناول الأم للعقاقير أو المخدرات يؤثر في سير نمو جنينها وهذا سيلقي بظلاله على البنية النمائية لهذا الجنين الآن وعندما يصبح طفلا وهكذا . أما مراحل نمو الطفولة فيمكن تقسيمها إلى :-

١- مرحلة ما قبل الميلاد

٢- مرحلة الطفولة المبكرة (من الولادة إلى سن ستة أعوام)

٣- مرحلة الطفولة المتوسطة (من سن ستة أعوام إلى عشرة أعوام)

٤- مرحلة الطفولة المتأخرة (من سن عشرة أعوام إلى الثانية عشرة)

حاجات الطفل وحياته النفسية

إن حاجات الطفل يمثلها دوافع تعبر عن ذلك ، والدوافع عند الطفل هي شعور نفسي-داخلي قوي وهي أساس كل سلوك يقوم به ، وتتعلق قوة السلوك وبالتالي قوة الدافع بشدة الرغبة والتي تعكس مقدار الحاجة ، وإشباع هذه الحاجات يختلف باختلاف الطفل وعمره كذلك .

إن التوتر والقلق الناشئ عند الطفل يرتبط بإشباع حاجاته وتلبية رغباته وهذا يرتبط بمستوى الاضطرابات السلوكية عند الأطفال ، فإشباع الحاجات عند الطفل يرتبط بمستواه العقلي وذهنيته ، فغني عن القول إن الطفل يتبع مبدأ اللذة في إشباع حاجاته وأولوياته وليس مبدأ الواقع ، وهنا يمكن تقسيم دوافع الطفل إلى :-

١- دوافع أولية فسيولوجية كالإشباع والإخراج والأمومة والحب والطمأنينة

٢- دوافع ثانوية نفسية واجتماعية مثل تأكيد الذات وإطلاق حريته في اللعب والمنافسة والاختلاط بالآخرين .

الاضطرابات والأمراض النفسية الطفلية

يواجه باحثو علم النفس كثيراً من المشكلات عندما يكونون في صدد تعريف مفاهيم أبحاثهم ، وعليه فإن تعريف المشكلات الطفلية سواء الاضطرابات أو الأمراض تواجه نفس المشكلة سالفة الذكر ليس بسبب ندرة هذه التعريفات، وإنما بسبب تعدد كبير لهذا التعريفات ينقصها الوضوح والتمايز مما يجعل تعريف الاضطرابات الطفلية يتداخل مع تعريف الأمراض الطفلية مما يوقعنا في حيرة ، وللخروج من هذا المأزق فقد قدم يوسف (٢٠٠٠) التعريف التالي للاضطرابات السلوكية الطفلية. " هي أي اضطراب يلحق بالسلوك الإرادي في كافة أشكاله سواء كان عدوانياً أو لم يكن ينتهك القيم أو المعايير أو لا ينتهكها ، يخالف توقعات المجتمع في شكلها العام ، يتكرر باستمرار ويمكن ملاحظته وقياسه ، يحدث عادة في مرحلتي الطفولة والمراهقة ، ولا يعتبر مظهراً لاضطراب آخر كالعصاب أو الذهان أو الأمراض العضوية .

وفيما يخص تعريف الأمراض النفسية عموماً ، فقد عرفها زهران بأنها :-

"اضطراب وظيفي في الشخصية ، النفسي- المنشأ ، يبدو في صورة أعراض نفسية وجسمية مختلفة ، يؤثر في سلوك الفرد فيعوق توافقه النفسي ويعوقه عن ممارسة حياته السوية في المجتمع الذي يعيش فيه "

أسباب الاضطرابات والأمراض النفسية عند الأطفال

لا يمكن العزل بين أسباب الاضطرابات والأمراض النفسية ، لأنها يمكن أن تنشأ من نفس المسببات ، رغم اختلافها أحياناً في أسباب أخرى أدت إليها ، وهنا يمكن القول أن الاضطرابات النفسية قد تكون مقدمة للأمراض النفسية إذا لم يتم علاجها ووضع حد لها ، وفيما يلي الأسباب الرئيسية التي يمكن أن تكمن خلف هذه المشكلات :-

١- الأسباب الحيوية (البيوولجية)

وهي الأسباب الجسمية أو العضوية المنشأ والتي قد تتعلق بالوراثة أو عوامل بيئية أخرى كسوء التغذية مثلاً ، أو خلل في إفراز الهرمونات ، أو اضطرابات وظائف الاستقبال الحسي وغير ذلك من الأسباب .

٢- الأسباب النفسية

هي ذات أصل ومنشأ نفسي تتعلق بالنمو النفسي المضطرب ، وعدم إشباع الحاجات الضرورية والأساسية ، وكذلك اضطراب العلاقات الشخصية والاجتماعية ،ومثال ذلك الصراع الذي ينشأ في شخصية الفرد أو الإحباط الذي يتعرض له .

٣- الأسباب الخارجية أو البيئية

وهي الأسباب المحيطة بالفرد أو كل ما يتعلق بمحيطه الاجتماعي ، ويندرج تحت ذلك التنشئة الاجتماعية السالبة التي تلقي بظلالها على الجو النفسي للفرد .

٤- الاتجاه متعدد العوامل

ويرجع هنا الاتجاه أسباب المشكلات النفسية إلى تظافر وتعاون عدة عوامل مع بعضها البعض لتنتج المرض أو الاضطراب النفسي .

تصنيف الاضطرابات والأمراض النفسية

تكمن أهمية التصنيف في كونها أداة مفيدة للوصول للتنظيم والترتيب الذي من شأنه أن يساعدنا في عملية وصف هذه الاضطرابات وتفسير أبعادها، وبالتالي الوصول إلى ما يناسبها من طرق علاجية ، ونحن عندما نصدر حكماً حول ما يقوم به طفل ما من حيث أنه يعاني من اضطراب ما لا بد لنا أن نكون حذرين في ذلك ، لأن تشخيص الأطفال يختلف حذرين في ذلك ، لأن تشخيص الأطفال يختلف إلى حد كبير عن تشخيص الكبار فقد تصدر عن طفل ما سلوكات معينة قد يعتبرها مظاهر لاضطراب نفسي ، في حين أن هذه السلوكات ما هي إلا ظواهر طبيعية لمرحلة نمائية ما ، أما الكبار فعند تشخيصهم نحكم على سلوكهم كونه سوياً أو غير سوي من حيث نضجه وملاءمته للواقع ، ولإصدار هذه الأحكام حول أي فرد ما لا بد من الوقوف على خلفية تساعدنا في الكشف عن الحالات ، وفي هذا السياق نحن بحاجة إلى التصنيف ليكون مرشداً ودليلاً عند تشخيص اضطراب أو مرض ما .

قدّم الدليل العالمي العاشر عام ١٩٩٢ ، والذي يصدر عن هيئة الصحة العالمية تصنيفه للاضطرابات النفسية ، والسلوكية وحصرها في ٢٢ تصنيفاً، وفي عام ١٩٩٤ قدم الدليل التشخيصي والإحصائي الرابع لاضطرابات النفسية والصادر عن الجمعية

الأمريكية للطب النفسي تصنيفه كذلك ، وهنا سيتم حصر أهم الاضطرابات التي تعاني منها الطفولة والمراهقة:-

١- صعوبات التعلم

٢- اضطراب المهارات الحركية

٣- اضطرابات التواصل

٤- الاضطرابات النمائية كالذاتية مثلاً

٥- صعوبات الانتباه والسلوك المشوش

٦- اضطرابات الأكل والتغذية

٧- اضطرابات اللوازم

٨- اضطرابات الإخراج

٩- اضطرابات أخرى مثل اضطراب قلق الانفصال ، والبكم الاختياري وغير ذلك. (يوسف ، ٢٠٠٠)

الاضطرابات النفسية الطفلية

أولا : اضطرابات التعرف

تتعلق اضطرابات التعرف عادة بصعوبات التعلم والتي تضم كثيراً من المشكلات؛ فمنها صعوبات القراءة والكتابة والحساب وكذلك صعوبات الإدراك والقدرة على التفكير والتذكر ، ولعل اضطرابات التعرف هي تلك المشكلات المتضمنة في صعوبات الإدراك والقدرة على التفكير والتذكر إضافة على بعض مظاهر الصعوبات الأكاديمية الأساسية إذا لم تكن تتعلق بإصابات وخلل في أجهزة الإدراك الحسي ، وفي اضطرابات التعرف يصعب على الطفل إدراك وتمييز الأشياء والظواهر من حوله، خاصة تلك التي تتصل بالحياة التعليمية ، كالمهارات الأساسية مثل القراءة والكتابة والحساب ، وسنورد فيما يلي بعض مظاهر هذه الصعوبات سواء في القراءة أو الكتابة والحساب والتذكر والتفكير والإدراك عامة .

أهم مظاهر صعوبات القراءة

١- حذف بعض أجزاء الكلام ، كأن يقول (ذهبت مدرسة بدلا من ذهبت إلى المدرسة)

٢- الإضافة إلى الكلام سواء كان ذلك حرفاً واحداً أو بعض المقاطع مثلاً (ذهبت بالسيارة إلى القدس بدلاً من ذهبت إلى القدس)

٣- إبدال بعض الكلمات بأخرى تحمل تقريباً نفس المعنى ، كأن يقول (بدلاً من الطلاب، التلاميذ)

٤- إعادة بعض الكلمات أكثر من مرة بدون داعٍ مثلاً (أكلت .... أكلت .... أكلت التفاحة اليوم)

٥- قلب وتبديل الأحرف أو الكلام مثلاُ (برد بدلاً من درب) أو (بدلاً من فتل قد يقرأها تلف)

٦- الضعف في التمييز بين الأحرف المتشابهة رسماً .... كأن ينطق ع بدلاً من غ أو س بدلا من ش .

٧- الضعف في التمييز بين الأحرف المتشابهة لفظاً مثلاً (ق بدلاً من ك) (ق بدلاً من د).

٨- الضعف في التمييز بين أحرف العلة فيقول (فول بدلاً من فيل) .

٩- صعوبة متابعة القراءة والحيرة والارتباك .

١٠- قراءة الجملة بطريقة سريعة وغير واضحة ، أو بطرقة بطيئة كلمة كلمة. (الروسان ، وسالم ، وصبحي ، ١٩٩٤)

أهم مظاهر صعوبات الكتابة

١- عكس الحروف والأعداد عند الكتابة مثلاً قد يكتب (ح بدلاً من خ) أو قد يكتب جملاً معكوسة بكاملها من اليسار إلى اليمين فتكون كما تبدو في المرآة .

٢- يخطأ في اختيار اتجاه الكتابة فيكتب من اليسار إلى اليمين لكن تكون كتابة الكلمات صحيحة .

٣- يخطأ في ترتيب أحرف الكلمة عند الكتابة فيكتب (زبيع بدلاً من ربيع).

٤- يخطأ في كتابة الأحرف المتشابهة فيكتب (رز بدلاً من زر).

٥- يجد صعوبة عند الكتابة على نفس السطر وعادة ما يكون خطه رديئاً .

أهم مظاهر صعوبات الحساب

١- صعوبة الربط بين الرقم ورمزه

٢- صعوبة تمييز الأرقام ذات الاتجاهات المتعاكسة مثل (٦-٩)

٣- يخطأ في كتابة الاتجاه الصحيح للرقم فيكتب (ع بدلاً من ٣)

٤- يخطأ في قراءة الرقم ذي الخانات فيقرأ (٥٢) بدلاً من (٢٥)

أهم الخصائص الادراكية أو صعوبات الإدراك

تتعلق هـذه الصعوبات بتلف في المـخ أو أمـاكن الإدراك فيه خاصـة مراكـز السـمع والبصر في الـدماغ رغم سـلامة أعضـاء الحـس خاصـة السـمع والبصر ـ إلا أن هـذا التلـف أو الإصابات الدماغية تشوش عملية الإدراك والتمييز، ومن هنا فإن عمليات الإدراك المشوشة تؤثر على عملية التعلم لدى الطفل وعليه يمكن إجمال هذه المشاكل فيما يلي :-

١- صعوبة في عملية الاستقبال البصري وهنا يجد الطفل صعوبة في إيجاد الأشياء النـاقصـة في الصورة مثلاً ويجد كذلك صعوبة في معرفة الطرق والممرات المألوفة لديه ، وهـو يواجه صعوبة فينقل وكتابة مـا هـو أمامـه ، وهـو بطـيء في ملاحظة المتغيرات والمسـتجدات البيئية من حوله .

٢- ضعف الرابط البصري ويتمثل هذا بعدم قدرة الطفل علـى التمييـز بـين الأشكـال حسـب حجمها وشكلها وتماثلها واختلافها وألوانها ، ويجد مشكلة عند الربط بين الصورة والمعاني الدالة عليها ، ولا يستطيع ترتيب الصور والأشكال بشكل تسلسلي ومنطقي.

٣- ضعف في قدرة التذكر البصري ، بمعنى أنه يصعب عليه أن يتذكر الأشياء إلا بعد أن يكرر النظر إليها عدة مرات

٤- صعوبة في عملية الاستقبال السمعي ، فهو يسـمع مـا يطلـب منـه لكـن لا يفهم مـا هـو مطلوب وبالتالي لا يقوم بالاستجابة المناسبة لذلك .

٥- ضعف الرابط السمعي ، فهو يعاني من ضعف القدرة على الربط بـين الصـوت ومصدره ، وكلك ضعف في التمييز السمعي بين الأصوات ، وهو ينتبه للأصوات

غير المهمة ، لا يميزها عن الأصوات المهمة وبذلك يسهل التشتيت في غرفة الصف.

٦- ضعف في قدرة التذكر السمعي وهنا يصعب عليه أن يعيد الكلمات أو الأرقام التي سمعها ، ويصيب عليه استرجاع الأمور التي حدثت بشكل متسلسل ومنطقي. (الروسان ، ١٩٩٤)

خصائص أو صعوبات القدرة على التذكر والتفكير

وأصحاب هذا الاضطراب يعانون من مشاكل جمة على صعيد التفكير والتذكر وهم أقل قدرة في ذلك مقارنة مع الأطفال العاديين ، ومن الملاحظ أن هذه الفئة تعاني من ضعف في التذكر سواء في مجال الأسماء أو المفردات أو الأعداد أو الحوادث أو تذكر الصور أو الأشكال ، كما أن الذاكرة قصيرة المدى لديهم تكون ضعيفة، وهذا له علاقة بعملية التعلم بدرجة كبيرة جدا، كما أن القدرة على الاستدلال والاستقراء ومعالجة وحل المشكلات لا ترقى إلى قدرة الأطفال العاديين وتعود أيضاً هذه المشكلة إلى ضعف القدرة على التذكر والربط والتمييز الأمر الذي سيؤثر سلباً على عملية التفكير ،وأطفال هذه الفئة يلاحظ أنهم يميلون إلى إعطاء إجابات متسرعة دون أي تفكير منظم ، وهم لا يعرفون عن البدائل؛ لذا فهم يقعون في الخطأ معظم الوقت .

أسباب اضطرابات التعرف

١- الأسباب الوراثية   Genetic Factors

وبهذا المعنى وجدت الدراسات أن هناك علاقة إيجابية بين الآباء والأبناء من حيث المعاناة من هذه الاضطرابات .

٢- تلف أو خلل وظيفي في الدماغ   Brain Dysfunction

بالرغم من أن هناك دراسات وبحوث كثيرة في مجال الإصابات الدماغية والخلل الوظيفي وأثرها على صعوبات التعلم إلا أن مجال ذلك ما زال حديثاً ويحتاج إلى مزيد من الإثبات ، لذا فإنه يمكن القول إن ذلك ما زال تحت مجال الافتراضات العلمية وليس الحقائق، ومثال ذلك فرضية صموئيل أورتون وهي نظرية سيطرة أحد شقي الدماغ،

بمعنى أن المراكز المسؤولة عن القراءة مثلاً في أحد شـقي الـدماغ تقـع تحـت سيطرة الشق الآخر مما يجعل المصاب يعاني من مشكلات التمييز والإدراك الصحيح .

٣- العوامل البيئية Environmental Factors

وتنحصر العوامل البيئية هنا في مقر بيئة الطفل من المثيرات والعوامل الثقافيـة والتـي تعمل كمحفزات للطفل وتؤثر مسـتقبلاً عـلى قدراتـه التعليميـة خاصـة في مجـال القراءة والكتابة .

٤- سوء التغذية Malnutrition

إن سوء التغذية في المراحل العمرية المبكرة يؤثر سـلباً عـلى الجهـاز العصبي المركزي لكن ذلك ليس شرطاً ، بل له علاقة إلى حد بعيد ، وسوء التغذية لا يعنـي فقـط النقصان في تناول الغذاء بل أيضاً عدم التوازن في تناوله .

٥- عوامل بيوكيماوية Biochemical Factors

إن الأدوية التي يتناولها الأطفال خاصة في المراحل العمرية المبكرة قد تكون ذات أثر على بنية الدماغ ، وبالتالي نشوء اضطرابات التعرف .

خصائص الأطفال ذوي اضطرابات التعرف

١- ضعف في القدرة على التفكير والتذكر والانتباه والتركيز.

٢- اضطراب في الإدراك العام مثل إدراك الوقت والمكان والعلاقات.

٣- ضعف في المعرفة العامة ، وكذلك في المفردات اللغوية والتعبير.

٤- اضطراب في الاتزان العاطفي مثل عدم الثبات في المزاج.

٥- ضعف في التناسق الحركي ، وكذلك ضعف في التآزر العام خلال أدائه.

٦- وجود نشاط زائد أحياناً والقيام بحركات من دون هدف محدد.

٧- تدني في جانب أو أكثر من جوانب التحصيل الأكاديمي.

٨- تأخر أو بطء في نموه اللغوي ، ويظهر ذلك من خلال حصيلته اللغوية الضعيفة.

٩- صعوبة في معالجة الأمور الميكانيكية البسيطة.(الروسان ، وآخرون ، ١٩٩٤)

الطرق المقترحة لمساعدة ذوي اضطرابات التعرف

من الصعوبة بمكان تحديد وسائل أو طرق علاجية لأصحاب هذا الاضطراب لأن المسألة تتعلق بمعالجة الأسباب ، والتي كما لاحظنا أن هذه الأسباب إذا وجدت عند طفل ما فإنها تتأصل في كيانه ، فتلف الدماغ الوظيفي أو تصيب الجهاز العصبي المركزي لديه وليس من السهل علاجه ، والدراسات إلى غاية هذه اللحظة لم تستطع تحديد المراكز الدماغية والتي إذا أصيبت أدت إلى هذا النوع من الاضطرابات ، لذا فإن المنهج الوقائي والعمل على تزويد بيئة المصاب بمثيرات غنية يساعد إلى حد كبير من التخفيف من أعراض هذا الاضطراب ، ويمكن إجمال بعض الاستراتيجيات المفيدة للتعامل مع أطفال هذه الفئة ومنها :-

١- اقتراح برامج تربوية وتعليمية تستهدف تطوير قدرات الطفل الحركية و الحسية والادراكية والاجتماعية والمفاهيمية واللغوية والكتابية ويكون ذلك بـ :

أ- تطوير المهارات الادراكية وتشتمل ما يلي :-

١- التدرب على اتباع التعليمات وحسن الاستماع

٢- التدرب على تقليد الأصوات وتحسين الذاكرة السمعية

٣- التدرب على تمييز الأشكال وتصميمها ورسمها

٤- التدرب على تناسق العضلات بشكل دقيق

ب- تطوير القدرة اللغوية ويتضمن ذلك

١- التدرب على عملية التهجئة والكتابة

٢- التدرب على القراءة والاستيعاب القرائي

٣- التدرب على التعبير اللفظي الشفوي والكتابي

جـ- تطوير القدرة المفاهيمية

١- تزويد الطفل بمعاني الأعداد والعمليات الحسابية

٢- التدريب على أسلوب حل المشكلات والتصنيف والترتيب

٣- التزويد بالمعلومات العامة والمفاهيم المجردة

د- التدريب على المهارات الاجتماعية من حيث تكوين الصداقات والاشتراك في الألعاب والمباريات ، وتعلم مهارات التواصل والقيام بالعبادات .

هـ- تطوير النمو الحركي

من خلال التدريب على أداء حركات الرشاقة والتمرينات البدنية

و- تعزيز التكامل الحس- حركي وهذا يتضمن :

١-   التدريب على الأعمال اليدوية البسيطة كالنقش والرسم والخياطة

٢-   التدريب على معرفة الزمن والاتجاهات

٣-   التدريب على الاحتفاظ بالتوازن

٤-   التدريب على التمييز الحسي

٢- إضافة إلى ما سبق فإنه يجب تعزيز الطفل وإتاحة الفرصة لعمل ما تعلمه . وكذلك الاستعانة بالمواد المساندة أثناء التعليم وتبسيط مكونات المادة المطروحة للتعليم، وأن يختار الطفل نشاطاته بجدية ،

٣- أن تكون المادة المتعلمة ذات معنى للطفل من أجل أن تزداد دافعيته ،ويفضل أن تكون هذه المادة من واقع حياة الطفل اليومية .

٤- البعد عن الأساليب الجامدة ، والتكرار في أثناء تعليم الطفل حتى لا يصاب بالملل

٥- اطلاع الطفل على الهدف الكامن وراء عملية التعلم ليشارك بذلك بفاعلية

٦- يجب أن تتوافق المواد المتعلمة والمهارات المراد تدريب الطفل عليها مع رغباته وميوله وقدراته وسماته .

٧- تقدم نماذج أثناء ممارسة التعليم حتى يستفيد الطفل من هذه القدوة . (الروسان، وآخرون ، ٢٧٢-٢٧٣)

ثانياً : اضطرابات نقص الانتباه والنشاط المفرط

عادة ما يحدث هذان الاضطرابان معاً، وليس معنى ذلك أن أحدهما يؤدي للآخر، لأنهما يعتبران من مظاهر السلوك التشتتي، وقد يحدث هذان الاضطرابان بشكل مستقل ومنفصل ، فقد يعاني بعض الأطفال من النشاط المفرط ولا يعانون من نقص الانتباه والعكس صحيح .

لقد وجدت الدراسات أن هذين الاضطرابين يتدافعان عادة إلى حد أن بعض العلماء يرون أن هذين الاضطرابين منفصلان ويختلف كل منهما عن الآخر من حيث التصنيف، ويندرج هذا الاضطراب عادة تحت تصنيف فئة الانتباه واضطراب السلوك الفوضوي.

أ - النشاط المفرط : -

وهو العرض الأكثر وضوحا في اضطراب (نقص الانتباه والنشاط المفرط) ولعل وضوحه يعود إلى كونه يتضمن التحرك المبالغ فيه والإزعاج للآخرين ، وأصحاب هذا الاضطراب يجدون صعوبة بل لا يميلون للمشاركة في الفعاليات الهادئة ، ويطغى النشاط المفرط على معظم سلوك الطفل حتى أثناء نومه ، ويستعمل هذا الاضطراب في المواقف التي تتطلب نوعا من التنظيم والالتزام بالتعليمات العامة أكثر من المواقف التي تسودها الضجة وعدم الترتيب ، وكأن هذا السلوك هو نمط تحدي يجبر الطفل على ممارسته.

"ويعرف شيفر (١٩٨٩) النشاط المفرط بأنه حركات جسمية تفوق الحد الطبيعي أو المقبول " والنشاط المفرط هو جملة من الحركات العشوائية غير المناسبة تظهر نتيجة أسباب عضوية ونفسية ، ويصاحب هذا الاضطراب نقص في التركيز والتوتر ومشاعر النقص والانطواء ، ومما يجدر ذكره أن هذا الاضطراب ينبغي الحذر معه عند وصف أحد الأطفال به ، لأنه من المعروف أن الأطفال كثيري الحركة ، ولا يجدر بنا أن نباشر بوصف أحد الأطفال بأنه ذو نشاط مفرط إلا بعد التأكد من ذلك، ويتضمن هذا أن الطفل المصاب حقيقة بهذا الاضطراب يقوم بنشاطه الزائد بشكل غير ملائم للمواقف التي يكون فيها وهي كذلك غير موجهة نحو هدف ما، أما إذا كانت تحركات الطفل تتلاءم والموقف وموجهة نحو هدف ما فهذا يعني أن الطفل طبيعي ولا يعاني من أدنى مشكلة، ويضاف إلى ذلك أنه يجب التركيز على نوعية النشاط الذي يصدر عن الطفل وليس مستواه أو شدته ، فأي نشاط سوي له معنى أما غير ذلك فإن هذا يؤشر إلى وجود اضطراب ، وهنا يتسم سلوك أصحاب النشاط المفرط بأن سلوكهم غير هادف وعشوائي.(الزعبي ، ٢٠٠١ : ١٦٩)

وعموماً يمكن القول إن النشاط المفرط هو حالة من السلوك الزائد ذات استمرارية ولا تكون ملائمة لعمر الطفل أو لطبيعة المهام التي يقوم بها ، وقد قدم دافيسون بالتعريف التالي لاضطراب النشاط المفرط :-

" هو اضطراب لدى الأطفال يتلخص في صعوبات في التركيز بطريقة فعالة على المهمة التي يقوم بها الفرد وتململ غير ملائم وسلوك معاد للمجتمع .

أثبتت الدراسات في مجال اضطراب النشاط المفرط أنه يزيد وينتشر لدى الذكور وأبناء الطبقات الفقيرة عما هو لدى الإناث وأبناء الطبقات الغنية، وتشير الإحصاءات إلى أن ما نسبته ٥%- ١٥ % من الأطفال عموما لديهم نشاط مفرط، ومن اللافت أن هذا العرض يعتبر أحياناً طبيعياً لدى الأطفال الذين تتراوح أعمارهم بين ٢-٣ سنوات ، وقد ينتشر لدى الأطفال الأذكياء الذين يميلون للاستكشاف والمغامرة ، وبهذا المعنى فلا يجب علينا أن نعتبر هذا عرضاً مرضياً ، بل هو عرض طبيعي لأن الأطفال خاصة في أولى سنوات عمرهم يتميزون بالطاقة الزائدة فهم كثيرو اللعب والتحرك ، ولكونه عرضاً طبيعياً يناسب المرحلة العمرية والنمائية التي يعيشها الطفل فإن مدة هذا السلوك ستتناقص تدريجياً كلما تقدم الطفل في العمر حتى يتلاشى في المراهقة أو الرشد

ب- نقص الانتباه

يصاحب هذا الاضطراب التشتت وعدم التركيز ،ويبقى أصحاب هذا السلوك يمارسون أعمالاً غير منتهية ثم ينتقلون لأخرى دون تركيز أو قصد واضح وتسود بعض المظاهر السلبية عند من يعاني من هذا الاضطراب منها كثرة الأخطاء الناجمة عن عدم العناية وعدم الترتيب وعدم الإصغاء الجيد وكذلك عدم الاستجابة للأسئلة، وتواجه هذه الفئة صعوبات عند اختبارات الأداء المتواصل فلا تمكث فيها طويلاً بل تضيق ذرعاً وتنتقل إلى نشاط آخر وليس هذا عن قصد أو عناد لكنه يعكس العجز عن مواصلة التركيز برغم الرغبة الواضحة في ذلك.

مثلما أسلفنا أن هذين الاضطرابين مترافقان معاً ، فقد وجد أن ما نسبته ٢-٢٠% من الأطفال بهذين الاضطرابين وهناك مجموعة من المحكات التشخيصية أوردها المختصون للحكم على الطفل أنه يعاني من هذا الاضطراب أم لا وهذه المحكات هي :-

١- سلوكات حركية زائدة لا مبرر لها

٢- عدم القدرة على الجلوس لفترات زمنية طويلة وضعف القدرة على الانتباه

٣- سهولة التشتت والانشغال بأعمال أخرى وعدم الاستقرار

٤- ينفد صبره بسرعة عند الأمور التي تتطلب الانتظار والصبر

٥- لا يتريث عندما يقدم إجابة حول استفسار أو سؤال ما ويصيح بصوت عالٍ

٦- يجد صعوبة في الالتزام بالأوامر وتنفيذ التعليمات ولا يتقيد بذلك

٧- لا يستطيع أن ينفذ المطلوب منه أو أن يمارس اللعب بهدوء

٨- كثرة الكلام والثرثرة ومقاطعة الآخرين ، وعدم الاستماع والإصغاء لهم

٩- لا يقدر عواقب وخطورة أفعاله

إن اضطراب فرط النشاط وقصور الانتباه قد يأخذ في حدته عدة صور، منها مـا هـو بسيط وآخر متوسط أو حاد ، فالاضطراب البسيط تظهر أعراضه قليلة ويصعب علينا أحيانـاً تشخيصه ويحتاج دقة ملاحظة حتى يتم اكتشافه وهو غالبـاً لا يـؤثر علـى حيـاة الطفـل المدرسية والاجتماعية ، أما الاضطراب ذو الحدة المتوسطة فإن العيب وأعراضه تأخـذ صورة وسطى بين البسيط والحاد ، بينما الاضطراب الحاد تظهـر أعراضـه واضحة جليـة، وتسهـل عملية تشخيصه وتكون مظاهره في حياة الطفل المنزلية والمدرسية والاجتماعية.

الصورة الاكلينيكية للاضطراب

١- نشاط زائد مع سهولة التشتت وضعف الانتباه

٢- فتور الهمة

٣- الاندفاعية والعدوان

٤- صعوبات تعليمية في القراءة والكتابة والحساب

٥- مشكلات في التآزر الحس حركي

٦- ضعف التركيز وعدم القدرة على التواصل الاجتماعي . (عبد اللطيف ، ٢٠٠١)

نسبة انتشار الاضطراب ومآله

إن حصر نسبة الإصابة بهذا الاضطراب أمر صعب للغاية بسبب كثرة تعريفـات هـذا الاضطراب وبالتالي اختلاف المحكات التشخيصية للإصابة بهذا الاضطراب ، وفي

هذا الصدد يرى معظم العلماء أن هذه النسبة في سن المدارس الابتدائية تتراوح بين ٥-١٥% ونسبة الانتشار في سن المراهقة والرشد غير معروفة ، ويجمع الباحثون أن الذكور أكثر استعداداً للإصابة بهذا الاضطراب وعادة ما يحدث قبل سن السابعة والنسبة بين الذكور والإناث في الإصابة هي (٤:١) وتختلف هذه النسبة حسب عينات الدراسة .

كلما تقدم الطفل الذي يعاني من هذا الاضطراب فإن الأعراض والمظاهر تأخذ في النقصان وقد تقتصر على (التململ) أو الشعور الداخلي بالنرفزة رغم أن معظم الدراسات بينت في نتائجها أن مآل ومصير الاضطراب يبقى لدى الأطفال في سن المراهقة وحتى في الرشد مع العلم أن بعض الأعراض قد تختفي وتكون هذه النسبة تتراوح بين (٣٠-٨٠%) من جميع المضطربين وفي أحوال معينة وجد أن هذا الاضطراب قد يأخذ صوراً مرضية جديدة مع تقدم الطفل في العمر مثل اضطراب السلوك المضاد للمجتمع .

في تصنيف DSM الطبعة الثالثة عام ١٩٨٧ تم إقرار أن حوالي نصف الحالات يبدأ الاضطراب عندها قبل سن الرابعة وربما تكون هذه النسبة أكبر من ذلك ويعود هذا الاعتقاد إلى أن الاضطرابات التي تصيب الأطفال في بدايات العمر يصعب تشخيصها فتبقى وتتمايز في سني المدرسة ، وغالباً ما يتميز الأطفال الصغار الذين لديهم قصور في الانتباه أنهم غير ناضجين وعدوانيون ، وفي سنوات المدرسة فإنه من السهول التعرف على هؤلاء لأن الأمر يتعلق بالواجبات المدرسية والنشاطات والتعلم ، وبمرور الوقت فإن الطفل يصل إلى المراهقة بعد معاناته لسنين طويلة من الإحباط وخبرات الفشل وهو ما زال يعاني من الاندفاعية وقلة الانتباه ،لكن النشاط الزائد يحل محله في هذه المرحلة استجابات القلق والمزاج العصبي مع نقص في الاستبصار .

أسباب الاضطراب

١- الأسباب العضوية

أ- الوراثة : إن أعراض اضطراب النشاط الزائد ، قصور الانتباه تشبه إلى حد كبير أعراض مرض الصرع والتأخر العقلي وبعض الاضطرابات العصابية، وهذه

الاضطرابات جميعها لها أساس وراثي لذا يمكن القول بأن المزاج الموروث من الوالدين يمكن أن يكون له دور هام في تفسير هذا الاضطراب .

ب- خلل وظيفي في الدماغ:

قد ينشأ هذا الاضطراب بسبب خلل وظيفي في الدماغ أو تلف وإصابة أو نتيجة لتعرض الطفل لصدمات على رأسه أو بسبب ما يسمى بالتسمم الرصاصي الذي سيؤثر على وظائف الدماغ مما يؤدي إلى خلل ما ، وبينت الدراسات أن أصحاب هذا الاضطراب تكون لديهم موجات التخطيط الكهربائي للدماغ غير منتظمة (E.E.G) ، أو قد يكون السبب عائد إلى اضطرابات الغدد أو أورام دماغية .

٢- الأسباب النفسية

أ- القلق : إن التنشئة الاجتماعية ونمطها وخاصة السلبية تجعل الطفل يعيش في جو من التوترات والإحباط والقلق ، وهذا كله سيرسخ لديهم بعض السلوكات القهرية مثل اضطراب الانتباه .

ب- قد يكون الطفل في مؤسسة إصلاحية ويقضي فيها مدة طويلة والذي سينعكس بالضرورة على صحته النفسية ومدى تكيفه السوي .

جـ- الرفض المستمر للطفل وإشعاره بالمهانة والدونية وتحطيم معنوياته مما يجعله ينسحب إلى عالم خاص به .

د- يترافق هذا الاضطراب مع الأطفال الذين يعانون من نقص في الذكاء والذي سيؤثر بالضرورة على قدرة التركيز لديهم وبالتالي يضطرب الانتباه لديهم .

٣- الأسباب البيئية والاجتماعية مثل

أ- التنشئة الاجتماعية السلبية عموماً

ب- العلاقات الأسرية المفككة خاصة حالات الطلاق، مما يجعل الطفل يعيش في دوامة من الصراعات . (الزعبي ، ٢٠٠١)

أساليب علاج الاضطراب

لقد استقطب هذا الاضطراب المتهيمن من مربين وباحثين وآباء أفراد ومؤسسات وأدلى كلٌّ بدلوه في سبيل علاج هذا الاضطراب ونتجت عن ذلك أساليب عدة هي :-

١- أسلوب التدخل العلاجي الطبي

أ- المنبهات

تستخدم عائلة المنبهات الطبية كثيراً لعلاج اضطرابات الانتباه وتضم هذه العائلة المنبهات التالية :-

- ميثيل فيمسدات
- ريتالين
- الديكسدرين
- المغنيسيوم

وتؤثر هذه المنبهات في زيادة معدل ضربات القلب وضغط الدم، وحساسية الجلد، وكذلك التأثير على إنتاج الناقلات العصبية لبعض المواد أو الأنزيمات في الجهاز العصبي المركزي من أجل زيادة الانتباه .

إن هذا الأسلوب العلاجي الطبي أثبت إلى حد بعيد فعاليته في علاج مشكلات الاضطراب وبالإضافة إلى أن تأثيراته الجانبية ضئيلة للغاية إلا أن أثر هذه المنبهات لا يستمر لفترات زمنية طويلة يؤثر على مدى الانتباه لفترة قصيرة المدى. (الزيات، ١٩٩٨)

ب- المثبطات

ثلاثية مضادات خفض النشاط (TCAS) وتستخدم هذه المضادات لتقليل من اضطراب فرط النشاط ومن أهم هذه المضادات

- اميبرامين
- ديسبيرمين

رغم نجاح المثبطات في تخفيض النشاط الزائد إلا أن لها آثاراً جانبية خطية بفعل تثبيطها للدورة الحيوية عند الإنسان من حيث التأثير على معدل نبضات القلب وتخفيضها وكذلك ضغط الدم قد يؤدي الأمر في بعض الحالات إلى الموت المفاجئ.

٢- أسلوب التدخل العلاجي بالتغذية

أثبتت الدراسات أن هناك علاقة إيجابية دالة بين الحساسية للتغذية واضطرابات فرط النشاط لدى الأطفال، وهذا لا يعني وجود علاقة سببية بين التغذية واضطرابات الانتباه وفرط النشاط وقد اشتملت معظم الدراسات على النتائج التالية:-

أ- أن الأطفال الذين لديهم حساسية تجاه أنواع من التغذية ويعانون من قصور الانتباه وفرط النشاط استفادوا كثيراً من برامج التدخل العلاجي الغذائي .

ب- إن الدراسات التي أجريت على عينات عشوائية غير مختارة لم تصل إلى تأثر عيناتها تـأثراً ولا بالتدخل العلاجي بالتغذية .

جـ- كما كان العمر الزمني لأصحاب الاضطراب مبكراً كما كانت الاستفادة كبيرة مـن بـرامج التدخل العلاجي الغذائي . (الزيات ، ١٩٩٨٠)

٣- تعديل السلوك :

يعد أسلوب العلاج السلوكي كوسيلة مساندة لأسلوب علاجي أساسي مثل المنبهات مـثلاً ، ويقوم هذا الأسلوب على استخدام مبدأ التعزيز والعقاب ، وعموماً يمكن القول أن الدراسات أثبتت أن هذا الأسلوب يعد قاصراً ولا يتناسب مع جميع الحالات.

٤- التعديلات التربوية :

أ- تبسيط الأهداف التعليمية : وهو حذف الواجبات غير المهمة سواء المدرسية أو المنزلية مع الحفاظ على الأهداف التربوية الأساسية .

ب- تشجيع فترات الراحة باستمرار من العمل : حيث يقوم المعلم بتجزئة العمل إلى وحـدات صغيرة يسهل التعامل معها من قبل أصحاب الاضطراب .

جـ- تقليل الواجبات التي تتطلب من الطفل أعمالاً معينة

د- الاستعانة بالوسائل التعليمية .

ثانياً : التوحد (الاوتيزم) Autism

ويسمى أحياناً بالذاتوية وهو اضطراب انفعالي أو إعاقة انفعاليـة تصيب الأطفـال في سني طفولتهم الأولى ويمتد إلى ما بعد ذلك .

ويعرف التوحد بأنه اضطراب نمائي يظهر عادة قبل العام الثالث من حياة الطفل، وهو اضطراب ينورولوجي أو في المخ ، وفي هذا الاضطراب تكون الإعاقة الأولية في السلوك والتفاعل الاجتماعي والاتصال ويصيب من عشرة آلاف طفل (٥-١٥%) ونسبة الإناث للذكور (٣:١) وهو نادراً ما يصيب أكثر من فرد في العائلة الواحدة.

الأعراض العامة لذوي الأوتيزم

إن هذه الفئة لا تبدي أية رغبة في إقامة أية علاقات مع الآخرين وعادة ما يظهر ذلك عند الطفل منذ الأشهر الأولى للطفل ، وهذا يمكن ملاحظته بسهولة ، فالأطفال ذوي الاوتيزم يميلون إلى عدم إظهار الابتسامة كرد فعل حين ينظر إليهم أحد الوالدين أو الأقرباء ، أو قد تظهر الابتسامة لكنها تأتي متأخرة ، وهم لا يبدون اهتماماً عندما يقترب أحد الوالدين لكي يرفعهم أو يحملهم وهم لا يطورون علاقة عاطفية مع الأشخاص من حولهم كالأم مثلاً .

والطفل التوحدي لا يتضايق أو يبدي امتعاضاً عندما تغادر أمه البيت مثلاً ، أو حتى فهمها واستيعابها ، وهم عادة يرددون كلمات أو أشباه جمل دون فهم معناها ولا يستخدمون ضمائر اللغة وقواعدها بشكل سليم ويواجهون صعوبة كبيرة في فهم الكلمات والمفاهيم المجردة ، كما أنهم يظهرون بعض المشكلات السمعية أو البصرية رغم أنهم يبدون استجابات سريعة ويقظة جداً لمثيرات معينة مثل الضوء أو اللمس أو الصوت .

إن معظم هؤلاء الأطفال لا يبدون الاستجابات المتوقعة في المواقف المفاجئة أو الغريبة منهم لا يفرحون في مواقف الفرح ولا يحزنون في مواقف الحزن و لا يخافون من المواقف التي تسبب الخوف والقلق ، وهم كذلك متطرفون للغاية في استجاباتهم فقد يبكون لساعات طويلة وبصوت عالٍ دون أي سبب مقنع ، وهم يميلون إلى أنماط من النشاط المتكرر غير الهادف ، وهم كذلك لا يطورون مهارات اللعب كالأطفال العاديين فنراهم يعبثون في كل الألعاب في الوقت ذاته ولا يتعاملون معها بالشكل السليم ، وهم عادة يبدون انزعاجاً من التغيرات التي قد تطرأ على بيئاتهم فهم يحبون الروتين والأفعال المتكررة ولا يحبون التغيير والتجدد. (الروسان ، وآخرون ، ١٩٩٤)

أنواع السلوك الملاحظ بين الأطفال المتوحدين

عند تشخيص حالة الأوتيزم يجب على الملاحظ أن يهتم بـأنواع معينـة مـن السـلوكات التي يجب أن يرافقها وهي :-

١- السلوك الحركي

أ- حركات تشمل الجسم كله مثل :-

يدور الطفل حول نفسه بسرعة وبشكل متكرر والسير في شكل دائرة مغلقة صغيرة باستمرار أو القفز المفاجئ والجدي والمشي على أطراف الأصابع ، المشي بطريقة شاذة .

ب- حركات الأيدي مثل : الصفع بالأيدي والنقد بالأصابع ، وإسقاط الأشياء ، وعـدم تـوازن واستقرار اليد .

جـ- الكف الحركي : كعدم إصدار استجابات أو اتخاذ وضع ثابت للجسم.

٢- السلوك الادراكي

أ- السلوك البصري: إطالة النظر للأشياء والحملقة بها وكذلك التدقيق البصري.

ب- السلوك السمعي: كالإصغاء إلى أصوات ذاتية ودقيقة ، أو تغطية الأذنين باليدين وهـدها والضرب عليها.

جـ- السلوك الشمي: وهو هنا يكثر من استنشاق الأشياء وشمها .

د- السلوك اللمسي: يمتاز بدقة حاسة اللمس.

٣- السلوك الايقاعي

كاهتزاز الجسم وتأرجحه والقفز المتكرر أو ميل الرأس وتأرجه أو حتى ضرب الرأس . وهناك سلوكات متنوعة أخرى مثل الضرب المتكرر على الجسـم بالأيـدي أو الضـرب عـلى مـا يحيط بالطفل بيديه ، وكذلك الاهتمام والانشغـال بنـواتج البـول والبـراز والمخـاط الأنفـي واللعاب، وموجات من ثورات انفعالية.(عبد اللطيف ، ٢٠٠١)

قد يظهر أن أصحاب الأوتيزم يشتركون مع غيرهم مـن ذوي الاضـطرابات الأخـرى في الأعراض الظاهرية ، إلا أنه يمكن التمييز بينهم فعلى سبيل المثال ، نجد أن الطفل المتخلـف عقلياً يبدي إعاقة في مستوى قدراته في مختلف المجالات تقريباً في حين

أنه في حالة التوحد فإن الطفل قد يبدي مستوى أعلى في القدرات الميكانيكية والحسابية والموسيقية، وكذلك يختلف الطفل الذي يعاني من التوحد عن الطفل المصاب بحالة الفصام في جانبين هما :-

١- يظهر المصاب بحالة الفصام عند الأطفال من سن ٥ سنوات فأكثر ، بينما تظهر أعراض التوحد منذ الولادة ، وقد تظهر واضحة في سن الثالثة ، لكن الاستعداد لها يلاحظ أيضاً منذ الولادة .

٢- تتطور اللغة عند الطفل المصاب بالفصام عموماً أفضل من تطورها لدى ذوي حالات التوحد ، إلا أن الاضطراب عند ذوي الفصام يكون في تفكيرهم واستخدامهم للمفردات بشكل غير سليم ، بينما في حالة التوحد يكون تطور اللغة ضعيف جداً ويظهر على شكل ترديد بعض المفردات أو المقاطع من دون هدف واضح .

وكثيراً ما يعتقد البعض أن ذوي الأوتيزم لديهم صعوبات سمعية أو بعدية كما أسلفنا على ما يبديه من عدم استجابتهم للمثيرات الصوتية أو المرئية ، ولكن كما أسلفنا نلاحظ استجاباتهم مفاجئة أحياناً لصوت خفيف، وهذا بالطبع ينفي وجود الإعاقات السمعية كغرض لديهم .(الروسان ، واخرون ، ١٩٩٤)

أهم السلوكات الشائعة بين ذوي الاوتيزم والأطفال العاديين

هناك بعض السلوكات التي يشترك فيها المتوحد مع العادي ، تذكر منها :-

١- الصراخ وإصدار الأصوات العادية

٢- صعوبة بالغة في الاختلاط واللعب مع الآخرين

٣- قد لا تناسب الاستجابة نوع المثير

٤- مقاومة شديدة لبعض أنواع السلوك المتعلم الجديد

٥- قلة الخوف من الأخطار الواقعية كاللعب بالنار ، أو تسلق المرتفعات الخطرة

٦- مقاومة تغير الروتين وان حدث ذلك سبب التوتر والقلق

٧- الضحك والقهقهة لأسباب غير واضحة

٨- عدم الالتفات للآخرين الذين يريدون عناقه أو تقبيله

٩- نشاط جسمي مفرط وملحوظ

١٠- اللعب المكرر الفردي المستمر كتمزق الورق أو الكتابة على الجدران .

وليس هذه جميع السلوكات الشائعة بين الطفل المتوحد ونظيره العادي بـل هـي بعضها، لذا يجب أن نكون يقظين عندما نصدر أحكامنا حول سلوكات طفل مـا فـلا نصفه باضطراب الأوتيزم مباشرة بل نتريث قبل ذلك . (عبد اللطيف ، ٢٠٠١)

أهم المشكلات التي يعاني منها ذوي الأوتيزم

هناك مشكلات عـدة يعـاني منهـا ذوي الأوتيزم تتعلـق باللغة وحسـن الاتصـال مـع الآخرين وأخرى تتصل بمشاكل اجتماعية إضافة إلى السلوكيات الأنانيـة والذاتيـة والوسواسـة وغير ذلك من الصعوبات ، وفيما يلي سنستعرض أهم هذه المشكلات وكذلك أهم الاقتراحات التي تساعد هؤلاء على المضي في حياتهم بأقل قدر من الصعوبات :-

١- مشكلات اللغة والتواصل

إن هذه الفئة تعاني من ضعف في حصيلتها اللغوية وقليل منهم يستطيع التحـدث بلغة مفهومة واضحة أو حتى الحديث باستخدام اللغة المركبة ، وهناك بعض الحالات لم تبدأ في اكتساب اللغة والتحدث حتى وصلت سن البلوغ ومرحلة المراهقة ، وهناك فعلاً ما نسبته ٣٠% من ذوي الأوتيزم يعانون مـن هـذه المشكلة، وذلك كـما أشـارت الدراسات في هذا المضمار، وربما تزيد هذه النسبة ومن اللافت أن القدرات العقلية سواء المرتفعة أو المنخفضة لا تؤثر على النمو اللغوي لديهم ، وأهم أشكال المشكلات اللغوية هي ما يلي:-

أ- التعارض بين استخدام وفهم اللغة ،فهم يعانون من فهم ضيق لمعاني الكلمات والألفاظ المسـتخدمة في اللغـة ، كـذلك يجـدون صعوبة في التعبير عـن ذواتهـم أو المواقف الاجتماعية ويتعلق هذا بالحديث والكتابة على حد سواء .

ب- الحرفية ، فهم لا يفهمون مضامين الكلام بل يأخذوه حرفياً كـما هـو الأمـر الـذي قـد يوقعهم في مشكلات جمة .

جـ- مشكلات واضطرابات في دلالات الألفاظ والكلمات ، وهم بذلك لديهم قصور في تعميم المفاهيم التـي يتعـاملون معهـا ، وانخفـاض واضـح في قـدراتهم التعبيريـة، وأحيانـاً يستخدمون كلمات في غير مكانها .

د- ترديد الكلام ، وهذه تعبر عن صعوبة إيصال ما بداخلهم لذا يكررون كلامهم سعياً لأن يفهمهم أو يهتم بهم أحد .

هـ- الفظاظة أو التبلد الذهني ، فهم يعانون من قصور في المحصول اللغوي المناسب اجتماعياً الموجود لديهم بمعنى نقص الملاءمة للقواعد الاجتماعية المناسبة في أسلوب الحديث مع الآخرين .

و- هم كذلك يواجهون صعوبة في فهم المفاهيم المعنوية والافتراضية أو المستقبلية ،وهم لا يستطيعون التعبير عن مشاعرهم وأحاسيسهم ،ولكن من الغريب أنهم يتمتعون بحسن الدعابة والطرفة .

٢- المشكلات الاجتماعية

إن هذه الفئة تعاني كثيراً من مظاهر العجز الاجتماعي ، وهم لا يستطيعون أن يفهموا أو يحسوا بمشاعر الآخرين ، وكذلك ضحالة العلاقات الاجتماعية ، وهذا قد يؤدي إلى الانطواء أو أحياناً العدوان لأنهم يشعرون بأنفسهم ككائنات غريبة ، ومن أهم صور هذه المشكلات ما يلي:-

أ- التفاعل الاجتماعي للأفراد ذوي الأوتيزم قليل الكفاءة ، فهم يفضلون تجنب الآخرين وعدم الاتصال بهم ، ولديهم صعوبة في فهم بعض أدوارهم الاجتماعية .

ب- عدم القدرة على إقامة علاقات اجتماعية متكافئة ،أنهم يعانون من صعوبة الاندماج في ألعاب الأطفال الذين هم من نفس سنهم أو جنسهم ،وهو يفضلون صحبة البالغين أو قد يلعبون مع الأطفال الأصغر منهم سناً .

جـ- عدم القدرة على فهم الصداقة ، فهم لا يمتلكون مفاهيم واقعية للصداقة فإذا حياهم أحد قد يعتبرونه صديقاً بسرعة ، وعلى الجانب الآخر منهم يسعون دائماً لصنع الصداقات الساذجة والتي قد تطورهم مع أفراد سيئين .

د- الفشل في فهم أو الاستجابة بطريقة ملائمة لمشاعر وأحاسيس الآخرين ، وكذلك الافتقار للسلوكيات الاجتماعية الملائمة وبالإضافة إلى الفشل في تفسير التلميحات .

هـ- عدم القدرة على فهم القوانين وما تعنيه الفضيلة والأخلاق .

٣- السلوكيات الأنانية والوسواسية ، وأهم صور ذلك :

أ- الاهتمام بجميع الحقائق مهما كانت تافهة وغير مهمة بأدق تفاصيلها ،مثل أكثر الأغنيـات الناجحة لفرق معينة ، وتواريخ الميلاد ،وخطوط الطيران ومواقيتها .

ب- مقاومة التغير، فهم يفضلون التكرار والروتين

جـ- جمع الأشياء غير المهمة

د- الإثارة والمخاوف من الأشياء التي لا تسبب ذلك . (كامل ، ١٩٩٨)

أما أهم النصائح التي ننصح أن تقـدم لـذوي الاوتيـزم للتغلـب عـلى مـا يعانونـه مـن مشكلات ما يلي :-

١- توصيات تتعلق بمشكلات اللغة والتواصل

أ- تعديل أساليب التواصل الذي يقوم به الآخرين مـع ذوي الاوتيـزم ، وهـذا يعنـي أن ذوي الأوتيزم إذا أساءوا فهم ما يلقى إليهم ، أو كانت استجاباتهم غير ملائمة للموقف، فهـذا يعني أن الرسالة المقصودة لم تصل إليهم بشكل صحيح، وهذا يحتاج إلى إعادة التوضيح بشكل مختلف مثلاً .

ب- استخدام فنية الانطفاء بإعادة ما يكرر المتوحد كلامه في سبيل أن يلتفت إليه الآخرون أو يهتموا به ، وخير سبيل للتقليل من ذلك هو عـدم الالتفـات إلـيهم حتـى يـتم إرهـاقهم وبالتالي الاقتناع أن تكرارهم هذا وإصرارهم لن يجلب لهم أية فائدة .

جـ- وضع قواعد معينة لهم يرتكزوا عليها عند التعامل مع الآخرين

د- تعليم المهارات البديلة ، وهذا يتضمن تدريبهم على مواجهة مواقف اجتماعية معينة كأن يتم إشراكهم في نشاطات أو مسرحيات كي يتعرفوا إلى الواقع الاجتماعي وكيفيـة التعامـل معه لفظياً .

٢- نصائح تتعلق بالمشكلات الاجتماعية

أ- البدء مع ذوي الأوتيزم مـن المراحـل العمريـة المبكـرة، وذلـك لتحديـد الخطـوط الرئيسـية الواضحة بالنسبة لما هو مقبول وغير مقبول اجتماعياً .

ب- تعليم قواعد السلوك الاجتماعي ، فهم يحتاجون الى توجيه اجتماعي دائم وخـاص وهـذا بسبب قصور النمو للأنا الأعلى لديهم .

جـ- تعلم العناية بالصحة الشخصية

د- مساعدتهم على فهم التلميحات عبر أداء أدوار اجتماعية معينة تتضمنها تلميحات معينة، ويتعلمون أن يقولوا لا بحيث لا يكونون ساذجين يجتذبهم اي شخص، واحترام مشكلات وخصوصيات الأفراد ومحاولة الشعور بها ، والتعلم من الأخطاء والتدريب على المهارات الاجتماعية ، وتحسين القدرة على ادراك المفاهيم المعنوية والافتراضية .

٣- نصائح تتعلق بسلوكيات الأنانية والوسواسية

أ- معرفة وتحديد الأسباب الكافية خلف هذه السلوكات المشكلة ومحاولة التغلب عليها، حتى لا تظهر هذه الاستجابات الأنانية والوسواسية.

ب- التغير المتدرج ، لأن هذا يتضمن المادة تكيفهم مع متطلباتهم البيئية وبالتالي التقليل من هذه السلوكات .

جـ- صياغة العقود والتسويات ، والاستفادة من مساعدات الآخرين وتعليم اساليب ضبط النفس. (كامل ، ١٩٩٨)

وعند حديثنا عن الاوتيزم ، فإننا لن نغفل الحديث عن أسباب هذا الاضطراب، وان جاء لاحقاً ، فهذا الاضطراب رغم الدراسات الحديثة التي اهتمت بالبحث في خباياه فأسباب هذا الاضطراب يعود إلى عوامل بيولوجية، وهذه ترتبط بالوراثة وكذلك ترتبط بعوامل ما قبل الولادة كسوء التغذية وتناول العقاقير والأدوية والأمراض التي تصاب بها الأم الحامل وكذلك العوامل المتعلقة بمرحلة ما بعد الولادة خاصة إصابات الدماغ ، وقد تكون البيئة هي إحدى العوامل المسببة لهذا الاضطراب سواء تعلق ذلك بالأسرة أو المدرسة أو المجتمع بشكل عام أهم هذه الأسباب البيئية ، نمط العلاقة بين الطفل و والديه ونمط التنشئة الاجتماعية والتدليل الزائد أو الإهمال الزائد وكذلك الاحباطات المادية والاجتماعية . (الروسان ، وآخرون ، ١٩٩٤)

الاستراتيجيات التربوية المستخدمة مع ذوي الأوتيزم

١- تسهيلات فيما تتضمنه المناهج التعليمية المقدمة لهم بما يتناسب مع قدراتهم وذكائهم ويتضمن ذلك التخطيط وتنظيم الوقت .

٢- مدارس متخصصة لذوي الأوتيزم ، مزودة بوسائل معينة متخصصة .

٣- فصول متخصصة مرفقة بالمدارس العادية

٤- إلحاقهم بمدارس عادية من منطلق الدمج .

٥- إلحاق المدرسين بدورات وندوات تتحدث عن الأوتيزم .

٦- استخدام الوسائل المساعدة كوسائل أساسية في تعليم ذوي الأوتيزم.

الاتجاهات والأساليب العلاجية المقدمة للاطفال المضطربين

إن مرحلة الطفولة تقع على درجة كبيرة من الأهمية باعتبارها مرحلة نمائية حرجة تتحدد فيها وتتشكل معظم جوانب الشخصية كما أقرت معظم نظريات علم النفس ، فهذه المرحلة تتميز بسرعة النمو في كافة مظاهره الجسمية والحركية والفسيولوجية والعقلية واللغوية والجنسية ، إن هذه المظاهر قد تواجه معوقات أو مشكلات قد تصل إلى حد الاضطرابات والأمراض ، وتم تبيان بعض الاضطرابات التي قد تعاني منها الطفولة وهذه ليست كلها ، فهناك اضطرابات تتعلق بالغذاء أو الإخراج أو الكلام أو النوم أو الجنوح وغير ذلك من هذه الاضطرابات . إن هذه الاضطرابات بحاجة إلى أنواع من التدخل العلاجي أو الإرشادي المتناسبة .

إن مصطلح العلاج يشير إلى تلك الجهود والمحاولات المنظمة التي ترمي إلى خفض حدة مشكلة ما أو التخلص منها ، ويمكن استخدام مجموعة كبيرة من التدخلات العلاجية مع الأفراد الذين تصدر عنهم اضطرابات سلوكية سواء عبر العلاج النفسي ـ أو الإرشاد النفسي ـ أو العلاج الطبي أو البرامج العلاجية الأسرية والمدرسية والمجتمعية ، وكذلك العلاج أثناء الإقامة داخل المستشفى أو المصحة والخدمات الاجتماعية ، إلا أن عدداً قليلاً من هذه الأساليب أثبت نجاعته مع الأطفال أو حتى المراهقين . (كازدين، ٢٠٠٠)

إن جميع الاتجاهات الصحية تسعى إلى تحقيق الأهداف العامة للعلاج كل بأسلوبها وجميع هذه الاتجاهات تجمع على ضرورة الإعداد للعملية العلاجية وتقدميها للمعالج، وكذلك تركز جميعها على أهمية المناخ العلاجي الذي يجب أن يسود الجلسات ، وعلى أهمية التنفيس الانفعالي والاستبصار والتعلم وتعديل وتغيير السلوك والنمو وتغيير

الشخصية والإنهاء والمتابعة،رغم هـذا التشابه إلا أن هنـاك اختلافات جوهريـة بيـن هذه الاتجاهات العلاجية ولا يوجد اتجاه واحد يقر بطريقة تصلح مع مختلف الحـالات، ومغزى هذا الاختلاف أنه لا يوجد اتجاه علاجي يتناسب مع جميع الحـالات ،فهذا يعـود إلى اختلاف الأفراد فيما بينهم والى التباين بين المشكلات المطروحة وحتى العلاج أو الإرشاد وهذا يعود إلى ما يلي :-

١- تعدد مفاهيم العلاج والإرشاد : ويتضح ذلك من تعدد الأطر النظرية والمدارس التـي تركـز على جوانب معينة وتهمل جوانب أخرى ، فبعض النظريـات أو المـدارس تعتبر علـم النفس علماً أكثر من كونه فناً وأخرى تعتبره فناً أكثر منه علماً وهناك مـن يـراه يقـع في منطقة وسطى بين العلم والفن .

٢- تعدد نظريات الإرشاد والعلاج النفسي ـ: اختلفت وجهات نظر العلماء حول الطبيعـة الإنسانية وكيـف يجـب أن يـتم النظر إليها ،ويعـود هـذا إلى البحـوث التي أثاروهـا وثقافاتهم وجنسياتهم ودياناتهم .

٣- تعدد مجالات العلاج والإرشاد : إن كل مجال اهتم ببيئة معينة واستهدفتها بخدماتها

٤- النمو السريع لعلم النفس : وهذا انعكس على الاتجاهـات العلاجيـة والتي أخـذت تنمـو أيضاً بسرعة وتشعب .

لقد تعددت مدارس الإرشاد والعلاج النفسي ـ كـما أوردنا سـابقاً وكوجهـة نظـر أخرى تعود هذه الاختلافات إلى طبيعة النظرة إلى الاضطرابات النفسية وإلى التعريفـات المختلفـة المستويات السلوك السوي ومعاييره ، وتتدرج المدارس في طرق علاجها ، وفي طول مدة العلاج اللازم وفي التقنيات المستخدمة.

رغم هذا الاختلاف والتشابه بين الاتجاهات العلاجية إلا أنه تم تصنيف نظريات هـذه الاتجاهات وفق مبادئ عدة وأهم هذه التقنيات ما يلي :-

١- مدرسة السمات والعوامل

٢- مدرسة الاتصالات

٣- نظريات الذات

٤- مدرسة التحليل النفسي

٥- المدرسة السلوكية الحديثة

وكما يقول باترسون (١٩٨٦) أن هناك نظريات تأخذ العلاج المباشر وتقابلها أخرى تأخذ العلاج غير المباشر ويقع بين ذلك نظريات عدة أخرى وهناك تصنيف على أساس عقلاني ويقابله أساس وجداني وقدم الشناوي التصنيف التالي للاتجاهات العلاجية:-

١- المدرسة السلوكية والسلوكية المعرفية

٢- المدرسة المعرفية الواقعية

٣- المدرسة الظواهرية

٤- المدرسة السيكوديناميية

٥- المدرسة الانتقائية . (الشناوي ، ١٩٩٤)

وفيما يلي سأورد أهم الأساليب العلاجية المستخدمة مع الأطفال والمتضمنة في أساليب العلاجية الأساسية سالفة الذكر ، وأهم هذه الأساليب :-

١- العلاج بالتبصر

٢- العلاج السلوكي

٣- العلاج بالنمذجة

٤- العلاج المعرفي

٥- العلاج الجماعي

٦- المعالجة الجسمية

٧- طرق علاج أخرى

أولا: العلاج بالتبصر

ويسمى الاستبصار أيضاً ، ويعني التعمق في فهم النفس ومعرفة الذات والقدرات الاستعدادات ، وفهم الانفعالات ودوافع السلوك والعوامل المؤثرة فيه ، وإدراك مصادر الاضطراب وإمكانيات جلبها ، ومعرفة نواحي القوة والضعف ، أي أن يدرك الفرد إلى الحل والنتيجة بناء على فهمه لدوافعه التي لم يكن يعيها ، وهناك يكفي الفهم أو المعرفة على صعيد عقلي بل يجب أن يرافق ذلك أن يكون لدى الإنسان استبصار أيضاً بمشاعره

وأحاسيسه المرتبطة بالحوادث والذكريات وإلا لن يستفيد المعالج من العملية العلاجية أو الإرشادية .

إن أول من جاء بفكرة الاستبصار هو فرويد ، واعتبره اساس حل المشكلات فالفرد عندما يعي أسباب اضطراباته سهل عليه علاجها أو التخلص منها ، لذا فإن أساس جميع المداخل السيكودينامية في العلاج هو فكرة الاستبصار فالنظر إلى داخل الوعي هو الخطوة الأولى على طريق تغيير السلوك والوعي أكثر من مجرد حدث عقلي ، لأنه يتضمن عملية انفعالية في أن يتملك الفرد زمام مشاعره الخاصة ، وقد يكون التوجه إلى الاستبصار مباشرة أو غير مباشر ، فعندما يقدم المعالج المرشد تفسيراته حول سلوكات المريض قد يعي بالتالي المريض أساس مشكلته ويكون هذا في سياق فهم الذات ويكون هذا أسلوباً مباشراً ، أما عندما يسهب المريض في الحديث عن مشكلاته ويستحضر ذكرياته يتيح له هذا مجالاً ليتعرف على نفسه اكثر وبالتالي حدوث الاستبصار، وهنا قد لا تكون هناك حاجة لتفسيرات المرشد أو المعالج لأن المريض هو الذي يمتلك زمام الحديث والخوض فيه، وبهذا يكون التوجه إلى الاستبصار بأسلوب غير مباشر .

يسبق عملية الاستبصار التنفيس الانفعالي وهنا يفرغ المريض ما يعزيه من مكبوتات وخبرات مشحونة انفعالياً ويكون هذا في سبيل أن يحدث الاستبصار أما الاستبصار فإنه يتضمن عدة مسائل هي :-

١- تقبل الذات وفهمها وإعادة تنظيمها ،وإعادة تنظيم مفهوم الذات بمستوياته المختلفة
٢- فهم الواقع وتقبله والتوافق معه بما يتناسب مع إمكانيات وقدرات وظروف الفرد
٣- نمو الإرادة والتصميم والتحدي كي يستطيع الفرد مواجهة مشكلاته والسيطرة عليها
٤- أن يستفيد الفرد من خبراته وإن كانت مؤلمة ويجعلها مصباحاً تضيء له طريق المستقبل ، وكذلك الاستفادة من أخطائه والتغلب على نقاط ضعفه واستثمار نقاط القوة لديه .

لقد قدّم أولد أفكاره حول الاستبصار ، فوصفه على انه الفهم المترجم إلى التصرف البناء ، إنه يعكس فهم المريض للطبيعة الغرضية لسلوكه ، والادراكات الخاطئة

التي لديه ، وبحسب أولد فإن الاستبصار لا يحدث هكذا بل يتم بشكل أساسي عن طريق التفسير الذي يقدمه المعالج أو المرشد . (الشناوي ، ١٩٩٤)

دور المعالج في عملية الاستبصار

يكون المعالج أو المرشد كالمرآة التي عبرها يرى المريض نفسه بطريقة أوضح وبدرجة افضل ، وهذا يتطلب من المعالج أن يكون ذكياً لماحاً وحساساً لخبرات ومشاعر المريض لكي يعكس ذلك أمام المريض وهنا إما أن يكون ذلك لفظياً أو غير لفظي، وبهذا يستطيع الفرد أن يناقش مشكلاته التي لم يستطيع أن يناقشها من قبل والتي لم يعترف بها قبل ذلك ، وبهذا يستفيد الفرد من الاستبصار فمن خلاله يفهم ذاته، وهذا أهم هدف في العملية الإنتاجية ، وأيضاً يدرك معاني سلوكاته خاصة المضطربة فيصبح أكثر قدرة على التحكم في نفسه ومشاعره ، والاستبصار يؤدي إلى تحقيق تعلم جديد فهو يستفيد من خبراته وماضيه ويستثمر ذلك فيما سوف يعترضه في المستقبل .

ومن الجدير ذكره أن معظم النظريات في الإرشاد والعلاج النفسي قد أجمعت على الاستبصار على أنه أساس نجاح العملة العلاجية وحل المشكلات .

ثانياً : العلاج السلوكي

إن العلاج السلوكي أسلوب من الأساليب الحديثة يقوم على أساس استخدام نظرات وقواعد التعلم ، ويشتمل على مجموعة كبيرة من الفنيات العلاجية التي تهدف إلى إحداث تغيير إيجابي بناء في سلوك الإنسان ، والسلوك في المدرسة السلوكية هو الاستجابات الظاهرة التي يمكن ملاحظتها أو الاستجابات غير الظاهرة كالأفكار والانفعالات.

وأحياناً قد يسمي البعض العلاج السلوكي بتعديل السلوك خاصة إذا كان المقصود التعامل مع حالات تعاني من مشكلات وليس من أمراض واضطرابات يهتم العلاج السلوكي بالحاضر فهولا ينظر إلى الماضي والخبرات المبكرة

تستند نظريات العلاج السلوكي إلى ما قدمه بافلوف (Pavlov) وواطسون (Watson) في التعلم الشرطي الكلاسيكي ونستفيد كذلك من نظريات ثورنديك (Thorndike) وهل (Hull) وسكنر (Skinner) في التعزيز العقاب ، واشهر من طبق النظريات السلوكية في مجال الإرشاد والعلاج النفسي دولارد دميللر

(Dollard and Miller) ،ويرى ايزنك أن العلاج السلوكي يتضمن إعادة التعلم والتعليم. (زهران ، ١٩٩٨)

مسلمات العلاج السلوكي

تقوم النظريات السلوكية عامة على مسلمات ، أهمها ما يلي :-

١- إن السلوك هو نتيجة حتمية لما سبقه من أحداث ، بمعنى أنه يأخذ طابع الانتظام في الحدوث ، فكما تكرر ظهور السبب فعادة ما يتبع ذلك النتيجة .

٢- إن السلوك يعتمد على عاملين هما :-

أ- الخبرة السابقة   ب- الأحداث الجارية حالياً متطلبات الموقف

٣- يمكن التعرف على الأحداث المؤثرة في السلوك عن طريق الملاحظة العلمية المنتظمة .

٤- يمكن السيطرة على النتائج أو الاستجابات بالسيطرة على المقدمات أو الاسباب او المثيرات
.

يرى الاتجاه السلوكي بأن سلوك الإنسان يرتبط بمجموعة من الخبرات ، وأنه يمكن تغيير ذلك السلوك بالأساليب النفسية اعتماداً على عمليات التعلم ، وتعمل الخبرات الحياتية التي يتعرض لها الفرد كعوامل أساسية في تشكيل السلوك مما يؤدي إلى تدعيم ذلك السلوك أو إضعافه .

مبادئ العلاج السلوكي

يتخلص الإطار النظري للعلاج السلوكي بما يلي :-

١- معظم السلوك الإنساني متعلم ومكتسب سواء أكان ذلك السلوك سوياً او مضطرباً.

٢- السلوك المضطرب المتعلم لا يختلف في مبادئه عن السلوك العادي المتعلم إلا أن السلوك المضطرب لا يناسب الفرد والمجتمع .

٣- السلوك المضطرب يتعلمه الفرد نتيجة التعرض المتكرر للخبرات التي تؤدي إليه، وحدوث ارتباط شرطي بين تلك الخبرات وبين السلوك المضطرب .

٤- السلوك المتعلم يمكن تعديله أو تغييره .

خصائص العلاج السلوكي

يتصف العلاج السلوكي لمجموعة من الخصائص تميزه عن طرق العلاج الأخرى تقوم هذه الخصائص على الافتراضات التالية :-

١- يميل العلاج السلوكي إلى التركيز على الأعراض والحاضر أكثر من التركيز على الأسباب والماضي .

٢- يفترض العلاج السلوكي أن الأسس النفسية وبصفة خاصة قواعد التعلم يمكن أن تفيد كثيراً في تعديل السلوك غير المتوافق .

٣- يتضمن العلاج السلوكي إعداد أهداف علاجية محددة وواضحة لكل فرد على حدة، بمعنى أن التركيز يكون فقط على السلوك المشكل والعمل على التخلص منه وليس التركيز على الشخصية ككل والعمل على إعادة بنائها وتنظيمها للتخلص من السلوك المشكل .

٤- يرفض العلاج السلوكي نظرية السمات : بأن الفرد يمتلك استعداداً مسبقاً للقيام بسلوك معين ، واستعاض عن السمات بمفهوم الموقفية والتفاعلية أي أن الفرد يسلك سلوكاً ما ليس بسبب الاستعداد المسبق إليه، ولكن بسبب متطلبات الموقف أو التفاعل معه .

٥- يقوم المعالج السلوكي بإعداد طريقة العلاج بما يناسب مشكلة العميل وباستخدام فنيات محددة تتناسب وموضوع كل مشكلة .

٦- يهتم العلاج السلوكي بالجانب التجريبي .

العملية العلاجية أو الإرشادية في العلاج السلوكي

لا تختلف العلاقة الإرشادية عن مثيلاتها في طرق العلاج النفسي الأخرى، فالمرشد يتقبل المسترشد كما هو ويكون ودوداً ومتعاطفاً ، والهدف من ذلك تحقيق التكيف النفسي السوي ، وهذا يتشابه مع الأهداف العلاجية في الطرق الأخرى ومن حيث دور المرشد هنا فهو يتبع خطة تتلاءم وفلسفة وأسس وأهداف المدرسة السلوكية، فهو يقوم أولاً بتشخيص الحالة، وهذا يستدعي معرفة التاريخ المرضي ونوع المشكلة والأساليب التي يستخدمها المسترشد في التعامل معها ، وبعد ذلك يقوم المرشد بالتقييم ، وهذا يعني إلى أي درجة وصل الفرد في اضطراباته ومشكلاته حالياً ،وما هو نوع السلوك المراد

التخلص منه وتحديد السلوك البديل المراد تعلمه ، ثم تحديد مصادر القلق في البيئة الاجتماعية للمسترشد والإلمام بطرق استشارة القلق نفسياً لتهيئة المسترشد للتخلص مما يشعر به ، ثم يقوم تعليم المسترشد كيف يعيش حياته بشكل فعّال بعد التخلص من اضطرابه . وعموماً يمكن القول إن خطوات العلاج السلوكي تتمثل في الخطوات المتتابعة التالية:-

١- تقدير السلوك أو تحليل السلوك ، ويتضمن هذا :

أ- تحديد المشكلات التي يعاني منها المسترشد ويتم هذا إجرائياً ، وتهدف عملية تقدير السلوك إلى تحديد العيوب السلوكية والسلوكيات غير المناسبة ومدى تكرار حدوثها في مواقف متنوعة.

ب- تحديد الأحداث السابقة أو القبلية أو مقدمات السلوك المشكل

جـ- معرفة نواتج السلوك المشكل أو الآثار المترتبة عليه

د- هناك عدة أساليب لتقدير السلوك منها ، المقابلة أو التسجيل الذاتي أو الملاحظة الذاتية أو أسلوب الملاحظة أو التقارير الذاتية .

ومقاييس الشخصية أو تمثيل الأدوار أو عبر القياس الفيزيولوجي

٢- تحديد الأهداف العلاجية للفرد

٣- اختيار طريقة للعلاج

٤- تطبيق طريقة العلاج

٥- تقويم نتائج العلاج والمتابعة . (الشناوي ، وآخرون ، ١٩٩٨)

الأسس النظرية للعلاج السلوكي متعدد المحاور :-

ترتكز مناهج العلاج السلوكي خاصة للطفل على أربعة محاور تمثل في مجموعها النظريات الرئيسية للتعلم ، وهي :-

١- التعلم الشرطي

وتسمى أحياناً نظرية المنبه والاستجابة، وهي تعتمد على ما قدمه بافلوف في تجاربه، وخلاصة ذلك أننا نستجيب ونتصرف نحو كثير من الأشياء ، إذا ما أصبح ظهورها شرطاً من شروط منبهات أخرى تشبع حاجاتنا الرئيسية للطعام الجنس ، أو تهدد

إشباعنا لهذه الحاجات ، إن كثيراً من اضطرابات وسماتنا هي استجابات اكتسبناها عبر التشريط حتى أصبحت عادات متأهلة لدينا، وليست نتاجاً لغرائز طبيعية أو خداعات داخلية كما يقول فرويد مثلاً ، فهي استجابات شرطية لمنبهات أكسبت قدرتها على إثارة الجوانب السلوكية بسبب ارتباطها بأحداث تبعث على الفرد الألم أو النفع أو الفائدة. (إبراهيم والدخيل ، وإبراهيم ، ١٩٩٣ : ٥١)

وحول آلية التعلم الشرطي فإنه إذا كان شأن مثير ما ، أن يولد فعلاً منعكساً (استجابة) سمي هذا المثير (مثيراً غير شرطي) وسميت الاستجابة المرتبة عليه (استجابة غير شرطية) فإذا اقترن مع هذا المثير غير المشروط مثير آخر ليس من طبيعته توليد الاستجابة المذكورة (مثير محايد) ، فإنه بعد فترة مناسبة من المزاوجة (الاقتران) بين المثيرين (المثير الشرطي ، المثير المحايد) يصبح للمثير الجديد الذي أصبح الآن مثيراً بشروط خاصية توليد الاستجابة التي أن يولدها المثير غير المشروط وذلك بظهوره وحده وتعرف الاستجابات التي يولدها بالاستجابة الشرطية ، وهناك عدة عوامل تؤثر في حدوث الاشتراط الكلاسيكي وهي:-

١- الترتيب بين المثيران

٢- الوقت الذي يمضي بين ظهور المثيران

٣- سيطرة أو قوة الاستجابة

أما تطبيقات الاشراط الكلاسيكية أو التعلم الشرطي فهي كما يلي :-

أساليب الاشراط الكلاسيكي منها ما يهدف إلى تعليم سلوكات جديدة وأخرى تعمل على تغيير سلوكات خاطئة بأخرى صحيحة ،ومن تطبيقات الاشراط الكلاسيكي عموماً نورد ما يلي :-

١- علاج الأطفال الذين يعانون من مشكلة التبول اللاإرادي :-

فهذه المشكلة يعاني منها ١٥% من الاطفال تقريباً الذين وصلوا سن السادسة، إضافة إلى كونها مشكلة فإنه يترتب عليها مشكلات أخرى (القلق، والشعور بالذنب، وقد يرجع سبب هذه المشكلة إلى صغر حجم المثانة أو إلى ضعف عضلاتها مما يؤدي إلى كثرة البول بالليل والنهار أيضاً ، وأحياناً تعود هذه المشكلة إلى القلق الذي يعتري الطفل

وأسلوب علاج هذه المشكلة يستند على الاشراط الكلاسيكي ، وهنا يتم وصل مرتبة الطفل بدائرة كهربائية تنتهي هذه الدائرة بجرس ، فإذا نزلت قطرات البول الأولى من الطفل أثناء الليل عملت هذه القطرات على توصيل التيار فيحدث صوتاً منبهاً وهو صوت الجرس يوقظ الطفل ، والذي يحدث في هذه العملية هو أن توتر عضلات المثانة التي تؤدي إلى التبول تزداد (مثير شرطي) وصوت الجرس يعمل كمثير غير شرطي (طبيعي) يوقظ الطفل، وبذلك يمتنع نزول المزيد من البول وباقتران هذه المثيرات فإن توتر العضلات (مثير شرطي) يصبح وحده كافياً لإيقاظ الطفل ومنع تبلل الفراش ومع مرور الوقت يتم الاستغناء عن الجرس بسبب حدوث الاشراط، بالتالي التعلم.

(الشناوي ، وآخرون ، ١٩٩٨)

٢- **الانطفاء :** من المعروف أن الاستجابة الشرطية تحدث نتيجة اقتران مثير مع مثير طبيعي فإذا استطعنا منع ظهور المثير الشرطي أو منعنا الاقتران بين المثير الشرطي والمثير الطبيعي استطعنا منع الاستجابة الشرطية وهذا يسمى بالانطفاء ، مثلا إذا كان لدينا طفل يخاف من القطط بسبب الخدش الذي يسبب الألم له فإننا نستطيع أن نطفي استجابة الخوف إذا واجه الطفل هذه القطط دون أن يناله منها أذى، وبالتالي عدم حدوث الألم وبالتالي منع استجابة الخوف .

وللانطفاء أسلوبان هما : أسلوب تدريجي كما في أسلوب إزالة الحساسية وبالتدريج، والأسلوب الثاني هو أسلوب غير تدريجي كما في أسلوب العمر أو الإفاضة .

٣- **الاشراط المضاد :** ويقصد به محاولات خفض الاستجابات غير المرغوبة من خلال تكوين استجابات مضادة للمواقف المثيرة لها عن طريق استخدام أسلوب الأشراط الاستجابي وخطوات هذا الأسلوب ما يلي :-

أ- الخطوة الأولى : تحديد المواقف التي تسبب الاستجابات غير المرغوبة (غير متوافقة) مع الاستجابة غير المرغوبة وتكون أقوى منها مثلاً استخدام استجابة الاسترخاء بدلاً من أو كاستجابة مضادة لاستجابة القلق .

ب- الخطوة الثانية : يتم اشراط الاستجابة المضادة (الاسترخاء) للمثيرات التي تولد الاستجابة غير المرغوبة (القلق) ويستمر هكذا حتى تنخفض الاستجابة غير المرغوبة و تختفي تماماً .

٢- التعلم الفعال (الاشراط الإجرائي)

مقدم هذا التعلم هو العالم سكنر ، ويقوم هذا التعليم على قاعدة رئيسية مؤداها أن السلوك هو حصيلة ما يؤدي له من نتائج وآثار ويسمي سكنر هذا التعلم بالتشريط الفعال (الإجرائي) بسبب أن تقوية جوانب معينة من السلوك تتوقف على ما يتبع هذا السلوك من نتائج إيجابية (التعزيز) أو سلبية (العقاب) وهنا يتم تفسير المشكلات السلوكية على أنها أنماط تكرارها طلباً في التعزيز .

وهناك بعض المفاهيم تقوم عليها نظرية الاشراط الإجرائي هي :-

١- التعزيز (التدعيم)

إن الاستجابة أو السلوك التي يلحقها حدثاً ما يؤدي بها إلى التكرار والزيادة سمي هذا الحدث بالتعزيز أو التدعيم ، فالتعزيز إذاً عملية ينتج عنها تقوية أو زيادة للاستجابة التي جاء بعدها المعزز ، والتعزيز نوعان هي :-

أ- تعزيز إيجابي : وهو منح الفرد مكافأة بعد قيامه بالسلوك المرغوب به .

ب- تعزيز سلبي : وهو منح الفرد مكافأة بعد ابتعاده عن القيام بالسلوك غير المرغوب به .

٢- العقاب : وهو الحدث الذي يعقب استجابة ما يؤدي إلى عدم تكرار هذه الاستجابة ، فالعقاب هو عملية ينتج عنها إضعاف أو توقف الاستجابة والعقاب نوعان :-

أ- العقاب الإيجابي : هو إضافة شيء غير سار أو مؤلم بعد حدوث الاستجابة يؤدي إلى إضعافها أو توقفها .

ب- العقاب السلبي : وهو منع شيء سار بعد حدوث استجابة ما وهناك عوامل مؤثرة على التعزيز أجملها في ما يلي :-

١- الفترة بين ظهور الاستجابة وظهور المعزز

٢- أهمية وكمية المعزز

٣- شكل المعزز : سواء كان مستمراً (متصلاً) أو بين الفنية والأخرى (متقطع) أو بـين
فترات زمنية مرتبة (منظم)

٤- التعزيز كونه صريحاً أو ضمنياً

٣- الانطفاء

هو ذلك الأسلوب الـذي يتوقـف عنـده السلـوك نتيجـة لتوقـف تعزيـزه مثـل إيقـاف
المكافآت والمنح عند حدوث سلوك معين يؤدي إلى توقفه (انطفائه).

٤- التشكيل

وهنا يتم تجزيء السلوك في سبيل تعلمه وكلما استطاع الفرد أن يتقن جزءاً معيناً مـن
هذا السلوك تم تعزيزه حتى ينجز التعلم في جميع أجزاء السلوك، وبالتالي أداء المهارة كاملة

٥- التسلسل

وهذا الأسلوب يشبه التشكيل في مراحله الأولى ثم ينتقـل الفـرد إلى القيـام بمجموعـة
من أجزاء السلوك مرة واحدة، وهكذا حتى يتقن جميع الأجزاء معاً ويستخدم هنا التعزيـز
عند إتقان كل مجموعة من هذه الأجزاء .

٦- التعميم

وهنا ينقل الفرد أثر التعزيـز مـن سلـوك مـا كوفئ عليـه إلى سلـوكات أخـرى تشبـه
السلوك المعزز الأول .

٣- التعلم الاجتماعي (النمذجة)

وهذا من إسهامات العالم باندورا فهو يذكر أن السلوكات التي يقوم بها الأفراد خاصـة
الأطفال تحدث بسبب وجود قدوة (نموذج) أمامهم يتعلمون منها سلـوكياتهم. (إبـراهيم ،
وآخرون ١٩٩٣)

ومن الأمور المشاهدة في الحياة أن الإنسان يتعلم مجموعة كبيرة من السلوك وخاصـة
الاجتماعية عن طريق ملاحظة آخرين يقومون بها، وهـذا مـا يسـمى بالتعلم الاجتماعـي أو
التعلم بالملاحظة أو بالنمذجة ،وهناك أساليب تقوم على هذا التعلم منها :-

١- استخدام النماذج السلوكية (النمذجة)

٢- أسلوب أداء الأدوار

ويقوم أسلوب استخدام النماذج السلوكية على أساس إتاحة نموذج سلوكي مباشر (حـي) أو ضمني (خيالي) للفـرد حيـث يكـون الهـدف هـو تعلـيم الفـرد السـلوكات المرغوبـة أو إنقاص سلوكيات غير مرغوب بها ،أما الأسلوب الثاني فيؤدي بالفرد إلى تعلم سلوكات جديدة أو التخلص من أخرى بتمثيل دور معين أو أدائه .

والنموذج أمام الفرد يعلب دوراً مهماً وله وظيفة ذات قيمة ،ويمكن أن تكون وظيفـة النموذج في أنه يقدم للفرد صـور وأنمـاط السـلوكات المرغوبـة التـي يجـب تعلمهـا ، كـما أن النموذج ينتج عنه أثر اجتماعي تسهيلي ، أما العوامل التي تؤثر في النمذجة فهي :-

١- الخصائص المتصلة بالنموذج

إن الناس يميلون إلى تقليد النماذج التي يكون لها تقدير وقيمة في المجتمع، فالشـخص (النموذج) الذي يلقى ترحيباً بين الناس سيحظى باهتمام اجتماعي تكون لـه نتـائج أفضـل في النمذجة ،وكذلك يجب أن يكون النموذج مناسباً في السن والجـنس والعـرق للأفـراد الـذي يلاحظون النموذج .

٢- الخصائص المتعلقة بالمتعلم

يرى باندورا أن هناك أربعة أمور تحدد هذه الخصائص في التعلم هي

أ- الانتباه

ب- عمليات الحفظ

جـ- القدرة على إعادة توليد السلوك (الاسترجاع)

د- الدافعية

٣- خصائص متصلة بالإجراءات

فإذا تم تعزيز النموذج بعد أدائه سلوكاً معيناً شجّع ذلك المـتعلم عـلى أداء سـلوك النمـوذج والعكس صحيح .

ثالثا : العلاج المعرفي

إن العلاج المعرفي ليس علاجاً واحداً بعينـه بـل هـو مجموعـة مـن اتجاهـات علاجيـة تستند إلى الإطار المعرفي للفرد وهذه الاتجاهات هي :-

١- العلاج العقلاني الانفعالي (البرت اليس)

٢- الإعادة المتدرجة للبناء العقلاني (جولد فرايد)

٣- طريقة التدريب على التعليمات الذاتية (دونالد ميكينيوم)

٤- التدريب على التحصين ضد الضغط

٥- العلاج السلوكي المعرفي . (الشناوي ، ١٩٩٦)

١- العلاج العقلاني الانفعالي

صاحب هذا الاتجاه البرت اليس ، وهو يرجع المشكلات أو الاضطرابات التي يعاني منها الفرد إلى الأفكار اللاعقلانية أو غير المنطقية التي تسيطر على ذهنية الفرد وهذه الأفكار تعود إلى الإدراك الخاطئ من قبل الفرد أو بسبب شعور الفرد باضطراب الانفعال مثل قلة الانفعالات أو حدتها الأمر الذي يؤدي إلى استجابات غير توافقية .

لقد تم ربط الانفعال بالعقل في هذه النظرية لأن بينهما صلة وثيقة لأن إدراكنا للأمور يسبب انفعالات معينة تتسق مع هذه الادراكات والعلاقة بين الانفعال والتفكير هي علاقة تفاعلية تبادلية بمعنى كل منهما يؤثر في الآخر ، ويرى إليس أن البشر لديهم استعداد فطري وميل مكتسب لأن يكونوا عقلانيين، وكذلك أن يكونوا غير عقلانيين وإليس في نظريته يحدد العناصر التالية :-

أ- الحدث أو الواقعة (A) سواء كان حدثاً أو سلوكاً أو اتجاهاً من الآخرين

ب- إدراك الفرد للحدث (B) أو الأفكار والأحاديث الذاتية حلو الحدث

جـ- النتيجة أو ردود الفعل (C) بسبب هذه الادراكات

وقد اقترح اليس عدة أفكار غير منطقية تسبب مشكلات الفرد أذكر منها :-

١- يجب أن يكون الشخص محبوباً ومرضياً عنه من قبل جميع الناس

٢- إن التصرفات المزعجة التي تصور عن بعض الأفراد ينبغي أن يتم معاقبتهم عليها

٣- إذا سارت الأمور بغير ما يشاء الفرد فهذا يشكل كارثة له

٤- إن بؤس وشقاء الفرد يعود إلى الأحداث والأشخاص الموجودين في البيئة

٥- من الأسهل أن نتجنب مشاكل الحياة وصعوباتها وعدم مواجهتها

٦- يجب أن يكون الفرد حاذقاً وذكياً ويستطيع أن ينجز جميع مهام الحياة.

ويقوم أسلوب العلاج العقلاني على عدة خطوات يقوم بها المرشد أو المعالج يلخصها المؤلف فيما يلي :-

١- تحديد الموقف أو الخبرة المباشرة التي تؤدي إلى حدوث حالة انفعالية سيئة يشعر بها الفرد .

٢- إعطاء تفسيرات منطقية عقلانية للخبرة أو الموقف أو الحدث الذي يتعرض له الفرد بالتعاون بين المرشد والمسترشد .

٣- إعطاء تفسيرات غير منطقية ولا عقلانية للخبرة أو الحدث الذي يسبب الاستشارة الانفعالية .

٤- تحديد النتائج المترتبة على التفسيرات المنطقية واللامنطقية كلاً على حدة .

٥- بعد معرفة نتائج وآثار كل من الأفكار العقلانية واللاعقلانية عند تفسير الحدث يتم إقناع المسترشد بالأفكار العقلانية لما لها من جدوى لكي تحل محل الأفكار غير العقلانية وهنا يتم تكييف المسترشد بواجبات منزلية مثل القراءة لكتب محددة أو القيام بنشاط معين .

٢- الإعادة المتدرجة للبناء العقلاني

وهذه الطريقة لجولد فرايد وهذه تشبه طريقة التحصين التدريجي ، حيث يطلب المرشد من المسترشد أن يتخيل تدرجاً للمثيرات المولدة للقلق لديه وفي كل خطوة يعطي المرشد المسترشد تعليمات بأن يتعرف على الأفكار غير المنطقية المرتبطة بكل مثير وأن يدحض هذه الأفكار ويتخلص منها .

٣- طريقة التدريب على التعليمات الذاتية

مؤسس هذه الطريقة هو ميكينبوم وهي تقوم على النصح الذاتي وخطوات هذه الطريقة .

١- تدريب المسترشد على التعرف على الأفكار اللامنطقية الذاتية لديه .

٢- يقدم المرشد نموذجاً للسلوك المرغوب ويناقش المسترشد في أفكار العقلانية واللاعقلانية الناتجة عن ملاحظة النموذج .

٣- يقوم المسترشد بعد ذلك بأداء السلوك المستهدف ، وهنا يعطي المسترشد التعليمات لنفسه ذاتياً بصوت عالٍ ثم في سره .

٤- التدريب على التحصين ضد الضغط

تشبه هذه الطريقة عملية التحصين ضد الأمراض العامة ، ترتكز على مقاومة الضغوط عن طريق برنامج تعليم المسترشد كيف يتجاوب مع مواقف متدرجة للضغط ، وإجراءات ذلك هي :-

١- مرحلة التعليم

يعلم المرشد المسترشد كيف يواجه الضغوط بطريقة عقلانية

٢- مرحلة التكرار

حيث يواجه المسترشد بالضغوط لعدة مرات متكررة ، ويكون مزوداً بأساليب التعامل (التجاوب) وهنا يتضمن معرفة معلومات عن الأشياء المخيفة والإعداد لطرق الهرب والتدريب على الاسترخاء والمواجهة المعرفية .

٣- التدريب التطبيقي

ينزل المسترشد إلى ميدان التطبيق بعد أن أصبح مسلحاً بأساليب مواجهة الضغوط. (الشناوي ، ١٩٩٦ : ٣٩٤)

رابعاً : الإرشاد الجماعي

تعريفه

هو إرشاد عدد من العملاء (المسترشدين) الذين تتشابه مشكلاتهم واضطراباتهم في جماعات صغيرة ، كما يحدث في جماعة إرشادية أو في فصل .

إن الإرشاد الجماعي عملية تربوية تعليمية تقوم على أسس نفسية واجتماعية في إطار اجتماعي .

١- إن الإنسان كائن اجتماعي ، لديه حاجات نفسية اجتماعية لا بد من إشباعها في إطار اجتماعي .

٢- إن المعيار الاجتماعي هو معيار مهم لتحديد وتقييم سلوك الفرد

٣- يعتبر تحقيق التوافق الاجتماعي هدفاً هاماً من أهداف الإرشاد النفسي

٤- إن المشكلات والاضطرابات النفسية قد تعود إلى العزلة الاجتماعية

إن الإرشاد الجماعي يستهدف مجالات عدة فهو يستهدف المرضى النفسيين والعقليين في المصحات النفسية ، ويستهدف في المجالات التربوية والمهنية والمؤسسات الإصلاحية ، وتبعاً لهذه المجالات فقد اختلف المختصون في بعض المسائل التي يقوم عليها الإرشاد الجماعي فيها :-

١- عدد أفراد الجماعة الإرشادية
٢- دور المرشد النفسي في هذا المجال
٣- خصائص المرشد النفسي ومؤهلاته
٤- مدة الجلسة الإرشادية
د- الكيفية التي يتم على أساسها اختيار جماعة المسترشدين . (العبسوي ، ١٩٩٤)

وقبل البدء بإجراءات الإرشاد الجماعي لا بد أولاً من اختيار الجماعة الإرشادية، وهذا لا يتم عشوائياً بل بطريقة منظمة فالجماعة الإرشادية عبارة عن أفراد يشتركون في الهدف الإرشادي وطبيعة المشكلات التي تعترضهم بالإضافة إلى اشتراكهم في القيم والاتجاهات إلى حد ما ، وأساس نجاح الجماعة الإرشادية في مهمتها هو أن يحصل علاقة ديناميكية متبادلة بين أفراد المجموعة ، وعادة تتكون هذه الجماعة الإرشادية من (٤-١٢) عضواً ويشترك فيها اكثر من مرشد واحد في الجماعة الإرشادية .

أما خطوات وإجراءات الإرشاد الجماعي فيمكن إجمالها فيما يلي :-

١- تحديد أفراد الجماعة الإرشادية وتحديد حجم هذه الجماعة والمشكلات
٢- تحديد دور كل من المرشد والمسترشدين في الجلسة الإرشادية
٣- استخدام فنية التعارف بين أعضاء الجماعة الإرشادية ليتم العمل بشكل متفاعل ومتبادل
٤- استخدام أحد أساليب الإرشاد الجماعي
٥- تقييم الجلسة الإرشادية وإنهائها . (أبو عيطة ، ١٩٩٧)

وحول أساليب الإرشاد الجماعي فهي كما يلي :-

١) التمثيل النفسي المسرحي (السيكوراما)

عبارة عن تصوير تمثيلي مسرحي لمشكلات نفسية في شكل تعبير حـر في موقـف جماعـي يتيح فرصة التنفيس الانفعالي التلقائي والاستبصار الذاتي ، وبدور موضـوع التمثيليـة النفسـية حول ما يعاني منه أحد أو جميع المسترشدين .

٢) التمثيل الاجتماعي المسرحي (السوسيودراما)

وهو لعب الأدوار ويتناول المشكلات الاجتماعية ، ومن أشهر أساليب هذه الطريقة، قلب الأدوار.

٣) المحاضرات والمناقشات الجماعية.

يعتمد هذا الأسلوب أساساً على إلقاء محاضرات سهلة على المسترشدين يتخللها ويليها مناقشات ومن أهداف هذا الأسلوب تغيير اتجاه الجماعة الإرشادية وإعادة التعلم.

٤) النادي الإرشادي:

هو أسلوب قائم على النشاط العلمي والترويجي والترفيهي مثل ممارسـة النشـاطات الرياضية والمسابقات والغناء والموسيقى.

مزايا الإرشاد الجماعي :

١) أفضل أساليب الإرشاد النفسي بالنسبة لهؤلاء الذين لا يتعاونون في الارشاد الفردي .
٢) يوفر خبرات عملية وعلمية واجتماعية.
٣) يقلل من حدة تمركز المسترشد حول ذاته وينطلق نحو الآخـرين. (الـداهري، ٢٠٠٠: ١٤٢).
٤) توفير الوقت والجهد والمال.
٥) تعدد أساليبه وفنياته
٦) إحداث فرصة لتغيير الشخصية والسلوك وإتاحة فرصة خبرات الفعالية مكثفة.

عيوب الإرشاد الجماعي:

١) آثاره مرحلية ولا تمتد لفترات زمنية طويلة وقد تحدث انتكاسات للأفراد بعد انتهاء الإرشاد الجماعي.

٢) ينشغل الفرد بمشكلات الآخرين ويترك مشكلاته دون حل.

٣) قد يستفيد رفض المسترشدين من الإرشاد الجماعي والبعض الآخر لا يستنفذ مما يؤثر على عملية التفاعل .

٤) عدم حفظ سرية المعلومات كما هو الحال في الإرشاد الفردي

٥) تحتاج إلى مرشدين ذي كفاءة وتدريب وتأهيل متقدم.

خامساً : المعالجة الجسمية

يستفيد هذا النوع من العلاج إلى أن المشكلات السلوكية والاضطرابات النفسية تنشأ بسبب تغيرات تحدث في بنية الجهاز العصبي ووظائفه واهم الأساليب الرئيسية في المعالجة الجسمية هي:-

أ- العلاج الكيماوي

وهو العلاج بالعقاقير وهذه تصنف تحت عقاقير مسكنة أو منومة أو منشطة أو مثبطة وهي كالآتي :_

١- العقاقير الطاردة للكآبة (Antiderpressantdrugs)

٢- العقاقير الطاردة للاضطرابات النفسية

٣- العقاقير المهدئة وتسمى مضادات القلق

ب- الجراحة النفسية

وهي عملية إجراء تدخل جراحي في الجهاز العصبي المركزي للمضطرب وهذه تعالج الثلاموس ، والهيبوثلاموس ، اللذان يتحكمان بانفعالات الفرد ، وتستخدم الجراحة النفسية عندما لا تفلح سبل العلاج الأخرى .

والجراحة النفسية تكون فعالة في حالات الاكتئاب والقلق والوساوس القهرية ، ولكنها غير فعالة في حالات العظام ، وحالياً قد تستخدم الأشعة الطبية لتقوم مقام الجراحة النفسية

جـ- العلاج بالصدمة الكهربائية (ECT)

وهو توجيه تيار كهربائي إلى رأس المريض بقوة تتراوح بني (٧٠-١٣٠) فولت بهدف توزيع الموجات الكهربائية الدماغية كي يعود للمضطرب اتزانه وسواؤه، إلا أن هذا الأسلوب له آثار جانبية كتشتت الذاكرة وحالات الصداع .

د- العلاج الطبيعي

هو استخدام الوسائل الفيزيقية باستثناء العقاقير والجراحة ويتضمن التدليك والعلاج بالحرارة والكهرباء وليس المقصود بذلك الصدمات الكهربائية ويشمل كذلك العلاج عن طريق المياه الساخنة (الساونا) وأيضاً الحمامات الباردة ويفيد هذا الأسلوب في تغيير الحالة المزاجية للفرد والاسترخاء.(العيسوي، ١٩٩٤: ٢٩١)

سادساً : أساليب علاجية أخرى

١-   الطرق التوفيقية والتركيبية

أ-   الطرق التوفيقية

وهي طريقة تقوم على أساس انتقاء واقتطاف وتجميع ما هو مفيد من جميع النظريات وأساليب المعالجة النفسية وإجراءات العلاج تتوقف هنا على طبيعة المسترشد وظروفه ومشكلته .

ب- الطرق التركيبية الابتكارية

وهنا يقوم المرشد أو المعالج بتركيب طريقة مبتكرة مستخدماً ما تيسر من النظريات النفسية، والتركيبية التي تستفيد من الجهود العلمية المتراكمة لتصل إلى مستويات أعلى من الفهم ، والفعالية في عملية العلاج .

جـ- الفرق بين الطريقة التركيبية والطريقة التوفيقية

إن الطريقة التركيبية تستند إلى أساس جمع التراث النفسي كاملاً والخروج من ذلك بأساليب وطرق علاجية منوعة واستخدامها في حالة او مشكلة نفسية واحدة. أما الطريقة التوفيقية فهي تقوم على أساس انتقاء ما يناسب من الأساليب العلاجية واستخدامها مع المشكلة النفسية ، وهي تنتقي في كل حالة أو كل مشكلة ما يناسب هذه المشكلة ، ولا تعتمد على أسلوب علاجي معين .

٢- الإرشاد الجشتالتي

٣- الإرشاد بالتحليل النفسي

٤- الإرشاد الواقعي

٥- الإرشاد الديني

٦- الإرشاد المباشر

٧- الإرشاد غير المباشر

٨- الإرشاد باللعب

٩- الإرشاد بوقت الفراغ

١٠- الإرشاد المختصر

١١- الإرشاد الذاتي

١٢- الإرشاد عبر الهاتف (الخط الساخن)

الإعاقة العقلية

يُعد الاهتمام بأصحاب الإعاقات العقلية المختلفة عملاً إنسانياً وخلقياً وأدبياً ، حيث إن هذه الفئة من الناس تشكل نسبة لا بأس بها من عدد من الناس والبشر وإذا كان قدر هؤلاء أن يخلقوا بإعاقات عقلية وضعف في قدراتهم عن غيرهم من الناس، فإنه لحري بنا أن نمُد يد العون والمساعدة لنأخذ بهم إلى بر الأمان ما استطعنا لذلك سبيلا .

وانطلاقاً من مبادئنا الإسلامية وقيمنا الطيبة ، ومن مبادئ حقوق الإنسان التي ينادي بها العالم صباح مساء ، يتوجب علينا بل ويتحتم علينا أن نجد لهذه الفئة من الناس الفرص المناسبة من العمل والتربية والعيش دون الشعور بالنقص والألم النفسي الكبير الذي ينتابهم ، بقدر يستطيعون من خلاله أن يتملكوا منه بعض القدرات والإمكانات التي تساعدهم على التكيف مع الحياة بالقدر الذي تسمح لهم إمكانياتهم العقلية والجسمية بذلك .

من هنا فإن الإعاقة العقلية ما عادت عاراً يلاحق صاحبها أو أسرته وأهله بل أصبحت هناك مراكز متعددة وجمعيات تأهيلية ومؤسسات تربوية خاصة وأناس متخصصون يعملون لرفع سوية هذه الفئة التي كانت في السابق تحرم من أقل اعتبارات الإنسانية في التعامل والحقوق الإنسانية المشروعة .

كما وتعددت الأساليب التي ينطلق المتخصصون نحوها لتأهيل أصحاب الإعاقة العقلية بقدر يتناسب وقدرات أصحابها ومن هم في أوضاع خاصة في قدراتهم العقلية .

مفهوم التخلف العقلي   Mental Retardation

"الإعاقة العقلية"

وردت تعريفات كثيرة ومتعددة للإعاقة العقلية ، غير أن هناك تعريفات لاقت قبولاً وطريقاً لدى المتخصصين في هذا المجال ونذكر من هذه التعريفات :-

تعريف تريد جولد " Tredgold " وقد عرفه من وجهة نظر الصلاحية الاجتماعية وعرفه بأنه (حالة من عدم اكتمال النمو العقلي إلى درجة تجعل الفرد عاجزاً عن مواءمة نفسه مع بيئة الأفراد العاديين بصورة تجعله دائماً بحاجةٍ إلى رعاية وإشراف ودعم)

والمقصود هنا بالصلاحية الاجتماعية مقدرة الفرد على تكوين علاقات اجتماعية ناجحة مع الأفراد الآخرين، ويشير المؤلف إلا أن "دول عرّف الإعاقة حيث بنى "دول" تعريفه للإعاقة العقلية على ستة أمور هي :-

١- عدم الكفاءة الاجتماعية للفرد

٢- انخفاض مستوى قدرته العقلية

٣- يبدأ في مرحلة النمو

٤- سيكون الفرد متخلفاً في مرحلة النضج

٥- يعود التخلف العقلي إلى عوامل وراثية أو نتيجة لمرض ما

٦- غير قابل للشفاء

وإذا توافرت الشروط الستة السابقة في شخص ما فإنه برأي "دول" يكون متخلفاً عقلياً، ودول لم يقتصر على الصلاحية الاجتماعية كأساس للحكم بل ركز على قدرة الفرد العقلية.

وهناك تعاريف كثيرة ومتعددة لمفهوم الإعاقة العقلية، ومنها أيضاً تعريف لـ هبر (Heber, ١٩٦١) وهو تعريف تبنته الجمعية الأمريكية مستوى الأداء الوظيفي الفعلي الذي يقل عن المتوسط والذي يظهر في مرحلة النمو مرتبطاً بخللٍ في واحدة أو أكثر من الوظائف التالية وهي:-

١- النصح

٢- التعلم

٣- التكيف الاجتماعي (عبيد ، ٢٠٠٠ : ٩٣)

والجمعية الأمريكية حاولت توضيح التعريف السابق عن طريق مجموعة من نقاط الصحية الضرورية وهي :-

١- أقل من المتوسط

وهنا تكون علاقة الفرد بالنسبة للذكاء متدنية ويكون الفرد بين فئة ١٦% وهنا موضعه في المرحلة الدنيا من أبناء عمره بالنسبة لأدائه العقلي .

٢- الأداء الوظيفي

وتبين هنا بأن الفرد يخضع لعلمية تقييم عن طريق اداء او امتحان شامل يغطي ما أمكن من الخصائص العقلية التي تستطيع أن تقيسها .

٣- مرحلة النمو

وهي المرحلة الممتدة من بداية عملية الإخصاب إلى سن السادسة عشرة .

٤- النضج

ويدل النضج على المستوى الذي تنمو فيه المهارات الأساسية لدى الفرد وهي ترتبط بشكل عام في مراحل الطفولة ، والحضانة وهنا يركز على مهارات الحبو، المشي، الكلام، والتحكم بعملية الأكل والإخراج ، كذلك مشاركة الآخرين من نفس العمر بشكل مناسب .

٥- التعلم

وهو قدرة الفرد على أن يحصل على المعرفة ، الفائدة من خلال الخبرة .

التكيف الاجتماعي

وهو قدرة الفرد على المحافظة على علاقات اجتماعية جيدة في محيط الأسرة والمدرسة والتعامل مع الطلاب والزملاء والوالدين ومن يمثلون السلطة بشكل جيد.

ومن هنا فقد جاء تعريف هيبر (بأن الإعاقة العقلية تمثل مستوى الأداء الوظيفي العقلي الذي يقل عن المتوسط للذكاء ، بانحراف معياري واحد ، ويصاحبه خلل في السلوك التكيفي ، و يظهر في مراحل العمر النمائية من الميلاد حتى سن ١٦)

إلا أن هذا التعريف ووجه بالانتقادات الكبيرة بسبب الدرجة التي تمثل نسبة الذكاء والتي تزيد من عدد المعوقين ونسبهم في المجتمع ، لذلك جاء جروسمان عام ١٩٧٣، وأطلق تعريفاً جديداً للإعاقة العقلية وهو تعريف تبنته الجمعية الأمريكية منذ عام ١٩٧٣ حتى الوقت الحاضر ومفاده (أن التخلف العقلي يرجع إلى انحراف دال عن السواء في الوظائف العقلية يصاحبه قصور في السلوك التكيفي ، ويظهر هذا في فترة الارتقاء وهي من الميلاد حتى سن ١٨) (جميل ، ١٩٨٩ : ١٩)

كما عرفت بـ " أنها انخفاض في الأداء الوظيفي للذكاء العام ويصحبه عجز في السلوك التكيفي يبدو واضحاً في النمو " .

وهناك من عرّف التخلف العقلي على أساس نسبة الذكاء وتدنيها ومنهم من عرّفه على أساس الصلاحية الاجتماعية ومنهم من عرفه على أساس القدرة على التعلم، وبعضهم بناء على الجانب الطبي والوراثي والخلل في الأعصاب . ومن هذا كله ومما سبق أدى بأن الإعاقة العقلية تكمن في ضعف قدرات الفرد العقلية ووظائفه الأمر الذي يقوده إلى الصعوبة في التكيف مع تلبية حاجاته الأساسية الطبيعية والاجتماعية والفكرية، وهذا شكل عام يعمل على عدم تكيف الفرد مع المجتمع المحيط به ابتداءً بالأسرة وانتهاءً بالعالم المحيط .

أسباب الإعاقة العقلية

إن التخلف العقلي مشكلة معقدة وصعبة وكبيرة، وقد يبدو من الصعب الإحاطة بأسبابها جميعا إلا أن هناك من أوجد أسباباً كثيرة ومتعددة لهذه الإعاقة وأسبابها المختلفة ومهما بلغت هذه الأسباب ، فإنه من الواضح بأن الإعاقة الفعلية سببها يرجع وبشكل عام إلى حدوث تلف في خلايا المخ، وفي الجهاز العصبي المركزي أو بسبب قصور وضعف في العمليات الجسمية التي تؤثر بشكل مباشر على المخ والجهاز العصبي وحدوث تلف

في أنسجة الخلايا المخية يقود إلى خلل في المخ ، وشلل في الجهاز العصبي ، وحدوث إعاقة وضعف في عمليات الإدراك .

ومن هنا فإن أهم أسباب حدوث الإعاقة العقلية تكمن في سببين رئيسين هما :-

١- الجانب الوراثي " أسباب وراثية "

٢- الجانب البيئي " أسباب وعوامل بيئية متعددة "

الأسباب الوراثية

وهي عوامل ما قبل الولادة والتي تسبب الإعاقة العقلية كالقدرة العقلية عند الوالدين فقد تكون ضعيفة ودون المتوسط ، وهذا قد يؤثر على القدرة العقلية لطفلهم، والإعاقة قد تنتقل بسبب الجينات التي ينقلها الوالدان إلى أطفالهم، وهناك جين ضار ينقل للطفل يجب أن يكون موجوداً عند الوالدين والجينات يتوارثها الأبناء من آبائهم ، وأجدادهم وهكذا وكذلك فإن زواج الأقارب يساهم في إيجاد مثل هذه الحالات من الإعاقة العقلية. داوود، ١٩٨١ ، حلاوة ١٩٩٨)

ومن الأمراض الشائعة والتي تحدث بسبب هذه الجينات الضارة

- حالة الحامض الفيناكتونوري (pku)

وبسبب فقدان أنزيم يدعى (phonylalanine Hydroxylase) وهذا الأنزيم يفرزه الكبد ويساعد على أكسدة الحامض الأميني الموجود في البروتين المتواجد في المصادر الغذائية كالحليب مثلاً من أجل تحويله إلى (Tyro since) .

وبسبب فقدان هذا الأنزيم تتجمع في الدم نسبة عالية جداً، وهذا يقود إلى وجود آثار سامة تتواجد في الخلايا العصبية في الدماغ .

والطفل حين يصاب بـ (pku) يظهر طبيعياً في البداية ولكنه مع الأيام يسبب تناوله للمواد الغذائية التي تحتوي على الحامض السابق وبسبب عدم تحليلها وأكسدتها تتراكم هذه في دم الطفل الأمر الذي ينتج عنه حدوث تلف يزداد شيئاً فشيئاً في خلايا الدماغ عند هذا الطفل مما يؤدي مستقبلاً إلى إصابته بإعاقة عقلية . (عبيد ، ٢٠٠٠)

ويتميز أصحاب هذه الحالة بكثرة الحركة وسلوكات مفاجئة وشاذة وعملية إفراط في الحركات الاهتزازية وطحن وحرير للإنسان وارتكاب سلوكات بدون هدف وهنا قد يقود هذا للخطأ في تشخيص هذه الحالة .

ومن الناحية الجسمية فإن ما يتميز به أصحاب حالة (pku) التي لم تخضع للعلاج منذ البداية هو لون الشعر الأشقر والعيون الزرقاء ولون البشرة الفاتح إذا ما قورن بأبناء أسرتهم وإخوتهم ، وهذه الأعراض قد تظهر متأخرة، ولكن هناك بعض الأعراض قد تظهر على هؤلاء مبكراً كالتقيؤ والاكزيما ، الحساسية الجلدية ورائحة البول الكريهة .

وبعض هؤلاء قد يتصف بكبر حجم الرأس وأحياناً صغر حجم الرأس .

* مرض الجلاكتوسيما (سكر اللبن) (GD ACTOSEMIA)

وهو مثال على تراكم المواد الوسطية للتفاعل ويرجع إلى جين متنحي وجسمي وهذا يُسبب أعراضاً مرضية خطيرة وشديدة جداً .

ومن أعراض هذا المرض بطء في معدلات النمو مع التخلف في القدرات العقلية وتضخم وتلـف الكبد وضعف في عملية الأبصار وفي أحوال كثيرة يقود هذا المرض إلى الوفاة . (حلاوة ، ١٩٩٨)

* أمراض الجينات الجنسية (GENEDELET –SEX)

وهي أمراض تصيب الذكور وتقود للتخلف العقلي ، فعندما تتزوج امرأة حامل لجـين طفري متنح يحمله الكرموسوم X من رجل يحمل جينات عادية فإن ٥٠% من أولادها الـذكور سوف يصابون بهذا المرض و ٥٠% من الإناث سوف يحملن الجين الطفري من الأم .

ويعتبر مرض "مارتن بل " من أكثر الأمراض شيوعاً والتي تسبب المرض العقلـي، وهنـاك حالات مصابة به في دولـة مصـرـ، وأعراض هـذا المـرض تأتي متأخـرة ويصـاحبها كـثرة الحركـة وصعوبة في التركيز وحجم رأسه يبدوا كبيراً إلى حد ما وذقنه طويل ، وفكه بارز ، وحجـم أذنيـه كبيرين وتختلف درجة الإعاقة من طفل لآخر .

* مرض تاي – ساك (TAY SA DIEEUSE)

وهو مرض وراثي ناتج عن وجود جينات طويلة طفرية ومتنحية تسبب خللاً في التمثيل الغذائي ناتج عن نقص أنزيم هكسوسا مينيديز في الخلايا وهي تتلف خلايا الدماغ، والجهاز العصبي وتعمل على التسبب في التخلف والإعاقة العقلية الشديدة، وهذا المرض يطلق عليه " المرض المميت " ويؤدي لوفاة الطفل قبل سن الثالثة ومن أعراضه تدهور النشاط الحركي ، والإصابة بالعمى ، الحول .

من هنا فإنه من أجل الوقاية ينصح بما يلي :-

١- البعد عن تزاوج الأقارب وخاصة القرابة المباشرة

٢- الفحص الطبي الشامل على المقبلين على الزواج

٣- الفحص الطبي على النساء الحوامل ، وخاصة اللواتي انجبن طفلاً معاقاً في السابق.

٤- الكشف مبكراً بالنسبة للأطفال الجدد ومتابعتهم باستمرار .

العوامل غير الجينية

وهي عوامل متعددة وواسعة قد تصيب الجنين وتؤدي لحدوث الإعاقة العقلية لديه، وتبدأ هذه العوامل من لحظة الإخصاب وحتى الولادة للطفل، ومن هذه العوامل والأسباب:-

١- تعرض ألام للأشعة

٢- الحصبة الألمانية ، حيث تؤثر على الجنين فقد يفقد السمع أو البصر ـ وقد تحدث أضرار واضحة في الدماغ والتشوهات الخلقية

٣- الزهري الولادي

٤- اختلاف العامل الريزيسي في دم الوالدين

٥- تعاطي العقاقير والأدوية أثناء الحمل

٦- الإدمان على الكحول

٧- أمراض مزمنة عند الأم (الضغط ، السكري)

٨- ولادة الطفل قبل وقته المحدد

٩- طول أو قصر فترة الحمل

١٠- الولادة المتكررة والإجهاض المتكرر

١١-   الحمى الصفراء – السل – خلل في إفرازات الغدد

١٢-   انخفاض نسبة الأوكسجين ، الإجهاد العاطفي

١٣-   عوامل أخرى تؤثر في عملية الحمل وفترة الحمل

ومن العوامل الأخرى سوء الغذاء ، وفقر الدم ، وحوادث التسمم التـي قـد تتعرض لهـا الأم .

عوامل تحدث خلال عملية الولادة :

قد تلعب عدة عوامل أثناء فترة الولادة دورا كبيرا في إحداث الإصابة العقلية عند الطفل . فالولادة المبكرة للطفل قبل إتمامه لفترة الحمل كاملة يعرض الطفل لهـذه الإعاقـات وعمليـات نزيف الدماغ ، النزيف الداخلي ونقص الأكسجين تساعد كذلك في خروج طفل لديه إعاقة مـا ، التعقيدات المصاحبة لعملية الولادة كل هذا مـن دواعـي حـدوث إعاقـات عنـد الطفل خـلال عملية الولادة .

عوامل ما بعد الولادة : (عوامل بيئية)

والعوامل البيئيـة هـي عوامـل يتعرض لهـا الطفل بعـد الـولادة في بيئتـه المحيطـة بـه ، فالحوادث التي تعمل عـلى تعرض الطفل للتسمم والاختناق والتهابـات المـخ البكتيريـة أو الفيروسية والصدمات والكدمات التي تصيب دماغ الطفل كل هذا يعمل على حدوث الإعاقـة لدى الطفل وهناك عوامل كالأنفلونزا والالتهاب الرئوي وهي تعمـل عـلى نشوء اضطرابات في الأجهزة العصبية .

كما أن سوء التغذية وإصابة الطفل بالحمى الألمانيـة والشـوكية كـل هـذه تقـود للإعاقـة بالإضافة لحرمـان الطفـل مـن النـواحي الاجتماعيـة والعاطفيـة فالأطفـال المنبـوذين ، والأيتـام والذين يتخلى عنهم أهلهم وذووهم هم عرضة للإصابة بضعف قـدراتهم العقليـة والفكريـة، والظروف البيئية غير المناسبة التي تحيط بالطفل من كل جانب تكون بمثابة ارض خصبة لنمـو الإعاقة العقلية وضعف قدرات الطفل العقلية في مجالات ونواحٍ متعددة .

وكل هذه العوامل السابقة وعوامل متعددة أخرى تسهم بشكل أو بآخر في نشوء الإعاقات لدى كثير من الأفراد .

والجدول التالي يبين أسباب الإعاقة العقلية

الأسباب الوراثية	الأسباب البيئية
- أن يرث الفرد خاصية التخلف والإعاقة من الوالدين أو الجدود . - الشذوذ الوراثي من حيث الكروموسومات والجينات . - الاضطرابات البيولوجية وتقسم إلى :- - اضطراب وخلل في الغدد الصماء مثل ضمور الغدة التيموسوسية والغدد الدرقية - عوامل التحول الكيميائي - نسب الدهون والمواد الكربوهيدراتية والبروتينيات التي يحصل عليها الجسم	*** عوامل قبل الولادة : مثل** ١- تعرض الجنين للعدوى الفيروسية أو البكتيرية . ٢- التعرض للإشعاعات ٣- استعمال خاطئ للأدوية ٤- سوء تغذية الأم الحامل ، وكذلك سن وعمر الأم . ٥- التدخين وتناول الخمور أو المخدرات *** عوامل أثناء الحمل والولادة :-** ١- نقص الأوكسجين ٢- نزيف الدماغ ٣- الولادة المبكرة للطفل *** عوامل بعد الولادة** ١- التهاب المخ البكتيري والفيروسي ٢- الصدمات والكدمات التي يتعرض لها الأطفال وتصيب الدماغ ٣- السموم بالكحول والرصاص ٤- أمراض الطفولة العادية مثل الحصبة ، والحمى الشوكية ٥- سوء التغذية للطفل بعد الولادة

(جميل ، ١٩٩٨: ٣١)

تصنيف الإعاقة العقلية

إن تصنيف الإعاقة العقلية قد اعتمد على أسس متعددة وبناء على تخصص أصحاب العلاقة المهتمين بهذا المجال فمنهم من صنّف الإعاقة على أساس سلوكي، ومنهم من صنّفها على أساس طبي ومنهم من صنّفها على أساس اجتماعي وتربويون وآخرون على أسس أخرى كالذكاء والقدرة على السلوك المتكيف، وفيما يلي توضيح لهذه التصنيفات:-

التصنيف الطبي

وهو تصنيف يصنّف المعاق عقلياً على أسس العوامل التي تسبب الإصابة العقلية إضافة إلى التصنيف الاكلينيكي التي يعتمد على ظهور بعض الخصائص الجسمية والتشريحية والفسيولوجية والمرضية التي تبدو متميزة ومقترنة مع نقص الذكاء .

ومن هذه التصانيف تصنف تريد جولد، حيث صنف الإعاقة العقلية إلى عدة أسس كما يلي :-

١- تخلف بسيط (بدائي) ويضم المتخلفين لأسباب وراثية

٢- تخلف عقلي (ثانوي) ويشتمل هذا التصنيف الأفراد الذين تعود سبب أعاقتهم إلى مشاكل موجودة في البيئة مثل الإصابات بالتشوهات الخلقية التي قد يتعرض لها الطفل قبل وأثناء وبعد عملية الولادة .

٤- تخلف عقلي غير معروف الأسباب وغير محدد حيث يصعب تحديد الأسباب التي أدت إلى الإعاقة العقلية . (العزة ، ٢٠٠١)

*** تصنيف الجمعية الامريكية للضعف العقلي**

اعتماداً على تصنيف الجمعية الأمريكية للضعف العقلي قام جروسيمان في عام ١٩٧٣ بعمل حدد فيه أربعة مستويات أساسية للمتخلفين عقلياً وقد اعتمد هذا التصنيف على الذكاء والسلوك التكيفي وهذا التصنيف من أكثر التصانيف شيوعاً وهذه المستويات هي :-

	درجة الذكاء
تخلف عقلي بسيط	٦٩-55
تخلف عقلي متوسط	٥٤-٤٠
تخلف عقلي شديد	٣٩-25
تخلف عقلي حاد	٢٥-أقل

***التصنيف على أساس الأنماط الاكلينيكية**

والمقصود هنا بالمظهر الخارجي للإعاقة العقلية، حيث يعتمد هذا التصنيف على إشراك هذه الفئة في الشكل الخارجي للإعاقة ويعتمد على الخصائص الجسمية والتشريحية

والفسيولوجية لكل من المنغولية ، والقصاع ، والاستسقاء الدماغي وحالات كبر وصغر الجمجمة عند هذه المجموعات .

ومن الحالات التي تقع في هذا الإطار

١- المنغولية DOWNS SYNDROME

وقد سميت هذه الحالة بهذا الاسم نسبة إلى عالم إنجليزي هو (JHONDOM) وتضم هذه الحالة حوالي ١٠% من حالات الإعاقة العقلية منها المتوسطة والشديدة ويمكن لنا أن نعرف هذه الحالة خلال عملية الولادة وقبلها ويتميز أفراد هذه الفئة بالتشابه في الشكل الخارجي بشكل كبير ونسبة الذكاء لدى هؤلاء الفئة من (٢٥- ٥٠) ونادراً ما تصل نسبة الذكاء لدى بعضهم إلى ٥٠-٧٠ ويتميز هؤلاء بعرض الرأس ، قلة الشعر وجفافه وخلوه من التجاعيد وعيونهم ضيقة ، أنوفهم قصيرة ، أكتافهم عريضة ، أصابعهم قصيرة ، يتأخرون بالكلام ، ونموهم الحركي بطيء . وأسباب هذه الحالة يرجع لخلل في الكر وموسوم (٢١) وكذلك تعرض الأم للأمراض المعدية كالسل الزهري وغيرها.   (العزة ، ٢٠٠)

٢- القماءة أو القصاع GRETINSM

وسبب هذه الحالة يعود لعدم أو ضعف إفراز الغدة الدرقية الأمر الذي يعمل على إحداث تلف في الدماغ ، وبالتالي حدوث مثل هذه الحالة ، أما بالنسبة لذكاء هذه الفئة فلا تتجاوز الـ ٥٠% وطول أفرادها لا يتجاوز ٦٠ سم مهما بلغ من العمر وتتميز هذه الفئة بـ

١- ضعف النمو اللغوي

٢- الشفاه تكون غليظة

٣-الرقبة سميكة وقصيرة

٤- تسقط أسنانهم في سن مبكرة

٥- تفاعلهم الاجتماعي ضعيف ومعدوم

٦- شعورهم خشنة ، وألسنتهم ضخمة ، وبطيئي الحركة

٧- أعمارهم قصيرة في غالب الظروف ، وهم كسالى وخاملون

٣- استسقاء الدماغ   HYDROCEPHALY

ويتميز أصحاب هذه الحالة بكبر الرأس وتضخم جباههم بسبب زيادة إفرازات السائل المخي الشوكي وهذا السائل يضغط على الدماغ فيعمل على تلف في المخ ، وتظهر الحالة على الطفل في الأسابيع الأولى مـن الـولادة وتتميـز هـذه الفئـة كذلك بشكل الـرأس الشبيه لحبة الكمثرى المقلوبة ، ومحيط الجمجمة يكون مـن ٥٥-٧٥ سـم ، وجلد الـرأس يكون مشـدوداً ويحصل لهؤلاء حالات من الصرع وسبب هذه الحالة تعرض الأم في فترة الحمل لداء الزهري أو السحايا . (العزة ، ٢٠٠١)

٣- صغر الدماغ   MICROCEPLALY

وما يميز هذه الفئة صغر حجم الرأس كذلك الجمجمة الصغيرة حيث يكون شكل الرأس مخروطاً وجلد الرأس متجعداً وضعف النمـو اللغوي ، كـما أن كـلام هـؤلاء يكـون غـير واضح ويصابون بحالات لتعرض الأم لأمراض كالزهري والتعرض لأشعة X أو صدمات كهربائية وعـدم نمو المخ بشكل طبيعي ، ومن الممكن أن يكون سبب هذه الحالة وجود أحد الجينـات المتنحيـة وتكون حالة هؤلاء بين الإعاقة العقلية المتوسطة والبسيطة . (العزة ، ٢٠٠١)

٥- حالات اضطرابات التمثيل الغذائي (PKU)

ومكتشف هذه الحالة الطبيب النيروجي في عـام ١٩٣٤ وهـي حالـة يرجـع سببها إلى اضطراب في عملية التمثيل الغذائي ناتج عن فقدان أنزيم يفرزه الكبد .

وتتميز هذه الفئة بنعومة الجلد والرأس يكون عندهم ذا حجم صغير في بعض الحالات ونسبة ذكاء هذه الفئة تقدر بـ ٥٠ درجة أو اقل يميلون للعدوانية والعصابية (عبيد، ٢٠٠٠)

وهناك حالات أخرى مثل كبر الدماغ وحالة عامل الريزبيسي الناتجة بسبب اختـلاف دم الأم عن دم طفلها حيث يحدث للطفل تسمم في دمه، وكذلك حالة العته العائلي الذي يحـدث بسبب عدم نمو الجهاز العصبي بشكل سليم .

التصنيف الاجتماعي

ويعتمد هذا التصنيف على مبدأ التكيف الاجتماعي وعلى إمكانية الفرد الاعتماد على نفسه في إدارة شؤونه بناء على استخدام مقاييس للنضج الاجتماعي والسلوك المتكيف من اجل أن يعبر الشخص عن مستوى التكيف الاجتماعي . والمعاقون عقلياً من فئة المورون MORON كثيراً ما يكونون على درجة مقبولة إلى حد ما اجتماعياً، حيث يستطيع الفرد المحافظة على حياته ، في حين أن الأبله لا يمكنه أن يتكيف اجتماعياً مع المجتمع من حوله فهو يعتمد كلياً على من حوله من شؤونه ويكون بحاجة دائماً إلى المساعدة . أما المعتوه فهو غير قادر كلياً على إدارة شؤونه بأي حال من الأحوال ، وبالتالي هو غير متوافق لأي درجة اجتماعياً ،وهو بحاجة إلى رعاية وعناية ومتابعة مستمرة .

* التصنيف التربوي

قسم رجال التربية المعاقين عقلياً من الناس إلى أربع فئات حسب قدرتهم على عملية التعلم وهذه الفئات هي : -

١- فئة القابلين للتعلم ونسبة ذكائهم من ٥٠-٧٥

٢- فئة القابلين للتدريب من ٢٥-٥٠

٣- حالات العجز التام من ١-٢٥% وهذه الفئة تحتاج إلى رعاية من نوع خاص .

٤- فئة بطيئي التعلم أو الأغبياء ونسبة ذكائهم من ٧٥-٩٠ ويمكن أن تدرس هذه الفئة من خلال فصول التدريس العادية مع نوع من الرعاية الخاصة. (جميل ، ١٩٩٨ : ٢٧)

التصنيف السلوكي

ويعتمد هذا التصنيف على تقسيم المتخلفين عقليا إلى فئات حسب خصائصهم السلوكية الحاضرة والتي تتضح في نسبة الذكاء والسلوك التكيفي وقدرة هذه الفئة على التعلم وهذه الفئة تقسم إلى ما يلي:-

١- المورون : (MORON)

وهم أقل فئة في درجة التخلف العقلي حيث تقع نسبة الذكاء لدى هذه الفئة ما بين ٥٠- ٧٥ ويتراوح العمر العقلي لدى أفرادها في حد أقصاه ٧-١٠ سنوات

٢-الأبله : : IMBECILE

وهو ذو درجة متوسطة في نسبة الإعاقة العقلية وتأتي نسبة الذكاء لدى هذه الفئة ما بين ٢٥-٥٠ درجة وعمر هؤلاء العقلي في أقصاه ٣-٦ سنوات .

٣-المعتوه : : IDIOT

الفئة	نسبة الذكاء
المرون MORON	٧٥-٥٠
الأبلة IMBECILE	٥٠-٢٥
المعتوه IDIOT	٢٥-١

وهو أشد نسبة ودرجة الإعاقة العقلية ونسبة الذكاء لدى هذه الفئة متدنية جدا وتقع ما بين ١-٢٥ درجة ولا يتعدى أصحاب هذه الفئة في عمرهم العقلي ٢-٣ سنوات

التصنيف المتعدد الجوانب والأبعاد :

تعتبر مشكلة الإعاقة العقلية مشكلة متعددة الأسباب والجوانب والأبعاد .

وقد اعتمد هيبر HEBER (عام ١٩٦٢) في تصنيف له للمتخلفين على أمرين أساسين هما:

- الذكاء
- السلوك التكيفي :

وقد سمي تقسيم هيبر هذا بالتقسيم ذي البعدين .

وقد قام هيبر بتقسيم الإعاقة إلى خمس مستويات تبدأ بالتخلف العقلي وتنتهي بالإعاقة العميقة والأساسية ووضع نسبة للذكاء لكل مستوى ولكل فئة ثم أوجد الانحرافات المعيارية لنسب الذكاء ثم وحدات الانحراف المعياري للسلوك التكيفي .

وقد بين هيبر في تصنيفه ذي البعدين أن الغرض الأساسي من هذا التصنيف هو الوصول إلى شيء من التجانس ما بين أصحاب الفئة الواحدة لكي نعاملها كمجموعة واحدة لا سيما وان مفهوم الإعاقة العقلية ينطبق على عدد لا بأس به من الأشخاص الذين يختلفون في خصائصهم النفسية والاجتماعية.

لهذا كان من الضروري تصنيف المعاقين إلى فئات متعددة أكثر تجانسا من أجل القدرة على تحديد حاجات هؤلاء وبالتالي السهولة في معرفة أساليب رعايتهم والاهتمام بهم والمحافظة عليهم نفسيا واجتماعيا ومهنيا وصحيا وتربويا .

الخصائص السلوكية للمعاقين عقليا :

أولا : الخصائص الأكاديمية لفئة القابلين للتعلم : -

إن فئة المعاقين القابلين للتعلم لا يستطيعون الاستفادة من البرامج التربوية التي توجد في المدارس العادية بنفس الطريقة التي يستفيد فيها الأسوياء ، إلا إذا توافرت في هذه المدارس طرق تعليمية مناسبة وأكثر ما يمكن تعليمه لهؤلاء ما يعادل مستوى الصف السادس والسابع تقريبا .

والمعاق في هذه الحالة يكون لديه قصور أكاديمي بسبب القدرة العقلية العامة وهذا بالطبع يصاحبه ضعف في نمو الوظائف والعمليات العقلية وضعف في القدرة اللفظية، وصعوبة في الفهم والتذكر كما يصاحبه انخفاض واضح في مستوى التخيل والإبداع ونقل التعلم ، والتعلم العارض ، وفهم اللغة والتلميح وسنتحدث عن هذا في الصفحات القادمة. (السرطاوي ، ١٩٨٧) .

١ – التعلم العارض (غير المقصود) .

وهو تعلم يكتسبه المتعلم بطريقة غير مقصودة ، فالمتعلم يكتسب المعلومات والمهارات بطريقة غير مخطط لها ، المعاق عقليا يكون عاجزاً تماماً في عملية التعلم العارض إذا ما قورن بالأشخاص العاديين في مثل سنه .

وقد أشارت دراسات كثيرة منها دراسة صادق (١٩٦٤) على مجموعة من الأطفال المعاقين عقليا مقارنة مع الأطفال العاديين إلى وجود فروق واضحة ذات دلالة إحصائية عقليا والأسوياء في كل من التعلم المقصود وغير المقصود ولكن هذا لا يعمم لأن مجال الدراسة في التعلم غير مقصود .

إذن فالمتخلفون عقليا لديهم قصور واضح إذا ما قورنوا بالأسوياء في عملية التعلم العرضي ويرتبط هذا القصور بدرجة الإعاقة والسلوك التكيفي . (السر طاوي ١٩٨٧) .

انتقال أثر التعلم : -

يعاني الأطفال الذين لديهم إعاقات عقلية من قصور ملحوظ في نقل آثار التعلم في المواقف المتعددة ولكن حسب درجة الإعاقة .

وهذه الخاصية تعد من الخصائص المميزة للمعاق عقليا إذا ما قارناه مع طفل عادي، وقد يعود السبب في عدم معرفة الطفل لأوجه الشبه بين المواقف القديمة والمواقف الجديدة. (العزة ، ٢٠٠١) .

ومن ناحية الانتباه فالأطفال المعاقون عقليا يواجهون مشكلات واضحة في قدراتهم على الانتباه والتركيز فكلما زادت نسبة الإعاقة العقلية قل الانتباه والتركيز والعكس صحيح.

وقد لخص ماكميلان بعض الدراسات التي أجراها زيمان وتيرنر وسبتز في نقاط :

١- الأطفال المعاقون عقليا يعانون من ضعف وقصور في الانتباه والتمييز بين المثيرات من ناحية شكلها وألوانها وخصائصها ، لا سيما أصحاب الإعاقات الشديدة والمتوسطة.

٢- الأطفال هنا يعانون من الإحباط والشعور بالفشل وخاصة أصحاب الإعاقة المتوسطة والشديدة والإحباط هنا يكون واضحاً وملحوظاً .

٣- يعاني الأطفال المعاقون من صعوبة تسلسل سلم تعلم العمليات والمهارات وخاصة مهارات التذكر، من هنا على معلم التربية الخاصة مراعاة أسباب التنظيم والتبسيط لهؤلاء الفئة .

٤- هذه الفئة يقوم أصحابها بتجميع الأشياء وتصنيفها بطريقة غير صحيحة .

التذكر : -

التذكر من أكثر المشكلات التي يعاني منها الطفل المعاق عقليا مهما كان التذكر، سواء تعلق بالأسماء والأشكال أو الوحدات الخاصة الأخرى، وقد لخص كذلك ماكميلان نتائج دراساته فيما يلي :

١- قدرة الطفل المعاق عقليا تقل بالنسبة مقارنة مع الطفل العادي بالنسبة لعملية التـذكر والسبب في ذلك عدم قدرته على استخدام عمليات ووسائل تساعده في ذلك كـما عنـد الفرد العادي والذي لا يعاني من أي مشكلة عقلية .

٢- عملية التذكر لدى الطفل المعاق ترتبط بطريقة وعملية التعلم فكلما اقتربت عملية التعلم لدى الطفل من الأشياء المحسوسة استطاع التذكر بطريقة أفضل والعكس صحيح طبعا .

٣- عملية التذكر تمر في ثلاث مراحل هي : -

١- استقبال المعلومة   ٢- خزنها   ٣- إعادة إرجاعها

والصعوبة لدى الطفل تكمن في طريقة استقبال المعلومة وهذا يعـود إلى سـبب الضعف في الانتباه والتركيز لديه في حالة تلقي المعلومة ، (العزة ، ٢٠٠١) .

ثانيا : اللغة : (الخصائص اللغوية) : -

عملية التواصل تعتمـد علـى اللغـة والتـي تحـوي في إطارهـا مجموعـة مـن العمليـات كالاستماع والكلام والقراءة والكتابة والفهم ، واللغة إحدى جوانب الضعف والقصور التي يعاني منها الطفل المعاق ، كما أن مخزونهم اللغوي أقل مما يتوقع لعمرهم العقلي ومشكلة التعبيـر مصاحبة للإعاقة العقلية .

وقد وضحت الدراسات التي ثاب بها " سميل " وآخرون في عام ١٩٧٠ على مجموعة من الأطفال المعاقين عقليا والقابلين للتعليم بـأن المهارات الغويـة عنـد الأطفال المعاقين عقليـا والقابلين للتعلم والذين كانت نسبة ذكائهم ٧٠ درجة كانت أقل مـن نسبة المهـارات اللغويـة للأطفال العاديين ، وقد استنتج هؤلاء بأن الاختلافات في الأداء اللغوي بـين المتخلفـين والعاديين ليس فقط في المعدل بل في نسبة التوعية كذلك .

وقد بيت دراسات أخرى قام بها (مراهام) أن قدرة الأطفال المعاقين عقليـا في اكتسـاب قواعد اللغة ممكنة باستثناء الأطفال شديدي الإعاقة ، لكـن بدرجة أقل مـن درجـة اكتسـاب الأطفال العاديين لهذه المهارات .

وهناك مشكلات لغوية أخرى يتعرض لها المعاقون عقليا مثل مشاكل التأتاه والنطق وعدد المفردات اللغوية وضعف في القواعد الأساسية للغة ، وهناك علاقة بين درجة الإعاقة

ومظاهر الاضطرابات العقلية وبين اللغة واضطراباتها ، من هنا فإن البكم يشيع بين أفراد هذه الفئات لذلك نراهم يتكلمون كلمات غير مفهومة وغر واضحة ، ولا يوجد ترابط بين الكلام .

أما (كريمر ١٩٧٤ Cromr) فقد بيّن من خلال دراسات أجريت على تطور اللغة لدى المعاقين عقليا وقد خرج بما يلي :-

١- يتطور الأطفال المعاقين عقليا ببطء لغوياً

٢- المعاقون عقلياً يتأخرون في اللغة إذا ما قورنوا بالأطفال الأسوياء .

٣- قدراتهم المعرفية ضعيفة ، مثال ذلك فترة الذاكرة تكون عندهم ضعيفة .

ثالثا: الخصائص العقلية

مما لا شك فيه أن الأطفال المعاقين عقليا ينمون عقلياً بشكل أبطأ وأقل بالنسبة للطلاب العاديين ، وفي الوقت الذي ينمو فيه الطفل السوي سنة عقلية في السنة الزمنية، فإن الطفل المعاق ينمو تسعة (٩) أشهر أي اقل من سنة زمنية واحدة ، ثم إن نسبة ذكاء هؤلاء لا تتجاوز الـ ٧٥ ، وهذا يدل على أن للمتخلف ثلاثة أرباع القدرة العقلية بالنسبة للإنسان العادي الذي يتساوى معه في العمر ، ومن هذه الخصائص (الإدراك ، الانتباه، والتذكر ، عدم القدرة على التقييم ، التعبير عن الرغبات ، التأخر اللغوي ، الابتكار، التخيل) وهذه المجالات السابقة يعاني فيه المعاق عقلياً صعوبة واضحة .

من هنا فإن قدرة الأشخاص المعاقين عقلياً في الجوانب الفكرية والعقلية كالتركيز الانتباه ، والقدرة على التذكر تبدو ضعيفة وتشكل صعوبة بالنسبة للمعاق إلا إذا استخدم في تعلميه الأساليب والوسائل المحسوسة وإذا ما ابتعدنا عن التجريد والمعلومات المجردة.

رابعا : الخصائص الجسمية والحركية

يمتاز الأطفال والأشخاص المعاقون عقلياً ببطء في النمو ونقص في الطول والوزن وضعف العضلات وصغر في حجم الدماغ وبعض التشوهات في حجم الجمجمة وشكلها وكذلك تشوه أحياناً في حجم الأنف ، الفم والأطراف كما يعانون من ضعف في الجانب الجنسي- وضموره في الأعضاء التناسلية ، كما يكون لديهم ضعف وتأخر في نموهم الحركي في المشي- والحركة، كما أن هؤلاء يكونون عرضة للإصابة بالأمراض ، ويكون لدى

بعضهم ضعف وإعاقات في بعض الحواس كالسمع ،والبصر ـ والحواس الأخرى ، ولكن هذه التشوهات والإعاقات الحسية لا تكون متواجدة دائماً ولكنها تكثر عند بعض الفئات كالبلهاء ، المعتوهين .

ويشير المؤلف هنا إلى أنه مما سبق نلاحظ بأن فئة المعاقين عقلياً لا يتساوون في الحركة أو القدرات السمعية أو الحركية أو القدرات الجسمية فهم يختلفون في قدراتهم في المشي ـ والتآزر الحركي وضعف القدرة على التوازن في بعض الأحيان لذلك فهم في حاجة إلى برامج خاصة لتعليمهم المهارات المختلفة والنشاطات المناسبة ، والتي تمكنهم من الحياة بشكل أفضل .

خامسا : الخصائص الاجتماعية والانفعالية

يعاني المعاقون عقلياً من ضعف في قدراتهم على التكيف الاجتماعي مع من حولهم، يتصفون بصفات انفعالية واجتماعية تتضح من خلال قدراتهم العقلة ، وقد وجد أن الطفل المعاق عقلياً يحب الانسحاب ويميل إلى التردد ، والسلوك التكراري، كما يكون لديهم حركة زائدة ولا يملكون القدرة على ضبط انفعالاتهم وحركاتهم ،وهم كذلك ضعيفو القدرة على بناء علاقات اجتماعية تغيرهم من الأطفال العاديين ، كذلك فهم يميلون إلى الانطواء والميل للعب مع الذين هم أصغر منهم سناً ، وقد أشار دونسين عام ١٩٦٧ إلى أن الطفل المعاق يكون أحياناً هادئاً وحسن التصرف وسلوكه يكون جيداً ، كما أنه قنوعاً ويرضى بإمكاناته المحدودة ، فهو مطيع ومستحب إذا ما عاملناه كالطفل الصغير غير أنه يغضب بسرعة ، ويرضى أيضاً بسرعة، ويمكن أن نؤثر على استجاباته بسرعة.

إن سبب ضعف قدرة الطفل والشخص المعاق على عملية التكيف الاجتماعي قضية مهمة دفعت بعض المتخصصين لاعتبار قدرة التكيف الاجتماعي مع الآخرين أمراً مهماً في تصنيف المعاقين عقلياً ، لأنهم غير قادرين على تكوين مفهوم واضح للذات ولا يقدرون على تحمل المسؤولية كما أنهم لا يهتمون بنظافتهم الشخصية وينظرون نظرة سلبية لذواتهم وشخصياتهم .

والمؤلف يريد أن يلخص ما مضى بشيء من التعليق فيقول ولا يعني هذا على الإطلاق ، بل إن هناك نسبة لا بأس بها من فئة المعاقين عقلياً لديهم القدرة على التكيف

الاجتماعي إلى حدٍ ما وخاصة فئة الإعاقة البسيطة فكثير منهم يستطيع الاعتماد على نفسه، ولدى بعضهم القدرة على تكوين حصيلة لغوية لا بأس بها كما أنهم قادرون على المحافظة على نظافة أجسامهم وملابسهم وتناولهم لطعامهم بشكل مناسب ولكن إذا ما قدمت لهم الأساليب التعليمية والتربوية التي تتناسب وحاجاتهم وإمكاناتهم وتتفق وقدراتهم وظروفهم الخاصة .

من الناحية المهنية فهناك بعض المعاقين القادرين على القيام ببعض الأعمال البسيطة التي تتناسب مع قدرتهم ومع حجم مشكلتهم . .

سادساً : الخصائص الشخصية

ترجع بعض مشاكل المعاقين عقلياً الاجتماعية والانفعالية منها إلى المعاملة التي يعامل بها الآخرون هذه الفئة من الناس في المواقف الاجتماعية فقد يوصف بالجنون أو الغباء أو التخلف وغيرها من المسميات التي تعمل على إكساب الفرد المعاق مفهوماً نحو نفسه وذاته، الأمر الذي يرجع عليه بضعف كبير في شخصيته واحباطات واضحة ، وهذا سببه ضعف في الدافعية في التعامل مع الآخرين ، وأشارت كثير من الدراسات لوجود شعور سلبي لدى المعاقين تجاه أنفسهم بسبب ضعف قدراتهم الأمر الذي يكون مفهوماً سلبياً لذواتهم .

ويشير الباحث إلى أنه من خلال استعراضه وحديثه عن خصائص المعاقين عقلياً نجد بشكل عام أن المعاقين عقلياً يعانون من قصور وضعف قد يبدو واضحاً وحسب نوع الإعاقة ، ونسبتها ، من مجالات متعددة ومتنوعة كالقدرات الأكاديمية والعقلية والقدرة على التعبير والتركيز ، كما أن قدراتهم الاجتماعية والانفعالية والشخصية تتفاوت وتضطرب وتختلف من موقف لآخر ، ومن هنا فإن هذه الفئة من المجتمع إذا ما روعيت ظروفها الخاصة فإننا نستطيع أن نخفف من دواعي القصور لديهم لنعيد لهم بعض الثقة بأنفسهم وإعادة تكوين مفهوم مناسب بالنسبة للذات .

الإعاقة العقلية في المحيط الأسري

لا شك أن والدي الطفل أو الشخص المعاق هما اللذان تقع على عاتقهم مسؤولية تلبية مطالب المعاق وحاجاته الأساسية ، ولكن عندما يعجز الآباء عن تلبية مطالب أبنائهم فإنهم

يلجأوون لمن يساعدهم في ذلك من المؤسسات الاجتماعية والخاصة والتربوية، حيث يقدم المجتمع الخدمات الرئيسية والضرورية من خلال مؤسساته المتخصصة من خلال برامج تربوية وعلاجية وتدريبية فالمراكز والمؤسسات تتكفل في هذا المجال إلى أن تحدث تحسناً في مستوى المعاق ثم تعيده إلى الأسرة لتكمل مهمة تربيته وتعلميه والاعتناء به، ويجب معرفة حاجات الطفل المعاق ومستوياته ومقدار العناية التي يحتاجه وعلى الآباء الاتصاف بالثبات الانفعالي تجاه تعاملهم مع أبنائهم المعاقين ، فهناك بعض الآباء يحيطهم اليأس والشعور بالإحباط بسبب وجود طفل معاق لديهم ، وهم يشعرون بالذنب، وعلى أنه نوع من العقاب للأسرة، في حين أن بعضهم الآخر أقل شعوراً بالإحباط واليأس بل يعمل بكل طاقاته وخبراته ليخفف عن فلذة كبده ومساعدته ليصبح أكثر تكيفاً وأكثر تعلماً واقل شعوراً باليأس.

وفي نفس الوقت فقد يثير وجود طفل معاق في محيط الأسرة مشاكل كثيرة تنعكس على حياة الأسرة ، فتتخبط حياتهم ويسودها الشك والإحباط والتأنيب والمعاتبة وتدور في آذانهم أسئلة حائرة ومرّة منها ، ما معنى الإعاقة العقلية ؟ وهل هذا التشخيص صادق ؟ ولماذا أصيب ابننا بهذه الإعاقة ؟ وهل له علاج ؟ والى أين أذهب به ؟ وكثير من هذه الأسئلة التي تلقي بنفسها على كاهل الوالدين وربما لا يجد هؤلاء الإجابة التي تشفي غليلهم إلا عند الأخصائيين (حلاوة ، ١٩٩٩).

مشاعر وردود الأسرة في حالة وجود إعاقة عقلية لدى أحد أبنائهم

قد تتضارب المشاعر والردود بين الوالدين والأسرة ومن أسرة إلى أخرى وقد تظهر الردود التالية :-

١- الإنكار ، اللوم والتأنيب ، الحزن على الولد .

٢- الحداد ، الأسى ، اللوم ، مشاعر الإثم .

٣- التقبل .

وهذه الردود لا شك تتفاوت من أب لآخر ومن أم لأخرى، فهي تعتمد على جوانب كثيرة بالنسبة للأسرة ولوضعها الاقتصادي ومكانها الاجتماعي والثقافي وغير هذه الأمور .

وأما المشاكل الأسرية التي تطرأ بسبب وجود طفل معاق فهي متعددة ومختلة وهي تشكل ضغوطات نفسية على الأسرة بشكل مباشر وغير مباشر ومن هذه الضغوط والمشاكل:

١- عدم وجود وقت للاستعداد النفسي

٢- الإحساس بالضياع

٣- ممارسة سابقة وضعيفة أو غير موجودة

٤- منابع ضعيفة وقليلة للإرشاد النفسي

٦- نقص في السيطرة والشعور بالعجز

٧- التأثير العاطفي. (جميل، ١٩٩٨)

من هنا لا بد للأسرة من التعامل بحكمة واتزان وقبول الواقع والتعامل معه بعزيمة عالية فالحزن والأسى والإحباط واللوم والتأنيب لا يزيد الأمر إلا تعقيداً وسوءاً ، لذا فإن هذا القدر إذا وقع لشخص ما فما عليه إلا أن يحمد الله ويتقبل ذلك بنفس راضية وهمة قوية ويسعى بحكمة واتزان للتعامل مع هذه المعضلة بكل أمانة وبكل جد وعمل .

وهنا لا بد من دخول الخدمة الاجتماعية والمهنية للتدخل في المجال الاسري بشكل عام في :-

١- مساعدة الأسرة على القيام بأدوارها المختلفة والتي تنعكس إيجابياً على تقدم المجتمع ورقيه .

٢- توجيه الأسرة وإرشادها للأساليب السليمة في التنشئة الاجتماعية والأسرية السليمة .

٣- مساعدة الأسرة على تخطي الصعاب والعقاب والمشاكل التي يواجهها وتعوق أدائها لدورها المجتمعي .(حلاوة ، ١٩٩٩ ، ١٣٦)

دور الأهل في تطوير الطفل المعاق عقلياً وتدريبه

من المهم أن يعرف الوالدان كيف يدربان طفلهما المعاق وكيف يتعاملان معه ليساعداه على أن ينمو بشكل افضل بما يتيح له أقصى إمكانياته للتعلم ، ومن خلال تلقي الوالدين لبعض التعليمات والإرشادات فإن ذلك يساعدهم على القيام بأعمالهم تجاه ولدهم بشكل افضل وصورة أنسب .

وعند انتقال الطفل لمراكز التدريب لا يعني هذا أن يترك الوالدان المسؤولية على عاتق المركز أو المؤسسة التعليمية بل لا بد من المتابعة والاطلاع المستمر لمدى تقدم ولدهم ونموه بشكل جيد ، وليس المركز هو المسؤول عند تأهيل ابنهم المعاق بل على العكس لا بد من تواصل الوالدين والأسرة مع المراكز ليستفيدوا من خبراتهم من أجل أخذ التعليمات والإرشادات التي تمكنه من متابعة ابنهم في البيت بشكل سليم وبصورة صحيحة.

لذلك لا بد من أن يجتمع الأهل بالمركز من خلال طريقة تواصل بينهما ، والمركز يلتقي مع الأسرة في مجالات ثلاثة :-

١- اللقاءات بالمركز كاملة

٢- أن يلتقوا بإحدى الصفوف

٣- اللقاءات الفردية

ولا بد كذلك من زيادة المتابعة من قبل الأهل ووجود اللقاءات في يوم مفتوح ، والاستفادة من مجلس الآباء العاملين فالواجب مشترك بين الطرفين الأسرة من طرف والمركز من طرف آخر وكل هذا التواصل الإيجابي والمخطط له بشكل ممتاز يعود بالفائدة الإيجابية على الطفل المعاق ويكون سبباً له في التخفيف من حجم مشكلته التي يعاني منها .

الإرشاد النفسي للأسرة

يسبب المعاقون عقلياً مشاكل متعددة لأسرهم، منها النفسية ومنها المادية ومنها الاجتماعية ،وهنا يأتي دور الإرشاد الأسري لأسر المعاق من أجل مواجهة مثل هذه المشاكل والمصاعب المختلفة ،ويرى بعضهم أن الإرشاد في هذا الجانب يمنح الوالدين أهدافاً فعالة في التعامل مع الكوادر المستمرة وتتضح أهمية الإرشاد الأسرى فيما يلي :-

١- مساعدة الأسرة على تقبل الصدمة

٢- تقديم خطط منظمة تساعد الأهل في الاعتماد على أنفسهم في مواجهة مثل هذه الصعوبات

٣- تذكر الأسرة بأهمية وضرورة العلاقات الأسرية الناجحة في التعامل مع الظروف الصعبة .

نسبة انتشار الإعاقة العقلية :

قامت هناك دراسات كثيرة للتعرف على مدى ونسبة انتشار الإعاقة العقلية ولكن اختلفت نسبة هذه الإعاقات وانتشارها من مجتمع إلى آخر كما أنها اختلف في المجتمع الواحد ويعود هذا الاختلاف إلى معيار قياس نسبة التخلف الفعلي المستخدمة في تعريفه ومنحنى التوزيع الطبيعي الذي يعد الأفضل في توزيع نسبة انتشار الإعاقة العقلية، والذي يقدر بـ ٣% وقد بين المنحنى ما يلي:

- حوالي ٢٦- ٦٨% من الناس يقعون بين درجتي الذكاء ٨٥-١١٥ ويطلق عليهم متوسطي الذكاء.
- حوالي ١٣.٥٩% يقعون بين درجتين ٧٠-٨٥ درجة وهم دون الوسط أي القابلين للتعلم وهم ذوي الإعاقات البسيطة.
- حوالي ٢.١٤% من الناس يقعون بين درجتي الذكاء ٧٠-٥٥ درجة وهم يمثلون التخلف العقلي المتوسط ويشار له TMR أي الفئة القابلة للتدريب .
- حوالي ٣% دون درجة ٥٥ وهم يمثلون التخلف العقلي الشديد SMR أي هم بحاجة إلى دور رعاية ليلية ونهارية.

ونسبة الذكاء المقدرة بـ ٣% هي نسبة نظرية تعتمد على نسبة الذكاء فقط وهي تتجاهل السلوك التكيفي وفي الولايات المتحدة تعتبر نسبة الذكاء للأطفال المعاقين والملتحقين بالمدارس ٣% أما نسبتهم في الوطن العربي الذي عدد سكانه ٨٠ مليون نسمة هي حوالي ٢ مليون.

برامج الرعاية الصحية

الرعاية الصحية ليست مقصورة على عملية العلاج الذي غالباً ما يخرج عن نطاق المسؤولية بالنسبة للمدرس ، ولكنها تشمل الجهود التي تبذل من اجل المحافظة على مستوى صحي مناسب بالنسبة للطفل المعاق ، كما تعمل على وقايته من المشاكل الصحية التي قد يصاب بها الأطفال المعاقون .

وحتى تنجح جهود المحافظة على مستوى مناسب من الصحة للأطفال المعاقين لا بد من الإلمام والمعرفة بماهية هذه المشاكل ،مثل الحصبة ، مرض السكر ، وسنعرض فيما يلي بعض المشكلات التي يتعرض لها الأطفال المعاقون والتي نواجهها خلال العمل معهم .

إن الأطفال المتخلفين عقلياً عرضة كغيرهم من الأطفال للإصابة بمشاكل صحية متعددة وبالأمراض المختلفة، ناهيك عن المشكلات التي ترتبط بالجوانب الجسمية والعجز فيها، ومن الأمراض التي يتعرض لها الأطفال المعاقون في مثل هذه الأعمار أمراض الفم والأسنان والتي تعتبر مهمة ضرورية في مجال الرعاية الصحية. (الشناوي ، ١٩٩٧)

التحصين (الحصانة) ضد الأمراض

لقد كانت نسبة الوفيات لدى الأطفال، وحتى وقت قريب كبيرة جداً؛ بسبب الأمراض التي كانت تفتك بأجسامهم دون وجود أي جانب الوقاية أو العلاج منها ، إلى أن شهد العصر تقدماً ملحوظاً في مجال الطب ، مما أدى لإنتاج مجموعة من اللقاحات والمطاعيم لتهاجم مسببات المرض ، فهناك الآن مجموعة كبيرة من اللقاحات تقدم للأطفال لحمايتهم من التعرض للأمراض مثل الجدري، الدفتيريا، والحصبة الألمانية، النكاف ، السعال الديكي كذلك التهاب الكبد الوبائي، وغيرها من الأمراض التي قد تصيب الطفل، ولكن يجب أن تعطي هذه اللقاحات هذه الأمصال حسب حاجة الفرد مع مراعاة الظروف الصحية الأخرى، فهناك حالات لا يمكن إعطاؤها لقاح السعال الديكي لأن مشاكل تنتج عنه، ولذلك لا بد من استشارة الطبيب المختص في ذلك .

فلا بد إذاً من إعطاء الطفل كافة اللقاحات المطاعيم والأمصال التي قد تحميه من مشاكل وأمراض صحية قد تعيق تقدم سير حياته، ولكن تكون هذه اللقاحات بعناية ومتابعة حالة المريض من قبل الطبيب المختص فهناك استثناءات لا يمكن إعطاؤها بعض اللقاحات أو المطاعيم التي قد تضر سلباً بصحة الطفل .

وكذلك هناك المشاكل الصحية التي يسببها عدم الانتظام في الطعام وعدم تناول الوجبات المتنوعة ، وهناك كثير من الأطفال المعاقين لا يظهرون الاهتمام بجانب الطعام الأمر الذي يعود على صحة المعاق بالسوء والمرض . وهنا لا بد للأم من إثارة هذا الطفل نحو الطعام ليحبه، وبالتالي يتعود على تناوله بعد ترسيخ نوع من الدافعية عند الطفل لدى

تناول الطعام، وهناك أطفال تكون لديهم عناد في تناول بعض الأطعمة، بحيث يكون طعامهم غير متنوع، الأمر الذي يعود عليهم بالضرر الصحي وتعب أجسادهم وإرهاقهم.

ومن ناحية أخرى، فقد يصاب الطفل بمشكلة زيادة الوزن بسبب قلة بذل الطاقة في مقابل الأكل والطعام الذي يقدمه له الوالدان والأسرة من باب التعاطف مع هذا الطفل، لذلك لا بد من إعداد البرامج المناسبة في الغذاء، لإعادة الطفل المعاق لوضعه الطبيعي ليستطيع الحركة، حتى يسهل التعامل معه.

فلا بد من مراعاة هذه الجوانب والظروف في حالة تقديم الطعام والوجبات للطفل المعاق حتى لا تكون لديه أية إشكالية سواء في قلة الطعام أو في زيارته.

أما بالنسبة للرعاية الصحية للفم والأسنان

فلا بد من توجيه برامج صحية تهتم بأسنان الطفل المعاق أملا في وقايته من أمراض التسوس واللثة التي يتعرض لها المعاقون بشكل كبير وحتى لا تزداد مشاكلهم النفسية حين يضاف لها أمراضاً جسمية أخرى كما أن حالات ومشاكل مرض الأسنان تعتبر منتشرة لدى هذه الفئة من الأطفال، فلا بد من أخذها بعين الاعتبار وتقديم ما هو مفيد لهذه الفئة المحتاجة.

وهناك نوع آخر من أنواع الرعاية الصحية والتي يمكن أن نقدمها للطفل المعاق، وهو ضرورة تدريب القائمين على رعاية الطفل على النواحي الضرورية للعناية، ويتم تدريبهم في المعاهد والمؤسسات الخاصة بذلك كما على الأسرة أن تكون واعية لجوانب التعرف مع الأطفال في حالة حدوث بعض النوبات من الصرع أو التشنجات الأمر الذي يقلل من احتمالية تعرض حياة الطفل للخطر، من خلال متابعة الطفل ومراقبة حركاته ودرجة حرارته ووضع قطعة من المطاط بين أسنانه حتى لا يؤذي أسنانه.

كما أن تنظيم البنية الصحية التي يتعلم بها الأطفال اللغة وغيرها من المهارات يعد أمراً ضرورياً للطفل المعاق، لذلك لا بد من توفر المعززات، والمثيرات المناسبة لتعلم الطفل، وتبين البحوث أهمية تنظيم البنية التعليمية، حيث إنها فنية ضرورية للمعلمين الذين يرغبون في تشجيع التواصل في غرف الصف، حيث لا بد من توفر النشاطات المختلفة والتي يرغب بها الأطفال المعاقون.

والتنظيم البيئي للغرف الصفية التي يتعلم بها المعاق يساعد في استخدام اللغة كونها وسيلة الحصول على الأشياء التي يطلبها الطفل ، وكذلك لا بد أن تحتوي هذه البيئة على كافة دواعي الأمن والسلامة بحيث لا يكون هناك عوائق تعيق حركة تنقل الطفل ويفضل وجود طبيب في مثل المؤسسات ودور الرعاية للأطفال المعاقين . (الخطيب ، ١٩٩٨)

الوقاية من الإعاقة

تزايدت أسباب معرفة الإعاقة أو الأسباب المؤدية للإعاقة الفعلية، وتلعب الوقاية دوراً كبيراً في هذه الأوقات ، حيث تعمل على التقليل من أسباب الإصابة بالمرض العقلي أو الإعاقة العقلية ، وهناك جوانب متعددة ، وفيما يلي عرض لهذه الجوانب التي تكون سبباً في الحد من انتشار الإعاقة العقلية :

١- يمكننا التعرف على بعض الحالات التي تؤدي للإعاقة العقلية والتنبؤ بها خلال عملية الفحص التي تجريها للمرأة الحامل ، من خلال فحص عينة من السائل الأمنيوني، فإن ذلك يساعد على معرفة الكروموسومات والجينات المتعلقة بحالات التخلف .

٢- التقدم في الأساليب الاكلينيكية الباثولوجية للتعرف على بعض حالات خلل التمثيل الغذائي عن طريق تحليل الدم والأنزيمات .

٣- التقدم في الطرق والأساليب الخاصة في التعرف على وضع الجنين وحالته باستخدام الموجات فوق الصوتية مما يساعد على اتخاذ الإجراءات المناسبة قبل عملية الولادة.

٤- التقدم في أساليب الولادة الأمر الذي يؤدي لتقليل الإصابة خلال عملية الولادة .

٥- التقدم في رعاية أطفال (الخداج) الذين يولدون قبل مدة حمل ٣٨ ساعة أسبوعياً أو بوزن منخفض وانتشار مثل هذه الخدمات .

٦- التقدم في مجال التشخيص ضد الأمراض بشكل خاص ضد الحصبة الألمانية وتحصين الحوامل ضد الثيتانوس بالإضافة إلى باقي التحصينات التي تعطى للأطفال أو الأمهات .

٧- التقدم في علوم التغذية مما يساعد على توفير وجبات غذائية خالية من بعض العناصر التي لا تتواجد فيها أنزيمات لاستكمال تمثلها الغذائي .

٨- الاهتمام بجانب الوقاية من الحوادث سواء في مرحلة الطفولة أو غيرها من المراحل وتوعية الأسرة بذلك .

٩- التقدم في علاج أمراض الأطفال مثل الحميات وغيرها والتي كانت أسباب التخلف تحدث نتيجة لها ،ووجود برنامج للتحصينات ضد أمراض الطفولة .

ومن هنا فإن مظاهر الوقاية السابقة تعتبر أحد أسباب تقليل نسب الإصابة بالإعاقة العقلية، الأمر الذي يستدعي التمثل لها والأخذ بها أملاً في إنجاب أطفال أفضل بإذن الله تعالى. (الشناوي ، ١٩٩٧)

مناهج وأساليب تدريس المعاقين عقلياً

أساليب تدريس المعاقين عقليا:

الطفل المعاق كثيراً ما يمكنه الحياة بصورة منفصلة عن الآخرين وممارسة عمل أو مجال يتكسب منه والنجاح في الحياة لا يعتمد فقط على ذكاء الفرد بل يعتمد على القدرات المختلفة أو النضج الانفعالي الاجتماعي والنشاطات المختلفة ، وقد يكون ذكاء الطفل محدوداً ، وبناء على ذلك فإن الطفل يجب أن يتعلم بشكل فردي وبأكثر من طريقة من أجل أن يصل لصورة حقيقية لإمكاناته حتى يمكن تطورها وإنمائها .

وعلى من يتعامل مع الأطفال المعاقين أن يتعاون لمساعدة هذا الطفل ويعمل على تدريبه وتحسين قدراته وإنمائها بشكل حميد .

وفي قضية الوراثة لا يمكن أن نحسن أي شيء بالنسبة للطفل المعاق ولكننا نستطيع أن نقدم له أي شيء في عملية النمو والاستجابة عن طريق تدريبات خاصة وبرامج عديدة ومنوعة ، وكلما حصل الطفل على رعاية سنوات مبكرة من عمره فإنها ستكون أجدى وأفضل وأكثر استجابة بالنسبة للطفل المدرب .

ومن هنا فمن الضروري إعداد مناهج وبرامج تدريبية متعددة، حيث يدرس المنهاج بصورة فردية وتعمل على بناء خطة تدريبه فردية تقدم للفرد .

الاتجاهات الحديثة في تعليم المعاقين عقلياً

ترنو الاتجاهات الحديثة في تعليم الأطفال المعاقين لتخطي وتعدي الضعف والعوائق التي تكون في طريقهم بحيث تقدم لهم برامج تعوضهم وتساعدهم على تعلم المهارات

الضرورية ، كما تساعدهم في الجوانب الأكاديمية والشخصية والاجتماعية وطرائق التـدريس العادية لا تناسب هذه الفئة وهم يحتاجون إلى طرق تستدعي :-

١- تعديل مستوى التدريس

٢- تغيير الأهداف التربوية

٣- تغيير البنية التعليمية

٤- إنشاء بنية خاصة لعملية التعلم حسب نسبة الإعاقة . (العزة ، ٢٠٠١)

الاتجاهات الحديثة عمل على مبادئ عدة منها :-

١- مبدأ العادية في الخدمات : بتوفير ظروف حياتية مناسبة للمعاق وإعطائهم المجال للتفاعل مع الآخرين .

٢- مبدأ الدمج : وهو حق المعاقين في العيش في مجتمعاتهم كبقيـة الأشخاص الآخـرين ، ودون تحيز ضدهم .

٣- الاتجاه نحو مشاركة الأهل

٤-الاتجاه نحو التدخل المبكر

٥-الاتجاه نحو المنهجية السلوكية

٦- الاتجاه نحو مبدأ التسميات ، بمعنى الابتعاد عن المسميات.

٧- الاتجاه المبني على المجتمع المحلي : بزيادة مشاركة المعـاق في الحيـاة الاجتماعية بشكل بسيط .

٨-الاتجاه نحو مبدأ الحقوق الإنسانية : بضرورة توفير فرص التعلم والتـدريب والعمـل حسـب قدراتهم وإمكاناتهم الموجودة . (عبيد ، ٢٠٠١)

*المقومات الأساسية لتربية المعاقين ذهنياً

تربية المعاقين ذهنياً لا تخرج في مضمونها عن تربية ذوي الحاجات الخاصة وأهم هـذه المقومات :-

١- أهمية التربية المبكرة : حيـث تعتبر التربيـة المبكرة بمثابة الوقايـة مـن الإعاقة تحـد مـن مضاعفاتها .

٢- التسوية : أي معاملة الطفل كالطفل السوي دون حماية مفرطة

٣- الدمج مع الأسوياء

٤- تفريد التدخل

٥- العمل مع مجموعات صغيرة

من المبادئ العامة التي تتصل بتربية المعاقين عقلياً

١- الاعتماد على المحسوس : أي اعتماد الأشياء المحسوسة في عملية التربية والتعليم والتـدريب والبعد عن المجرد .

٢- الاتصال المباشر بالأشياء

٣- الانطلاق من المألوف

٤- التركيز على الجوانب التي تعلمها الطفل

٥- عدم إطالة حصص النشاط والتعلم .

٦- التركيز على النواحي العملية للمواد المدرسية

ما الذي يجب أن نعلمه للأطفال المعاقين ؟

والإجابة عن هذا السؤال تقوم على عدة أبعاد هي أبعاد المنهاج والتي تضم مهارات متعددة .

١- المهارات الاستقلالية : مهارات الحياة اليومية ، الذاتية

٢- مهارات حركية : الكبيرة والدقيقة

٣- المهارات الأكاديمية : قراءة ، كتابة ، رياضيات ، مفاهيم

المهارات اللغوية

١- التهيئة المهنية

٢- المهارات المهنية

المهارات الاجتماعية

١-السلوك

٢- العادات

* مهارات الأمن والسلامة

* مهارات اقتصادية

١- التعامل بالنقود

٢- المبادئ

محتويات برامج المعاقين عقلياً

١- محتويات برامج صغار السن

-الأناشيد -الموسيقى -المحادثة وسرد القصص – الرسم

٢- الألعاب الرياضية – الزيارات – الألعاب المختلفة المحدودة

٣- الطبخ البسيط – الألعاب الحرة .

ب- محتويات برامج الأطفال الأكبر عمراً

بالإضافة لما سبق يطبق المؤلف ما يلي:-

١- المحادثة ، العلوم الطبيعية ، الطبخ ، النشاط الرياضي

٢- الموسيقى ، الحركة

٣- الأعمال اليدوية (إنتاجية) ، مشاهدة التلفاز ، الاستماع للبرامج الإذاعية ، عرض الأفلام، الشرائح .

٤- السباحة ، الأنشطة الخلاقة .

تنظيم البرامج

ينظم البرنامج في المراحل المختلفة كما يلي :-

١- قبل سن المدرسة ، اقل من ٦ سنوات ، تنمية قدرة الأفراد العقلية ، والاجتماعية مـن خلال اللعب الحر .

٢- الصفوف الابتدائية الدنيا ٦-١٠ سنوات ، السن العقلية ٣-٦ حيـث يتم الاستمرار في تنمية القدرات العقلية والاجتماعيـة عـلى مستوى نظري أعـلى عـن طريـق اللعـب والعمل ولفترات قصيرة .

٣- الصفوف الابتدائية العليا ١٠-١٣ سنة تـدريس مواضـع عمليـة وخبـرات متعـددة مـن الحياة اليومية .

٤- الصفوف الثانوية ١٣-١٦ سنة ، السن العقلية ٨-١٢ ، ويدرس فيها مواضيع عملية للإعداد للحياة بعد المدرسة .

٥- مرحلة ما بعد المدرسة ،التوجه للتكيف الاجتماعي والمهني في المجتمع (عبيد ، ٢٠٠٠)

أسس رعاية المعاقين

وتتلخص أسس متابعة المعاقين عقلياً في : التشخيص المبكر ورعايتهم بشكل منظم سواءً في المؤسسات الخاصة أو في منازلهم وبيوتهم ، ولكن يكون هذا تحت الإشراف الدائم، وكذلك لا بد من مساعدتهم على تدبير شؤونهم الخاصة بهم .

وتلتزم عملية تعلم المعاقين عقلياً مراعاة المكان اللازم ليتم تعليمهم ،كذلك الاهتمام بالوقت اللازم لحركتهم ، والأمور التي يريدون تعلمها كالملاحظة والتسجيل وتقديم تقارير المتابعة وتقويم نموهم من جهة الاستقرار النفسي والتفاعل والتواصل والإدراك .

أما أهم المبادئ التربوية لتعليم المعاقين عقلياً فتكمن فيما يلي :-

١- استغلال نشاطاتهم الطبيعية وتنمية أفكارهم ومعارفهم من خلال الإدراك وتدريب الحواس، وعملية مراعاة أسس الربط والتركيز ، ومراعاة الفروق الفردية في تعليم هذه الفئة من الأشخاص ، كما يتم هنا التركيز على الصفة الوظيفية للتعلم وتأكيد أهمية تدريب الحواس، والانتباه وأهمية التربية البدنية والرياضية وأهمية العمل اليدوي والفن وضرورة اشتقاق معلومات من الخبرات الخاصة للمعاقين كما من الضروري القيام بتنمية مهارات النطق والحديث لدى هؤلاء وتعليم الذين يستطيعون منهم القراءة والحساب .

تصميم الأنشطة الخاصة بالمعاقين عقلياً

لا بد أن يؤخذ جانب المتعة ، والتشويق والابتكار والفاعلية بالاعتبار صياغة وتصميم أنشطة للمعاقين عقلياً وحتى تزداد نسبة نجاح هذه الأنشطة لا بد مما يلي:-

١- وضع أهداف محددة للأنشطة عند تصميمها

٢- يجب أن تكون هذه الأنشطة واضحة وسهلة وممكنة التطبيق ، وأن تكون مألوفة لدى التلميذ .

٣- أن تكون هذه الأنشطة مختصرة ومحدودة ، ويمكن للطفل القيام بها في غضون ٣٠ دقيقة .

٤- أن تكون متتالية ومتتابعة وغير متباعدة .

٥- توافر عنصر النجاح في الأنشطة ، لأن مشاكل الأطفال تكمن في تتابع الفشل .

٦- أن تشتمل تعليمات وتدريبات تعليمية متعددة بحيث تكون على شكل العاب متكررة .

٧- أن تكون الانشطة مرتبطة بالأهداف والمشاكل والمواقف التي يمر بها الطفل في حياته العملية .

٨- التنويع في النشاطات وترك مدة زمنية بين كل نشاط آخر

٩- أن تكون الأنشطة ذات طابع اللهو FUN والتسلية لتسهل عملية التعلم بالنسبة للأطفال

الإعاقة البصرية

لقد نالت الإعاقة البصرية اهتماماً كبيراً في الآونة الأخيرة، ويعود سبب الاهتمام إلى الاقتناع المتزايد في المجتمعات المختلفة بأن المعاقين بصرياً كغيرهم من أفراد المجتمع لهم الحق في الحياة وفي النمو بأقصى ما يمكنهم من قدراتهم وطاقاتهم ،السبب الآخر في الاهتمام بالمعاقين بصرياً نظرة المجتمع إلى هؤلاء المعاقين ، وأصبح النظر إليهم كجزء من الثروة البشرية مما يحتم تنمية هذه الثروة والاستفادة منها على أقصى حد ممكن .

إن حاسة البصر تلعب دوراً مهماً في عملية التفاعل بين الإنسان والبيئة ،وكذلك التعليم يتم عن طريق حاسة البصر وتتولى عملية التنسيق بين الحواس الخمس ، وكذلك فإن المعاق بصرياً يكون محروماً من هذه الأشياء .لذلك يجب وضع البرامج التربوية وغير التربوية المناسبة من أجل مساعدة هؤلاء على التغلب على هذه المشكلة أو التقليل من آثارها قدر الإمكان ، يجب أن نحدد الجهود الرسمية والشعبية للمساهمة في تقديم الخدمة لهم .

حاسة الإبصار

العين هي عضو البصر في الإنسان وتعرف باسم المقلة حيث توجد في تجويف خاص بالجمجمة وترتبط بعضلات تعمل على تحريكها في اتجاهات مختلفة، وتحاط بجفنين أحدهما علوي والآخر سفلي .

كيف يحدث الإبصار ؟

عندما يصل الضوء الصادر من البيئة على القرنية تكسر الأشعة لتمر من خلال الغرفة المائية من العين وتخترق الأشعة بعد ذلك العدسة الشفافة حيث يزداد الانكسار، وتغير شكلها لتكيف مع الضوء الصادر من الأشياء القريبة ، أو البعيدة وإذا كان الجسم قريباً ازداد تحديدها، وبعد أن يخرق الضوء العدسة تمر من خلال مادة هلامية لينتقل بعدها ويتركز على النقرة في الشبكية وتكون الصورة التي تصل النقرة مصغرة ومعكوسة أي الأسفل إلى أعلى والأعلى إلى الأسفل ويوجد في النقرة خلايا عصبية تسمى العصيات تنشأ الضوء ويحوله إلى نبضات كهروميكانيكية تصل إلى الدماغ عن طرق حزم الأعصاب البصرية تسمى العصب البصري وتنقل هذه الأعصاب إلى -الفصل الغذائي.

حيث يعدل وضع الصورة أي أن الضوء يكون بذلك قد دخل عالم الإدراك وعلى هذا نرى أن وظيفة الرؤية إلى الدماغ وليس العين إذ تعتمد سلامة الرؤية إلى حد بعيد على قدرة الدماغ على الجمع والتوليف بين الصور البصرية وبين المدخلات التي تصدر عن حاسة السمع وغيرها من الحواس .

ويظهر من كل هذا كفاية الجهاز البصري تقوم على سلسلة من التغيرات الجسمية والبيئية التي تؤثر على الوظيفية البصرية، ويتضمن وظائف الجهاز البصري حدة البصر- نسبة إلى قرب المسافة أو بعدها وضبط حركات العين ، وقدرات العين التكيفية ، وكفاءة الدماغ ، معالجة المعلومات البصرية وتفسيرها . (عيسى، ٢٠٠٠، القريطي).

وتحتوي كرة العين على الأجزاء الرئيسية التالية :-

١- القرنية : غلاف شفاف يحمي العين وهو نافذة أمامية للعين على العالم الخارجي.

٢- البؤبو

٣- العدسة : خلف البؤبؤ مباشرة وخلف القرنية مباشرة متعلق بأربعة ، يفيد شكلها ووضعها تبعاً لمدى الرؤية من أجل تركيز الأشياء الرئيسية في العين .

٤- القزحية : قرص ملون لحجب العدسة بصورة جزئية يتحكم بمدى اتساع الفتحة التي ينفذ منها الضوء إلى العدسة .

٥-   الشبكية : السطح الداخلي الكرة العين من الداخل وظيفتها كوظيفة الفلم ، آلة التصوير ، لكن الصورة المتكونة على الشبكية لا تنطبع أو تلتصق بها بل تردّ بالاتجاه المعاكس، لذلك نرى صوراً بصرية متلاحقة. (القريطي، ١٩٩٦)

الإعاقة البصرية

تمثل حاسة البصر لدى الإنسان أهمية خاصة في حياته حيث إنها تساعد على التفاعل الاجتماعي مع البيئة المحيطة بالإنسان، أي أن نعمة البصرـ تضفي على البشرـ وعلى الحياة معنى خاصا فشكرا لله على هذه النعمة .

ويواجه عدد لا بأس به من سكان العالم من مشكلة الإعاقة البصرية حيث إن آخر الإحصائيات والتي نشرت عام ١٩٩٨ م إلى عدد من يعاني من الإعاقة البصرية يبلغ حوالي ٢٠ مليون معاق وتبذل الحكومات جهودا مضنية وكبيرة في سبيل تربية المعاقين بشكل عام والمعاقين بشكل خاص ، وذلك لأن هذه الفئة لم تأخذ نصيبها من الدنيا بسبب ارتفاع تكاليف رعاية هذه الفئة ، لذلك يجب علينا مواطنين وحكومة أن نتعاون سوية للتخفيف من آثار هذه الإعاقة .

تعريف الإعاقة البصرية

استخدمت مصطلحات كثيرة للإشارة إلى الفرد الذي فقد القدرة على الإبصار منها أعمى ، ضرير ، عاجز ، فاقد البصر ،كفيف ، وأخيراً معاق بصري ويعود السبب في التغير في هذه المصطلحات إلى تغيّر نظرة المجتمع إلى المعوقين بصرياً

الإعاقة البصرية ، حالة من الضعف في حاسة البصر ، بحيث تحد من قوة الفرد على استخدام هذه الحاسة بفعالية واقتدار ، الأمر الذي يؤثر سلباً في نموه ، وتشمل هذه الإعاقة البصرية ضعفاً أو عجزاً في الوظائف البصرية . (العزة، ٢٠٠٠ ، ٩٤)

تعريف آخر :- الطفل الذي تحول إعاقته دون تعلمه بالوسائل العادية يكون بحاجة إلى تعديلات خاصة في المواد التعليمية وفي أساليب التدريس في البيئة المدرسية. (عبيد، ٢٠٠٠ ، ٩٧)

التعريف الطبي : المعاق بصرياً هو ذلك الفرد الذي لديه مشكلات في حدة الإبصار أي القدرة على التمييز بين الأشكال المختلفة على أبعاد معينة مثل قراءة الأحرف والأرقام

والرموز وهذه المشكلات تتمثل في عدم قدرة العين على أن تعكس الضوء بحيث يتركز على الشبكة وحدة الإبصار العادية ٦/٦ ، المكفوف طبياً هو ذلك الفرد الذي لا تزيد حدة البصر المركزي لديه ٢٠/٢٠٠ في العين الأفضل من الأخرى . (العزة، ٢٠٠٠ ، ٣٥)

التعريف الطبي

يعرف الطفل المعاق بصرياً تربوياً بأنه الطفل الذي يعجز عن استخدام بصره في الحصول على المعرفة ، كما أنه يعجز نتيجة لذلك عن تلقي العلم ، المدارس العادية وبالطرق العادية ، والمناهج الموضوعة للطفل العادي ، هذا وقد يكون الطفل مكفوفاً كلية وقد يمتلك درجة بسيطة من الإحساس البصري الذي يؤهله للقراءة البسيطة. (شفير، ٩٩، ٢٣٤)

التعريف الوظيفي

المعاق بصرياً من تبلغ درجة الإعاقة عنده من الحدة بحيث تحتم عليه القراءة بلغة بديل .

التعريف المهني

هو ذلك الشخص الذي لديه حدة بصر ـ تبلغ ٢٠/٢٠٠ أو أقل في العين الأقوى بسبب عجز بصره تؤدي إلى عجزه الاقتصادي .

ومن أكثر التعاريف المستخدمة حالياً تعريف بارجا الذي ينص على أن الأطفال المعاقين بصرياً هم الأطفال الذين يحتاجون إلى تربية خاصة بسبب مشكلاتهم البصرية ، الأمر الذي يستدعي إحداث تعديلات خاصة على أساليب تدريسهم والمناهج ليستطيعوا النجاح.

مظاهر الإعاقة البصرية

هناك العديد من مظاهر الإعاقة البصرية نجملها كالتالي :-

أولاً : حالة قصر النظر MYOPIA

تكون الصورة أمام الشبكية وليست على الشبكة ، وهي واحدة من مشكلات الابصار

مظاهر قصر النظر

١- عدم القدرة على رؤية الأشياء البعيدة

٢- زيادة درجة تحدب كرة العين

٣- تشكل صورة الأجسام المرئية أمام الشبكية .(الروسان ، ١٩٩٨)

ويمكن التدخل علاجيا بإحدى الطريقتين :-

أ- طرق حديثة باستخدام الجراحة أو المعالجة بالليزر لتقليل تحدب عدسة العين .

ب-استخدام طريقة تقليدية وهي العدسات المقعرة .

ثانيا : حالة طول النظر MYPERMENTMOPIA

صعوبة رؤية الأشياء القريبة ، لا البعيدة ، ذلك لأن سقوط الصورة في هذه الحالة يكون خلف الشبكية ، لأن كرة العين أقصر من طولها الطبقي ، وفي هذه الحالة يتم التدخل بالطرق الحديثة مثل استخدام المعالجة بالليزر ، أو النظارات الطبية المحدبة لأنها تساعد على إسقاط صور الأشياء على الشبكية نفسها . (العزة ، ٢٠٠٠)

ويؤكد المؤلف هنا على أن حالة طول النظر هي من المشكلات الكبيرة التي تواجه معظم الناس لما لها من آثار مهمة على الفرد.

ثالثا : حالة صعوبة تركيز النظر ASTIGMATISM

وهي أحد مظاهر الإعاقة البصرية التي تتمثل في الاختلافات والتباينات بين سمات وخصائص صورة الجسم المرئي كما تكون على الشبكية مقارنة بسمات وخصائص الجسم المرئي ، وتعتبر هذه الحالة من حالات عيوب النظر .

يتم العلاج بواسطة ما يسمى بالعدسات الأسطوانية حيث يتعامل مع الشعاع غير المنتظم فيعمل على تنظيمه ، أما اشهر الطرق الحديثة فهي زراعة القرنية .

رابعاً : اضطرابات القرنية CORNEAL DISORDERS

الإحساس بوجود أشياء غريبة في العين ، وقد تكون ذلك ناتجاً عن حوادث مختلفة وقعت للشخص ، أثناء حياته اليومية أو نتيجة التهابات في القرنية ،وتعالج هذه الاضطرابات حيث يأخذ قطرة خاصة بالعين أو مرهماً . ويمكن إجمال الخطورة لاضطرابات القرنية في حالة حدوث كثافة بيضاء تحجب الرؤية وتؤدي في بعض الحالات إلى فقدان البصر ،

ويكون الحل الأمثل في مثل هذه الحالة،الجراحة بزارعة قرنية . لذلك وجب علينا أن نحافظ على سلامة العين من هذه الحوادث المرضية ، أو أي التهابات بالمراجعة المتكررة لعيادة طبيب العيون .

خامسا : الحول STRABISMUS

عدم التوازن الناتج عن عدم القدرة على النظر والاتجاه نفسه يـؤدي ذلك إلى تشويش البصر . وهو أيضاً عبارة عن اختلال وضع العين أو إحداهما يعيق وظيفة الأبصار عـن الأداء الطبيعي ، ويكون إما خلقياً أو وراثياً، وكثيراً ما يكون ضعف عضلات العين واحداً مـن الأسباب الرئيسية للحول .

سادساً : الجلوكوما GLAUCOMA

ناتجة عن تلف أو ضمور في العصب البصري بفعل اختلال ضعف كرة العين، وزيـادة الضغط يؤدي إلى نتائج سلبية على العصب البصري ، فتكـون النتيجـة ملاحظـة وجـود هـالات زرقاء حول صورة الجسم المرئي .

سابعاً : الرمد الربيعي

حساسية عالية تصيب العين وحساسية عالية تصيب العين وإذا لم يعالج تؤثر سلباً علـى القرنية ، يكثر ظهورها في فصل الربيع ، حيث تكثر بذور اللقاح ، فينتج عـن ذلـك التهابـات قـد تؤدي إلى التأثير الشديد على القرنية . (الروسان ، ١٩٩٦)

ثامناً : حالة البهق

حساسية في العين ، ومعاناة من حساسية شديدة للضوء حيث إنهـم يفضـلون البقـاء في الأماكن المعتمة أكثر من الأماكن المضيئة . (عبيد ، ٢٠٠٠)

أسباب الإعاقة البصرية

تسقم أسباب الإعاقة البصرية

١- مجموعة أسباب ما قبل مرحلة الولادة

٢- مجموعة أسباب ما بعد مرحلة الولادة

أولا : ما قبل الولادة

أسباب العوامل الوراثية والبيئية التي تؤثر على نمو الجهاز العصبي المركزي بشكل عـام ومنها على سبيل المثال العوامل الجبينية وسوء التغذية وتعرض الأم الحامـل للأشـعة السـينية ، وتغير هذه العوامل والعوامل المشتركة ، إحداث أشكال مختلفة للإعاقة. (الروسان، ١٩٩٦)

المجموعة الثانية :-

العوامل التي تؤثر على نمو حاسة العين ووظيفتهـا الرئيسـية ، الأبصـار ، مثل العوامـل البيئية وسوء التغذية ، التي تؤدي بشكل مباشر أو غير مباشر إلى الإصابة بالإعاقة البصريـة . (العزة ، ٢٠٠٠)

وقد تمثل حالات قصر النظر ، أو صعوبة تركيز العين أو طوله أمثلة على مجموعة أسباب ما قبل مرحلة الولادة وأثناءها ، حالـة تمثل حـالات إصابة العـين بالمياه البيضاء أو التراخومـا واعتلال الشبكية الناتج عن مرض السكري ، أو التهاب القزحية أو القرنية ، أشار على مجموعـة أسباب مرحلة ما بعد الولادة والتي تشكل مجموعة أسباب ما قبل الولادة .

وفيما يلي عرض لأهم الأسباب المؤدية إلى مشكلات الإعاقة البصرية ابتداءً بالعوامـل مـا قبل الولادة وأثناءها ومن ثم العوامل ما بعد الولادة :

١- المياه البيضاء

تؤدي المياه البيضاء إلى صعوبة رؤية الأشياء تـدريجياً الأمـر الـذي يـؤدي إلى الإعاقـة البصرية الكلية ، وتغير العوامل الوراثية ، أو التقدم في العمر أو أشعة الشمس الحارة أو الحرارة الشديدة العوامل التي تؤدي إلى إصابة العين بالمياه البيضاء ، وتعمل الجراحة على إزالة الميـاه البيضاء من العين أو تركيب العدسات.

٢- انفصال الشبكية

إن الثقب الذي يحدث في الشبكية الناتج عن انفصال الشبكية عن جدار العين يؤدي إلى تجمع السائل ، وأهم الأمراض هذه الحالة الضعف في مجال الرؤية والآلام الشديدة ،وقد يعـود الانفصال إلى إصابات في الرأس وقصر النظر .

٣- السكري

إن الإصابة بالسكري تعود إلى عجز خلايا الجسم بصورة عامة عن الإفادة من السكر الموجود في الدم ، وذلك بسبب نقص هرمون الأنسولين ، والذي من مهمته هو مساعدة خلايا الجسم على امتصاص السكر من الدم ، وبذلك يصعب على الشبكية امتصاص الدم ، فيترتب على ذلك كف البصر التدريجي ، ونلاحظ الآن تناقص عدد حالات الإعاقة البصرية الناتجة عن مرض السكري ، بسبب التقدم الطبي وانتشاره في سن مبكر ، (الروسان، ١٩٩٦ ، عبيد ، ٢٠٠٠)

٤- التليف الخلف عدسي RETROL ENTAL FIRBMOLASIA

هذا المرض ينتج عن إعطاء أطفال الخداج كميات كبيرة من الأوكسجين مما يؤدي إلى تلف الأنسجة الواقعة خلف العدسة ، عند ذلك تتأثر الأوعية الدموية وتتلف الشبكية، وقد ينتهي هذا المرض بالعمى التام.

العين الكسولة AMBLY OPIA

تحدث في سن مبكر لم يتوصل الطب إلى سبب حدوث مثل هذه الظاهرة تحدث في عين واحدة وقد يشمل العينين ، ويجب معالجة اكس قبل بلوغ الطفل سن الثامنة أو التاسعة من العمر ، ويتمثل العلاج بإثارة العين بصورة عادية ، ذلك بتغطية العين الطبيعية ليستخدم الطفل المصاب العين الضعيفة . (الحديدي ، ١٩٩٨)

رأرأة العين NYSTAGMUS

الحركات من العين اللاإرادية تكون سريعة وقد تسبب الغثيان ويجب معالجة الطفل قبل بلوغه عمر التاسعة وهذه الحالة غير معروفة طبياً بشكل جيد .

قصور الأنسجة COLOBOMA

مرض وراثي يأخذ شكل بروز أو شق في الحدقة وتشوهات في أجزاء مختلفة من العين وعدم نمو الأجزاء المركزية المحيطة ، بالشبكية ويحدث نتيجة ذلك ضعف في البصر ـ وحول وحساسية للضوء .

التهاب العصب البصري

إن هذا الالتهاب تنتج عن بعض الأورام والإصابات التي تصيب العظام المحيطة بالعصب البصري ، فتؤدي إلى ضمور في العصب البصري ، وهذا يؤدي إلى فقدان الاتصال بين العين والمخ ، وقد يحدث الضمور العصبي نتيجة نقص الأوكسجين والحوادث ،وقد يكون هذا المرض أحياناً وراثياً ، وقد يؤدي إصابة العصب البصري إلى العمى التام .(الحديدي ، ١٩٩٨)

الحوادث وأسباب أخرى

إصابة العين نتيجة المشاجرات أو الضرب على الرأس أو العلم التي تستند فيها الحرارة كالأفران أو التي تكثر فيها الأتربة والغبار أو قد يكون نتيجة قلة الاهتمام بالنظافة الشخصية وخاصة نظافة العيون .

قياس وتشخيص الإعاقة البصرية

تتركز عملية قياس وتشخيص الإبصار على فئة المبصرين جزئياً من المعاقين بصرياً ، وقد يظهر الأشخاص الذين يعانون من مشكلة في أبصارهم بعض الدلائل التي تدل على صعوبة القدرة على الإبصار إذا ما قورن بالشخص العادي .

وقد يلاحظ ذلك المدرسون والآباء والأمهات ، وفي مثل هذه الحالات فإن تشخيص المشكلات البصرية يصبح ضرورياً ، وإذا ما اكتشف الآباء والمعلمون أن هناك مشكلة ما في الإبصار وجب عليهم عرض ذلك الأمر على الطبيب .

ويمكن الكشف عن المكفوفين من خلال الاختبارات التي تطبق عليهم ، حيث يمكن قراءة الكثير من الاختبارات بصوت مرتفع ويقوم المكفوفون بتسجيل إجابته عنها شفوياً، أو بطريقة بريل أو بكتابتها على الآلة الكاتبة .

ومن الممكن استخدام كثير من اختبارات الشخصية التي لا تعتمد على الوسائل البصرية لقياس شخصية العميان بعد تعديل يسير .

وقد تظهر بعض الأعراض على الطفل التي تدل على وجود بعض المشكلات في البصر ـ ويتمثل ذلك في :-

١- فرك العينين ودعكهما بصورة مستمرة

٢- إغلاق أو حجب العين بصورة مستمرة ، ويقوم بفتح الأخرى بشكل متكرر

٣- تحريك رأسه ومده إلى الأمام بطريقة لافتة للنظر كلما أراد النظر إلى الأشياء القريبة أو البعيدة .

٤- مواجهة صعوبات في القراءة أو في القيام بأي عمل يحتاج إلى استخدام العين عن قرب .

٥- صعوبة رؤية الأشياء البعيدة بوضوح

٦- كثرة التعرض للسقوط والاصطدام بالأشياء الموجودة في المجال الحركي البصري للشخص المصاب .

٧- عدم الاهتمام بالأنشطة البصرية مثل النظر إلى الصور أو القراءة .

٨- عدم إتقان الألعاب التي تتطلب تآزر حركة العين مع حركة اليد .

٩- تجنب الواجبات التي تتطلب من العين التعامل مع الأشياء عن قرب .

١٠- صعوبة الحكم على المسافات .(عبيد ، ٢٠٠٠ ، ١٤٩)

١١- يتعب بسهولة بعد تأدية المهمات البصرية

١٢- تدلي في جفون العين

١٣- شكوى مستمرة من ألم في العين

١٤- عدم تساوي حجم حدقتي العين

١٥- خروج إفرازات من العين مثل الصديد .(العزة ، ٢٠٠١ : ١٨٥)

أما إذا أردنا أن نقيس حدة الإبصار فيتم اللجوء إلى الأساليب التالية :-

١- لوحة سنلن

حيث تضمن هذه ثمانية صفوف من الأحرف وتناسب في حجمها مع المسافات ٦، ١٢، ١٨، ٢٤ ، ٣٠ ، ٣٦ م ، حيث يطلب من المفحوص أن يحدد اتجاه فتحة الحرف المشار إليه ، ويتم الحكم على قدرته على الأبصار بناء على الإجابات التي يعطيها .

وقد نستبدل الحروف في هذه اللوحة بدوائر ذات أحجام مختلفة ومفتوحة من جهـات مختلفة ، وعلى الشخص المفحوص أن يقوم بتحديد اتجاه الفتحة ويستخدم هذا النمـوذج مـن اللوحة مع الأطفال الصغار أو الذين لا يستطيعون القراءة ،قد وجهت انتقادات إلى هذه

اللوحة بأنها لا تصلح للتنبؤ بمقدرة الطفل على قراءة الأعداد المطبوعة التي تلتزم الرؤية من مسافة قريبة ولا تكشف عن المشكلات البصرية أخرى مثل الحول . (الروسان، ١٩٩٦)

٢-جهاز بيترس BETRS

جهاز يمكن استخدامه وذلك من اجل اختبار كل عين على حدة في الوقت الـذي تكـون فيه العينان ترتكزان على شيء معين معاً، وذلك بوضع صورتين أمام العين ويمكن به قياس العـين التي تعتبر عاملاً هاماً على سرعة القراءة، وكذلك قياس توازن العضلات والتداخل الـذي حـدث عند قراءة الكتاب أو تآزر العينين .

٤- مقياس "باراجا" للكفاءة البصرية

حيث يتضمن هذا المقياس مثيرات بصرية مثل أشكال هندسية مختلفة الحجـم ولكـل منها عدد من البدائل ، والمطلوب من المفحوص أن يحدد البديل الصحيح الذي يطابق الشكـل الحقيقي ، ويشتمل المقياس على ثمانية جوانب رئيسية وهي الـوعي بالإشارة البصريـة ، وتميـز الأشياء والتميز والتعرف والذاكرة البصرية وعبر الرمـوز وإدراك العلاقـة بـين الأشكال وإدراك الرموز والأشكال المختلفة .(عبيد ، ٢٠٠٠)

٤- جهاز كيستون للمسح البصري

هذا الجهاز عـدد القـدرة البصريـة للطفل حيـث يسـتخدم في اكتشـاف الأفراد الـذين يعانون من ضعف بصري ، قصر أو طول النظر ، حول ، خلط النقاط البعيدة والقريبة .

ومواد هذا الاختبار تكون مثيرة ، جهاز ستروسكوب ، حيث يمكن اختيار كـل عـين على حدة ، ويمكن قياس مدى تآزر العينين الذي يعتبر عاملاً هاماً يساعد على سرعة القراءة .

٥- بطاقة تقدير القراءة لنقابة الأطباء الأمريكيين

بطاقة مثبتة على عصا على بعد ١٤ بوصة من العين حيث يقوم المفحوص بقراءة السطر الأول من البطاقة ، بعين واحدة والأخرى مغلقة ، حيث إذا استطاع قراءتها ، فإن حـدة إبصاره تكون ١٤/١٤ والكفاية البصرية ١٠٠% ، وإذا قرأ السطر الثاني بعدما فشل

في السطر الأول تكون حدة إبصاره ٢١/١٤ والكفاية البصرية ٩١.٥ % وهكذا فإن حدة البصر عنده تنخفض كما أستمر بقراءة سطر .

وعلى العموم لا بد من الفحوص الطبية الدورية المنتظمة خلال سنوات العمر ، لا سيما الأطفال الذين يواجهون مشكلات فعلية ويعانون من التأخر الدراسي ، كذلك لا بد من المحافظة على العين وتهيئة المواقف والظروف التي من شأنها ضمان المحافظة على نعمة البصر التي نتمتع بها ، التي لا نحس بقيمتها إلا بعد (لا سامح الله) أن نفقدها .

تصنيفات الإعاقة البصرية

يمكن أن يولد الأفراد المعاقون المصابون بالإعاقة البصرية بشكل كلي أو جزئي ، وأثبتت الدراسات أن الأطفال الذين يفقدون إبصارهم قبل الخامسة لا يحتفظون بصورة بصرية مفيدة ، وأن الأطفال الذين يفقدون أبصارهم جزئياً أو كلياً بعد سن الخامسة فإنهم يحتفظون بإطار بصري جيد ويستطيعون تكوين فكرة بصرية من هذا الشيء ، بالاعتماد على خبراتهم السابقة ، ويمكن تصنيف المعاقين بصرياً إلى فئتين هما :-

١- المكفوفون الذين ينطبق عليهم التعريف الطبي .

٢- المبصرون جزئياً : إعاقة جزئية وهي الفئة التي تقرأ الكلمات المكتوبة بحروف مكبرة أو استخدام النظارة الطبية .

أي أن المكفوف هو الشخص الذي تكون حدة إبصاره اقل من ٢٠/٢٠٠٠ أما ضعاف البصر فهم الأفراد الذين يتراوح إبصارهم من ٢٠/٧٠- ٢٠/٢٠٠٠ في العين الأفضل. (عبيد ، ٢٠٠٠ ، العزة ، ٢٠٠٠)

نسبة انتشار الإعاقة البصرية

هناك اختلاف بين نسبة انتشار الإعاقة البصرية من قطر إلى قطر آخر ، ولكن هناك إجماع بين المراجع التي عدت إليها والدراسات التي أجريت حول موضوع الإعاقة البصرية أن حوالي ١٥ من كل ١٠٠٠ شخص لديهم إعاقة بصرية وإنها تزداد مع تقدم العمر .

الخصائص السلوكية للمعاقين بصرياً

أولاً : القدرات العقلية

عند النظر للقدرات العقلية للمعاقين بصرياً بوصفها إحدى الخصائص المهمة نجد أنها لا تقل مستواها عن مستوى القدرات العقلية العادية ، ولكن نستطيع أن نفسر ـ تدني مستوى القدرات العقلية ظاهرياً عند بعض المعاقين بصرياً بإحالتها إلى التميز الكامن في اختبارات الذكاء ضد المعاقين بصرياً ، وإذا أردنا الحصول على الصورة الحقيقية لذكاء المعاقين بصرياً يجب تطوير اختبارات ذكاء خاصة بالمعاقين بصرياً .

إن ذكاء أفراد هذه الفئة يعتمدون على مستوى الخبرات وتنوعها لدى الفرد ومع علاقاتهم مع أفراد البيئة المحيطة بهم، وكذلك قدرة أفراد هذه الفئة على التخيل والتركيز الحسي البصري التي تتأثر بالعمر الذي يمر به الفرد. (الوقفي ، ٢٠٠١)

ثانياً : النمو المعرفي

إن الإعاقة البصرية يمكن اعتبارها إعاقة رئيسية ، النمو المعرفي لدى الأطفال إلا أنها لا تساعد على تكامل الخبرات عند الفرد خاصة إذا ما كانت الإعاقة قبل سن الخامسة، لذلك لا تساعد حاسة البصر صاحب هذه الإعاقة على فهم عالمه الخارجي، وتحديد سلوكه المعرفي لذلك نجد غيرهم يحاولون التعويض عن ذلك بحاسة اللمس والسمع، ويبقى دور هذه الحواس جزئياً وليس كاملاً في اكتساب المعارف العلمية .

ثالثاً : التحصيل الأكاديمي

إن التحصيل الأكاديمي لدى المعاق بصرياً مرتبط بعوامل اجتماعية وثقافية أكثر من ارتباطه بالإعاقة البصرية نفسها ، لذلك نلاحظ على المعاقين بصرياً أن تحصيلهم في بعض المجالات بمستوى أعلى من مجالات أخرى أو نجدهم لا يحصلون جيداً في الرياضيات إذ يقل تحصيلهم عن ٢٧% عن تحصيل المبصرين أما تحصيلهم في المجالات الأدبية فإن تحصيلهم يساوي تحصيلهم زملائهم العاديين وقد يفوقونهم تحصيلاً .

ويعتمد المعاقون بصرياً على عوامل الحركة ، فلكي يدرك ارتفاع البالون في الهواء يجب أن يشعر بحركته إلى الأعلى من خلال ربط هذا البالون بيده . ويعود سبب بعض المشاكل العقلية إلى ضعف التصور البصري أو ضعف الذاكرة البصرية .

وهنـاك خصـائص أكاديميـة للمعـاق بصرـياً مثـل الـبطء ، سرعـة القـراءة وأخطـاء بهـا وانخفاض مستوى التحصيل الأكاديمي ، والإكثار من التساؤلات والاستفسارات مـن التأكـد مـما يسمع أو يرى .

ويكون تحصيل المعاق بصرياً ، مستوى تحصـيل الشـخص العـادي إذا تـوافرت الشرـوط التالية ، طالب بقدراته العقلية واهتمامه ومعلم بقدراتـه ومؤهلاتـه ومـا يمتلـك مـن مهـارات ومعارف ، ومنهاج دراسي وما يتصل به من محتوى وطرائق عرض وكفايات تعلـم ،وبيئـة تعلـم مناسبة تستطيع أن توفر للمعاق ما يحتاجه .

النمو اللغوي

يستخدم المعاقون بعض الكلمات الدالة على الألوان أو الأحجـام عـلى الـرغم مـن عـدم معرفتهم بها، ويكون اكتسابهم لتلك المفاهيم عن طريق السمع وقد يلجأون إلى استخدام لغـة الجسد للتعريض عن مهارات التواصل مع الآخرين ولا يستطيعون تفسير لغة الآخـرين إلا عـن طريق حاسة السمع محددة الصوت هي التي يعتمدون عليها في تفسير مشاعر الآخرين.

إن خبرات الفرد تلعب دوراً في نموه اللغوي وقد يجـد أن مفرداتـه هـي نفـس مفـردات العاديين باختلاف هذه المفاهيم عند الطرفين ، والمعاق بصرياً يستخدم كلمات لم يستنتجها من خبراته الذاتية ولكنه يستخدمها للحصول على الموافقة الاجتماعية .

وتشير الدراسات أنه لا توجد فروق ذات دلالة بين طريقة اكتساب المعاق بصرياً والفـرد العادي للغة إذ يسمع كل منهما اللغة المنطوقة ، حين توجد فروق ذات دلالة بين كل مـنهما في طريقة كتابة اللغة .

الخصائص الاجتماعية والانفعالية

إن العوامل النفسية الداخلية كالاتجاهات المخصوصة عن الذات التي تكتسب من الأسرة والزملاء والمعلمين لها أهمية كبيرة أكثر من الإعاقة النفسية في مفهوم الذات لدى الفرد المعاق بصرياً ، إذ يلاقي المعاقون بصرياً متاعب في اكتساب مهارات عقلية ذات علاقات شخصية وتكون المشكلات ناشئة عن عدم قدرة الطفل على الانتفاع من الإيحاءات البصرية التي يعتمد عليها المبصرون بشكل أساسي في تعلم السلوك الاجتماعي، إذن ما الذي يحدد خصائص الفرد الاجتماعية والانفعالية هي طبيعة علاقاته مع الآخرين ،أهم

الخصائص الاجتماعية للمعاقين بصرياً السلوك العصبي ، والخضوع ، والانطواء والعدوانية ،والتوافق الانفعالي .

وقد ينجح المعاق بصرياً في إقامة علاقات اجتماعية خاصة في مجال تكوين الأسرة ، ولكن ذلك يعتمد إلى حد كبير على مدى أداء المعاق بصرياً وكفاءته في مجال العمل وفي الحياة الاجتماعية بشكل عام .

كما أن لديهم نقصان الإثارة البيئية وعدم الشعور بالأمن وقد يلجأ أفراد هذه الفئة إلى التهريج للتعويض عن فقدان البصر وشعورهم بالضعف ليصبحوا اكثر تقبلاً لدى من حولهم من الناحية الاجتماعية وأن شخصية المعاق بصرياً تتأثر بعوامل عديدة مثل العمر عند الإصابة وهل العمى وراثي أم مكتسب وشدة الإصابة.

وسبب فقدان الطفل البصر يصبح الطفل المكفوف بحاجة إلى مساعدة الوالدين أكثر من الأطفال المبصرين ويصاحبه عدم اهتمام من قبل الوالدين ، مما يجعله يشعر أن الآخرين لا يهتمون به مما يؤثر بشكل أو بآخر على علاقة الطفل المعاق بصرياً بوالديه، وهذا يولد لديه شعوراً بعدم الأمن مما قد تكون محاولاته اكتشاف البيئة، وهذا يؤثر بالتالي على نموه الاجتماعي من جانب، ومن جانب آخر فإنه استمرار الطفل بالاعتماد على الوالدين وهذا يصاحبه حماية رائدة من الوالدين لأنه معاق للتعامل مع الأشياء من حوله، وعندما ينتقل من بيئة الأسرة إلى مجتمع الزملاء فإنه يلاحظ عليه تأخراً في بعض النواحي الاجتماعية ، ومنعه من تعلم وتقليد ما هو مقبول اجتماعياً .

إن الاعتمادية على الوالدين بسبب الإعاقة البصرية قد تمنع الفرد المعاق من بعض الحقوق ، والامتيازات التي يتمتع بها الأشخاص العاديون في نهاية مرحلة المراهقة وفي مرحلة الشباب مثل قيادة السيارة ، والسفر لمسافات بعيدة ، لذلك وجب على المختصين إيجاد برامج مبكرة تساعد على التكيف في حالة الطفل.

النمو النفسي الحركي

إن الأطفال الذين ولدوا وهم فاقدوا البصر معرضون للتخلف في تطورهم الحركي، فهم أقل قدرة على توجيه أنفسهم في البيئة الخارجية، وعلى هذا فإن جلوس الطفل وزحفه ومشيه يتأخر عن السن المعتاد ، فالمكان والمصدر والسبب الدافع غير متوافر للطفل في

السن المبكرة ، ولعل اشد ما يواجه المعاق صعوبة في المجال الحركي ، فكثيراً ما يصل الأطفال إلى المدرسة بخبرات محدودة حول الحركة وحوافز قليلة ، وربما القليل من التشجيع على الحركة ورغبة قليلة في معرفة كيفية التحرك بأمان في بيئة غير مألوفة .

والطفل المعاق بصرياً لديه محدودية في التعلم عن طرق التقليد الذي حرم منه، وهذا الجانب المهم في التعلم يكون ناقصاً ويحرم الفرد المعاق بصرياً من فرص تعليمية مميته .

إن النقص في الرؤية يحرم الطفل من المتابعة البصرية ويقلل من فرص اكتساب المهارات الجسمية ويقلل من تطور الحركات الدقيقة ، وإن عدم تشجيع الطفل على القيام بالنشاط الجسمي قد يزيد من عرقلة التطور الحركي واستمرار غياب الدافعية للحركة والمشي، ويؤدي ذلك إلى محدودية استخدام العضلات الضرورية .

ومع ذلك فإن بعض المهارات الحركية التي تتعلق بالحركة الذاتية للطفل مثل رفع الجسم والجلوس في وضع معين والمشي باستقلالية تكون متأخرة لدى الطفل المعاق بصرياً ،وذلك لارتباطها بقدرته على الثبات ودقة الحركة ، وعندما يصل إلى الثبات والدقة في الحركة فإنه يكون أبطأ في السرعة من الطفل المبصر فهو لا يمشي باستقلالية إلا في حوالي الشهر التاسع عشر من عمره ، إضافة إلى ذلك فهناك مشكلات أخرى يواجهها المعاق بصرياً متعلق بإتقانه المهارات الحركية وهي

- التوازن
- الوقوف والجلوس
- الاحتكار
- التناول والجري . (عبيد ، ٢٠٠٠ ، ١٥٧)

البرامج التربوية للمعاقين بصرياً

يقصد بالبرامج التربوية للمعاقين بصرياً ، طريقة تنظيم وتعلم تربية المعاقين بصرياً وهناك أكثر من طريقة لتنظيم هذه البرامج تتراوح في مرحلة المدرسة من المدرسة العادية إلى المدارس الداخلية .

وفيما يلي يستعرض هذه البرامج بشيء من التفصيل :-

أولا : مراكز الإقامة الكاملة للمعاقين بصرياً

يتوافر فيها هيئة تدريس متخصصة وأدوات وأجهزة معينة مناسبة للمعاقين بصرياً، حيث تسير الدراسة فيها على نفس نظام مدارس المبصرين في جميع المراحل مع تعديل بسيط يتلاءم مع الظروف البصرية للمعاقين ، ويقبل في هذه المراكز صغار السن والذين يقل سن الواحد منهم عن السادسة ولا يتجاوز سنه الثامنة عشرة أما مناهج الدروس فتسير تماماً كمناهج الدروس في مدارس التعليم العام مع اعتمادهم على طريقة بديلة في القراءة والكتابة ويُدرّس في هذا القسم مدرسون أخصائيون يتمتعون بطريقة بريل .

ومن مزايا هذا النظام أنها تعتبر المكان المناسب لتقديم الخدمات التربوية للأطفال المعاقين بصرياً ، ويصبح قادراً على التعامل مع رفاقه المعاقين ما يجعله ينحاز عن الخجل أو النقص، أما أهم العيوب فهي عزل المعاقين بصرياً عن أهله وتؤثر بالتالي على تكيفه الشخصي ـ وارتفاع تكاليفها .

ثانياً : دمج المعاقين بصرياً في الصفوف الخاصة الملحقة بالمدرسة العادية .

لقد ازدادت حركة الاهتمام بدمج المعاقين بصرياً في صفوف عادية بسبب تغيرات حدثت في اتجاهات المجتمع نحو المعاقين ، وجهود الآباء والأمهات ونتائج الدراسات التي أجريت والتي أشارت إلى عدم فاعلية تدريس الأطفال المعاقين في المدارس الخاصة بهم، وعدم قدرة هذه المدارس على استيعاب جميع الأطفال المعاقين .

ونجد الآن أن المعاقين بصرياً هم أكثر الفئات دمجاً في المجال الأكاديمي ، حيث يوضع الطفل في صفوف خاصة به ملحقة بالمدارس العادية حيث يترك فصله أثناء الدوام ليشارك المبصرين ، أي نشاط لا يحتاج إلى مجهود بصري أو أن يتم الدمج الأكاديمي بطريقة عكسية عن الطريقة الأولى .

لذلك وجب على مدارسنا أن تتخذ كافة الخطوات التي تضمن نجاح عملية الدمج الأكاديمي .

وقد أثبتت الدراسات التي أجريت للمقارنة بين المدارس الداخلية والمدارس الملحقة بها صفوف خاصة بالمعاقين بصريا ، إن هناك فروقا في التوافق الانفعالي للمقيمين إقامة داخلية من المعاقين بصريا أقل من درجة التوافق التي أحرزتها المدارس النهارية .

ولهذه الطريقة مزايا عديدة نحصرها بأنها تسمح للأطفال المعاقين بصريا بالاندماج ، والحياة العادية وتسمح لهم بإقامة علاقات اجتماعية وتقلل العزلة ،وكسر ـ الحواجز النفسية ضد المعاقين. حيث إنه لا تتوافر في هذه المدارس الإمكانيات المطلوبة فضلاً على أن المدرسة العادية تضع عبئاً كبيراً على أولياء الأمور وتوفير المواصلات، ولكي تنجح فكرة الدمج فلا بد من توفر العديد من العوامل التي تعمل على إنجاح فكرة الدمج .

١- توفير غرف المصادر المميزة بالأدوات اللازمة لإنجاح فكرة الدمج مثل المواد الدراسية المكتوبة بطريق بريل .

٢- مشاركة الإدارة المدرسية والمعلمين وأولياء الأمور في عملية الدمج من أجل أن يقتنع الجميع بذلك من أجل إنجاح تلك العملية .

٣- تحديد العدد المناسب من المعاقين بصريا في الصف الواحد مقارنة بالطلبة العاديين حيث أكدت الدراسات أن العدد الأمثل يكون ثلاثة طلاب من المعاقين بصرياً آخذين بالاعتبار عدد الطلبة العاديين والصف العادي .

٤- استثناء فكرة دمج المعاقين في الصفوف العادية على الأساس القانوني الذي ينص على حق الحماية والرعاية الصحية الاجتماعية للمعاقين بصرياً، لا من أجل الشفقة .

٥- متابعة عملية تعميم مستمرة بالنسبة لعملية الدمج من حيث نجاح العملية أو فشلها، إجراءات التعديلات المناسبة على البرامج في حالة فشل هذه البرامج (الروسـان، ١٩٩٨)

المهارات الأساسية لتعليم وتدريب المعاقين بصرياً

لا بدأن تتضمن البرامج التربوية للمعوقين بصرياً عدداً من المهارات الأساسية في تعليمهم مثل مهارة القراءة والكتابة بطريقة بريل ومهارة تعلم الآلة الكاتبة ومهارة إجراء

العمليات الحسابية ومهارة التوجيه والحركة، وفيما يلي شرح موجز لكل من تلك المهارات:-

١- مهارة القراءة والكتابة بطريقة بريل BRAILLE METHOD

تنسب إلى بريل عام ١٩٨٩ م ، حيث كان بريل نفسه معاقاً بصرياً ، وقد دخل هذا النظام إلى الدول العربية بداية في مصر عام ١٨٧٨م وفي السعودية عام ١٩٦٠م .

يقوم طريقة بريل على تحويل الحروف الهجائية إلى نظام حسي ـ ملموس على شكل نقاط بارزة بدلاً من الحروف الهجائية ، وتغير الخلية الأساس حيث تكون الخلية من ست نقاط .

وتستخدم أدوات عديدة في الكتابة بطريقة بريل منها آلة المسطرة والمحرز ، وأجهزة تعمل على كتابة المواد بطريقة بريل وطبع نسخ منها . وبسبب التعقيدات التي تصاحب هذه الطريقة فإن القراءة بهذه الطريقة تصبح صعبة ومعقدة ، ونأخذ وقتاً طويلاً أكثر من القراءة العادية ، حيث أن القراءة تكون بواسطة الأصابع التي تعتبر بطيئة بالمقارنة مع البصر ، إذ لا بد أن يتفق المعوق بصرياً في البداية مهارة اللمس ، والتناسق بين اليدين وبوضع يديه على بداية السطر ، ويبدأن في علمية القراءة .

وهناك العديد من المؤثرات التي تؤثر على القراءة بطريقة بريل منها العمر ، حيث يظهر المعاق بمهارة القراءة ، سنة الثانية عشر ، وهناك عامل الذكاء ،والقدرة على الإدراك واللمس ، من أجل تميز درجة الخشونة والحجم . ثم إن هناك عامل القدرة اللغوية من حيث قدرة الفرد على استخدام الإيماءات الموجودة في المادة المطبوعة .

٢- مهارة تعلم الآلة الكاتبة العادية

تقوم هذه المهارة على مبدأ أن يقوم المبصر من قراءة الأعمال الكتابية للمعاقين بصرياً بشكل مباشر ، غير أن المشكلة الرئيسية التي تواجه المعاقين بصرياً عدم قدرتهم على مراجعة وتصحيح ما يكتبون ، وقد أمكن التغلب على هذه المشكلة في البلاد المتقدمة عن طريق استخدام برامج الحاسبات الآلية بواسطة بريل أو الصوت. (شيفر ، ١٩٩٩)

٣- مهارة إجراء العمليات الحسابية

إن العمليات الحسابية المختلفة كالجمع والطرح والضرب يمكن أن يتعلمها المعاق بصرياً عن طريق العدادات الحسابية والتي من أشهرها العدادات والمكعبات الفرنسية ولوحة، وتعتبر المكعبات الفرنسية من اشهر العدادات الحسابية استعمالاً حيث إنها تحتوي على مكعبات يحتوي كل منها على الأعداد الأساسية من (٠-٩) ويوجد أيضاً العمليات الحسابية والعلامة العشرية ، ويكون من خلالها نقل المهارة الحسابية من المكعبات إلى نظام بريل ، لكن بدون العلامات الحسابية ، وتمكن المعاق بصريا من الكتابة بشكل أفقي ورأسي ، ويستطيع المعاق بصرياً أن يحل اكثر من مسألة حسابية في آن واحد نظراً لاتساع المساحة المستخدمة . (الوقفي، ٢٠٠١)

وهناك طريقة أخرى يستطيع المعاق أن يجري العمليات الحسابية بواسطة جهاز الابكس ، حيث يتكون من عامود متوازن في كل منها خمس خرزات تتحرك بسهولة، كما يقسم أفقياً إلى جزأين الجزء العلوي ومنه خرزة واحدة في كل عامود ، والجزء السفلي ومنه أربع خرزات في كل عامود أيضاً ، كما توجد في اسفل كل جزء نقاط بارزة تعمل كفواصل في قراءة الأرقام الحسابية .

وقد تم تطوير هذه الآلة لتساعد المعاقين بصرياً على إجراء العمليات الحسابية، كالجمع والطرح والضرب والقسمة للأعداد الصحيحة والكسور وكذلك في حساب النسبة والجذر التربيعي ، وما زال هذا المعداد مستخدما لغاية الآن على الرغم من قدمه .

مهارة فن الحركة

إن الانتقال من مكان إلى مكان آخر من اكبر المشكلات التي تواجه المعاق بصرياً وخاصة المعاق كلياً ، لذلك يجب على أي برنامج تربوي يوضع أن يتضمن التدريب على مهارات الحركة ، ويعتمد المعاق على حاسة اللمس في التوجه نحو الأشياء ، فقد يحس بأشعة الشمس في الصباح فيتوجه إلى الشرق وفي المساء نحو الغرب ، كما أنه يوظف حاسة السمع نحو الاتجاه إلى مصادر الأصوات الصادرة من آلة أو سيارة ، وقد استخدم المعاق بصرياً مجموعة من الوسائل التي تساعده على التواصل ابتداء من العصا البيضاء إلى العصا التي تعمل بأشعة الليزر واستخدم أيضاً الدليل المبصر والكلاب المرشدة،

والنظارة الصوتية وبعض الأجهزة الصوتية التي تنبه الكيف إلى بعض العوائق التي تواجهه واشهر هذه الوسائل العصا التي بأشعة الليزر حيث ينبعث عنها بعض الإشارات التي تنبه المعاق إلى العوائق التي أمامه . (الروسان ، ١٩٩٦)

مهارة استعمال ما تبقى من القدرة البصرية

أي تنمية مهارة ما تبقى لدى الشخص المعاق بصرياً من بصره ، حيث انه لم يفقد بصره بشكل كامل ، وقد يتم ذلك من خلال عدة طرق :- منها استخدام المطبوعة بأحرف كبيرة واستخدام النظارات المكبرة ، وذلك من أجل سرعة الحصول على المعلومات المقروءة . (شفير ، ١٩٩٩)

وقد أثبتت الدراسات الطبية التي أجريت انه لا بد للمعاق جزئياً أن يستخدم ما تبقى من بصره خلافاً للاتجاه الذي كان سائداً سابقاً الذي كان يظن أن أصحاب الإعاقة البصرية الجزئية يجب أن يقللوا من استخدام نظرهم لكي لا ينتهي .

وكلما استخدم المعاقون بصرهم جزئياً تحسنت القدرة البصرية ، لذلك وجب على المعلمين أن يكونوا أكثر الفئات إدراكاً لوقت استخدام الطلاب المعاقين بصرياً (جزئياً) بصرهم على احسن صورة .

مهارة القراءة بطريقة الاميتكون

يهدف هذا الجهاز إلى مساعدة المعاق بصرياً على قراءة المواد المطبوعة والكتب والمجلات وذلك بتحويل الرموز المكتوبة إلى رموز محسوسة تحت السبابة بحيث يحس المعاق بصرياً شكل الحرف المقروء بواسطة الكاميرا المكونة للجهاز وكذلك هناك شاشة صغيرة وجهاز يسمح بدخول إصبع السبابة به ويستطيع قراءة ما مجموعه من (٥-١١) كلمة ، في الدقيقة .

وتم إجراء دراسة في الأردن عام ١٩٨٩ قام بها الخياط هونت إلى معرفة فاعلية هذا الجهاز في اكتساب مهارة القراءة لدى عينة من الطالبات المعاقات بصرياً ، وشملت العينة من ١٨ طالبة من المركز الإقليمي لتأهيل الكفيفات وأشارت نتائج الدراسة إلى اثر المستوى التعليمي بالأداء هو (A٠.٠٠١) ومتوسط أداء الطالبات هو ٣١ كلمة .

مهارة الاستماع

ويتم ذلك من خلال اعتماد المعاق بصرياً على الكتب الناطقة أو الأشرطة المسجلة ويمكن تنمية مهارة الاستماع لدى المعاق بصرياً بواسطة تعريضه لمواد مسموعة في أوقات معينة بحيث يطلب منه فهم المادة المسموعة والتي تزيد كميتها تدريجياً في فترات زمنية متدرجة وتتميز هذه الوسيلة بالمقارنة مع طريقة بريل بأنها أسرع في الحصول على المعلومات .

وهناك طرق أخرى مثل قص القصص عليهم، ويطلب منهم تلخيصها، استخلاص المعنى منها ، واستخدام أشخاص آخرين يقرؤون لهم ، وتدريبه متى يتكلم ومتى يصمت.

مهارة الاتصال اللفظي

المفهوم عند المعاق بصرياً مرتبط بعمره الزمني وذكائه وخبرته الشخصية، وان اكتساب المفاهيم اللفظية يرتفع في الأشياء المتعلقة بالمزروعات والمأكولات وتنخفض في الأشياء المجتمعية ، لذلك لا بد من تصميم برامج خاصة تهدف إلى تعليم الأطفال المعاقين بصرياً المفاهيم البسيطة التي يمكن للمبصرين اكتسابها .

مهارة استعمال الحاسوب

ويقصد بها إكساب مهارة استعمال الحاسوب للمعاق بصرياً، وذلك من خلال تطوير نظام صوتي بديل عن الصوت الطبيعي ليساعد الأفراد المعاقين على الاتصال مع الآخرين من خلال ما يسمى باللغة الصناعية ، ومن الخدمات التي تقدمها هذه اللغة قراءة الرسائل والتقارير بطريقه مسموعة من خلال تحويل المواد المطبوعة إلى مواد منطوقة . (الروسان ، ١٩٩٦) .

الأنشطة العملية للمعاقين بصرياً

١- الموسيقى

تعتبر مادة الموسيقى مناهج للمعاقين بصرياً، نظراً لأهميتها ، وذلك بسبب مقدرتهم على استخدام حاسة السمع كوسيلة اتصال بالعالم الخارجي ، وتعمل حاسة السمع على تنمية مقدرتهم على التركيز واليقظة والاستيعاب والتذكر ، وكلها مهمة لأداء التذوق الموسيقي .

وتمنح الموسيقى المعاقين بصرياً شعوراً بالرضا والسعادة والراحة النفسية والثقة بالنفس والتنفيس عن المشاعر، وتبرز مقدرته على التركيز والتفكير والتمييز بين الأصوات والألحان، وتوفير فرصة لتنمية المواهب وشغل وقت الفراغ .

٢- الفنون التشكيلية

يتم استخدام الفنون بالنسبة للمعاق بصرياً من خلال تطوير خبراتهم اللمسية من خلال تناول مواد مرنة وسهلة الاستخدام مثل الطين والعجين ، لإنتاج أعمال مجسمة أو بارزة تمكنهم من إبراز بعض المفاهيم وتجسيدها ، وكذلك تنمية التذكر والتخيل والتمييز بين السطوح والأشكال ذات البعدين .

أما بالنسبة لضمان البصر تندرج بين خبراتهم البصرية واللمسية في ممارسة بعض الأعمال الفنية المجسمة ، كذلك تسهم الفنون في تنمية المهارات اليدوية ، وتزويده بمعلومات عن طبيعة الفن وطبيعة المواد المستخدمة وأساليب تشكيلها ومعالجتها وإكسابه المهارات المتنوعة.

الوقاية من الإعاقة البصرية

هناك العديد من الطرق والإجراءات التي أجمع الباحثون الذين رجعت إلى مصادرهم إلى ضرورة الأخذ به، نجملها بالتالي :-

١- على كل شخص يرغب بالزواج وخصوصاً من الأقارب أن يقوم بإجراءات الفحص الطبي قبل الزواج للحيلولة دون الوقوع في هذه المشاكل .

٢- توفير الرعاية الصحية الشاملة للأم وذلك أثناء فترة الحمل وأثناء عملية الولادة، وتجنب ألام الحامل تناول الأدوية إلا بعد مشورة الطبيب .

٣- يجب أن يقوم كل واحد منا يرغب في الحفاظ أو عدم قدوم مولود لديه معاق بصرياً بمراجعة دورية لطبيب العيون، وخاصة في حالة اضطرابات العين .

٤- دور المؤسسات العامة من حيث تقديم الخدمات العملية اللازمة للأطفال والكشف الطبي عن طريق مراكز رعاية الطفولة والأمومة المنتشرة في جميع أنحاء الأقطار العربية ، وذلك من أجل اكتشاف الإعاقات البصرية مبكراً.

٥- دور وسائل التوعية الإعلامية بكيفية تحسين الظروف التي يمكن أن تعمل فيها العين بأفضل أداء ممكن دون إصابتها بالأضرار .

٦- تدريب الطفل المعاق بصرياً على اكتسابه مهارات التوجيه والحركة والانتقال بشكل مستقل مثل استخدام العصا البيضاء بما يحقق مزيداً من التكيف مع حالته.

٧- إلحاق الطفل المعاق بصرياً بدور رياض الأطفال لإكسابهم المهارات الأساسية وتأهيلهم بالدراسة بالمدارس .

٨- اتخاذ الوسائل الوقائية الملائمة للحد من إصابات العيون في المصنع والورش التي تستخدم بعض المواد الكيميائية وغيرها ، مما يشكل خطراً على العين . (القريطي، ١٩٩٦)

دور المدرسة في التعامل مع المعاق بصرياً

يقوم المعلم بأدوار هامة في حياة المعاق بصرياً لأن البرامج المقدمة التي تقدم للمعاقين في برامج متطورة ، لذلك لا بد للمعلم أن يعمل على إعادة تشكيل هذه البرامج لتعمل على خدمة الأطفال في الصفوف المختلفة والمواقف التربوية المختلفة ولتواصل الطفل في الصفوف العادية ، ويجب أن يعمل المعلمون على التشاور مع الأسر والتربويين في المدرسة والأطباء ، حيث إن المعاقين بصرياً لحاجات فردية تستدعي التنسيق بين البرامج التعليمية يقوم بها أشخاص مؤهلون ومدربون تدريباً خاصاً على التعامل مع المعاقين بصرياً والتنفيس عليهم.

كذلك يقوم المعلم بالكشف عن قدرة الطفل للتعلم المدرسي وتحويل الأدوات التي يمكن أن يستخدمها في هذا العرض ، وقد يعتمد استعداد الطفل المعاق على خبراته السابقة ، اكثر من اعتماده على طريقة الحساب ، ثم إن أهمية الكشف عن القدرة تستطيع الحصول على نتائج جيدة في مجال التعلم لأن الطالب إذا كان عنده استعداد كافٍ فسوف تكون له القدرة الكاملة على استيعاب المواد المتعلقة بالطرق التربوية التي تم شرحها سابقاً، أما إذا لم يكن عنده الاستعداد فإن هناك صعوبات تعيده إلى الفشل في مهمته، بسبب افتقاره إلى الدافعية والحماس للتعلم لذلك لا بد من الحصول على المعلومات الخاصة بالمعاق البصري وتزويد المعلم المختص وكذلك المرشد بهذه المعلومات، وذلك من اجل معرفة مواطن القوة

والضعف وتحديد طبيعة المشاكل التي تواجه المعاق بصرياً وتحديد الأهداف التربوية المناسبة له وتحديد الإستراتيجيات للتدخل العلاجي .

ويمكن جمع المعلومات عن الطفل المعاق بصرياً من خلال الأهـل ، الملاحظـة، الأطبـاء ، السجل الذاتي للطالب ، الاختبارات ، كل ذلك من اجل وضع الأسس الثابتـة والقويـة مـن اجـل مساعدة هذه الفئة التي ينظر إليها الأشخاص على أنها فئة عاجزة لا تستطيع أن تعمل شـيئا، بل هي عبارة عن فئة تستنزف الطاقة الاقتصادية للبلد .

وأفضل الأساليب التي يمكن للمعلم أن يقوم بها في مجال المسـاعدة للمعـاق بصريـاً في المدرسة وخارجها .

١- وصف منظر الصف للطفل .

٢- يصحبه في أنحاء المدرسة ويصف له مرافقها

٣- استخدام حروف كبيرة (في حالة الإعاقة الجزئية) على السبورة

٤- الاستعانة بقارئ يقرأ للطفل ومن الممكن أن يكون زميلاً

٥- استخدام عداد الحساب لمساعدة المعاق على العد

٦- استخدام طرق مختلفة في التعليم

٧- تدريب المعاق بصرياً على الاستماع والانتباه .

٨- مساعدة المعاق بصرياً على تطوير اتجاهات دافعية نحو نفسه .

٩- تقديم خدمات إرشادية مكثفة وفعّالة على مستوى فردي وجماعـي ، وذلـك وفقـاً لطبيعـة حاجات الطلبة المعاقين بصرياً وذلك بهدف بناء وتطور إيجابي حول الذات.

١٠- توفير المناخ النفسي الملائم للطالب الكفيـف مـن خـلال تشكيل خـبرات ناجحـة وتحـاشي إحراج الطالب إذا كان أدائه اقل من مستوى الصف ، وإظهـار التقبـل للطالب وإبعـاد الظروف والتي تركز وتبرز إعـاقتهم بالإضافة إلى عمـل مناقشـات يكون الهـدف منهـا معالجة العلاقات الشخصية مع الآخرين . (الحديدي ، ١٩٩٨، ٢١٧)

١١- عدم تحريك الأثاث من مكانه إلا بعد إخباره بذلك .

١٢- تأمين مكان آمن يخزن الطالب به مواده وأشياءه الخاصة ؟

١٣- يتوقع المعلم أن الطفل المعاق بصرياً يقدم نفس العمل الذي يقدمه الطفل العادي .

١٤- يجب أن يقوم المعلم بإعطاء وقت أطول عند القراءة والكتابة والاستعانة بالمواد الملموسة عند الشرح واستخدام كلمات معينة مثل انظر ، انتبه ، وتجنب كلمات هذا ، ذلك ، تلك .

١٥- الاستعانة بالمعلم المنسق أو المرشد حول مكان جلوس الطالب والإضاءة اللازمة ومستوى الإعاقة البصرية . (العزة ، ٢٠٠٠)

دور الآباء في التعامل مع المعاق بصرياً

ينزعج بعض الآباء عندما يعلمون أو يكتشفون بأن مولودهم قد يكون معاقا بصرياً ويذهبون في حزن عميق, ويجدون أنفسهم في مواجهة مشكلة كبيرة؛ كونهم لا يعرفون كيف يتعاملون مع الوضع الجديد لابنهم , ولأن استجابات الطفل المعاق بصرياً تختلف عن الطفل العادي .

لذلك يجب على الأب والأم تشجيع الطفل المعاق بصريا على تطوير مهاراته الضرورية ومن أهمها تطوير استعمال اليدين والقدرة على الحركة في المكان والطعام واللباس .

ويمكن استعمال الصوت لتشجيع الأطفال على تحريك اليدين والقدمين بطرق مختلفة , كما يمكن وضع الطفل في أماكن متعددة ليطور تدريجياً القدرة على الشعور بالحركة .

لذلك لا بد من أهمية حصول الوالدين على معلومات وخدمات لمساعدتهم على حفز أطفالهم والتفاعل معهم، وذلك عن طريق الهيئات الرسمية الأهلية ، وذلك بزيارتهم من أجل إرشادهم إلى كيفية التعامل مع الفئة المستهزئة .

وثاني مرحلة العناية ما قبل الولادة من أهم العوامل التي تحول دون وجود العلاقة البصرية ، من خلال تجنب الكحول والتغذية المناسبة وتجنب العقاقير . أما بعد الولادة مباشرة فيقوم الطبيب المختص بغسل العيون بمحلول نترات الفضة للوقاية من الالتهاب ، كما أن الإعاقة البصرية يمكن الوقاية منها لدى الكبار (أي بعد الولادة) بالتدخل الجراحي في حالات انفصال الماء الأسود .

وغير ذلك من أمراض العين التي تقبل المعالجة ، ويمكن أن تتولى جهات رسمية شعبية مهمات إنسانية تجاه المجتمع فتساعد على تحسين ظروف الحياة لذوي العاقات البصرية والوقاية من هذه الإعاقة وتحسين خدمات البصر .

نرى من خلال ما تقدم أهمية الوالدين في التعامل مع أطفالهم المعاقين بصرياً بعدما تأكدوا أن ولدهم طفل معاق ، واصبح الأمر واقعاً .

المشاكل التي يواجهها المعاق بصرياً في المدرسة

١.الوصول إلى المدرسة

حيث تعتبر هذه المشكلة من اكبر المشاكل التي تواجه المعاق بصرياً، خاصة إذا كانت المدرسة تبعد مسافة كبيرة عن مكان سكن الطفل ، و قد تحتاج إلى مواصلات متعددة ، أو أنها ليست معبدة، وقد تحول هذه المشكلة دون التحاق الطفل المعاق بصرياً بالمدرسة خوفاً من الأهل على حياته ، والحل لهذه المشكلة يكون بتدريب الطفل المعاق بصرياً على أن يرافقه أحد إخوانه أو أبناء جيرانه عدة مرات إلى المدرسة ، ثم يترك يذهب إلى المدرسة وحده لكنه في البداية يكون تحت المراقبة . (الوقفي ، ٢٠٠١).

٢- المشاكل السلوكية

تحل هذه السلوكات غير التكيفية من أقرانه في المدرسة أو مع طبيعة المدرسة أو حتى المعلم وتشمل هذه السلوكات تشتت الانتباه ، التبول، عدم ضبط الذات، الهدوء الشديد، الهروب من المدرسة ، التهريج ، الغيرة الشديدة ، قضم الأظافر، الخجل ، الغش ، والكذب ، العدوان ، جلب الانتباه لأقرانه . وهناك العديد من السلوكات غير المتكيفة التي يقوم أو يعاني منها الطفل المعاق بصرياً ، لذلك يقع على عاتق المدرسة والمرشد النفسي- تعديل السلوك الصحيح عن طريق النمذجة والتعزيز الإيجابي وتجاهل السلوكات غير المرغوبة .

٣- معلومات عن المدرسة

إن إعطاء التعليمات من الأمور الصعبة التي تواجه المعاق بصرياً لأن المعلومات تعتبر مهمة جداً لأغراض تعليم وتدريب الأطفال المعاقين بصرياً ، لذلك يجب أن تتكاتف الجهود بين الأسرة والمدرسة من أجل توصيل هذه المعلومات إلى المعاق بصرياً .

٤- مشكلات في التكيف الاجتماعي

يواجه المعاق بصرياً خاصة مع بداية دخوله إلى المدرسة بعض الصعوبات التي تواجهه في إقامة علاقات صداقة مع أقرانه ، بسبب عدم قبول الطفل العادي لزميله المعاق بصرياً مـما يعرضه إلى السخرية والتهكم من أصحابه، وتشير الدراسات إلى أن المكفوفين اقل عدوانيـة مـن المبصرين بسبب افتقاره إلى البصر ، كذلك أشارت إلى أن مستوى القلق لديهم يكون أعـلى مـن المبصرين، كذلك يواجه مشكلات التعرف المتواصل. (الحديدي ، ١٩٩٨)

الاتجاهات وتأثيرها على التكيف

بعض الاقليات في المجتمع تنظر الى المعاقين بوصفهم مجموعـة يجب الخـوف منهـا، وبالتالي عزلها اجتماعياً ، وهذا يشعر المعاق بصرياً بالدونية .

كذلك يعاني المعاقون بصرياً من حرمانهم العلاقات الاجتماعية، وذلك بسبب انشغال الوالدين بالتبعات المصاحبة للاعاقة ومعالجتها، وهذا يـؤدي بالتالي الى الافتقار لذاته، كـذلك يعاني المبصرين جزئياً والمعاقين كلياً من حرمانهم من فرص الاعتماد على انفسهم وعمل الاشياء نيابة عنهم ، والتعامل معهم كضعفاء ، وتزويدهم بالحماية الزائدة والرعاية التي لا مبرر لها .

وقد يعاني المعاقون بصرياً من مشكلة سـلوك الاخرين معهـم، خاصة عنـد التعامـل معهم حيث إن بعض السلوكات تنظر الى المعاق بصرياً باستهزاء وسخرية وتتركـز عـلى العيـون وعلى المشاعر والاستعلاء والنظرة الدونيـة ، وقـد يكـون سـلوك الاخرين مبنيـاً عـلى الاحـترام والتقبل ، وعدم الـرفض ، وهـذه النظرة الايجابية للمعاق تبعـث في نفسـه الطمـوح والرضـا والاقبال على الحياة وتشجيعه وتعزز قدراته واستثماره نحو العمل .

نلاحظ في النهاية ان اتجاهات ومواقف الاخرين نحو الشخص المعاق بصرياً غير متجانسة حيث إن البعض ينظر إليهم بعين الشفقة والإحترام ووجوب تقديم المساعدة لهم ليكونوا فاعلين في المجتمع ، وضرورة دمجهم مع الأخرين وأن لهم قدرات خاصة أخرى غير قدرة الإبصار يمكن أن يستفاد منها ، حيث نلاحظ في مجتمعاتنا وعلى مر العصور الكثير من الأشخاص المعاقين بصرياً ولكنهم أبدعوا في مجالات معينة سواء كانت في حياتنا اليومية أو في مجال الحضارة الإنسانية ، وهناك من ينظر إليهم بأنهم عاجزون وأنهم عبء على المجتمع .

ردود فعل الأسرة واتجاهاتها

إن مولد طفل معاق بصرياً لدى الأسرة يعتبر مشكلة كبيرة وأنها عبارة عن كارثة أو مصيبة ، وتنتج عن ذلك ردود الأفعال التالية :

١- الصدمة : SHOCK

يصاب الأهل في البداية نتيجة مولد معاق بصرياً لديهم كونهم لم يكونوا قد توقعوا ذلك فيصابون بالقلق والحزن حول مستقبل ابنهم ومن سيقبل به وهل سيقبل من اخوته والمجتمع أم لا .

٢- النكران DENIAL

ينكر الأهل في البداية وجود طفل معاق لديهم خوفاً من العيب أو العار حيث يذهبون إلى طبيب أول وثان وثالث بسبب عدم تصديقهم لذلك الأمر الهام، وقد لا يعرفون الفحوصات الطبية ويصفونه بعدم الفهم .

٣- لوم الذات والشعور بالذنب

في هذه المرحلة يبدأ الزوجان تبادل التهم حول السبب في الإعاقة هل هو عائد إلى الزوجة كون أبيها أو أمها أو أحد إخوانها مصاب بالإعاقة البصرية أو إلى الزوج كونه من عائلة تعاني من الإعاقة البصرية لتسود عند ذلك المشاحنات ومشاعر الذنب لدى الطرفين ، وقد يرجون إلى ذلك إلى انه عقاب إلهي .

٤- مشاعر الغضب والتوتر

تسود مشاعر عدم الرضا والتوتر بين الوالدين ، وقد تخلق المشاكل وتسود العلاقات الأسرية والتوتر خاصة في بداية المشكلة ثم لا تلبث أن تنحسر بالتدريج .

٥- مشاعر الحزن والخجل والخزي

يشعرون بالحزن العميق ، ويشعروا بمقدار الأذى الـذي لحقهـم ، ويشعرون بالأخطار لأنهم يعتبرون أنفسهم مسؤولين عن إعاقتهم فيبدأون بتقديم المساعدة والحماية الزائـدة لـه اتكالياً . ويعتبر بعض الأهالي أن وجود طفل معاق عـار وعيب ، على اعتبار أن هـذه العائلة لديها عيوب وراثية تسبب الإعاقة بالطفل ، وتخاف هذه الأسرة من المجتمع أن يعاقبها ويبتعد عنها أفراده وعن مصاهرة هـذه الأسرة أو الـزواج منهـا خوفـاً مـن انتقـال هـذه الإعاقـات إلى أسرهم وكثيراً ما نلاحظ ذلك في مجتمعاتنا وخاصة الريفية منها .

٦- اليأس

عندما لا تتحسن حالة الطفل ويصاب الأهل باليأس من إمكانية شـفاء الطفل ومشاعر الإحباط ، كذلك تحد من النشاط الأسرى بمختلف المجالات .

٧- التقبل

بعد أن يصل الأهل إلى مرحلة لا بد من الاعتراف بإعاقـة ولـدهم يبـدأون بتقبـل هـذه الحالة والاعتراف بها وضرورة التعامل معها كحالة واقعة .

٨- التكيف

في نهاية المطاف وبعد أن يعترف الأهل بإعاقة ابـنهم يبـدءون بالتكيف والتعـايش مـع هذه المشكلة ، فيفكرون في إرساله إلى المدرسة أو الدراسة الخاصة وتخف عنهم مشاعر الذنب لأنهم ليسوا الوحيدين الذين لديهم طفل معاق ، ويحاولون مساعدته مهنياً وترويحياً. (العزة ، ٢٠٠١)

العوامل المؤثرة في شخصية المعاق

- وقت حدوث الإعاقة

الطفل الذي يعاني من الإعاقة في سن الخامسة، وكأنه قد فقد البصر منذ الولادة، حيث تبدأ الصور تتلاشى من ذاكرته بمرور الأيام، وبذلك يعتمد بشكل كبير على خبراته التي اكتسبها عن طريق الحواس الأخرى ، أما من فقد بصره بعد سن الخامسة تبقى الصور نشطة وفعالة في مجالاته الادراكية بحيث يمكنهم استرجاعها واستحضارها والإفادة منها ، وعلى الرغم من ذلك فإننا نجد أصحاب الفئة الأولى اكثر توافقاً واكثر شعور بالرضا .

- درجة الإعاقة

تختلف استعدادات المعاقين بصرياً وقدراتهم وميولهم تبعاً لدرجة الإعاقة هل هي كلية أم جزئية ، حيث لا يستوي المعاق كلياً مع المعاق جزئياً الذي يمكن أن يعتمد على نفسه إلى حد ما .

كذلك تؤثر درجة الإعاقة إلى حد كبير على النشاطات التي يمارسها الفرد مثل التوجه والتنقل ، ومدى قيامه بواجباته داخل وخارج المدرسة وداخل وخارج المنزل ومن مدى استفادته من أساليب التعلم ومن مدى إنجازه للمهام الموكولة إليه. ومن مدى مشاركته في النشاطات الاجتماعية .

- الاتجاهات الاجتماعية نحو الإعاقة البصرية

إرشاد المعاقين بصرياً

أن الحاجة إلى إرشاد المعاقين بصرياً أمر ضروري لأن مشاكل مختلفة تعترضه أثناء حياته، حيث إن هذه المشكل تختلف من شخص لآخر والمعاق بصرياً كانسان غير عادي له متطلبات واحتياجات غير عادية مثل حاجات الشخص العادي ، بل تختلف عنه فهو بحاجة إلى إرشاد نفسي خاص به ، واهتمام تربوي خاص وتوعية سلوكية تساعده على تقبل إعاقته بتكيف سليم وإنتاج سليم أيضاً ليصبح عنصراً فاعلاً وليس عالة على المجتمع، وليس هدراً مالياً نحن بأمس الحاجة إليه .

ويقوم إرشادهم على مجموعة من الأهداف :-

١- المعاقون بصرياً هم أفراد انسانيون لهم الحق في الحياة الإنسانية الكريمة والمنتجة.

٢- اكشف عن قدراتهم وطاقاتهم التي لا تقل عن غيرهم من الأفراد العاديين وقد تعوقهم.

٣- الحاجة إلى رعاية صحية واجتماعية واقتصادية .

٤- تعديل وتغيير اتجاهات الأسرة والمجتمع نحو المعاق. (الهاشمي ، ١٩٨٦: ١٢٤)

الإرشاد النفسي

تقديم الخدمات للمعاق بصرياً من أجل التغلب على مؤثراته النفسية الناتجة عن إعاقته أو من التربية الأسرية الخاطئة وعن عدم الشعور وإخراج المعاق من العزلة النفسية والاجتماعية ووضعه في الطرق الصحيح المؤدي إلى التوافق .

ويجب أن نبدأ الإرشاد النفسي لخدمات الإرشاد الأسرى للوالدين وعملية الفحص الطبي من الزواج ، وتعريف الوالدين بطرق التربية والنظافة والسلامة العامة للطفل المصاب ، وتنصب اهتمامات المرشد النفسي في مجال إرشاد الكفيف وأسرته على تقبل الطفل وتعريفهم بالطريقة السليمة ، التعامل مع هذا الطفل المصاب وتقديم الدعم النفسي- لهم، ويغير اتجاهاتهم السلبية نحو المعاق وتعريف الأسرة بأسباب العمى عند الطفل، وطرق الوقاية مستقبلاً ، وذلك في محاولة عدم ولادة طفل معاق بصري مرة أخرى، وذلك قدر الإمكان .

الإرشاد التربوي

ويتم ذلك من خلال إرشاد الكفيف وأهله إلى الاستخدام السليم للبرامج التربوية التي تم التحدث عنها سابقا حيث إن للطفل حق التعليم ، حيث إن له نفس الاستعدادات والقدرات العقلية للطفل العادي ، وله الحق في أن يشترك بنقابة مجتمعه وحياته.

وكذلك لا بد من توفير المناهج التربوية والبرامج الدراسية المناسبة والمدرسين المتخصصين في مجال إعاقتهم وتوفير وسائل المواصلات من المدرسة إلى البيت.

الإرشاد المهني يهدف الإرشاد المهني إلى مساعدة المعاق بصريا على فهم نفسه والتعرف على طاقاته وإمكانياته حتى يستطيع أن يستغلها في الناحية التي تعود عليه وعلى مجتمعه بالنفع ومعاونته على تحقيق التوافق والإشباع المهني ، ويهتم أيضاً بالتعليم

والتدريب والتأهيل المهني على أساس أن المجتمع لا ينبذ أفراده، وأنـه يعامـل الجميـع بسواسيه ولا يفرق بين العاجز والقادر.

ويكون دور المرشد في هذه الحالـة في مسـاعدة المعـاق بصريـاً عـلى تحقيـق مفهـوم الذات المهني ومساعدته على تنفيذ خطته المهنية ، ومساعدته على تطبيق مهارات التفاعل مع الآخرين أثناء العمل ووقع اتجاهات فاعله في العمل .

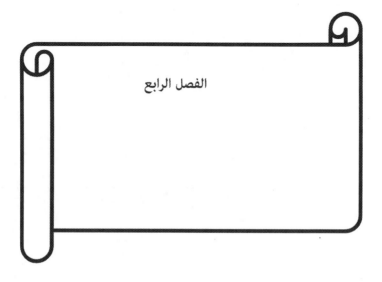

الفصل الرابع

محتويات الفصل الرابع

الاضطرابات النفسية
اضطراب المزاج
الاضطراب الدوري أو النوبي
اضطراب الهوس الخفيف
الأعراض المزاجية
اضطرابات الذاكرة
اضطرابات الذاكرة قصيرة المدى والذاكرة قصيرة المدى
اضطرابات التوظيف الاجتماعي
الأطفال والعنف
مظاهر السلوك العدواني
تطور مشاعر العدوان عند الأطفال
أشكال العنف
أسباب العنف
تأثير التلفاز على تقوية نزعة العدوان لدى الطفل
نتائج إساءة معاملة الأطفال
على من تقع مسؤولة التعرف على الإساءة للأطفال
دور المدرسة في التعامل مع الإساءة للطفل
تشخيص الإساءة للأطفال الأكبر سناً
العنف المتبادل بين الآباء والأبناء
عمالة الأطفال في التشريعات الأردنية
اضطرابات الشخصية
اضطراب الشخصية الهستيرية (المتصنعة).
اضطراب الشخصية الفصامية.
اضطراب الشخصية اللاجتماعية.
اضطراب الشخصية النرجسية .
اضطراب الشخصية الوسواسية القهرية .
اضطراب الشخصية الاعتمادية .
اضطراب الشخصية التجنبية .

الاضطرابات النفسية

تتطلب الإحاطة بمفاهيم اضطرابات المزاج تعريفاً بحدود هذه المفاهيم ، سواء أكان هذا يرتبط بالجوانب الطبيعية السوية من ناحية أم يرتبط بالاضطرابات النفسية من ناحية أخرى .

من حيث الحدود بين الاكتئاب والجانب السوي ، تعتبر الملاحظة العادية، والاكتئاب والحزن استجابة طبيعية لأحداث غير سعيدة ، وتلك حالة مزاجية قد تحدث كثيراً لدى الأفراد الذين يتصفون خاصة بالحساسية وبالأفراط في التفكير، وقد تكون هذه حالة لا مفر منها لدى شخص أخلاقي أو عقلاني يعيش في مجتمع لا أخلاقي ، ولا عقلاني .

ومن ناحية أخرى يذهب بعض المختصين على أن الاكتئاب مرض وليس استجابة عادية ، ويتناولونه على أنه اضطراب مختلف تماماً عن الشعور بعدم السعادة ، ولا يوجد اتفاق كبير بين الباحثين المهتمين بالاكتئاب من حيث الحدود بين الاكتئاب والتقلب العادي المزاجي .

اضطرابات المزاج   Mood disorders

تشمل فئة اضطرابات المزاج ، وفقاً للدليل التشخيصي۔ والإحصائي الرابع DSMIV الاضطرابات الاكتئابية ، والاضطرابات ثنائية التطلب ، واضطرابات المزاج الذي يعزى إلى حالة طبية عادية ، واضطراب المزاج الناتج عن تعاطي المخدرات أو مواد العقاقير ذات الاضطرابات ثنائية القطب .

وهي مجموعة من اضطرابات المزاج ، وفقاً للدليل التشخيصي۔ والإحصائي الرابع DSM-IV ، ويشمل الاضطراب ثنائي القطب ، نوبة حادة والاضطراب ثنائي القطب نوبة معاودة ، والاضطراب الدوري أو النوابي .

ويتطلب تشخيصي الاضطراب ثنائي القطب أن تكون هناك نوبة هوس في وقت ما أثناء تطوره ، وقد يأخذ الاضطراب ثنائي القطب شكل نوبة هوس أحادية (وهذا نادراً ما يحدث) أو قد تكون من نوبات معاودة ، تكون إما نوبات هوس أو نوبات اكتئابية في

طبيعتها (ولكن ينبغي أن تكون هناك على الأقل نوبة هوس واحدة على الأقل بشكل سائد).

ويستخدم الاضطراب ثنائي القطب متعدد النوبات **Bicolor Idudid** في بعض التصنيفات (بما فيها الدليل الشخصي والإحصائي الرابع (DSM-IV) للإشارة إلى اضطراب المزاج الذي يتصف بنوبات من الاضطرار الاكتئابي الأساسي والهوس الخفيف (وليس الهوس التام) ، ويفضل بعض الاختصاصيين أن يطلق على هذا النمط من اضطراب المزاج والاضطراب الاكتئابي الأساسي مع نوبات هوس خفيف) .

الاضطراب الدوري أو النوبي Cydothyme disorder

ويمثل أحد الاضطرابات ثنائية القطب ، وفقاً للدليل التشخيصي- والاحصائي الرابع، يتصف بنوبات عديدة من الهوس الخفيف وبفترات متكررة من المزاج المكتئب أو بفقدان الاهتمامات أو المؤشرات وهذه النوبات لا تستوفي المحكات المطلوبة لتشخيص نوبة كاملة من الهوس أو اضطراب اكتئابي أسسي .

اضطراب الهوس الخفيف Mypomania

وهو حالة نفسية مرضية لاسوية في المزاج وتقع في موضوع ما بين الشعور بالابتهاج العادي والهوس ، وتتصف هذه الحالة بالتفاؤل غير الواقعي ، وبضغط الكلام والنشاط ، وبالحاجة المتناقضة إلى النوم ، ويتهجأ بسرعة في الغضب.

نوبة الهوس الخفيف Hippomanic episode

وتتحد خصائصها بنفس خصائص نوبة الهوس ، ولكنها ليست بنفس الدرجة من الشدة حتى تتسبب في حدوث اختلال ملحوظ في أداء الفرد لوظائفه الاجتماعية أو المهنية أو تتطلب إيداعه في المستشفى أو بأحد المراكز الصحية النفسية ، حتى على الرغم من أن تغير المزاج يكون مختلفاً بوضوح عن المزاج غير المكتئب المعتاد لدى الفرد ويكون ملحوظاً من الآخرين .

أعراض الاكتئاب

يتضمن مفهوم الاكتئاب عدة معانٍ تتراوح من الانخفاض الوقتي أو العابر في المزاج مما تتسم به طبيعة الحياة ذاتها إلى الزملة الاكلينكية التي تتسم بمظاهر جوهرية

تتمثل في شدة الاضطراب ،وطول مدته ، والعلامات والأعراض المتلازمة والتي تختلف بشكل ملحوظ عن المعايير العادية أو السوية ، وتتلخص المعالم الاكلينكية للاكتئاب في نسق يضم أربع فئات واسعة هي :-

١- المزاج (الوجدان Mood effeft) :- حزين ، كئيب ، غير سعيد، وأجوف أو أحمق ، ومهموم ، ومتهيج ، سريع الإثارة .

المعرفة :- فقدان الاهتمامات ، وصعوبة في التركيز ، انخفاض تقدير الذات ، أفكار سلبية ، التردد ، الشعور بالذنب ، أفكار انتحارية ، هلوسات ، هذيان .

السلوك : البطيء النفسي الحركي ، والاحتياج النفسي الحركي ، البكاء والانسحاب الاجتماعي ، والاعتمادية ، الانتحار .

المعالم الجسمية : اضطراب النوم (الأرق ، أو كثرة النوم) التعب ، زيادة الشهية أو نقصانها ، فقدان الوزن أو زيادته ، الألم ، تناقص الطاقة الجنسية (اللبيدو) اضطراب الجهاز الهضمي.

الأعراض المزاجية (الوجدانية)

تدور الأعراض الأولية للاكتئاب حول مشكلات المزاج ، وتشير إلى التغيرات في مشاعر الفرد في سلوكه الظاهر الذي يعزى بشكل مباشر إلى حالاته الوجدانية ، يشعر الفرد بأنه مكتئب ، منقبض ، حزين ، يائس ، مثبط ، ويعاني من الهبوط ما يشعر الشخص المكتئب بأنه منعزل ومرفوض وغير محبوب ، وقد يصف الأشخاص المكتئبون أنفسهم في بعض الأحيان كما لو أنهم يعيشون وحدهم في هاوية عميقة مظلمة حين لا يستطيع أحد أن يصل إليهم ، ولا يمكنهم تسلقها أو الخروج منها .

المظاهر الانفعالية التي يتسم بها الاكتئاب

١- المزاج المعتم   Dejected moods

ويظهر في تعبيرات الفرد عن مشاعر الوحدة الملل ، أو التثبيط أو الكدر أو الاغتمام ، وقد يتم التعبير عن (هذه المشاعر) في بعض الأحيان بمصطلحات جسمية مثل (أشعر بشيء جامد واقف في حلقي) ، (عندي شعور حزين وثقيل في صدري)، ويتضح من استجابات المفحوصين على السؤال : كيف حالك ؟وكيف تشعر ؟

مشاعر سالبة نحو الذات Negative Feeling to more self

غالباً ما يعبر المكتئبون عن مشاعرهم نحو أنفسهم ، التي قد تصل الى حد كراهية للذات self delis ، وقد ترتبط هذه المشاعر بمشاعر الاغتمام العام ، لكنها موجهة نحو الذات على وجه الخصوص ، أنا شخص بشع ، أنا لا أستحق الحياة .

فقدان الشعور بالرضا أو الابتهاج less of gratification

انخفاض الشعور بالرضا أو المتعة أو السرور أو الارتياح ، وتبدأ هذه الاضطرابات بنشاطات قليلة في حياة الفرد إلى أن يتطور إلى كل شيء يفعله ، كذلك خبراته المرتبطة بحاجاته الجسمية ، كالطعام والجنس لا تسلم من هذا التأثير، كذلك فإن خبراته ذات الطابع النفسي الاجتماعي ، مثل إحراز النجاح أو الشهرة أو تلقى تعبيرات الحب أو الصداقة تأخذ في فقدان خواصها الباعثة على الابتهاج أو السرور ، وقد تمدد هذه الانخفاضات في خبرات السرور إلى نشاطات تضمن مسؤوليات أو التزامات أو جهود .

كما يبدي الأشخاص المكتئبون شعوراً بالملل ومعظم الوقت ، إذ لم يحرك الفرد النشاطات المهنية أو المحببة إليه والتي كانت تشهره في الماضي.

فقدان التعلق الانفعالي Loss emotional attachment

يتضح فقدان التعلق الانفعالي في تناقض درجة حماس الفرد للنشاطات ، فقد يقرر بعض الأشخاص أنهم لم يعودوا يشعرون بالدرجة نفسها من كثافة الحب أو العاطفة إزاء الزوجة أو الأبناء أو الأصدقاء .

نوبات البكاء Crying spells

تزايد فترات البكاء لدى الأشخاص المكتئبين ، وخاصة لدى النساء اللاتي يشعرن بذلك، ويشعرن كما لو أنهن يردن البكاء الشديد ، وقد يشعر البعض بارتياح بعد البكاء لكنهم غالباً ما يشعرون باكتئاب أكثر .

فقدان الإحساس بالمرح   Loss of sense of humor

تظهر على شكل فقدان الاستجابة للمرح ، وقد يعني ذلك أن الشخص المكتئب يفتقـد القدرة على إدراك مغزى الدعابة ، أو حتى النكتة ، ولكن تكمن المشكلة في أنـه لا يسـتجيب للدعابة ، أو الفكاهة على النحو المعتاد والمتوقع .

اضطراب الذاكرة (فقدان الذاكرة)

تناولت الكثير من البحوث اضطرابات الذاكرة ، ولقد توجهت في مجملها إلى تفسير هذا الاضطراب من تطور اضطراب القدرة على التعلم ، ويوضح بعض الباحثين أن الاضطراب الشديد في الذاكرة عند كبار السن لا يعزى إلى عجزهم عن استدعاء المعلومات ، ولكن إلى اضطراب قدرتهم على التعلم ، فهؤلاء الأشخاص لا يستطيعون تسجيل الحقائق التي تتواتر في مجالهم الادراكي ، ومن ثم فليس عندهم شيء يتذكرونه ، ومن ناحية أخرى فإنهم ينزعون إلى تذكر ما قد تعلموه في الماضي قبل أن يتطور عندهم هذا الاضطراب في التعلم .

إن اضطرابات الذاكرة هذه عند كبار السن هي في الأساس اضطرابات تعلم من حيث أن الحقائق لا يجري تذكرها لأنه لم يتم تعلمها .

يشير علماء النفس والطب النفسي إلى ظاهرة أساسية في اضطراب الذاكرة تتعلق (بمدى الذاكرة) أو ما يعرف أيضاً ، بـ (مدى الفهم) أو (مدى الذاكرة المباشرة أو الآنية) . فالمعلومات الواردة يتم الاحتفاظ بها مؤقتاً حتى تتم معالجتها من خلال آلية التشغيل ، يحث توفر لها تلك الآلية تغذية راجعة داخل النظام الادراكي في نهاية كل دورة ، فإذا ما جرى الاحتفاظ بهذه المعلومات وبهذا فإن مقدرة الفرد على آلية التشغيل تكمن وراء الفروق الفردية في فعالية نشاط الذاكرة .

ونتيجة الأبحاث الكثيرة التي أجريت على العصابيين ، تبين أن نتيجة هذه الأبحاث، أن القلق عند الأشخاص العاديين يؤدي إلى خفض مدى الذاكرة ، لذا يفترض بعض الباحثين أن مدى الذاكرة في حالة الأشخاص العصابيين يقل عن المتوسط ، ومع ذلك فلم تتوصل البحوث في هذا الشأن إلى فروق دالة بين الأسوياء والعصابيين .

اضطرابات الذاكرة قصيرة المدى والذاكرة قصيرة المدى

يركز البحث النفسي والعصبي خاصة على اضطرابات الذاكرة قصيرة المدى والذاكرة بعيدة المدى ، ونقل بعض آثار الذاكرة من الذاكرة قصيرة المدى إلى الذاكرة بعيدة المدى ، حيث تخزن تلك الآثار وتستمر عدة ساعات أو مدى الحياة ، وتلك هي وظيفة تلك المنظومة من الدماغ الموجودة في " مقدم الدماغ " ، والمعروفة باسم "الحصين " وقد اكتشفت هذه عند حالة مشهورة في بحوث في هذا الميدان ، فقد خضع هذا المريض لعملية جراحية في المخ لاستئصال الحصين من النصوص الصدعية في المخ .. ونتيجة لعملية هذا المريض ، صار هذا الشخص يعيش كله في الحاضر، أي يستطيع تذكر الأحداث في ذاكرته قصيرة المدى .

مفاهيم أساسية

في ضوء الوثائق المقررة عن الدليل الشخصي لـ " الرابطة الأمريكية للطب النفسي " والتصنيف الدولي لـ " منظمة الصحة العالمية " تتحدد الأنماط الإكلينيكية للاضطرابات المعرفية في عدة فئات وهي : الهذيان واضطراب في الوعي وتغير في النشاط المعرفي يتطور خلال فترة قصيرة من الوقت وتنحدر اضطرابات الهذيان وفقاً لأسباب الأيتولوجيا المفترضة لهذا الاضطراب .

الخرف أو العته   Dementia : اضطراب يتصف بـ الاختلالات المعرفية متعددة وتتضمن اضطرابات في الذاكرة ، وأسبابه ما يلي هي :-

الخرف من نمط الزهايمر ، الخرف الوعائي ، الخرف الذي يعزى إلى حالات طبية عامة (مثل نقص المناعة عند الإنسان) ، إصابات الرأس مرض باركنسون، مرض هانتجتون ، الخرف المرتبط باستخدام المواد أو العقاقير يعزى إلى سوء استخدام العقاقير.

اضطراب النسيان   Amnesticpesotion

هو اضطراب يتصف باختلال الذاكرة في حالة عدم وجود اختلالات معرفية جوهرية أخرى وأسبابه الاينولوجية هي : النسيان الذي يعزى إلى حالة طبية عامة،

اضطراب النسيان المرتبط باستخدام المواد والعقاقير ، اضطراب النسيان غير المحدد النوعية بعد .

الاضطرابات المعرفية غير المحددة النوعية بعد Cognitive Disorder Not

وهي خاصة بالمظاهر التي تتصف باختلال الوظائف المعرفية والتي يفترض أنها تعزى إما إلى حالة طبية عامة أو إلى استخدام المواد أو العقاقير والتي لا تتصف مع محكات أي من الاضطرابات التي يتضمنها هذا القسم من الموسوعة .

اضطرابات التوظيف الاجتماعي عند الأطفال

يتناول التصنيف الدولي العاشر " الاضطرابات النفسية والسلوكية " ICD-١ ، لمنظمة الصحة العالمية اضطرابات الخرس الانتقائي Seledc Mulism، والتعلق الوجداني الاستجابي في فئة الاضطرابات التوظيف الاجتماعي ذات البداية المحددة في الطفولة والمراهقة .

وتعتبر هذه الفئة من الاضطرابات مجموعة غير متجانسة ومتغايرة إلى حد ما ولكنها تشترك في مظاهر من الاختلالات او الاضطرابات في التوظيف الاجتماعي الذي يبدأ عامان الفترة النمائية في الطفولة والمراهقة ، ولكن هذه الاختلالات او الاضطرابات (خلافاً للاضطرابات الارتقائية الشاملة) لا تتميز بعجز اجتماعي أو خلل يعزى بوضوح إلى عوامل تكوينية وينسحب على كل مجالات التوظيف، وترتبط هذه الاضطرابات عامة بعوامل بيئية عن الحرمان أو الاضطراب ، يؤدي دوراً سببياً أساسياً في الكثير من الحالات اضطرابات التوظيف الاجتماعي .

ورغم أن وجود هذه المجموعة من اضطرابات التوظيف الاجتماعي يمكن تعريفه جيداً ، فإنه مشوب أيضاً بعدم اليقين الذي يتعلق بالمحكات التشخيصية المحددة لتلك الاضطرابات ، كما أنه يلغي نوعاً من عدم الاتفاق الذي يتعلق بالتصنيف الأكثر ملاءمة وما يتضمنه من فئات أو أقسام فرعية .

التعلق الوجداني

يعتبر التعلق الوجداني جانباً مهماً من نمو الإنسان بشكل رائع يلفت النظر ، فمن الناحية الفعلية يصير كل طفل متعلقاً بشخص ما، علاوة على ذلك فإن السن التي يبدأ

التعلق عندها الأطفال ، وهي بين سن ستة وثمانية اشهر تكون واحدة في كل المجتمعات والثقافات في العالم ، فثمة علاقة خاصة وفريدة تنشأ بين الطفل والأم في هذا السن يطلق عليها العلماء في علم النفس والنمو والشخصية ظاهرة " التعلق الوجداني " وهي رابطة عاطفية يشعر بها الطفل تجاه الأم وهذه العلاقة تتطور خلال فترة من الزمن وتتدعم وتتنامى كركيزة تتأسس عليها أركان النمو السوي لشخصية الطفل .

مراحل تكوين النمو الوجداني بين الطفل والأم

إن التعلق الوجداني بين الأم والطفل ينمو في سياق سلسلة من المراحل تحكمها التغيرات المعرفية النمائية عند الطفل ، كذلك التفاعلات التي يبدو أنها تنمو بشكل طبيعي بين الأطفال وأمهاتهم أو القائمين على رعايتهم .

مرحلة (١) الاجتماعية المختلطة (غير المميزة) من الميلاد حتى سن شهرين

يكون في مقدور الأطفال بعد أسابيع قليلة من ميلادهم أن يأتوا باستجابات نشيطة إزاء الاتصال بالأشخاص الآخرين وتنمية هذا الاتصال ، فيما يبديه الأطفال من استجابات الصياح والابتسامات والأنين والنظرات يكون من الصعب تجاهله أو مقاومته أو في هذه المرحلة يستخدم الطفل سلوك التعلق المحدود بطريقة أقل انتقائية مما يلي ذلك من مراحل، فعلى سبيل المثال ، عندما يبكي الطفل أو يصرخ فإن عديداً من الأشخاص قد يتولون تهدئته ولا يستطيع أن يميز الوجوه التي يبتسم لها ومن الذي يستقبل نظراته.

مرحلة (٢) بناء التعلق الوجداني من سن شهرين إلى سبعة أشهر

إن الطفل الصغير غالباً ما يبدأ بالتبسم والاستجابة اجتماعياً لأي فرد يبدأ بإظهار تفضيل متزايد للأفراد الذين يكونون أكثر ألفة لديه وأكثر استجابة لحاجاته ، وهذه التفصيلات التي تصدر عند الطفل تؤدي بدورها إلى تعزيز العاطفة الوجدانية عند الوالدين ، وحيث تأخذ الوالدية في التنامي ارتباطاً بالمعززات التي يحصل عليها الوالدان من الأبناء ، وفي هذه المرحلة يكون معظم الأطفال لا يزالون يتصلون بصفة عامة بأشكال معنية من الانتباه والاهتمام والرعاية من أشخاص غرباء كما يتعلمون الانفصال الوقتي عن الوالدين أو يبدون ضيقاً قليلاً .

مرحلة (٣) التعلق الوجداني النوعي والمحدد من ٧-٢٤ شهراً

في هذه المرحلة تصبح تفصيلات الطفل لأشخاص معينين أكثر قوة ويعزى هذا جزئياً إلى قدرة الطفل على تمثيل هؤلاء الأشخاص عقلياً (نمو التمثيل العقلي عند الطفل) وإضافة إلى ذلك فإن النمو الحركي الذي يتحقق للطفل مع عمليات الزحف والمشي يسهم في نمو الروابط العاطفية النوعية المحددة . وكلاً من قلق الانفصال أي مشاعر الطفل بالضيف من انفصاله عمن يقوم برعايته ، وبخاصة الأم و (القلق من الغرباء أي الحذر والاحتراس من الغرباء والإحجام عنهم يظهر عند بداية هذه المرحلة تقريباً) .

مرحلة (٤) المشاركة المتسقة الموجهة نحو الهدف من ٢٤ فأكثر :

في حوالي سن العامين يتقن الطفل مهارات التمثيل العقلي وتذكر الأشياء والأحداث على حد سواء ويكون أكثر قدرة على فهم الأشياء ، مشاعر الوالدين ووجهات نظرهما وعلى التوافق معهما وتزداد قدرة الطفل على تحمل الفترات لغياب الوالدين ويشعر بالأمان اعتقاداً بعودة والديه ولا ترتبط هذه الفترة بالخبرة السابقة فحسب بل بالعلاقات العاطفية التي سنحت في إحساس الطفل بالثقة بالأساسية .

أنماط التعلق الوجداني

النمط (أ) نموذج التعلق الوجداني القلق - الإحجامي حوالي ٢٠% من الأطفال المبحوثين.

يتصف سلوك الطفل بعدم الاهتمام وبقلة الاكتراث باستطلاع المكان المحيط به، حينما يكون بمفرده مع الأم ، كما يتصف بالإحجام الفوري عند الاقتراب من الأمل أو التفاعل معها عند عودتها ، وقد يتجاهل أمه عند عودتها أو يحبها بفتور ، أو يموج ترحيبه باستجابات إحجامية مثل الاستدارة عنها بعيداً ، أو يتحرك ماراً بها ، أو يحول نظراته عنها ، وفي أثناء الانفصال عند الأم لا يكون في حالة من الضيق ، إن ضيقه قد يعزى إلى أنه ترك وحيداً أكثر مما يعزى إلى غياب الأم ، وهو لا يبدى احتراساً بشكل زائد من الغرباء ، أما سلوك الأمل وخصائصها من هذا النمط ، فهو أنها لا تبتهج بالاتصال ، التلامس البدني مع الطفل ، وهي تبدي عدم صبر أو ضجر أو تبرم أو غضب حينما يتداخل الطفل مع خططها وأنشطتها .

النمط (ب) نموذج التعلق الوجداني الآمن حوالي ٧% من الأطفال المبحوثين

يتصف السلوك للطفل هنا بالاستطلاع النشيط وبالفاعلية من السعي إلى الاقتراب من الأم أو الالتصاق بها أو التفاعل معها ، وخاصة في مواقف عودتها ، ويبدو عليها الضيق بوضوح حينما تنفصل عنه ، ويستجيب بقوة عند عودتها ويسعى بشغف إلى الالتصاق البدني بها ، وبسرعة يصل إلى حالة من الهدوء والطمأنينة وهو متعاون ومنطلق مع الغرباء في حالة حضور الأم أما سلوك الأم فهي تبدو أنها تسعد بملامسة ابنها واحتضانه وتبدي استجابة عالية للإشارات التي تبدو من الطفل ولديها إحساس جيد بالوقت .

النمط (جـ) نمط التعلق الوجداني القلق - المقاوم حوالي ١٠% من الأطفال

هذه الفئة تبدو قلقة حتى حينما يكون مع الأم وحدها أو لا تبدي ميلاً إلى استكشاف واستطلاع المكان المحيط بها ، ويمتكلها الضيق من الانفصال و يبذل هؤلاء الأطفال جهوداً كبيرة في سبيل التقارب والاتصال مع الأم ولكنهم في الوقت نفسه يبدون غضباً وضجراً ومن المحتمل أن يبدو ضيقاً حينما يقترب الغرباء منهم ، وقد يقاوم في الوقت نفسه جهودها في تهدئته وتسكيته .

وفيما يتعلق بسلوك الأم فإنها قد تسعد بالتواصل والتفاعل مع الطفل مع ضعف مهارتها في التفاعل معه ، وهي لا تبدي حساسية لإشارات الطفل كما لو أنه يعززها الإحساس الدقيق بالوقت .

تأثير التعلق الوجداني في نمو شخصية الطفل

يفسر بعض الباحثين تأثير التعلق الوجداني المبكر عند الأطفال على تطوير علاقاتهم بالآخرين في المراحل العمرية التالية على إحساس تكوين تمثيلات داخلية (في عقل الطفل) هذه العلاقة وأن الأطفال تنمو لديهم تصورات كهذه تنظم في ذهنهم على أنها (نماذج عامة داخلية) لعلاقتهم بالأم، ومن ثم بالأشخاص الآخرين المعنيين في حياتهم ، وهذه النماذج العامة الدخيلة هي في جوهرها أبنية معرفية تجسد ذكريات التفاعلات اليومية مع الشخص موضوع التعلق الوجداني (ألام خاصة) وقد تكون هذه النماذج بمثابة (خطط عقلية) توجه أفعال الطفل واستجاباته نحو الأشخاص موضوع

التعلق الوجداني تأسيساً على التفاعلات السابقة وعلى التوقعات والخبرات الانفعالية المرتبطة بهم .

ويقدم (جون جولبي) من خلاصة بحوثه وأعماله من تأثير رعاية الأم والحرمان الأمومي على نمو شخصية الطفل نظرية من آخر أعماله ١٩٨٨ مفادها أن الخصائص الكيفية الفريدة للعلاقات العاطفية والتقلب الوجداني بين الطفل والأم تمثل أساساً قاعدياً متيناً تنهض عليه شخصية الطفل وتتنامى معه في استمرار نضج علاقاته الاجتماعية الانفعالية مع الآخرين المعنيين ، ومن هذا المنطلق أيضاً يمكن تفسير الكثير من الاضطرابات النفسية في المراحل العمرية اللاحقة .

الخرس الانتقائي

إن اضطراب الخرس الانتقائي ظاهرة مرضية قد تتوافر لدى الأطفال كرد فعل لسوء التوافق الاجتماعي وخاصة إزاء مواقف اجتماعية معينة، وهذه الحالة تتميز بانتقائية ملحوظة في الكلام تحددها عوامل انفعالية بحيث ان الطفل يبدي كفاءة لغوية في بعض المواقف ويخفق في الكلام في مواقف أخرى يمكن تحديدها .. وغالباً ما يظهر الاضطراب في الطفولة المبكرة ، ويحدث بدرجة متساوية تقريباً ، بين كل من الذكور والإناث ، وعادة ما يرتبط اضطراب الخرس الانتقائي بمعالم ملحوظة في الشخصية تمثل القلق الاجتماعي أو الاستجابة أو الحساسية أو المقاومة، ومما يميز هذا الاضطراب أن الطفل يتكلم في المنزل أو مع الأصدقاء القريبين فيما يكون صامتاً أبكماً في المدرسة أو مع الأشخاص الغرباء ومما يميز اضطراب الخرس الانتقائي من معالم الشخصية :

أ- أن الطفل يتمتع بمستوى عادي أو قريب إلى العادي من الفهم اللغوي

ب- أن الطفل يتمتع بمستوى من الكفاءة من التعبير اللغوي يكون كافياً للتواصل الاجتماعي.

جـ- إن هناك دلائل واضحة بأن الفرد يتكلم ويستطيع أن يتكلم في بعض المواقف بطريقة عادية أو غالباً عادية .

ومع ذلك فإن هناك قلة من الأطفال ذوي الخرس الانتقائي يتصفون بتاريخ من التأخر الكلامي أو من مشكلات النطق ، وتشخيص الاطفال في هذه الحالة يحكم أن

الخرس الانتقائي ارتباطاً بوجود تلك المشكلات وما تتضمنه تلك الحالة أيضاً من توفر لغة ملائمة للتواصل الفعال ، وبالتعاون الكبير من استخدام اللغة وفقاً للنسق الاجتماعي، ذلك أن الطفل يتكلم بطلاقة في بعض المواقف ، ولكنه يكون صامتاً في بعض المواقف الاجتماعية لكن لا يظهر هذا الإخفاق في مواقف أخرى ويتطلب دقة التشخيص أن يكون الإخفاق من الكلام مستمراً لفترة من الوقت يحدث فيها الكلام وتلك لا يحدث فيها .

وتشيع اضطرابات اجتماعية انفعالية أخرى عند غالبية حالات اضطرابات الخرس الانتقائي ولكنها لا تؤلف جزءاً من المعالم اللازمة التشخيص، وهذه الاضطرابات لا تتبع نمطاً منتظماً ولكن المعالم المزاجية غير العادية وخاصة الحساسية الاجتماعية والقلق الاجتماعي والانسحاب الاجتماعي ، والسلوك المتحدي المناهض تكون فعالة عامة مميزة لهذا الاضطراب .

الأطفال والعنف

- مفهوم العنف
- النظريات التي فسرت ظاهرة العنف ضد الأطفال
- المتغيرات التي تتداخل مع ظاهرة العنف
- المؤشرات السلوكية التي تدل على تعرض الأطفال للعنف
- بعض الإضاءات التي تتخلل ظاهرة العنف ضد الأطفال
- برامج خدمات الأطفال المساء إليهم

مفهوم العنف

هو عبارة عن سلوك عدواني فردي أو جماعي يتم إخضاع الطرف المعتدى عليه سواء كان بطريقة مباشرة أو غير مباشرة ، بطريقة مباشرة من خلال إنزال الأذى بالأشخاص أو الممتلكات وإلحاق الضرر جسمانياً أو التدخل في الحرية الشخصية .

وقد يكون العنف بطريقة غير مباشرة مثل الاعتداء العاطفي (القسوة، التهديد، المضايقة ، العزل ، الرفض) والإهمال (الإهمال التربوي ، الإهمال الصحي ، الإهمال العاطفي) وهناك أيضاً العنف الجنسي أو الإساءة الجنسية .

أيضاً للعنف مستويات مختلفة تبدأ بالضعف اللفظي الذي يتمثل في السب والتوبيخ والعنف البدني الذي يتمثل في الضرب والمشاجرة والتعدي على الآخرين.

ويحتوي العنف على القوة والضغط غير المشروع ليفرض الشغل إرادته على فرد ما وهذا يعتبر من أشكال العدوان (Aggression)

والعدوان هل هو فطري أو مكتسب ؟

أصحاب نظرية التحليل النفسي يرون أنه ذو طبيعة فطرية ليس مكتسباً ، وأن أساليب التنشئة الاجتماعية لها دور في كبر حجم العدوانية أو صغرها ، فسلوك الطفل العدواني يرجع إلى استخدام أساليب التربية الخاطئة في تقويم سلوكه، وبالتالي توجيه اللوم الشديد له أو عقابه ، لذلك يعرف العنف على أنه مجموع مشاعر ودوافع يحتوي عنصر التدمير .

والبعض يعتبره طاقة يمكن أن تستخدم بشكل إيجابي أو سلبي وبالتالي يمكن استخدامها بالاعتداء والتشاجر مع الآخرين (حلمي، ١٩٩٩). والبعض يرى أن البيئة التي يعيشها الفرد هي التي تولد العنف والعدوان ذلك أن الله سبحانه وتعالى لم يستخلف في الأرض مخلوقاً نسب إليه نمو هذا الكون وتطويره ويكون ذا طبيعة عدوانية لأن العدوان لا يترك إلى الدمار.

حيث قامت ستراوس بتحديد أربعة عوامل للعنف هي :-

١- القصد والنية من العنف

٢- تأثير العنف على الطفل

٣- مقدار الحكم على السلوك (حيث اعتبر البعض تدخين الوالدين أمام الطفل عنفاً، البعض الآخر اعتبر ظهور الكدمات عنفاً)

٤- الحكم على العنف على أساس الثقافة السائدة في المجتمع ، بعض الثقافات تعتبر أي سلوك لأجل التأديب عنفاً على عكس بعض الثقافات الأخرى التي لا تعتبره عنفاً.

وبالتالي فالطفل معرض للعنف بشكل مباشر و غير مباشر فبشكل غير مباشر يتعرض الأطفال إلى العنف عندما يشاهدون التلفاز ،فهم يقضون أكثر وقتهم في مشاهدة التلفاز أكثر مما يقضونه في المدرسة .

فالجمعية النفسية الامريكية تعرف العدوان والاضطراب على انه نمط متكرر ومتواصل من السلوك يحدث فيه خرق للحقوق الاساسية للآخرين او القواعد والمعايير الاجتماعية المناسبة ، وان الاطفال ذوي الاضطراب السلوكي سيتولد لديهم اضطراب نفسي يظهر بسلوك عنيف. والبعض يرى العنف سلوكاً مرضياً، ولكنه تدريب ينتقى للعيش في بيئة عنيفة فالطفل الذي يعيش في مجتمع عنيف فإنه يتجه إلى العنف.

* النظريات التي فسرت أسباب ظاهرة العنف ضد الأطفال

- النظرية الوظيفية

تستند هذه النظرية على فكرة تكامل الأجزاء في كل واحد وعناصر المجتمع مترابطة ، لذلك أي تفسير في أحد الأجزاء يحدث تفسيراً في الأجزاء الأخرى ، وأي خلل في أي جزء يؤثر على باقي الأجزاء .

فالمهم هو الحفاظ على توازن البناء الاجتماعي وعلى التكامل ، فالعنف حسب النظرية يحدث نتيجة عدم التوجيه والضبط الاجتماعي السليم وفقدان الترابط بين الجماعات الاجتماعية يجعل الفرد يلجأ إلى العنف ، وكذلك الفرد يصبح عدوانياً لأنه لا يعرف طريقة أخرى للحياة غير ذلك ، والفرد يعكس قيم الأسرة والمجتمع الذي يعيش فيه.

والعنف قد يكون وظيفياً أو لا وظيفياً ، كالعنف الذي يستخدم بين الشرطي واللص، فالعنف المستخدم من قبل الشرطي يعتبر وظيفياً لانه ذو فائدة ولأنه يؤدي إلى تماسك الجماعة والحفاظ عليها ، بينما العنف المستخدم من قبل اللص يعتبر لا وظيفياً وهو سليب حيث بوجوده يحدث خلل في المجتمع ، فالمعيار الأساسي للفصل بين وظيفي ولا وظيفي تماسك المجموعة .

كما ترى النظرية أن التكامل الاجتماعي يحدث بالتقليل من حدة العنف وكذلك من خلال غرس القيم الدينية وقيم الانتماء . وكذلك يعتمد على ترابط الأشخاص داخل المجموعة ممثلة بالأسرة والعائلة والمجتمع الذي يعمل على اشباع حاجاته النفسية والاجتماعية والعاطفية . والشخص الذي يخرج عن القاعدة الاجتماعية وذلك بممارسة

العنف يعتبر شخصاً منحرفاً . وتصبح وصمة عار لديه تلاحقه وقد يطلق عليه "
مدمن مخدرات؟ (حلمي، ١٩٩٩)

- النظرية التفاعلية

تركز النظرية على عمليات التفاعل داخل الأسرة وهذه تتضمن العلاقات المتبادلة،
مشكلات الاتصال ، عمليات اتخاذ القرار ، عملية التنشئة ، مشكلات الاتصال والجماعة
المرجعية ..

التركيز على العلاقات الدينامية بين الزوج والزوجة والأبناء سواء علاقات ثنائية بين
الزوج والزوجة أو علاقات ثلاثية بين الزوج والزوجة والأبناء ، وهذه النظرية تدرس العنف
ومظاهره بين الزوج والزوجة والأبناء ، وكما تدرس الاتصال السلبي بين أفراد الأسرة .

كما يهتم بدراسة تأثير ملاحظة ومشاهدة العنف في الأسرة على الأبناء ومدى تأثيرهم
بهذا السلوك.

والعنف مرتبط بالتنشئة الاجتماعية ، فالأسرة تعلم الطفل الخشونة والصلابة
والاعتماد على النفس وبالتالي عليه أن يثبت رجولته حين يكبر وذلك وباستخدام العنف أو أن
يشعر بالفشل في إثباتها عنيفة أو شعور بالفشل في إثبات رجولتهم .

كما يرى التفاعليون أن تخفيف حدة العنف عن طريق التعلم لا يتم ذلك فجأة إنما
تحتاج إلى برامج علاج . وأن الأفراد يتعلمون العنف في المنزل بنفس الطريقة التي يتعلمون
بها أي نوع من أنواع السلوك .

يجب على الأبناء أن يوفروا ويشبعوا لدى الأبناء من حاجات سواء الاقتصادية ونفسية
واجتماعية وعاطفية لابنائهم حتى يصبح لدى الطفل القدرة على الإنجاز والإبداع والابتعاد
عن العنف والسلوك العدواني .

وهذا لا بد أن يوفر عبر مراحل نمو الطفل المختلفة ولا ينظر إليهم نظرة تافهة وحقيرة
وأنهم أشياء صغيرة إنما ينظر لهم على أن لهم قيمة وأهمية اقتصادية . وأنهم يشبعون
الحاجة العاطفية لآبائهم.

- نظرية التعلم الاجتماعي   Social Learning Theory

تفترض هذه النظرية أن الأفراد يتعلمون العنف بنفس الطريقة التي يتعلمون بها أنماط السلوك الأخرى، وذلك اعتماداً على عملية التعلم التي تتم داخل الأسرة فالتعزيز والتقليد يفسر العلاقة بين الطفل والوالدين ، فبعض الآباء يشجعون أبناءهم على القيام بسلوكات تدل على العنف في بعض المواقف ، يطلب الآباء من أبنائهم ألا يبقوا ضحايا لعنف أصدقائهم والآخرين ، والبعض يرى أن العنف هو الطريقة الوحيدة للحصول على ما يريد وكذلك قيام الوالدين بسلوك العنف من أجل تأديب الابن، فهذا يشجع الطفل على سلوك العنف مع الآخرين (حلمي ، ١٩٩٩ : ٣٢) .

وهناك العديد من الدراسات أظهرت أن الأفراد الذين يعيشون في أسر تستخدم العنف يكونون عدوانيين في تصرفاتهم الأطفال الذين يتعرضون للإساءة يكونون اكثر ميلاً لأن يصبحوا عدوانيين .

فالتعلم حسب هذه النظرية يتم داخل الأسرة والمدرسة ووسائل الإعلام ، فالسبب الهام للعدوان لدى الطفل هو أساليب التنشئة ، حيث وجد أن الأطفال الذين آباؤهم وأمهاتهم لا يهتمون بهم يظهر العدوان لديهم ، ووجد أيضاً أن السلوك الديمقراطي وعدم استخدام العقاب معهم يؤدي إلى انخفاض السلوك العدواني لدى الطفل .

وكل مجتمع له ثقافة تختلف عن الآخر ، بعضها لديه اتجاهات إيجابية نحو العنف ونشجعه في بعض مواقف معينة مثلاً يطلب من الذكر أن يكون عنيفاً وله أن يضرب زوجته أو يقتلها لأي خطأ يصدر منها في وقت غير مناسب ، وهذا النوع من الثقافة منتشر بين الفئات الاجتماعية الدنيا (مختار ، ١٩٩٩) .

- نظرية التحليل النفسي   Psychoanalytic Theory

ترى هذه النظرية أن التكيف النفسي للطفل يعتمد على علاقة الطفل بأمه وذلك بمراحل نائية متعددة فالعلاقة الإيجابية تضمن التكيف الصحي للطفل . والعنف مرتبط للتكيف النفسي للطفل والتكيف مرتبط بمراحل النمو التي يمر بها الطفل من رضاعة ومشي وضبط الإخراج ، بالإضافة إلى الرعاية سواء اتسمت بالشدة أو اللين، التي لها تأثيرها على الطفل وتكيفه النفسي .

ومن الأمثلة على ذلك هي:-

الطفل في المرحلة الفمية حتى يتحقق له النمو السليم يتوقف على مدى إشباع حاجاته ، فالأم التي توفر الحنان والعطف ، وتبني الثقة مع طفلها الصغير والاهتمام والرعاية خلال المرحلة المبكرة من عمره تسهم في خفض العنف لدى الطفل .

- أيضاً وجد أن الأمهات اللواتي يتعرضن للعنف في طفولتهن المبكرة يجدن صعوبات متعددة في إشباع الحاجات العاطفية لأطفالهن مثل الحب الحنان ... الخ، وبالتالي رأوا إشباع هذه الحاجات يولد العنف.

- نظرية البناء الاجتماعي   Social Structure Theory

ترى هذه النظرية أن العنف هو استجابة لضغوط بنائية وإحباطات نتجت عن الحرمان، فمثلاً الإحباط الناتج عن الحرمان المادي يؤدي إلى الإيذاء الجسدي (العنف).

وأبعاد هذه النظرية يمكن تلخيصها كالآتي :-

أ-   النموذج البنائي   Structural Model ويعتمد على المتغيرين التاليين :

١-المكانة الاجتماعية والاقتصادية : فهناك علاقة عكسية بين المكانة الاجتماعية وبين إيذاء الزوجة ، فكلما كانت المكانة الاجتماعية الاقتصادية مرتفعة للأسرة قلت احتمالات إيذاء الزوجة .

٢- التعارض في المكانة (هنا العلاقة طردية) كلما كان التعارض في المكانة واسعاً (أي زاد) بين الزوجين زادت احتمالات إيذاء الزوجة فشعور الزوج بانخفاض مستوى تعلمه ودخله ومكانته المهنية والمكانة الاجتماعية المنخفضة لديه يزيد من درجة الإحباط لديه، وبالتالي الإحباط يولد العنف ضد الزوجة .

ب- نموذج التوتر   Stress Model

ينشأ التوتر لدى الفرد نتيجة مؤثر خارجي ، يتمثل في المكانة الاجتماعية للزوج وتعارض المكانة بين الزوجين بـ انخفاض المكانة الاجتماعية الاقتصادية وزيادة التعارض في المكانة يزيد من مستوى الضغط أو التوتر، وبالتالي يؤدي إلى العنف الموجه ضد الزوجة.

جـ- ديناميات العلاقات الأسرية

ويعتمد ذلك على المتغيرات الآتية :-

١- العلاقة بين الآباء والأبناء

٢- العشرة الزوجية   Morital Companionship

٣- عدم الاستقرار الزواجي   Morital Instability (حلمي ، ١٩٩٩ : ٤٤)

فوجود العلاقة السلبية بين الزوجين وبين الزوجين والأولاد يؤدي الى تفاعل اسري وزواجي سلبي وتظهر مشاعر عدم الرضا بهذه العلاقات، وبالتالي يؤدي ذلك الى (العنف) الإيذاء البدني سواء للزوجة أو للأولاد .

د- نموذج الصراع اللفظي   Verbal Conflict Model

حيث يتوسط الصراع الزواجي اللفظي كل من المكانة الاجتماعية الاقتصادية والتوتر ، والديناميات العلاقات الأسرية والذي يسهم بطريقة أو بأخرى إلى العنف وإيذاء الزوجة .

- نظرية الصراع   Conflict Theory

العنف يحدث نتيجة عدم التوزيع العادل للثروة والقوة، وبالتالي فهذا ظلم تاريخي موروث، فهم يعيشون تحت خط الفقر وهذا الأمر يجعلهم اقل احتراماً للقوانين .

كذلك يستخدم العنف كسلاح قوي في الحرب بين الجنسين يستخدم الرجل العنف لفرض السيطرة على زوجته ، وأن حل مشكلة العنف تكمن في إعطاء المظلومين مشاركة عادلة في الثروة والقوة. كما تركز النظرية على صراع الأدوار وعلى الشعور الشخصي بالحرمان بين ما يرغب فيه الناس، وما يحصلون عليه وبين انخفاض المستوى الاقتصادي مع وجود الحرمان النسبي مما يزيد من الميل إلى العنف ، فالفقراء اكثر إحساساً بالحرمان ، والحرمان يخلق حاله من عدم الرضا لدى الأفراد، فما يدفعهم إلى سلوك العنف بسبب إحساسه بالظلم الاجتماعي وعدم وجود عدالة اجتماعية وسيطرة القيم المادية، فوجود التفاوت الطبقي يخلق العنف (حلمي ، ١٩٩٩: ٤٩) .

• هنالك العديد من المتغيرات التي تتداخل في ظاهرة العنف وهي :

- **العنف والعدوان :** العنف مرتبط بالعدوان فالعدوان سلوك تخريب ومتعمد يؤدي إلى إحداث الضرر الجسمي أو النفسي لشخص آخر وتدمير الممتلكات يتضمن عنفاً في حد ذاته ، وقد لا يؤدي العنف إلى إحداث الضرر والخسائر.

- **العنف والغضب :**

الغضب عبارة عن انفعال يمتاز بدرجة عالية من النشاط في الجهاز العصبي ويظهر عدم الرضا بسبب خطأ وهمي أو حقيقي وحينما يغضب الفرد تصدر عنه بعض السلوكات أو الأقوال العدوانية، فالغضب يعد مظهراً من مظاهر التعبير عن الغضب ويظهر في صورة تدمير أو عدوان .

- **العنف والقوة :**

القوة هي القدرة على فرض إرادة شخص ما ، ويشمل التحكم في الآخرين سواء بطريقة شرعية أو غير شرعية برغبتهم أو بدون رغبتهم ، في العادة الأشخاص الأقوياء يفرضون إرادتهم على الأشخاص الضعفاء نتيجة ما يمتلكه الأقوياء من مصادر سواء جسدية أو مادية أو مكانة اجتماعية (مختار، ١٩٩٩)

• **مظاهر السلوك العدواني**

- تظهر العدوانية في لغة الطفل كالسب والشتم والصراخ أو الكلام ، مثل "أنا أحبك " وغيرها من التعبيرات التي تظهر رفضه وعدم تقبله للآخرين .

- الأفعال العلنية التي يقوم بها الطفل مثل الاعتداء على الآخرين بالضرب، الطعن ، التخريب ، تمزيق الكتب أو الكراسات ، كسر الأقلام أو إبدالها .

- تظهر العدوانية نحو الممتلكات مثل الكتابة على الأدراج والكراسي ، أو الجدران، ويتم هذا الإتلاف لممتلكات المدرسة أو ممتلكات أسرتهم أو غيرهم.

- يقوم الطفل بتلطيخ ملابسه أو ملابس الآخرين أو أشياء تخيفهم

- تظهر العدوانية لدى الأطفال في علاقتهم مع المعلمين ، من خلال الظهور بمظهر التحدي للمعلم وبالتالي يميل للمشاحنة والاعتداء وعدم الحياء من معلمه (مختار ، ١٩٩٩ : ٥٤)

* تطور مشاعر العدوان عند الأطفال

أولا : العدوان في مرحلة الرضاعة (الولادة – نهاية العام الثاني) من الصعب تحديد العمر الذي تبدأ فيه النزعة العدوانية لدى الطفل بالظهور ، لكن يمكن القول بأن الرضيع يبدأ بعضّ ثدي الأم حينما تظهر أسنانه، وهذا السلوك قد يكون غير مقصود أو ناتجاً عن احباط نقص اللبن ، والطفل في هذه المرحلة لا يعبر عن غضبه إلا بالبكاء والصراخ ، وضرب الأذرع والأرجل ، وكذلك يقذف بالأشياء ليعبر عن غضبه ، وفي سن ثمانية عشر شهراً يبدأ يضرب و يرفس ويدمر الأشياء من غير قصد ولا انتباه ، ثم بعد ذلك يبدأ بشد الشعر ، صراخ وبكاء حاد لعجزه عن التعبير عن الكلام وعن رغباته .

ثانياً : العدوان في مرحلة الطفولة المبكرة (٢ – ٦) سنوات تنشأ هذه النزعة نتيجة اكتشاف الطفل أنه يستطيع الحصول على الإثابة من البيئة الاجتماعية بالإيذاء وهنا يأتي دور الوالدين وأهميتهم في استخدام الأساليب التربوية المناسبة للطفل.

ومن مظاهر العدوان لدى الطفل في هذه المرحلة :-

- في سن عامين : يستخدم أسلوب الضرب ، وشد الأشياء وجذبها ويفسد نظام البيت ، ويستخدم العض للدفاع عن نفسه .

- في سن عامين ونصف : يكون متعمداً في إيذاء الآخرين فيضرب ويرفس "يخطف" الأشياء من الآخرين .

- في سن ثلاثة أعوام : تزداد نوبات الغضب ، فيلجأ أثناءها إلى دفع وركل الآخرين، ويلجأ إلى ضرب الأرض بالقدمين والقفز والارتماء على الأرض.

- في سن أربعة أعوام : المشاعر العدوانية يتم تمثيلها من خلال اللعب فيمثل الطفل دور رجل الشرطة الذي يطارد سواء السب ، المباهاة ، التعبير .

- في سن خمسة أعوام : يضرب الأرض بقدميه ، يضرب الباب بشدة ويسب ويهدد مثلاً يقول " سأضربك " ويقاوم ما يوجه لديه من أوامر "لن أفعل هذا".

ثالثاً : العدوان في مرحلة الطفولة المتأخرة (٦-١٢) سنة يكون للطفل في هذه المرحلة مركزاً للضبط الذاتي يستطيع من خلاله التحكم بالنوازع التي يشعر أنها خاطئة، حيث يتكون لديه من الأفكار السيئة والأفكار السيئة ، فالمشاعر السلبية (العدائية) لا تظهر إلا حينما يستفزه الآخرون .

فبعد سن الخامسة يبتعد الطفل عن ثورات غضبه ليستعمل الألفاظ العدوانية، وأيضاً يلجأ إلى تدمير الأثاث والأشياء ويستطيع أيضاً العراك ، والضرب بين الأولاد الذكور ولكن في صورة لعب في التاسعة من العمر.

- **أشكال العنف**

أولاً : الاعتداء الجسدي

هو عبارة عن فعل مؤذٍ جسدياً يقترفه الوالدان أو الشخص الذي يقوم على رعاية الطفل ، فليس بالضرورة أن ينتج عن رغبة متعمدة في إلحاق الأذى بالطفل بل ناتج عن أساليب تربوية قاسية أو عقوبة بدنية تؤدي إلى إلحاق ضرر مادي بالطفل . ويتضمن العنف الجسدي صفع الطفل وضربه بقسوة وقتله ، ومن كسور وخدوش وعض، وحرق وتسميم وخنق ورفس فكلها تعتبر اعتداء جسدياً .

فهناك عوامل تزيد من الاعتداء الجسدي ضد الأطفال منها العوامل الديموقرافية والاجتماعية منها : فقدان الأسرة لأحد الوالدين ، انخفاض مستوى المعيشة ، فالأم التي مات زوجها وتتولى مسؤوليات كبيرة سواء تربية أبناء أو ضغوط مالية خصوصاً أنها تحتاج الى السند الذي يحميها ويشد من أزرها، وبالتالي هذه الضغوط تولد العنف لديها (أبو عليا، ٢٠٠١) .

ثانياً : الاعتداء العاطفي

يعرّف أنه نمط سلوكي يهاجم النمو العاطفي للطفل وصحته النفسية وإحساسه بقيمته الذاتية.

ومن أشكاله :-

- تحقير الطفل والحط من شأنه

استعمال الوالدين لألفاظ سيئة مثل "أنت غبي ، أنت غلطة " وغيرها من الألفاظ التي تحط من قيمة الطفل ، وعندها سيتملك الطفل شعوراً سلبياً بأنه منحط. فواجب الطفل عند توجيه النقد له يجب أن يوجه إلى السلوك وليس إلى شخصه، مثال على ذلك عندما يقول الوالدين لطفلهم الذي لم يحصل على علامة مرتفعة " أنك لم تستغل وقتك بطريقة صحيحة ".

- القسوة

معاملة الطفل بقسوة تؤثر على جوانب شخصيته سواء نفسية أو اجتماعية أو عاطفية أو ثقافية وهذه المعاملة لها أثر على الطفل في اكتشاف العالم المحيط به وعلى إقامة العلاقات الاجتماعية مع الآخرين . وأسوأ شيء يوجهه للطفل أن يعاقب ولا يعلم لماذا عوقب وأن يتوقع الأهل من الطفل توقعات لا تناسب قدراتهم العقلية والعاطفية، فالطفل بحاجة للشعور بالأمن والمحبة والاطمئنان . (أبو عليا ، ٢٠٠١)

- التهديد والمضايقة

قد يلجأ بعض الآباء الى تهديد الطفل بعقوبة مفزعة وغير مفهومة تفزع الطفل وتجعله دائماً ينتظر العقاب الذي سيحل به ، وهذا يجعله قلقاً دائم التوتر، كما يؤثر على جسمه فيكون في حالة ضعف عام ، جسمه هزيل ، وأيضاً تؤثر على الجانب الاجتماعي والمتمثل بعدم مقدرته على إقامة العلاقات مع الآخرين .

- التدليل المفرط

يتضمن التدليل المفرط إغفال الوالدين المفرط لأبنائهم وهو تقويم أو تعديل سلوك طفلهم بحجة أن طفلهم سوف يصلح حاله عندما يكبر .

فهذا الدلال لا يساعد الطفل على تعلم واقع الحياة ولا الظروف المحيطة به ، وغير قادر على مواجهة صعوبات الحياة وتحمل المسؤولية. مثال : عندما يذهب الطفل إلى بقالة ويتصرف بطريقة تزعج الآخرين .

- التضارب

وهي عدم معرفة الطفل لردة الفعل التي يتوقعها عندما يقوم بأي فعل ، فهذا التعلم يؤثر سلباً على الطفل ويعرضه للضغوط معنوياً ويجعل تفكيره غير منطقي .

مثال : عندما يذهب الطفل إلى صديقه دون استئذان فيعاقب بينما يذهب مرة أخرى إلى صديقه من غير استئذان ويتغاضى الوالدان عن معاقبته دون إعطاء تفسير ذلك.

مثال آخر : عندما يكسر الطفل شيئاً عزيزاً على أمه وتظهر لابنها أنه ارتكب خطأ فادحاً، بينما عندما يكسر من قبل ابن صديقتها فهي تحاول تهدئة الوضع وتقنع صديقتها بأنه لم يحصل شيئاً مهماً ، هذا الموقف يجعل الطفل في حيرة ويؤثر على صحته النفسية.

- البرود

والمقصود به أن علاقة الوالدين بالطفل تتسم بالبرود العاطفي لا تتسم بالمحبة والدفء والحنان ، فهذا الطفل سيكبر ولن يشعر بالأمان وسيحرمه من النمو العاطفي والاجتماعي وسيرى العالم بارداً وعلاقاته الاجتماعية ستكون فاشلة .

مثال : عدم حضور الوالدين إلى مدرسة الطفل ، حيث أنها مدعوّان لحضور نشاط شارك فيه طفلها ، ولم يحضرا لسبب ما ، فالطفل سيرسخ في ذهنه أن والديه " لا يهتمان " .

- العزل

يلجأ الوالدان أحياناً الى ابعاد الطفل عن الاحتكاك بأصدقائه والآخرين، وقد يلازم ذلك الضرب ، فالعزل يؤدي الى حرمان الطفل من تكوين الصداقات ويضر بنموه الاجتماعي والمعرفي والعاطفي .

- الرفض

أن يرفض أحد الوالدين الطفل فيؤدي إلى تشويه الصورة الذاتية للطفل ، وشعوره بأنه ليس له قيمة وبالتالي خلق اضطرابات سلوكية لدى الطفل ، لذا على الوالدين أن ينتقدوا سلوك الطفل وأفعاله وليس شخصيته مع التوضيح للطفل بأنهما يرفضان أفعاله ولا يرفضانه .

ثالثاً : الإهمال

- الإهمال الصحي : ويشمل

عدم توفير الحاجات الصحية للطفل ، وعدم الإشراف على الطفل مثل معاناة الطفل من الجوع ، عدم توفر الملابس المناسبة له ، البنية الهزيلة ، وقد أشار اميرمان (Ammerman , ۱۹۹۰) إلى أن الإهمال الصحي يشتمل عدم تقديم الخدمات الأساسية للطفل مثل الطعام واللباس والمأوى الصحي والخدمات الطبية .

- الإهمال التربوي

ويشتمل : السماح للطفل بالغياب عن المدرسة دون سبب ، أو يحرم من الالتحاق بالمدرسة أو لا توفر له الحاجيات الأساسية للدراسة كل ذلك يؤدي إلى تسرب الطفل من المدرسة وحرمانه من اكتساب المهارات الأساسية للتعلم من قراءة وحساب، مما يؤدي في النهاية إلى انسحاب الطفل من المدرسة وانحرافه سلوكيا (Ammerman , ۱۹۹۰)

- الإهمال العاطفي

يشتمل على تكرار السلوك الخاطئ أمام الطفل مثال على ذلك : ضرب الزوجة أمام الطفل ، أم السماح له بتعاطي الكحول أو المخدرات ومشاهدة هذا السلوك من قبل البالغين أو الإخفاق في تقديم الحب والحنان والدعم للطفل .

يؤدي إهمال الطفل العاطفي إلى ضعف وتحطم ثقته بنفسه ، وعدم الإحساس بالأهمية وربما ذلك يقوده إلى تعاطي المخدرات أو الكحول أو غيرها من السلوك المدمر.

هناك مؤشرات لضحية الإهمال مثل التسول ، سرقة الطعام ، الإدمان على الكحول، الحضور للمدرسة مبكرا ، والخوف من العودة للمنزل ، والإرهاق المستمر وإساءة استخدام المواد والعقاقير . (أبو عليا ، ۲۰۰۱: ۱۷)

الأطفال ذوو الظروف الخاصة ومنهم:-

- **الأطفال ذوو صعوبات التعلم** : ينظر الوالدان إلى أن هذه الصعوبات تعود إلى فشل الطفل وكسله وإهماله فيحرمانه من كل وسائل التسلية ويشتمانه ويضربانه .

- **المعاقون** : يواجهون نظرات العطف والشفقة إذا وجدوا في أوساط فقيرة .

- **المشردون** : يقومون بالتسول كمهنة لهم ، فهم مشردون في الشوارع طوال النهار أمام إشارات المرور ، معرضين للبرد القارس وحر الصيف اللاهب ، وخطر الحوادث أو الاستغلال من قبل الآخرين .

- **الجانحون** : هم أكثر الأطفال بؤساً ، فهو يتعرضون لعنف المجرمين الكبار الذين يشغلونهم وكذلك حين القبض عليهم أيضاً يتعرضون للعنف فهم يعاملون في سجون الأحداث كالمجرمين البالغين ، ويتعرضون للمعاملة القاسية من قبل المشرفين ولا توجد جهة تحمي حقوقهم .

- **أسباب العنف**

- الوراثة من العوامل العامة المسببة للعدوان، حيث وجد أن شذوذ الصفحات الوراثية يؤثر في ظهور العدوانية ، بالإضافة إلى اضطراب وظيفة الدماغ مثل النقص في نمو الجهاز العصبي .

- استخدام أساليب تربوية خاطئة أثناء التعامل مع الطفل كالمغالاة في اللوم ، النقد الشديد في الوقت الذي يحتاج فيه الطفل إلى التقدير والتشجيع ، وعدم إحساس الطفل بوجوده الاجتماعي داخل الأسرة أو بين أصدقائه ، الإحساس بتقييد حريته أثناء اللعب ، محاكاة الطفل لسلوك الأب أو الأم داخل المنزل.

- حيث وجدت دراسات علماء النفس أن ما يصدر عن الطفل من سلوك عدواني يرجع إلى إحساسه بالعجز أمام الأمور التي لا يستطيع فهمها أو لجهله أو إحساسه بدنو ذاته .

- وأيضا عدم المساواة في التعامل مع الأبناء أو التساهل في التعامل مع الأبناء، حيث وجد أن الأطفال العدوانيين هم الذين يتعرضون للعنف باستمرار داخل البيت .

- تعليم الأطفال مطالبهم لا يتم نيلها إلا من خلال العنف

- عدم قدرة الوالدين على تفسير الأسباب التي من أجلها عوقب الطفل.

- انفصال الوالدين أو إصابة أحدهما بالأمراض النفسية يسهم في ظهور العدوان لدى الطفل .

- الوضع الاقتصادي والاجتماعي المتدني للأسرة ينمي السلوك العدواني، كذلك انخفاض مستوى الذكاء ، وغياب الأب عن البيت لمدة طويلة وغيابه في تربية أبنائه .

- الصراعات والانفعالات المكبوتة لها دور في تنمية العدوان.

- عدم مقدرة الطفل عن إقامة العلاقات الاجتماعية والشعور بعدم الأمان وعدم الثقة بالنفس .

- علاقة التسلط والتبعية بين الزوجين وبالتالي انعكاسها على الأطفال .

- وسائل الإعلام المتمثلة بـ التلفاز – الفيديو – الألعاب

- الإحساس بالنقص قد يولد العدوان ، فالطفل المصاب بإعاقة جسدية أو بمرض قد يلجأ إلى هذا السلوك كوسيلة تعويضية.

- الحرمان يساعد في تنمية المشاعر العدوانية ، حيث يرى "أبرا هام ماسلو " أن سلوك الإنسان ليس محكوماً بالدوافع ولكنه محكوم بالدوافع غير المشبعة بالذات، فالفرد الذي يبحث عن تحقيق وتقدير الذات لا بد أن يكون قد أشبع حاجاته الفسيولوجية .

- التعزيز من قبل الأهل لسلوك الطفل العدواني يزيد من احتمالية تكرار هذا السلوك ، فبعض الآباء يشعرون بالفرحة بأن طفلهم لديه قدرات تمكنه من مواجهة الحياة ، أو قد يحدث التعزيز لهذا السلوك، ذلك أن المضيف لا يعاقب الطفل منعاً لإحراج والديه مما يؤدي إلى تكرار هذا السلوك.

* تأثير التلفاز على تقوية نزعة العدوان لدى الطفل

هل يتعلم الأطفال العنف من برامج التلفاز ؟

للإجابة عن هذا التساؤل هنالك نظريتان تجيبان عن هذا التساؤل هما نظرية التفريغ Catharses ونظرية النمذجة .

- **نظرية التفريغ** : ملخص هذه النظرية يقول أن لأفلام العنف قدرة على تفريغ العدوان أو العنف من المشاهد ، فإن كان دافعاً مكبوتاً للعدوان فإن مشاهدته لأفلام العنف من خلال مشاهدة التلفاز تؤدي إلى خفض العدوان وتفريغه، حيث قام فيشباغ (Feshbach)

وسنكر Singer بدراسات في هذا الاتجاه هدفت للتأكيد أن مشاهدة العنف على شاشة التلفاز تكون بمثابة صمام أمان.(السنوي، ٢٠٠٢: ٢٨٤)

- **نظرية النمذجة** : روادها عالم النفس بندورا Bundwar وولترز Waltres تقوم النظرية على أن الإنسان يتعلم عن طريق المشاهدة وأنه ينمذج سلوكه على أساس ما يشاهده ، فكلما ازداد التشابه بين النموذج والمشاهد ازدادت نسبة تقمص النموذج.

- وعملية النمذجة ليست عملية عشوائية بل قائمة على شروط أساسية وهي :-

أ- العمليات الانتباهية : الانتباه إلى النموذج شرط أساسي لكي تحدث النمذجة .

ب- العمليات الاستبقاء : على الفرد اكتئاب، يستبقي السلوك لفترة ما في نفسه لكي يستطيع أن ينمذج تصرفاته بدقة .

جـ- عمليات الاستجابة الحركية : على المقلد (المشاهد) أن يمتلك مهارات حركية وإمكانيات لكي يتقن عملية النمذجة .

د- العمليات الدافعية : لا بد من وجود الدافع لدى المشاهد لكي ينمذج شخصاً آخر .

ويؤكد باندورا وولترز أن الكثير من العدوان في حياتنا هو عدوان متعلم في حين يرى إيرون Eron ، أن الطفل يقلد كل ما يراه من سلوك على شاشة التلفاز، فرؤية نماذج عدوانية على شاشة التلفاز تزيد من السلوك العدواني عند الأطفال وتؤثر في اتجاهات الأطفال ويرى العنف طريقاً مقبولاً في كل الصراعات بين الأفراد .

وباش يرى أن هناك علاقة إيجابية سببية بين مشاهدة العنف في التلفاز والسلوك العدواني عند الأطفال .

بينما كوبي توصلت إلى أن رؤية مشاهد العدوان في التلفاز تعمل على استثارة الشعور العدواني عند المشاهد ، وأن الأطفال يتعلمون من خلال ما يشاهدون وإذا وجدوا ظرفاً مناسباً فيما بعد فإنهم يحاولون تطبيق ما شاهدوه على الشاشة .

فالطفل الذي يشاهد أفلاماً عنيفة يكون غير قادر على التفريق بين العنف الحقيقي في الحياة وعنف التسلية في وسائل الإعلام، وبالتالي يتكون لديه اتجاه نحو العنف يتخذه كأسلوب حياة في حل المشاكل التي تواجهه .

فوسائل الإعلام لها آثار خطيرة على الأطفال من مشاهدة الكوابيس أثناء النوم ، العنف ضد الأطفال الآخرين ، تدني الأداء المدرسي .

أما فيما يتعلق بألعاب الفيديو فقد أكدت دراسة أجرتها جامعة ستانفورد الأمريكية حول أسباب العنف عند الأطفال في المدارس وهي مشاهدة أفلام العنف والجنس في التلفاز والفيديو وممارسة ألعاب الفيديو الالكترونية Viedeo Games تعد سبباً وراء مظاهر العنف عند الأطفال .

ويجذب التلفاز ويغري بشكل كبير الأطفال والشباب أكثر من الكبار نحو برامجه حيث إن الأطفال والشباب يستمدون خبرتهم عن الحياة من برامج التلفاز دون مناقشة أو تفكير ناقد ، أيضاً كلما صغر سن الفرد وقلت خبرته يصعب عليه الفصل بين الواقع الحقيقي والواقع الخيالي . فالعنف والعدوان موجودان قبل ظهور التلفاز لكن التلفاز يمكن أن يكون أحد الأسباب التي تشجع العنف والعدوان .

نتائج اساءة معاملة الأطفال

هناك العديد من الآثار الناتجة عن إساءة معاملة الاطفال تشمل كافة الجوانب العصبية والعقلية والتربوية والسلوكية والعاطفية للطفل ، وكما يؤثر على مرحلة نمو وتطور الطفل ، فقد تظهر على الطفل سلوكات الانعزالية أو العدائية ، وأيضاً تبليل الفراش، نوبات الغضب ، تدني احترام الذات ، صعوبات تعليمية وكل ذلك ناتج عن الاساءة العاطفية ، اما الاساءة الجسدية فقد ينتج عنها اعاقة دائمة ، محاولات الانتحار والاصابات الجسدية والجروح ، اما الاساءة الجنسية فينتج عنها توتر ، خوف ، غضب ، خجل، شعور بالذنب ، جنوح وهروب من المنزل. (أبو عليا ، ٢٠٠٢ ، مختار ، ١٩٩٩)

المؤشرات السلوكية التي تدل على تعرض الأطفال للعنف

- يتلافى ملامسة الكبار ، أو أنه ودود بشكل مفرط (غير قادر على تمييز الحدود الاجتماعية مع الآخرين)
- الخوف من الآباء أو من الكبار بشكل عام
- التبول اللاارادي
- يثور وينزعج بسهولة أو لديه صبر كبير غير معتاد على التحمل

- يعتقد أنه سيئ و يستحق العقاب

- الغياب أو التأخر المتكرر عن المدرسة بدون عذر

- يعطي تبريرات غير منطقة عن علامات وإثارة كدمات في جسمه

- يرتدي ملابس ذات أكمام طويلة في غير وقتها ، لإخفاء آثار الجروح

- اللعب بأسلوب جنسي غير مناسب لعمر الطفل

- يكره العودة للمنزل

- الخجل ، الانطواء ، أو عدم التفاعل أو حركة شديدة غير طبيعية لا بد من الانتباه لهذه المؤشرات وعدم تجاهلها.

• **الوقاية من العنف**

أما بالنسبة لأساليب الوقاية من العنف فهي كالآتي :-

- تثقيف العاملين في دور الرعاية والمستشفيات والمؤسسات التي تقدم الخدمات للأطفال حول كيفية التعرف على أعراض العنف سواء من خلال الحملات الإعلامية أو النشرات التثقيفية .

- إنشاء خطوط اتصال مباشرة (الخط الساخن) لدعم الآباء والأمهات الذين يمرون بظروف عصيبة والتي من المحتمل أن تزيد العنف على أطفالهم .

- تعليم الأطفال أن لديهم الحق للسيطرة على أجسامهم والتحكم بها وأن الجسم هو شيء خاص بهم وليس لأحد الحق في الاعتداء عليه .

- على المعلم خلق المناخ الصفي المتميز بالتسامح والتقبل للطلاب على اختلافهم

- استخدام الأساليب التربوية السليمة قدر الإمكان .

- الاهتمام بالأسر المعرضة للعنف وتقديم الدعم المباشر لها ومنها : الأسرة ذات المستوى الاجتماعي والاقتصادي المتدني ، الأسرة الفاقدة لأحد الوالدين ، أو المنعزلة اجتماعياً أو المتعاطين للكحول والمخدرات ، لا بد من الاهتمام بأطفال هؤلاء الأسر الذين تعرضوا للعنف حتى لا يصبحوا معتدين في كبرهم .

- يرى بعض المحللين النفسيين أنه يجب عدم النظر إلى السلوك العدواني على أنه سلوك تدميري بل العكس فالعدوان صورة إيجابية ، والغضب يعبر عنه من خلال

السلوك العدواني لذا على الكبار ألا يكفوا هذا الغضب بالعقاب لأنه إن تراكم سيصل إلى صورة عدوانية مدمرة .

- على الوالدين معرفة الأسباب التي تدفع الطفل الى السلوك العدواني ومعالجة الأسباب التي تقلل من احتمالية حدوث هذا السلوك قد يكون السبب نتيجة لمرض أو تعب أو طاقة زائدة ... الخ .

- استخدام أسلوب التعزيز أن العزل لضبط السلوك العدواني لدى الطفل فالتعزيز يكون من خلال امتداح الطفل على حسن تعامله مع صديقه سواء تعزيز لفظي أو مادي ، أما أسلوب العزل (لفترة) يستخدم إذا قام الطفل بسلوك عدواني فيتم عزله عن النشاطات الاجتماعية التي يمارسها .

- استخدام أساليب التوجيه والإرشاد إزاء السلوك العدواني وربط ذلك بالجانب الديني ، وأيضاً إتاحة الفرصة للطفل لإشباع حاجاته .

- السماح للطفل بالتفريغ النفسي (Catharsis) عما بداخله من شقاء واحباط ، لأن ذلك يشعره براحة نفسية تبعده عن السلوك العدواني

- اتفاق الوالدين على أسلوب التعامل مع أطفالهم ، لأن التناقض يخلق مواقف محبطة وبالتالي احتمال ظهور أنماط سلوكية عدوانية .

- عدم إهمال ذات الطفل من قبل الوالدين ، وإشعاره بأنه كائن موجود وله أهمية واعتبار .

- تجنب الإفراط في عقاب الطفل لأن ذلك يزيد الدافع لديه للعدوان .

- تجنب القسوة والدلال الزائد لأنهما يفسدان الطفل وينميان عنده العداوة والغضب، ولا بد من تربيتهم على التعاون والمحبة وتعويدهم على ضبط النفس عند الغضب والتسامح مع من أساء إليه .

- إزاحة الفرصة للأطفال لممارسة النشاط الحركي دون تدخل أو ضغط عليه، وتشجيعه على القراءة الحرة ، والرسم كوسائل للتعبير ووسيلة لتفريغ الشحنات الانفعالية .

- عدم السخرية أو الاستهزاء بالطفل أو تخويفه أو إذلاله أو كبته بل نسمح له بالتعبير عن غضبه .

- على الآباء مساعدة الأطفال على التمييز بين العنف الواقعي والعنف الخيالي من خلال اطلاعهم على البرامج التلفزيونية وربط النواتج السيئة للسلوك العدواني ومعرفة الواقع وراء العدوان، وفي الوقت نفسه تقديم معايير أخلاقية تنقد ما قدم على شاشة التلفاز .

- ألا تحتوي البرامج التلفزيونية على برامج تحوي وسائل مبتكرة لارتكاب الجرائم حيث يؤكد علماء النفس وجود علاقة ارتباطية طردية بين البرامج التي تحوي أعمال العنف والأساليب السلوكية العدوانية من قبل الأطفال (مختار، ١٩٩٩) .

* على من تقع مسؤولية التعرف على الإساءة للأطفال ؟

قضية العنف هي مشكلة اجتماعية ومسؤولية التعرف تقع على عاتق المهنيين في كافة القطاعات والجميع شركاء في المسؤولية من أجل دفع العنف .

- أجهزة وزارة التنمية الاجتماعية والمؤسسات التطوعية لها دور في التعرف والتبليغ والعلاج ومتابعة حالات إساءة معاملة الأطفال .

- جهاز الأمن العام يقوم بعملية التحقيق في حدوث الإساءة من عدمه يقوم بمتابعة الحالات التي يبلغ عنها ، ودعم العنف خلال المحاكمة وحمايته .

- لوزارة التربية والتعليم ومؤسسات التعليم لها دور في التعرف على حالات الإساءة فالمدرس والمرشد والمدير يقومون بدور هام لحماية الطفل من تعرف وتبليغ للحالات المعرضة للإساءة حيث يسهمون في تشخيص وعلاج ومتابعة الحالات .

- وزارة الصحة والخدمات الطبية التابعة للقطاع الخاص لها دور على عاتقهم التثقيف الصحي للعائلة التي يوجد فيها إساءة وتدريب العاملين عن طرق العلاج .

- أجهزة الإعلام والثقافة تقوم بدور إيجابي بتوجيه الأفراد وتدريبهم على المواطنة الصحيحة وعلى الانضباط ، وأيضاً على رجال الدين والوعظ والإرشاد تقع عليهم المسؤولية تطهير أذهان الأطفال من الأفكار السيئة وغرس مبادئ الدين الإسلامي

* دور المدرسة في التعامل مع الإساءة للطفل

للمعلم دور كبير في تشخيص الإساءة لدى الأطفال الذين يقومون على تدريسهم سواء إساءة جسدية أم جنسية، وذلك من أجل إنقاذ الطفل من الموقف الذي يتعرض فيه للإساءة وحتى يشك بوجودها لدى الطفل عليه إبلاغ السلطات الرسمية من مركز حماية الأسرة أو قسم الشرطة .

وعلى المرشد والمعلم تقديم الدعم للطفل وعليه أن يضع نصب عينيه انه سيتعامل مع طفل جريح ، فدور المرشد ليس معالجاً للطفل فقط بل أن يكون المعلم الحنون له (١٦٤-١٦٣ ١٩٩٠ Ammerman) .

فالمعلم بإمكانه أن يشخص من خلال ملاحظة الرضوض والحروق والكشوط لدى الطفل لذا على المعلم أن لا يتجاهل هذا الأمر ، وعليه أن يسأل الطفل مباشرة حول هذه العلامات ، من خلال كلام مفتوح وسؤاله عن سبب الكدمات فإن قدم الطفل تفسيراً غير معقول، مثل أمي تقول إني سقطت عن الدرج عندئذ يجب تبليغ السلطات ، أيضاً يمكن ملاحظة العنف مع طفل أثناء لعبه مع دمية وضربها بالملعقة الخشبية ويبدأ بالتظاهر بأنها تتكلم وتقول أنا آسفة فقد حدث الأمر بالصدفة ، وأرجوك أن لا تضربني أكثر أنا أتألم، فهذا الموقف يقود إلى أن الطفل يتعرض للعنف في أسرته . بينما حالات تشخيص الإساءة الجنسية تعرف من خلال لعب الطفل مع أصدقائه ، فلعبه بأسلوب جنسي أمر يثير القلق .

تشخيص الاساءة للأطفال الأكبر سناً

الطفل الكبير في العادة يبحث عن إنسان ، معلم ، مرشد ، موثوق به يخبره عن الاساءة التي تعرض لها سواء بأسلوب مباشر أو أسلوب غير مباشر ، فالمعلم أو المرشد يجب أن يكون ذكياً ولمّاحاً لمعرفة بعض الإيحاءات التي تصدر عنه . لذا على المرشد أو المعلم أن يكون على علاقة جيدة مع الطالب فيتحدث للطفل مثلاً " أنا أشعر بالقلق نحوك قد تغير سلوكك فهل هناك أي شيء ترغب التحدث حوله معي .

هناك بعض المؤشرات التي تدخل ضمن العنف ضد الأطفال

- العنف في مجتمعنا هو جزء من الإرث الجمعي لمجتمعنا ، فالعنف الموجه من الوالدين للطفل يقابله حب كبيرة من الأهل نحو أبنائهم ويلجأون له إحساسهم بالمسؤولية والالتزام تجاههم .

- تراجع العنف ضد الأطفال مع درجة الوعي والثقافة خصوصاً في الطبقة المتوسطة.

- تراجع العنف في الأرياف نتيجة انتشار التعليم وبالتالي تحسن مستوى المعيشة

- تراجع العنف في المدارس نتيجة وقوف الأهل الواعي ضد أسلوب العنف من أجل التعليم

- قيام بعض الدول بتوقيع المعاهدات لحماية حقوق الطفل وتغيير بعض القوانين ، وسن قوانين لحماية الطفل مثل منع الضرب في المدارس.

- أصبح الإعلام يعلن عن حوادث واقعة على الأطفال ويدعو المؤسسات الرسمية والأفراد المؤمنين بحقوق الإنسان إلى تحسين الأوضاع الاجتماعية سواء في الصحافة أو الإعلام المرئي والمسموع

العنف المتبادل بين الآباء والأبناء

أصبح من الأشياء المتكررة وليست الشائعة ظاهرة قتل الأبناء لأحد والديه أو حتى ولي الأمر سواء أكان عماً أو جداً أو زوج الأم .

إن هذا الخطر يأتي من الأطفال الذين يعانون من الإهمال وسوء المعاملة من قبل الوالدين ومن أشكالها : -

الضرب البدني ، وتكليفه بأعمال تفوق قدراته ، تعليمه منذ الصغر لأعمال الجريمة والتخريب ، وكذلك يرتبط بالإساءة إلى الطفل التفكك الأسري ، وفقدان العلاقات الأسرية ، وانعدام القدوة الحسنة للطفل الذي يساعده على نضج شخصيته من جميع جوانبها .

فهناك نوعان من الأبناء يلجأون إلى قتل آبائهم :-

النوع الأول : الطفل الذي تساء معاملته بشده والذي يدفع دفعاً نحو فعل العنف بأشكاله المختلفة .

النوع الثاني : هو الابن المريض عقلياً أو المتوتر نفسياً والمضطرب عقلياً وانفعالياً وهذا النوع هو الطفل المنعزل غير الاجتماعي من الناحية الأسرية .

هذا النوع من الأطفال أمثاله كثيرون، فهم ينعمون بثقافة الماكيزمو Machismo وهي ثقافة ذكرية ، يقيم أفرادها بعضهم بعضاً اعتماداً لقيم الرجولة والتمرد وإثبات الذات والاستقلالية وعدم التسامح وغيرها من القيم السلبية (حلمي، ١٩٩٩ : ١٤٦-١٤٧) .

- **عمالة الأطفال في التشريعات الأردنية**

حيث اشتمل قانون العمل الأردني في مواده على ما يلي :-

المادة (٧٣) ٠: لا يجوز بأي حال تشغيل الحدث الذي لم يكمل السادسة عشر من عمره بأي صورة من الصور .

المادة (٧٤) :- لا يجوز تشغيل الحدث الذي لم يكمل السابعة عشرة من عمره في الأعمال الخطرة أو المرهقة أو المضرة بالصحة وتحدد هذه الأعمال بقرارات يصدرها الوزير بعد استطلاع آراء الجهات الرسمية المختصة. (أبو عليا ، ٢٠٠١:١٠٤)

حيث وقع الأردن على العديد من الاتفاقيات للحفاظ على حقوق الأطفال فيما يتعلق بعمالة الأطفال ، وعلى الرغم من القيود التي وضعت حول عمالة الأطفال إلا أن ظاهرة عمالة الأطفال آخذه بالتزايد بشكل مستمر .

ونظراً لندرة الإحصاءات الشاملة عن وضع عمالة الأطفال قامت وزارة العمل بعمل دراسة وطنية شاملة حيث أشارت نتائج الدراسة إلى أن عمالة الأطفال متركزة في المناطق النائية والفقيرة ، كما بينت الدراسة القصور في قانون العمل الحالي والتشريعات المتعلقة بالتعليم والمساعدات الاجتماعية .

كما أشارت الدراسة إلى أن القانون لا يوفر الحماية اللازمة للأطفال العاملين الذين يعملون في المشاريع العائلية والنشاطات الزراعية والخدمة في المنازل .

وأشارت الدراسة إلى أن غالبية الأطفال الذين شملتهم الدراسة يتعرضون للاستغلال ويأخذون أجوراً زهيدة ويعملون لساعات طويلة .

كما بينت الدراسة أن الأطفال العاملين يتعرضون لمخاطر مهنية سواء من الآلات الحادة أو الماكينات أو نتيجة حروق وكما يتعرض البعض لأشكال من الإساءة سواء جسدية أو نفسية أو جنسية ، والسبب الأهم للعمالة هو عدم رغبة الطفل في التعليم . (أبو عليا ، ٢٠٠١) .

احتلت الشخصية مكانة هامة في الدراسات النفسية خلال السنوات الأخيرة، ويصدق هذا القول في حالة دراسات الشخصية السوية كما يصدق في حالة دراسة الشخصية المضطربة ، وقد ساعد على تأكيد هذه المكانة عدد من العوامل كان من بينها النظر إلى السلوك على أنه محصلة لشخصية تعمل من حيث وحدة متكاملة ، وفيها ما تنطوي عليه من عناصر ومركبات ودوافع وقدرات ، إلا أن هذا الاهتمام العظيم بالشخصية لا يسلم من الاختلاف في المنحنى الذي تأخذه الدراسات التي تجعلها موضعاً لها ، وذلك على الرغم من وجود اتفاق حول اعتماد الطريقة العلمية في البحث .

هناك بعض الأنماط السلوكية ذات الدلالة الاكلينيكية والتي تميل للثبات والمقاومة وتعتبر وسيلة تعبير الفرد عن صفات نمط حياته، ونموذج علاقاته مع الآخرين. (غريب ، ١٩٩٩ : ٤٤٨)

إن المريض في هذا الاضطراب يظهر نمطاً ثابتاً من السلوك الذي يغفل الأدوار التقليدية المفروضة من جانب المجتمع، وقد يتخفى هذا السلوك الذي يغفل حقوق الآخرين ومشاعرهم وراء المظهر الخادع للمريض بالاضطراب .

وتشير اضطرابات الشخصية إلى انحراف في تكوين الشخصية يحد من إمكانيات الشخص على التوافق ويفقد القدرة على تكوين علاقات متوافقة مع الآخرين. (منسي، ١٩٩٨)

إن اضطرابات الشخصية تضم أنماطاً سلوكية متأصلة ودائمة ، تعلن عن نفسها كاستجابات غير مرنة لمدى واسع من المواقف الشخصية والاجتماعية وتمثل انحرافات جادة أو دالة عن طرق الفرد العادي في ثقافة معينة في إدراكه وتفكيره ومشاعره وبالذات في علاقته بالآخرين .

وتميل أنماط السلوك هذه لأن تكون ثابتة وأن تتضمن مجالات متعددة من السلوك والأجهزة النفسية ، وهي عادة ما تتصاحب بدرجات متنوعة من الانعصاب الذاتي وتعرقل الفعالية الاجتماعية .

وتشير اضطرابات الشخصية إلى انحراف في تكوين الشخصية يحد من إمكانيات الشخص في حالة استثارة وغضب دائمين ، ويكون غير معني بحدود وضوابط المجتمع من حوله ، وغير قادر على الاكتفاء الاقتصادي . (ملحم ، ١٩٩٩)

وتشتق كلمة الشخصية في صيغتها الاجنبية من الكلمة اليونانية (بروسونا Persona) وتعني القناع الذي كان يضعه الممثلون على وجوههم في المرح للتعبير عن الدور الذي كانوا يمثلونه ، أما في اللغة العربية فأصل الشخصية من (شخص) وهو سواء الإنسان وغيره تراه من بُعد ، أي معالم الإنسان أو ما يدل عليه من الخصائص الفردية أو الذاتية المميزة له عن غيره من الأفراد سواء كان ذلك بالشكل أو بالسلوك والتصرفات فكل إنسان له خصائصه وصفاته المميزة عن غيره .

وترجع البدايات الأولى لدراسة الاضطرابات الشخصية الى العالم الفرنسي بينيل الذي يُعد أول من قدم مفهوم الخبل غير المصحوب بضلالات، والخبل الأخلاقي حيث يقدم المصطلح وصفاً لسلوكيات غير مناسبة في أشخاص غير مصابين بنقص أو قصور في الذكاء .

وهنا يجب التفريق بين أنماط الشخصية وسمات الشخصية والتفريق في ذلك أن السمة وحيدة البعد ، وتصف الشخص بقدر ما ، على سبيل المثال بعض الناس يكون عدوانياً جداً ، والبعض الآخر ليس كذلك (مسالم جداً) ومعظم الناس يقعون وسط الخط الواصل بين السمتين ، أما نمط الشخصية فهو على العكس يقدم وصفاً تجميعياً وحاسماً عن الملامح والصفات اللافتة للنظر.

ويقدم الدليل الرابع في هذا السياق عشرة اضطرابات تم تقسيمها الى ثلاث مجموعات على النحو التالي :-

المجموعة الأولى (أ)

وتشمل اضطرابات الشخصية ذات الخصائص الشاذة وغريبة الأطوار، مثل اضطرابات الشخصية البارانويدية ، والفصامية وفصامية النمط .

المجموعة (ب)

وتشمل اضطرابات الشخصية ذات الخصائص الدرامية (المثيرة) والانفعالية، وغريبة الأطوار، مثل اضطراب الشخصية المناهضة للمجتمع ، والشخصية الحدية والهستيرية ، والنرجسية .

المجموعة (جـ)

وتشمل اضطرابات الشخصية الخائفة والقلقة مثل ، اضطرابات الشخصية التجنبية والاعتمادية ، والوسواسية القهرية .

- **المحكات التشخيصية العامة لاضطرابات الشخصية**

أ- نمط طويل المدى من الخبرة الداخلية والسلوك ينحرف بشكل واضح عما يتوقع في ثقافة الفرد في المجتمع الذي يعيش فيه ، ويظهر هذا النمط في اثنين أو اكثر من المجالات التالية :-

١- المعرفة Connition: أي طرق تفسير الذات والآخرين والأحداث وإدراكها

١- الوجدان affectivity : أي المدى والشدة والاستقرار والملائمة في الاستجابة الانفعالية .

٢- الأداء البين شخصي : أي الخاص بالعلاقات مع الآخرين .

٣- ضبط الحافز (الرغبة)

ب- هذا النمط طويل المدى يكون غير مرن ومتغلغل في مدى واسع من المواقف الشخصية والاجتماعية .

جـ- هذا النمط طويل المدى يؤدي إلى أسى (كرب) اكلينيكي جوهري أو قصور في الأداء الاجتماعي أو المهني أو غيرها .

د- هذا النمط يكون مستقراً وذا أمد طويل ، ويمكن إرجاع بدايته على الأقل للمراهقة أو بداية الرشد .

هـ- النمط المستمر لا يمكن تفسيره بشكل أفضل للآثار الفسيولوجية المباشرة لمادة (مثلاً عقار يساء استخدامه أو لحالة طبية عامة (مثلاً: إصابة برأس)

وتعكس اضطرابات الشخصية بوضوح ما يعانيه الناس من مشكلات على المدى البعيد ، وخصائص أنماطهم السلوكية ، وليس مجرد الأحداث والصعوبات العارضة والزائلة ، ولكن هذه النتائج توضح أن اضطرابات الشخصية تمثل مشكلة اجتماعية وتشخيصية هامة .

ويتضمن هذا الجزء خليطاً من الحالات وأنماط السلوك ذات المغزى الأكلينيكي التي تميل إلى الاستمرارية وتكون تعبيراً عن نمط الحياة المميزة للفرد وأسلوب تعامله مع نفسه والآخرين .

تظهر بعض الحالات وأنماط السلوك مبكراً في مسار الارتقاء الفردي كنتيجة لكل من العوامل التكوينية والخبرة الاجتماعية ، في حين أن البعض الأخر يكتسبه في مرحلة متأخرة من العمر.

إن اضطرابات الشخصية المحددة واضطرابات الشخصية المختلطة والأخرى وتغيرات الشخصية طويلة المدى هي أنماط سلوكية عميقة الجذور ومستمرة تظهر في شكل استجابات غير مرنة لنطاق عريض من المواقف الخاصة والاجتماعية ، وتعكس انحرافات شديدة أو ذات دلالة عن الأسلوب الذي ينتهجه الشخص العادي في ثقافة بعينها عندما يفكر ويشعر وخاصة حين يتعامل مع الآخرين . (عكاشة ، ١٩٩٨) .

وتختلف اضطرابات الشخصية عن تغييرات الشخصية في توقيت وطريقة ظهور كل منهما ، فاضطرابات الشخصية هي حالات ارتقائية تظهر في الطفولة أو المراهقة وتستمر في مرحلة الرشد ، وهي ليست ثانوية لاضطراب عقلي آخر أو مرض مخي وإن كان يمكنها أن تسبق أو تتزامن مع اضطرابات أخرى وعلى العكس فإن تغير الشخصية يكتسب عادة أثناء حياة البالغ وبعد كروب طويلة أو حالات حرمان بيئي شديد أو طويلة أو اضطرابات نفسية حادة الخطورة أو مرض معين .

إن اضطرابات الشخصية تتصف باضطرابات في السلوك تحدث مبكراً وتتبلور في أواخر المراهقة وبدايات الرشد ، والى حد ما تؤثر في كل وجوه الشخصية بما في ذلك العقلانية والمزاجية والسلوكية وفي أشكال العلاقات مع الآخرين .

اضطرابات الشخصية

اضطرابات الشخصية الهستيرية (المتصنعة)

يميل المريض بهذا الاضطراب الى البحث عن الانتباه والتمثيل الذاتي والاجتماعية الزائدة والغواية ، فهو مراوغ ، استعراضي وسطحي غير مستقر ، مزهو بنفسه وعقيم وملح ، وأحياناً ما يكون من الصعب التفرقة بين المريض بهذا الاضطراب والمرضى من فئتي اضطراب الشخصية البيني واضطراب الشخصية النرجسية لوجود درجة من التداخل في أعراض هذه الفئات.

والدراسات الحديثة تكشف عن وجود تداخل بين اضطراب الشخصية التصنعية والاضطرابات الآخرى للشخصية ، وكلمة تصنعي تعنى أن السلوك مثير أو درامتيكي أو مزيف.

وهذا الاضطراب يتميز بمبالغة في الذات وأداء مسرحي ، وتعبير مبالغ فيه وقابلية للإيحاء والتأثر السهل بالآخرين ووجدانية مسطحة وهشة وذاتية ، وانغماس في الذات وعدم وضع اعتبار للآخرين واشتياق دائم للتقدير ، واحاسيس بسهولة الإيلام والنهم للإثارة والنشاطات التي يكون هو أو هي فيها مركزاً للانتباه وسلوك ابتزازي دائم للوصول إلى الأغراض الذاتية .

ويثير لفظ هستيريا الخوف والفزع بين الناس ، والسّر في ذلك اعتقاد البعض أنها نوع من الجنون وهذا خطأ فاحش ، فالشخصية الهستيرية ليست مرضاً ، ولكنها تقلب في العاطفة ، وتغير سريع في الوجدان لأتفه الأسباب مع سطحية الانفعال في كل الأحوال.

ويتمثل العرض الأساسي لهذا الاضطراب في الانفعالية الزائدة والبحث عن الاهتمام، حيث يسعى الفرد لجذب انتباه الآخرين بطرق غير معتادة مثل ارتداء ملابس زاهية الألوان أو غير متناسقة ، أو يقصون شعرهم بطرق شاذة ولافتة للنظر أو حتى

حلقه تماماً بالموس ، ويبدو دائماً نمط سلوكهم دراماتيكياً ومثيراً ، وهؤلاء الأشخاص غالباً ما يكونون استفزازيين ومغريين جنسياً . (عبد الرحمن ، ١٩٩٩)

وهكذا تتميز الشخصية الهستيرية بالذبذبة السريعة والعجز عن اقامة علاقة ثابتة لمدة طويلة نظراً لعدم القدرة على المثابرة ونفاذ الصبر سريعاً ، كذلك نجد أنها سريعة التأثر بالأحداث اليومية ، والأخبار المثيرة وبما قيل ويقال ، بل إنهم يضعون في اعتبارهم كل هذه العوامل عند تقديرهم للمواقف ، وهكذا تتأثر قراراتهم بالناحية المزاجية الانفعالية أكثر من تأثرها بالناحية الموضوعية .

ومن صفات الشخصية الهستيرية أيضاً أنها محبة للأنانية مع رغبة في الظهور واستجلاب الاهتمام والمحاولة الدائمة لاسترعاء الانتباه ، وحب الاستعراض والمبالغة في الكلام والملبس والتبهرج ، مع العمل على لفت الانظار عن طريق القيام بالمواقف المسرحية مع تأويل الكثير من الظواهر العادية بطريقة جنسية .

وتتميز الشخصية الهستيرية بما يلي :-

- عدم النضج
- التمركز حول الذات
- الكبرياء
- السلوك التمثيلي
- البحث عن وسائل لجذب الانتباه
- التقلب الانفعالي
- قد يظهر سلوكه الجنسي بطريقة فاضحة
- التظاهر بالخجل أمام الجنس الآخر
- غير قادر على تحمل المسؤولية (ملحم ، ٢٩٩١ : ٣٢٥)

المحكات التشخيصية لاضطراب الشخصية الهستيرية

Histrionic Personality Disorder

- نمط متغلغل من الانفعالية الزائدة والبحث عن الاهتمام ، تبدأ مبكراً في الرشد وتوجد في مواقع متنوعة ، كما يدل عليه خمس أو أكثر مما يلي :-

١- عدم الارتياح في المواقف التي لا يكون فيها مركزاً للاهتمام .

٢- التفاعل مع الآخرين يتسم في الغالب بسلوك جنسي إغرائي أو استفزازي .

٣- يظهر تبديلاً سريعاً وتعبيراً ضيقاً للانفعالات .

٤- يستخدم المظهر البدني بشكل منسق ليلفت الانتباه إليه .

٥- لديه نمط حديث خال من التأثير بشكل كبير وتنقصه التفاصيل.

٦- يظهر المأساوية ، وتعبيره الانفعالي مسرحي ومبالغ فيه .

٧- القابلية للإيحاء ، أي التأثر بالآخرين أو بالظروف بسهولة.

٨- يعتبر العلاقات أكثر ودية مما هي في الواقع.

ويظهر المريض بهذا الاضطراب التمركز حول الذات ، مشاعر العظمة والتكبر والتعجرف والانشغال بالشهرة والثروة والإنجاز ، وهو عموماً ينقصه التعاطف والاهتمام بمشاعر الآخرين ، وأيضاً يسعى بشده للحصول على الإعجاب والانتباه والاستحسان من جانب الآخرين ، ويضع تركيزاً كبيراً لإظهار الوجاهة والقوة والشهرة والثروة.

• نسبة الانتشار

تتراوح نسبة اضطراب الشخصية هذا بين (٢-٣)% من المجتمع العام ، في حين يصل المعدل ما بين (١٠-١٥) % في المرضى المترددين على العيادات النفسية، ويتضح عادة في بداية الرشد ، ويقل مع التقدم في السن، وهو شائع بين الإناث مقارنة بالذكور.

اضطراب الشخصية الفصامية

هي شخصية قليلاً ما تجد ما يسّرها ، باردة المشاعر والانفعالات ، ضحلة الوجدان نادراً ما تجد القدرة على التعبير عن المحبة أو الأحاسيس الرقيقة أو كيفية إبداء الغضب تجاه الآخرين لا تبالي بالإطراء أو النقد ، لا تهتم بالجنس الآخر .

تفضل النشاط الفردي على ما يشترك فيه الآخرون ، تكثر من السباحة في الخيال والتفكير في النفس.

تتسم الشخصية الفصامية أيضاً بالانعزالية ، والخجل والخوف من العلاقات الوثيقة مع الآخرين ، وعدم القدرة على الاندماج في أنشطة مع الآخرين والتعبير عن الشعور بالسيطرة والكراهية والشعور بعدم الكفاءة والنقص ، وزيادة في فترات أحلام اليقظة لديه.

وتتسم شخصية المصاب بهذا الاضطراب بغرابة التفكير والسلوك ، وهو عاجز عن تكوين علاقات اجتماعية مع الآخرين ، وهو يؤمن تماماً بالخرافات وكلامه فيه كثير من الغموض . (منسي ، ١٩٩٨) .

ومن الملامح الأساسية لهذا النوع من الاضطراب وجود نمط سائد من الانخلاع من العلاقات الاجتماعية ومحدودية التعبير عن الانفعالات والعواطف في المواقف البين شخصية ، والأفراد ذوي الشخصية من هذا النوع من اضطرابات الشخصية منعزلون ولا ينخرطون إلا في الأنشطة الفردية ، ويختارون الأعمال التي تتطلب الحد الأدنى من العلاقات الاجتماعية ، ولذلك يبدون باردين ومنفصلين أو مستقلين .

كما أن لديهم القدرة على تكوين علاقات ثابتة ولكنها لا تكون علاقات قوية حتى مع أعضاء الأسرة ، وقليلاً ما يشعرون بالسعادة ، وقليلاً ما يرغبون في ممارسة أنشطة أو تعبيرات جنسية ونادراً ما يتواعدون مع الجنس الآخر أو يتزوجون .

ويعملون في وظائف ذات مستويات متدنية تتطلب علاقات بينشخصية محدودة ولا تتعدى علاقات الصداقة لديهم أكثر من صديق أو اثنين ويفتقرون إلى الدفء والمشاعر الرقيقة ولا يعيرون انتباهاً لإطراء الآخرين أو انتقادهم ونصحهم وعواطفهم ، ولكنهم ليسوا ذهانيين وليست لديهم أفكار غريبة أو شاذة أو سلوك منحرف أو كلام عشوائي مثل المصابين باضطراب الشخصية فصامية النمط.

ورغم أنهم يتصفون بالعزلة والتوحد والأنشطة المعزولة ، إلا انهم ينجزون الأعمال التي تتطلب بعداً عن الآخرين على أكمل وجه ، وهم يميلون إلى جمود الملامح والخشونة وفقدان حس الدعابة وينكفئون على ذاتهم وينزعون إلى الشرور وعدم الاكتراث بمن حولهم وما حولهم .

المحكات التشخيصية لاضطراب الشخصية الفصامي

نمط متغلغل من الانفصال أو الانخلاع من العلاقات الاجتماعية ومدى محدود عن التعبير عن العواطف في المواقف البينشخصية ، تبدأ في الرشد المبكر ، وتوجد في مواقف مختلفة ، كما يتضح أربعة أو أكثر مما يلي :-

١- لا يرغب ولا يستمتع بالعلاقات الاجتماعية القريبة بما فيها أن يكون جزءاً من الأسرة

٢- يختار دائماً الأنشطة الفردية

٣- لديه إن وجد ، ميل قليل في أن تكون له خبرات جنسية مع شخص آخر

٤- يسعد بعدد قليل من الأنشطة إن حدث ذلك

٥- يحتاج إلى أشخاص يثق بهم أو أصدقاء مقربين بخلاف أقرباء الدرجة الأولى

٦- يبدو غير متجاوب مع المدح أو النقد الذي يصدر نحوه من قبل الآخرين

٧- يبدي بروداً عاطفياً أو انفصالاً أو جموداً وجدانياً (عبد الرحمن، ١٩٩٩: ٣٦٢)

نسبة الانتشار

هذا الاضطراب غير شائع بين المرضى المنومين أو المترددين على العيادات النفسية ، فنادراً ما ينشدون المعالجة ، وتظهر ملامح شبيهة بملامح هذه الشخصية ولكنها ليست أصلية في المهاجرين والمغتربين والمنتقلين من مجتمع لآخر ، حيث يبدون باردين وعاديين ، ومختلفين وتبدأ في الطفولة والمراهقة ، كما تكثر في الذكور.

اضطرابات الشخصية اللااجتماعية   Antisocila Personality Disorder

وهي الشخصية التي يتسم صاحبها بسلوكيات معادية لقيم المجتمع وقوانينه وعاداته وأعرافه ، ويبتعد في هذا الاضطراب السلوك عن المتعارف عليه من تقاليد ، ولا يأبه المضطرب بإحساس الآخرين وتصبح معاملته فظة ، وينحدر لديه الإحساس بالمسؤولية والقدرة على عقد الصداقات الدائمة حتى وإن كان باستطاعته البدء فيها .

لا يتحمل الإحباط ويسرع في اللجوء إلى العدوانية ، ولا قابلية لديه للإحساس بالذنب أو للتعلم من أخطائه أو للتأثر بالعقاب ، يميل دائماً إلى إلقاء اللوم على الآخرين والى إيجاد مسببات منطقية لنوع سلوكه المخالف للعرف والقوانين الاجتماعية. (حقي، ١٩٩٥) .

ومن هذه السلوكيات : الإدمان على الكحول والمخدرات والانحراف والشذوذ الجنسي وكذلك السلوكيات ضد المجتمع أي السلوك السيكوباثي. وتمتد جذور مصطلح الشخصية السيكوباثية إلى عام ١٨٥٣ عندما أشار الطبيب الإنجليزي بريتشارد إلى الاضطرابات الأخلاقية ومن وجوهها ما أطلق عليه التبلد أو الحماقة الأخلاقية ليصف به تلك الحالات التي تتميز بقصور الضبط الذاتي في السلوك .

وفي عام ١٨٨٨ استحدث (كوخ) مصطلح الدونية السيكوباثية للدلالة على المعنى نفسه ، ومن بين المصطلحات الشائع استخدامها تعبيراً عن معنى السيكوباثية : الشخصية

المضادة للمجتمع أو الشخصية فاقدة الكفاءة الاجتماعية والشخصية الجانحة . (القريطي، ١٩٩٨) .

وإن من أهم ما يصف المصاب بهذا النوع من اضطراب الشخصية هو أنه ينقصه مشاعر التعاطف والمسؤولية الاجتماعية والشعور بالإثم والذنب ، كما ينقصه الشعور بالمسؤولية الاجتماعية والأخلاقية والشخصية.

إن المريض بهذا الاضطراب يظهر نمطاً ثابتاً من السلوك الذي يغفل الحدود التقليدية المفروضة من جانب المجتمع ، وقد يتخفى السلوك الذي يغفل حقوق ومشاعر الآخرين وراء المظهر الخادع للمريض بهذا الاضطراب بالسحر والسلاسلة والنعومة والإغواء المتملق ، ذلك المظهر الذي لا يمكن مقاومته ، وذلك لأن هؤلاء المرضى لا يهتمون فقط إلا بإشباع حاجاتهم ، ويتصف أيضاً المريض بهذا الاضطراب بالقهرية ويظهر هذا في تورطه في العديد من المشاحنات الجسمية وتتفاعل أو تنضم هذه الصفات مع نقص الاستجابة المناسبة للنتائج الواضحة لأفعاله، وغالباً ما يكون المرضى بهذا الاضطراب في مواجهات مع القانون ومصادر السلطة كما يظهر ذلك في السلوكيات الإجرامية المتكررة .

ولكن ربما يكون بعض المصابين بهذا الاضطراب على قدر معقول من النجاح في أنشطتهم المهنية ، وربما يصلون لمراكزهم الناجحة وقوتهم وثروتهم بالاستغلال المستمر للآخرين والكذب وعدم الأمانة ، إن هؤلاء الأفراد لا يترددون في الكذب والغش والسرقة إذا كان كل ذلك يتوافق مع حاجاتهم وأهدافهم .

أنواع الشخصية السيكوباثية

السيكوباثية العدوانية

يتسم هؤلاء الأفراد بالسلوك العدواني بسبب أو بدون سبب مقنع ، سواء كان للأقران أو المقربين أو حتى يمكن أن يؤدي الشخص السيكوباثي نفسه ، ويمكن أن يندم بسرعة ، كما أنه يندفع بسرعة كما أن هؤلاء الأفراد لا يستفيدون من خبراتهم السابقة ولا يردعهم العقاب ولا يستطيعون تكوين صداقات مع الآخرين .

- الشخصية السيكوباثية المتخلفلة عاطفياً واجتماعياً

يتسم هؤلاء الأفراد بعدم النضوج الانفعالي والعاطفي والاجتماعي ، فهم غير قادرين على بناء علاقات عاطفية مع الجنس الآخر ، وإذا حدثت فهي لا تدوم طويلاً ، كما أنهم عاجزون عن تكوين صداقات متكافئة مع أقرانهم ، لكنهم قد يبنون مثل هذه العلاقات مع أفراد أصغر منهم سناً حيث انه يسهل خداع الصغار .

- الشخصية السيكوباثية الإتكالية وغير المكترثة

تتسم شخصية هؤلاء الأفراد باللامبالاة وعدم الاكتراث للقيم والعادات والتقاليد ويلجأون الى الغش والكذب والمواربة ، وذلك لتحقيق أهدافهم بسهولة وبدون عناء، ولو كان على حساب الآخرين ، ولا يكترثون لنقد أو صد او ردع من الآخرين لهم.

- الشخصية السيكوباثية المؤذية (المخربة)

ليتسم سلوك هؤلاء الأفراد بالضرر بالممتلكات العامة والخاصة دون جني أي نفع يعود عليهم ، وهؤلاء الأفراد يقومون بمثل هذه السلوكيات وكأنها مفروضة عليهم القيام بها بشكل قسري ، عندما يمارس هؤلاء الأفراد مثل هذه السلوكيات يشعرون بنشوة الانتصار .

- الشخصية السيكوباثية الإبداعية

يعتقد بعض المهتمين أنه توجد علاقة بين الإبداع وبعض السلوك السيكوباثي لدى بعض المنحرفين ، ومثل هذا الاعتقاد لم تثبته الدراسات الميدانية ، لكن يمكن القول ان بعض المبدعين لديهم سلوكيات غير أخلاقية ومرفوضة من قبل المجتمع الذي يعيشون فيه، ولكن طبعاً هم أفراد غير معصومين من الخطأ . (منسي ، ١٩٩٨)

* نسبة الانتشار

تقدر نسبة انتشار هذا الاضطراب حوالي ٣% عند الذكور ، ١% عند الإناث، وهو أكثر شيوعاً في الطبقات الاجتماعية الاقتصادية الدنيا ، كما تنتشرـ بينهم الامية والإفراط في تعاطي العقاقير وتتراوح نسبة الانتشار بين الحالات الاكلينكية (٣-٣٠)% ويعتمد ذلك على خصائص النزوع المسبق للعينة .

أسباب السلوك السيكوباتي :

- عوامل وراثية

بالرغم من أن الدراسات والأبحاث لم تؤد توارث السلوك الإنساني إلا أن بعض الدراسات قد أيدت توارث السلوك السيكوباتي لدى الأفراد وظهوره عند بعض الأسر دون غيرها ، فقد أظهرت بعض الدراسات أن من السلوكيات الضارة بالمجتمع مثل التخريب العام ، الإيذاء العام الإدمان على المخدرات أو الكحول هو متأصل بعائلات محددة دون الأخرى ، لكن ليس بالضرورة أنها موروثة عن طريق الكروموسومات .

- عوامل فسيولوجية

لوحظ من نتائج بعض الدراسات التي استخدمت رسام المخ الكهربائي ظهور أنماط غير عادية من الموجات المخية لدى أغلب السيكوباثيين ، وأن بعض الأفراد يولدون مع نقص في تركيب الدماغ، فقد اكتشف المختصون أن للتيارات المخية تختلف عنها عند الأفراد الأسوياء ، وأن هؤلاء الأفراد هم أقرب الى المصابين بالأمراض العقلية منه الى الأسوياء وبخاصة عند ممارستهم السلوكيات الضارة .

- عوامل نفسية

مثل الصراعات اللاشعورية والخوف والقلق والإحباط ، والحرمان العاطفي والخبرات الطفولية الأليمة والقصور أو الضعف العقلي ، والتثبيت على مرحلة نمائية تغلب فيها الغرائز البدائية التي تبحث عن الإشباع واللذة الفورية وتحول دون تشكل الأنا الأعلى كرادعة لهذه الغرائز .

- عوامل بيئية اجتماعية

كالأساليب الوالدية اللاسوية في عملية التنشئة ومنها : الاسراف في التدليل أو القسوة الشديدة أو الاهمال والنبذ والتفرقة في معاملتهم ، والتصدع والتفكك الأسري، وتدني الأوضاع الاقتصادية الاجتماعية والخصائص المزاجية والسلوكية السلبية لدى الوالدين كالاندفاعية والتقلب والتهور وقلة الضمير والانحراف السلوكي.

* اعراض السلوك السيكوباثي

تتميز الشخصية السيكوباثية بعدة خصائص أهمها ما يلي :-

١- الكذب وعدم الأمانة وفقد المصداقية

٢- ضعف الحكم والتقدير واختلال المقدرة على التعلم والاستفادة

٣- التمركز حول الذات والبحث عن اللذة الفورية دون تأجيل

٤- الاستثارة والاندفاعية ،وفقدان الضبط الذاتي وعدم الاستبصار بتبعات السلوك المارق والإجرامي من إيلام الآخرين وجلب الحزن والتعاسة لهم

٥- عدم تحمل الإحباط ومواجهته بالسلوك العدواني والعنف غير المبرر ، ودون حساب للنتائج .

٦- السلوك العابث والمستهتر وغير المسؤول واللامبالاة والبليد الشعوري حتى إن السيكوباثي لا يبدي أي دهشة إذا ما ضبط متلبساً بسلوك غير مشروع

٧- اللاأخلاقية وعدم الامتثال للقواعد والأعراف ، والنظم والقوانين .

٨- إلقاء اللوم على الآخرين والنزعة إلى اختلاف مبررات كاذبة للسلوك لكنها تبدو مقبولة ظاهرياً

٩- عدم الارتداع والقابلية لتكرير التصرفات حتى لو عوقب عليها مرات عديدة

١٠- الصراع المزمن مع الآخرين ، ومع المعايير الأخلاقية للمجتمع

١١- يتجنب المحاسبة عن أفعاله ويتهرب من هذا الموقف بالكذب أحياناً كثيرة.

(القريطي ، ١٩٩٨ ،ملحم ، ٢٠٠١)

الوقاية والعلاج

١- الكشف والتدخل المبكرين لتحديد مظاهر الانحراف السلوكي وعلاجها قبل استفحال المشكلة .

٢- التوجيه والإرشاد الوالدي فيما يتعلق بظروف التنشئة الاجتماعية وأساليبها السليمة، وأنماط العلاقات الأسرية ، وطبيعة المناخ الأسري وتأثيرات ذلك على نمو الطفل والمراهق وأهمية المتابعة الوالدية للأبناء وعلاج مشكلاتهم أولاً بأول .

٣- العلاج النفسي بهدف إزالة أسباب القلق والصراع النفسيـ ومصادر والتوتر الانفعالي، وإشباع الاحتياجات النفسية المحبطة لدى السيكوباثي ، وتنمية استبصاره بطبيعة سلوكه وعواقبه واستخدام العلاجات السلوكية بالتفسير ، وبناء ارتباطات شرطية جديدة لتكوين عـادات اجتماعيـة مقبولـة بعـد إزالـة الأنمـاط السـلوكية المنحرفـة ، وبتغيـير الأفكـار والمعتقدات التي يتبناها المـريض ، واستخدام العلاج الـديني في تنمية الـوازع الـديني والضمير كإطار مرجعي للسلوك.

٤- العلاج البيئي والاجتماعي وذلك بهدف إزالة عوامـل الاضـطراب في البيئة الأسريـة وتأمين الخدمات الأساسية الصحية والاجتماعيـة والتعليميـة ، ورفع المسـتوى المعيشيـ للأسـرة ، والتوسع في إنشاء مؤسسات ومراكز رعاية الطفولة والشباب والإرشاد النفسيـ للأطفال والشباب والمراهقين .

وعلاج الشخصية السيكوباثية من أصعب مشكلات الطب النفسي فكلما كان المـريض صغير السن كان الأمل في التحسن كبيراً ، كذلك يساعد في عدم وجود انفعال قوي غير متبلد ، وأن تكون النوبـات الاندفاعيـة متفاوتـة وليست مسـتمرة ، والرغبـة في المسـاعدة والعـلاج النفسي والعلاج في المجرمين والقتلة وراغبي العدوان المستمر.

اضطرابات الشخصية النرجسية

Narcissistic Personality Disorder

كلمة النرجسية مشتقة من الأسطورة اليونانية حول شاب وسيم يدعى نارسيوس أخبرته أمه أنه سيعيش عمراً أطول إذا لم ينظر لصورته في المرآة ، وعلى الرغم من تحذيراتها ، إلا أنه حملق في صورته عندما شاهدها منعكسة على نبع من المـاء ، وهنا وقع في حب صورته ولذلك يوصف الناس المحبين لذواتهم بالنرجسيين . (عبد الرحمن، ١٩٩٩ : ٣٧٥)

المصابون بهذا الاضطرار لـديهم شعور مبالغ فيه بالعظمـة والتضخيم والاحسـاس بالأهمية الذاتية ، ولكنهم مفرطو الحساسية تجاه النقد ، ويبالغون في تفخيم ذاتهـم سـواء على المستوى السلوكي أو الخيالي ولديهم حاجة شديدة الى الاعجاب ، ويفتقدون الى التعاطف مع الآخرين ، وتتمثل مشاعر العظمة هذه في التكبر والغطرسة ، والتفاخر

بسلوكه مثل الادعاء غير المنطقي بوجود علاقة عمل أو ألفه مع أشخاص مهمين أو مشهورين وقد يتم التعبير عن مشاعر العظمة هذه بشكل خيالي فقط .

فلديه أحلام يقظة حول امتلاك ثروة طائلة أو منزل فخم أو قصر بارع الجمال، وسيارة فخمة عن أحدث الموديلات وبأغلى الاسعار ، وأن ينجذب نحو أجمل امرأة في العالم ، وأن يعيش حياة الملوك والافراد والسلاطين في الروايات الخيالية.

يظهر المريض بهذا الاضطراب التمركز حول الذات ، ويظهر مشاعر العظمة والاستغلال للآخرين ، والتكبر والتعجرف والانشغال بالشهرة والثروة والانجاز ، وهو عموماً ينقصه التعاطف والاهتمام بمشاعر الآخرين ، فهو لا يراعي مشاعرهم ويعاني من تبلد المشاعر والأحاسيس تجاه الآخرين ، ومع الآخرين فهو شديد الحساسية بدرجة فائقة لنقد وتقييم الآخرين له .

إن الفرد المريض بهذا الاضطراب يسعى بشدة للحصول على الاعجاب الانتباه والاستحسان من جانب الآخرين ويضع تركيزاً كبيراً لإظهار الوجاهة والقوة والشهرة والثروة أمام الآخرين والتباهي بكل هذه الأمور.

ولدى هؤلاء الاشخاص احساس قوي بالاستعلاء ، وهو ما يقودهم الى توقع الحصول على معاملة خاصة ، لدرجة أن المعاملة القاسية من قبل الآخرين ولو لمرة واحدة قد تعجل بنهاية العلاقة معهم وتجعلهم يصمون آذانهم ويعمون أبصارهم عن حاجات ومشاعر الآخرين .

كما يتوقع النرجسيون أن يكونوا محل اعجاب واحترام الآخرين لأقصى درجة ويصيبهم الغضب والحزن إذا لم يتحقق ذلك.

إن المريض باضطراب الشخصية النرجسية يستغل الآخرين ويستخدم علاقاته لتحقيق أغراضه الذاتية ، مع قليل من الاهتمام أو العطف بحاجات ورغبات الآخرين .

ولدى هؤلاء الأشخاص احساس قوي بالاستعلاء وهو ما يقودهم الى توقع الحصول على معاملة خاصة ، لدرجة أن المعاملة السيئة من قبل الآخرين ولو لمرة واحدة قد تعجل بنهاية العلاقة معهم وتجعلهم يصمون آذانهم ويعمون أبصارهم عن حاجات ومشاعر الآخرين .

ويتوقع النرجسيون أن يكونوا محل إعجاب واحترام الآخرين لأقصى درجة، وقد يصيبهم الحزن والغضب اذا لم يتحقق ذلك ، فإحدى الشخصيات النرجسية ذكرت ذات مرة أنها تستحق معاملة خاصة وعندما سئلت عن سبب ذلك نظرت باستغراب وقالت لأنها تريد ذلك .

ومن المشاعر الدفينة التي قد تختفي تحت الاحساس بالعظمة والتفخيم والحاجة للاعجاب الحساسية الشديدة وسرعة التأثر بالنقد أو اللوم ، وتقدير محدود الذات ، فهؤلاء الأفراد قد يصابون بالقلق أو الاكتئاب عندما يهدد احساسهم بالقيمة أو الاعتبار الذاتي ، فعندما يبدأ الصديق أو الحبيب أو المعالج في اعطائهم تغذية مرتدة صادقة ويرفض امدادهم بشعور مبالغ فيه من الأهمية الذاتية فإنهم يشعرون بالتهديد وينسحبون من هذه العلاقة.

اضطرابات الشخصية الوسواسية القهرية

Obsessive – compulsive personality Disorder

هو اضطراب شخصية يتسم بعدم الاستقرار على رأي والشك والحذر الشديد، مما يعكس عدم أمان شخصي عميق والكمالية ، والحاجة الى التأكيد المستمر من الأشياء وانشغال مفرد بالتفاصيل لا يتناسب وأهمية المهمة ، ولدرجة تفقد معها الرؤية للموقف الأوسع ، وانشغال غير ضروري بالانتاجية الشخصية لدرجة استبعاد المتعة والعلاقات الشخصية والتزام بالتقاليد مع قدرة محدودة على التعبير عن مشاعر دافئة وتصلب وعناد مع الاصرار على أن يخضع الآخرون لنظامه ، وأفكار واندفاعات ملحة وغير ملحة على أن تفرض نفسها ولكن دون أن تصل شدتها الى درجة إضطراب الوسواس القهري بالحاجة الى التخطيط لكل النشاطات التي ما زالت بعيدة عن التفاصيل الدقيقة .

وتتميز هذه الشخصية بالنظام الزائد وعدم التبذير وتبلد العلاقات مع الآخرين وعدم تحمل النظام والقذارة والعمل غير المكتمل ، يستطيع المثابرة بالذنب ، غير قادر على التكيف في العطلات وأوقات الفراغ الطويلة ، شديد التمسك بالأخلاق ويتبع حرفيا القانون. (ملحم ، ٢٠٠١)

وتتميز بالنظام الشديد والدقة المتناهية في الأمور والمطالبة بالمثل العليا واحترام التقاليد وكذلك لا يستطيعون أن يغيروا آراءهم متى وصلوا الى قرار ، أي أنهم يميلون

الى الصلابة في الرأي وعدم المرونة في التعامل مع الناس ويميلون للـروتين ، وإن اختلـف أحد معهم في شيء من ذلك اتهموه بالاهمال وانعدام الضمير، وهـم يحاسـبون أنفسـهم عـلى اتفه الأشياء ولا يكادون يخلدون الى الراحة حتى يبدأون في لوم أنفسهم، ويسـتعرض الواحـد منهم أعمال اليوم كشريط سينمائي ويستعيدها مراراً ليرى إن كان أخطأ أو أساء الى أحد .

في عام ١٩٨٠ قدم فرويد وصفاً لعديد من السمات والخصائص أطلق عليهـا الخصـائص الشرجية كالبخل والعناد والمبالغة في النظافة والمحافظة عـلى النظـام الدقـة الصـارمة وضـيق الافق والافتقار الى المرونة الحكمة ، هذه السمات والخصائص تتشكل معـاً وتـؤدي الى خلـق شخصية يصعب ارضاؤها ، حيّ الضمير وجـدير بالثقـة ، بخيـل ومـنظم ، ومنـذ ذلـك الوقـت اصبحت هذه اخصائص بمثابة السمات المميزة لاضطراب الشخصية الوسواسية القهريـة ، ولا يختلف وصفها في الدليل التشخيصي والاحصائي للأمراض العقلية عن تلك التي قـدمها فرويـد كثيراً ، فهي شخصية ذات نمط متغلغـل مـن الانشـغال وبالترتيـب والكـمال والضـبط العقـلي والعلاقات البينشخصية على حساب المرونة والانفتاح والكفاءة إلا أن الدليل قدم وصـفاً أكـثر تفصيلاً لهذه الخصائص .

وتميل هذه الشخصية للتكرار والتأكد من كل عمـل ، فيقـرأ صـاحبها الخطـاب عـدة مرات قبل إرساله ، ويتأكد من الأنوار والأبـواب قبـل النـوم مـرتين أو ثـلاث مـرات ولا يشـعر بالراحة إلا إذا قام بنفس الروتين كل صباح ثم شرب الشاي ثم قراءة الجرائـد ثـم الحـمام ثـم الافطـار ثـم ارتـداء الثيـاب ، وإن اختلـف شيء عـن ذلـك ثـار عـلى زوجتـه وأولاده لأنهـم لا يحترمون نظامه ، وهو في عمله يسير على نفس الروتين ولا يحدد اطلاقاً عن النظام الموضوع .

وينجح أصحاب هذه الشخصية في الأعمال التنفيذية والإدارية فهم مـديرون أو إداريـون ماليون ممتازون ، وينجحون في القيـام بالمشرـوعات الكبـيرة وفي أعـمال المكتبـات والأرشـيف والسكرتارية ، ولكن إذا زادت سمة الوسوسة عن حد معين فإن الإنسان يصبح معرضاً للقلـق الشديد .

المحكات التشخيصية لاضطراب الشخصية ذات الوسواس القهري

نمط متغلغل من الانشغال بالترتيب والكمال والضبط العقلي والعلاقات الشخصية على حساب المرونة والانفتاح والكفاءة تبدأ في الرشد المبكر ، وتوجد عدد من المواقع، كما يستدل عليها بأربعة (أو أكثر) مما يلي :_

١- انشغال بالتفاصيل والقواعد والقوائم والترتيب والتنظيم والمواعيد لدرجة نفقد معها النقطة الرئيسية في النشاط .

٢- يظهر الكمال الذي يشوش على (يُعطل) إكمال المهمة (مثلاً : غير قادر على اكمال مشروع بسبب عدم استيفاء معاييره الصارمة الخاصة)

٣- مكرس لجهده ووقته بشكل زائد للعمل والانتاجية لدرجة استبعاد أنشطة وقت الفراغ، والصداقة (ولا يفسر ذلك بحاجة اقتصادية واضحة)

٤- حي الضمير بشكل زائد ، مرتاب ومتردد ، غير مرن حول المسائل الاخلاقية أو الآداب أم القيم (لا تفسر بالتوحيد الثقافي أو الديني)

٥- غير قادر على استبعاد الاشياء التافهة حتى عندما لا يكون لها قيمة في وجدانه أو عاطفته

٦- يتلكأ في مناقشة الواجبات أو العمل مع الآخرين ما لم يذعنوا تماماً لأسلوبه في الأداء، ويبدي تشدداً ومعاندة .

* نسبة الانتشار

الدراسات التي اعتمدت على قياسات منهجية قدرت نسبة انتشار اضطراب الشخصية الوسواسية بحوالي ١% في المجتمع العام ، وحوالي ٣-١٠% بين المترددين على عيادات الصحة النفسية ، وتبلغ نسبته بين الرجال ضعف نسبته بين النساء. (عبد الرحمن ، ١٩٩٩) .

اضطراب الشخصية الاعتمادية   Dependent Personality Disorder

هو اضطراب شخصية يتميز باعتماد شامل على الآخرين او السماح لهم بتولي مسؤولية جوانب هامة في حياة الشخص وتسخير الاحتياجات الذاتية للآخرين الذين يعتمد عليهم الشخص ورضوخ غير مبرر لرغباتهم وعدم الاستعداد لمطالبة هؤلاء الآخرين

(الذين يعتمد عليهم الشخص) بأي مطالب حتى ولو منطقية ، ويستقبل الشخص نفسه على أنه لا حول ولا قوة ، وغير كفء ، ومفتقد للقوة كما أن هناك انشغالاً بالخوف من هجر الناس له واحتياج دائم للتأكد من ان ذلك لن يحدث والاحساس بعدم راحة شديدة عندما يكون وحيداً والاحساس بالكارثة والضياع عند انتهاء علاقة حميمة ، والميل الى التعامل مع المحن بالقاء المسؤولية على الآخرين.

وتتسم هذه الشخصية بنمط الاعتماد الشديد على الآخرين والذي ينعكس في ميل المريض بهذا الاضطراب لأن يسمح للآخرين بأن يتخذوا القرارات نيابة عنه ولأن يشعر بالعجز عندما يكون وحيداً ، وأن يخضع في المواقف التي تستدعي توكيد الذات .

وليس من غير الشائع أن يعيش مثل هذا المريض مع شخص آخر مسيطر، وحامي له .

وتشترك الشخصية المعتمدة مع الشخصية المتجنبة في صفات عدم الأمان البينشخصي، والرغبة في العلاقات مع الآخرين ، وبالانخفاض في تقدير الذات .

ومن الصفات الأخرى لمرضى اضطراب الشخصية المعتمدة التضحية بالحاجات الشخصية لصالح من يعتمدون عليهم ، وعدم الاستعداد لطلب حتى المطالب المعقولة منهم، وينشغل المرضى بهذا الاضطراب بالخوف بأن يتم هجرهم من جانب الآخرين، لذلك فهم دائماً في حاجة لتأكيدات ضد هذا الانشغال ، ويختبرون مشاعر اليأس والتدمير في حالة إنهاء علاقة وطيدة ويميلون للاستجابة للمواقف المشكلة بنقل المسؤولية على الآخرين.

في هذا النوع من اضطراب الشخصية نجد تعبيراً صارخاً عن الافتقار الى الثقة بالنفس والاعتماد عليها ، وتطغى على الشخص مشاعر العجز الشامل وعدم القدرة على اتخاذ القرارات وهو عادة غير مسؤول وطفلي التصرفات ويميل الى التعلق بالآخرين كما يفعل الطفل المعتمد على والديه ، وهذا الشخص يحتاج دائماً الى الموافقة على سلوكه والى الطمأنينة والتشجيع وقد تتضمن الصورة الاكلينيكية مظاهر القلق وقد يبدأ الزوج السلبي مثلاً في الاعتماد والاتكال على زوجته في اتخاذ كل القرارات الهامة .

ومثل هؤلاء الأشخاص قد يخفون عدوانهم الصريح وينسحبون من أي موقف يمكن أن يثير العداء ، وهو سلبيون هيابون خائفون في العادة ، على أن العداء المتخفي وراء قشرة صلبة من التهيب والسلبية هو بالضرورة لا شعوري تماماً ، ولو بدت العدوانية بشكل واضح فإن التسمية يمكن أن تصبح (الشخصية السلبية العدوانية). (عكاشة، ١٩٩٨: ٥٦٨)

المحكات التشخيصية لاضطراب الشخصية الاعتمادية

هناك حاجة متغلغلة لأن يهتم به الآخرون مما يؤدي الى سلوك خاضع وجامد ومخاوف من الانفصال ، تبدأ في مرحلة الرشد المبكر وتوجد في مجموعة من المواقع يستدل عليها بخمس أو أكثر مما يلي :-

١- لدية صعوبة في اتخاذ القرارات اليومية بدون كم زائد من النصح والتأكيدات يتلقاها من الآخرين .

٢- يحتاج من الآخرين أن يتولوا المسؤولية عن معظم المجالات الرئيسية في حياته .

٣- لديه صعوبة في التعبير عن عدم الموافقة مع الآخرين بسبب الخوف من فقدان المساندة أو التقبل .

٤- لدية صعوبة في بدء مشروعات أو عمل أشياء بشخصه (بسبب نقص الثقة في حكم أو القدرات فضلاً عن نقص الدافعية أو الطاقة) .

٥- يذهب الى أبعد مدى يستطيعه للحصول على العطاء أو المساندة من الآخرين لدرجة التطوع لعمل أشياء تكون غير سارة .

٦- يشعر بعدم الارتياح والعجز (قلة الحيلة) عندما يكون بمفرده بسبب المخاوف المبالغ فيها من أن يكون غير قادر على رعاية نفسه .

٧- يبحث بإلحاح عن علاقة أخرى كمصدر للرعاية والمساندة كبديل عن علاقة وثيقة انتهت بالفعل .

٨- ينشغل بشكل غير واقعي بالخوف من أن يترك وحده لرعاية نفسه.

نسبة الانتشار

يعتبر هذا النوع من الاضطرابات الشخصية الأكثر شيوعاً وانتشاراً على وجه العموم وهو أكثر شيوعاً لدى النساء مقارنة بالرجال.

اضطرابات الشخصية التجنبية Avoidant Personality Disorderd

هو اضطراب شخصية يتميز بأحاسيس مستمرة وواسعة المدى بالتوتر والتوجس واعتياد على الوعي الشديد بالذات واحاسيس بعدم الأمان والدونية ، والسعي الدائم لحب وقبول الآخرين ، وحساسية مفرطة نحو الرفض والنقد . ورفض الدخول في أي علاقات إلا بعد الحصول على ضمانات شديدة بالقبول غير المشروط بنقد ، وارتباطات شخصية محدودة جداً ، واستعداد دائم للمبالغة في الأخطار أو المخاطر المحتملة في المواقف اليومية الى حد تجنب بعض النشاطات المعينة ، و لكن ليس الى حد التجنب الموجود في الرهاب واسلوب حياة محدود بسبب الحاجة الدائمة الى التأكد من الاشياء والشعور بالأمان.

ويتصف الشخص المتجنب بالانطواء والخجل والقلق والخوف من أن يُكره من جانب الآخرين ، بالاضافة الى الانخفاض في تقدير الذات ، والتهيج ، والارتباك الاجتماعي والخوف المزمن من الإحراج . (غريب ، ١٩٩٩)

بوجود نمط متغلغل من الكف الاجتماعي ، ومشاعر عدم الكفاية ، وإحساس مبالغ فيه نحو التقييم السلبي ، وتتظافر هذه الخصائص الثلاث في الشخصية التجنبية .

وعلى سبيل المثال فإن خوف هؤلاء الأفراد من النقد وعدم القبول يؤدي الى تجنبهم المواقف المهنية التي تؤدي بهم إلى تلاحم واضح مع الآخرين .

وبسبب نظرتهم الى ذاتهم على أنهم غير ذي كفاءة اجتماعياً ، ويشعرون بالنقص في مواجهة الآخرين فإن لديهم قلق إزاء رفضهم ، ويحجمون عن الانخراط في علاقات اجتماعية الى أن يتلقوا اشارة واضحة بأنهم سوف يلقون حداً مناسباً من القبول .

ويوصف هؤلاء الأفراد المصابين بهذا النوع من اضطراب الشخصية بأنهم جبناء وخجولين ولا يرغبون في تكوين علاقة صداقة قوية وينزعجون ويخشون الرفض أو

الانتقاد مما يدفعهم الى تجنب المناسبات الاجتماعية ، واذا منحوا ضمانات أكيدة بعدم التعرض للنقد يقيمون الصداقات وينخرطون فيها .

وعلى العكس من الشخصية الفصامية ، فإن ذوي الشخصية التجنبية يرغبون في التواصل مع الآخرين يعيشون حياة مشحونة بالصراعات المتواصلة من قبيل صراع (إقدام / احجام) تتمثل في الرغبة في التواصل مع الناس(اقدام)، وتجنب خطر الانخراط بينهم (احجام).

ومن صفاتهم أيضاً أنهم كثيرو النقد للذات وقليلي الاعتبار والتقدير لأنفسهم ، وضعيفي الثقة بالنفس ، وتسيطر عليهم الحيرة عند اتخاذ أي قرار وكذلك يتجنبون أداء أي عمل جديد .

وعندما يكونون في موقف اجتماعي أو يبدأون في تطوير علاقة صداقة أو ألفة يتصرفون بطريقة تتميز بالكبت والقمع لأنهم يعتقدون أنهم غير مرغوب فيهم شخصياً ويخشون النقد والسخرية والتهكم والخديعة من الآخرين .

ويمكن أن يؤدي سلوك الأفراد المصابين باضطراب الشخصية التجنبية الى ادخالهم في دورة مستمرة من الخطأ والاضطراب ، حيث يؤدي ظهورهم بمظهر المنعزل والمتباعد عن رفاق العمل والأقران الآخرين الى جعلهم بدورهم يتباعدون هم أيضاً عنه ، وهو ما يؤدي الى جعل الشخصية التجنبية لا تتلقى اشارات التقبل التي نتوقعها وننتظرها جميعاً من الرفاق والزملاء ، وهو ما يولد لهم احساساً أبدياً بعدم الأهلية الاجتماعية التي هي بؤرة الاضطراب .(عكاشة ، ١٩٩٨ : ٥٦٧) .

كما أن لديهم مشكلة أيضاً فيما يتعلق بالألفة التي تتطور من خلال الكشف المتبادل للذات ، ونظراً لأن العلاقات البين شخصية للافراد التجنبيين تكبح مع هذه العملية، ومن ثم تسهم في خلق ما يخشاه المريض وهو الشعور بالرفض .

المحكات التشخيصية لاضطراب الشخصية التجنبية

نمط متغلغل من الكف الاجتماعي والشعور بعدم الكفاية ، الحساسية الزائدة للتقويم السلبي ، يبدأ في الرشد المبكر ، ويوجد في العديد من العديد من المواقع ويستدل عليه أربعة (أو أكثر) مما يلي :-

١- يتجنب الأنشطة المهنية التي تشتمل اتصالاً بينشخصياً جوهرياً مخاوف مـن الانتقـاد أو عدم التقبل أو الرفض .

٢- يكون غير راغب في الاندماج مع الناس ما لم يتأكد عن أنهم يتقبلونه

٣- يظهر مقاومة للعلاقات الودودة بسبب الخوف من الخزي أو أن تناله السخرية .

٤- ينشغل بأن يكون منتقداً أو مرفوضاً في مواقف اجتماعية.

٥- يكون لديه شيء من المواقف الجديدة البينشخصية بسبب مشاعر عدم الملاءمة.

٦- ينظر لنفسه على أنه غير ملائم اجتماعياً ، غير جذاب شخصياً أو اقل من الآخرين .

٧- متردد بشكل غير عادي لأن يقدم عـلى مخاطرات أو يشـترك في أي انشـطة جديـدة خوفاً من اثبات كدرها . (عبد الرحمن ، ٢٠٠٠ : ٣٨١) .

نسبة الانتشار

تتراوح نسبة اضطرابه الشخصية التجنبية ما بين ٠.٥-١% من المجتمع ، في حين تبلـغ النسبة حوالي ١٠% من المترددين على العيـادات في المجتمـع ، وهـو اكـثر شـيوعاً بـين النسـاء مقارنة بالرجال .

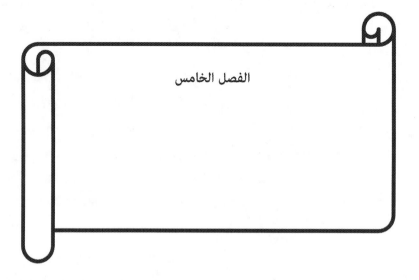

الفصل الخامس

محتويات الفصل الخامس

صعوبات التعلم

يعتبر موضوع صعوبات التعلم من الموضوعات الجديدة في مجال التربية الخاصة التي شهدت نمواً متسارعاً ، حيث أصبح محوراً للعديد من الدراسات والابحاث فقد كان اهتمام التربية الخاصة منصباً على أشكال الإعاقة الأخرى ، كالاعاقة السمعية والبصرية والحركية ، ولكن بسبب ظهور أطفال أسوياء في نموهم السمعي والعقلي والبصري ويعانون من مشكلات تعليمية ، بدأ المختصون في التركيز على هذا الجانب بهدف التعرف على مظاهر صعوبات التعلم .

وقد عرف صعوبات التعلم بتسميات مختلفة أطلقت على هذه الفئة من الأطفال ومن هذه التسميات هي :-

١- الخلل الوظيفي المخي البسيط

٢- الإصابات الدماغية

٣- الأطفال العاجزون عن التعلم

٤- الاضطرابات العصبية والنفسية

٥- صعوبة القراءة

ويرتبط موضوع صعوبات التعلم بعدة علوم مختلفة كانت قد أسهمت في دراسته مثل علم النفس (Psycology) وعلم الاعصاب (Neurdogy) وعلم أمراض الكلام (speech porthdogy) والطب (Medicne) وعلم اللغة وعلم الجينات (Oenetics) والتربية الخاصة .

وقد أخذ كل علم في تفسير ظاهرة صعوبات التعلم وقياسها وعلاجها، فالمختصون في علم النفس شرعوا بتطوير أساليب قياس وتشخيص الاطفال ذوي صعوبات التعلم، وتطبيق نظريات التعلم وتعديل السلوك في البرامج التربوية الخاصة بهم، أما دور المختصين في علم الطب ، والأعصاب فيبدوا في تفسير صعوبات التعلم من وجهة نظر طبية ، وكان دور علم اللغة في توضيح المشكلات اللغوية المصاحبة لصعوبات التعلم، وتفسير الإدراك السمعي والبصري .

تعريفات صعوبات التعلم

أولاً : التعريف التربوي

يشير التعريف الطبي الى اضطراب في جانب أو أكثر في أحد العمليات النفسية، والتي تتمثل في العجز عن تعلم اللغة والقراءة والكتابة والتهجئة والتي لا يكون لها سبب عقلي او سمعي او حركي بحيث لا تشمل هذه الاضطرابات الاطفال ذوي الاعاقات المختلفة الاخرى ، فهذا التعريف يركز على ما يلي :-

١- العجز الاكاديمي لدى هؤلاء الاطفال

٢- ان اسباب العجز تعود لأسباب عقلية او حسية

ثانياً : التعريف الطبي العصبي

ساد هذا الاتجاه في منتصف القرن العشرين ، حيث يركز هذا التعريف على الأسباب العضوية لصعوبات التعلم ، فهو يرى أن سبب صعوبات التعلم هو خلل في الجهاز العصبي أو تلف في الدماغ ، الذي قد يحدث في أي مرحلة من مراحل عمر الفرد نتيجة لإصابة الفرد بالأمراض المختلفة ، او التعرف للمرضى أو لأسباب لها علاقة بالنمو والنضج .

ثالثاً : تعريف اللجنة الوطنية

اطلقت اللجنة الوطنية مفهوم صعوبات التعلم على الاطفال الذين لديهم صعوبات في اكتساب وتوظيف قدرات مثل الإصغاء والكلام والقراءة والكتابة والتفكير والرياضيات، التي تكون ناتجة عن قصور في الجهاز العصبي المركزي، وقد يرافق هذه الاضطرابات اختلال في المجال الحسي والعقلي والانفعالي والاجتماعي والثقافي ، وقد اتسع هذا التعريف فيما بعد ليشمل مختلف الاعمار، وقد ركز هذا التعريف على ما يلي:-

١- أن التعريف يشمل مختلف الأعمار

٢- يؤكد على الاضطرار العصبي

٣- يشمل التعريف الخلل في المجالات النفسية والعضوية والاجتماعية لدى الفرد .

(عبيد ، ٢٠٠٠)

أسباب صعوبات التعلم :

ان التعرف على اسباب صعوبات التعلم تعتبر عملية صعبة، وذلك نظراُ للتداخل بين صعوبات التعلم من جهة والتخلف العقلي من جهة اخرى .وبين صعوبات التعلم والاضطرابات السلوكية والانفعالات .وعلى الرغم من ذلك فقد قسم الباحثون تلك الاسباب الى مجموعة من الاسباب تتمثل في اجابات الدماغ (Brain injury) ، والاضطرابات الانفعالية ونص الخبرة وفيما يلي أهم الأسباب التي تؤدي الى صعوبات التعلم .

١- العوامل الفسيولوجية

أ- التلف الدماغي البسيط : يعتبر التلف الدماغي من أكثر الأسباب التي تؤدي الى صعوبات التعلم والذي يعني التلف في الخلايا الدماغية بسبب عدة عوامل ترجع الى ما قبل الولادة أو ما بعد الولادة .

وتشمل أسباب قبل الولادة العوامل الجينية وسوء التغذية للأم خلال فترة الحمل والأمراض التي تصيب الام وبالتالي تؤثر على الجنين، وذلك مثل الحصبة الالمانية التي تصيب الام خلال الأشهر الأولى من الحمل ونقص الأوكسجين وصعوبة الولادة ، فهذه العوامل جميعها تؤدي الى إصابة الخلايا الدماغية .

وتتضمن أسباب مابعد الولادة الحوادث التي قد تؤدي الى ارتجاج الدماغ والأمراض التي قد تصيب الطفل خلال المراحل الأولى من عمره، وذلك مثل التهاب السحايا والحصبة الألمانية . (الروسان ، ٢٠٠١)

ب- العوامل الوراثية : هناك أدلة عديدة تشير الى انتشار صعوبات التعلم وخاصة صعوبات القراءة بين افراد الأسرة الواحدة ، ولكن هذه الصعوبات لا تعود الى العوامل الوراثية وحدها بل إن هناك دوراً للبيئة، حيث إن العوامل الوراثية تولد الاستعداد للاصابة بصعوبات التعلم الا أن العوامل البيئية كنوعية التدريس الذي يحصل عليه الطفل هي التي تقرر في النهاية ، الاصابة بصعوبات التعلم .

٢- العوامل النفسية

تشير الدراسات الى أن للتأثيرات النفسية والمتمثلة بالخوف والقلق والاضطرابات النفسية أثراً كبيراً على ظهور صعوبات التعلم كعدم القدرة على التذكر للمادة التعليمية وكتابة الجمل المفيدة وتكوين المفاهيم وتنظيم الأفكار .

المشكلات النفسية
خوف
قلق
خجل
صعوبات التعلم
عدم إتقان مهارة القراءة والكتابة والحساب وعدم التكيف

٣-العوامل التربوية

تتمثل العوامل التربوية بالعوامل الصفية التي قد يواجهها الأطفال ذوي صعوبات التعلم والتي تشمل الفروق الفردية بين المعلمين وطرق التدريس المختلفة وعدم تلبية المواد التعليمية لحاجات الطلاب التعليمية ، ونقص مهارات المعلمين التدريبية وتوقعات المعلمين.

٤-العوامل البيئية

إن الأطفال في تفاعل مستمر مع بيئتهم من خلال مراحل نموهم ، وفي عملية التفاعل هذه تتكون الظواهر الجسمية والنفسية والتربوية والتي تحتاج الى الاشباع والتشجيع والحب والنجاح ، فصعوبات التعلم كثيراً ما تكون ناتجة عن العوامل البيئية والتي يكون لها تأثير مباشر أو غير مباشر على الطفل ، فتشمل البيئة العوامل المادية والاجتماعية والثقافية والحضارية التي تحيط بالطفل، ومن هذه العوامل سوء التغذية والفقر وعدم وجود التعزيز في بيئة الطفل وعدم تقبل الآخرين وجود نماذج أبوية وتعليمية أمام الطفل .

عوامل بيئية
صعوبات التعلم

حق ضيق	عدم اتقان القراءة
عدد كبير في الصف الواحد	عدم اتقان الكتابة
عدم الارتياح البيئي	صعوبة التعامل مع الأرقام

(عبد الهادي وآخرون ، ٢٠٠٠ : ١٥٧)

خصائص الأطفال ذوي صعوبات التعلم

لقد اجريت العديد من الدراسات حـول الخصائص العامـة لـذوي صعوبات الـتعلم
وبناء على ذلك يمكن حصر الخصائص الرئيسية للطلبة الذين يعانون من صعوبات الـتعلم الى
ما يلي :-

١- صعوبات في التحصيل الدراسي حيث إن التأخير الدراسي هو السمة المميزة للأطفال الـذين
يعانون من صعوبات الـتعلم ، فنجـد أن الطلبـة يعانون مـن مشـاكل دراسـية تمثـل في
القصور في جميع المواد الدراسية أو القصور في مجال دراسي واحد او موضوعين ، وتشمل
الصعوبات في مجال التحصيل الدراسي ما يلي :-

أ- الصعوبات الخاصة في القراءة

تعد صعوبات التعلم المتعلقة بمجال القراءة من أكثر المواضيع انتشاراً بـين الطلبـة
الذين يعانون من صعوبات وتتمثل هذه الصعوبات فيما يلي :-

١- حذف بعض الكلمات أو أحرف من الكلمـة المقرؤة مثل عبـارة (سـافرت بالطائرة)
فيقرأها الطفل (سافر بالطائرة) فنجد أن الطفل قد حذف حرف التاء عند قراءة
الكلمة .

٢- اضافة بعض الكلمات الى الجملة أو بعض المقـاطع أو بعـض الأحـرف التـي لا تكـون
موجودة في النص الذي هو أمـام الطالـب فمثـلاً كلمـة (الكرك) يقرأهـا الطالـب
(الكراك) وجملة (سافر بالطائرة) يقرأها (سافرت بالطائرة).

٣- تكرار بعض الكلمات في الجملة دون مبرر ، فقد يقرأ (غسلت الأم الثياب) ثم يكررها
عدة مرات .

٤- قلب الاحرف وتبديلها .و هي من اكثر الاخطاء الشائعة في صعوبات القراءة. حيـث
يقرأ الطالـب الكلمـة أو المقاطع بصورة معكوسـة كـما هـي في المـرآة فمثـلاً يقـرأ
{درب}بدلاً من برد و كلمة {زر} بدلا من (رز) .

٥- ضعف في التمييز بين الأحرف المتشابهة في الكتابة والتي تكون مختلفة في اللفظ مثـل
(ع . غ) و (س . ش) و (ف ، ق) .

٦- ضعف في التمييز بين الأحرف في اللفظ والمختلفة في الكتابة مثل (د ، ر) و (ك ، ق) و (ت . د) ، وقد يتعدى هذا الضعف في التمييز الى قراءة الكلمات والجمل فيقرأ الطالب (دور بدل من توت) .

٧- ضعف في التمييز بين أحرف العلة ، فقد يقرأ الطالب كلمة (قبل) بدلاً من (قول)

٨- صعوبة في تتبع مكان الوصول الى القراءة ، وازدياد حيرته وارتباكه عند الانتقال من نهاية السطر الى بداية السطر عند القراءة .

٩- قراءة الجمل بطريقة سريعة وغير واضحة .

١٠- قراءة الجمل بطريقة بطيئة

١١- الميل الى تحريك الشفاه أثناء القراءة الصامتة .

١٢- عدم فهم الجمل أثناء القراءة الصامتة

١٣- عدم القدرة على لفظ الكلمات غير المألوفة لديه .

ب- الصعوبات الخاصة بالكتابة

وتتمثل هذه الصعوبات بما يلي :-

١- عكس كتابة الأحرف ، بحيث يكتبها وكأنها في المرآة ، فحرف خ مثلاً يكتبه ، وحرف د يكتبه .

٢- عكس كتابة الأعداد والأرقام ، بحيث يكتبها بصورة مقلوبة ص اليسار الى اليمين فالرقم (٣) يكتبه (٢) والرقم (١٠) يكتبه (٠١) .

٣- عكس كتابة الكلمات والجمل ، وذلك مثل (معركة حطين) يكتبها (طنين)

٤- الصعوبة في ترتيب أحرف الكلمات عند الكتابة وعكس الأحرف فكلمة (دار) تصبح (راد)

٥- الخلط في كتابة الأحرف المتشابهة (فكلمة باب) يكتبها (ناب)

٦- صعوبة قراءة خط الطالب وذلك نتيجة الخط الرديء

٧- عدم الالتزام في الكتابة على نفس السطر فهو إما ينزل عن السطر عند الكتابة أو يكتب فوق السطر .

٨- الاستمرار في الكتابة دون توقف ، فعندما يصل الطالب الى نهاية السطر فيستمر في الكتابة على الطاولة . (عبدالهادي وآخرون ، ٢٠٠٠)

ج- الصعوبات الخاصة بالحساب وتمثل ما يلي :-

١- الصعوبة في الربط بين الرقم ورمزه ، فعندما يُطلب من الطالب أن يكتب الرقم (٣) فيكتبه (٤) .

٢- الصعوبة في التمييز بين الأرقام ذات الاتجاهات المتعاكسة مثل ٨/٧/٢/٦ فيكتب ٦ على أنه ٢ وبالعكس .

٣- الصعوبة في كتابة الأرقام ، فيكتب الرقم ٣ على الشكل التالي " ٣ " والرقم ٤ على النحو الأتي ٣

٤- عكس الأرقام الموجودة في الخانات فمثلا الرقم ١٩ يكتبه ٩١

٥- الصعوبة في إتقان العمليات الحسابية ، كالجمع والطرح والقسمة والضرب.

٦- عدم قدرة الطالب على تصنيف الأشياء حسب الحجم .

صعوبات في مجال الإدراك .

الإدراك هو عملية دخول المعلومات إلي الدماغ وتحليل وتفسير هذه المعلومات وإعطائها معنى فيعمل الإدراك علي تنظيم وتفسير المثيرات السمعية والبصرية واللمسية. فالأطفال الذين يجدون صعوبة وعجزاً في الإدراك يجدون صعوبة في التفسير والحصول على معنى من بيئتهم . فبدون عملية الإدراك لا تستطيع أن تتعلم ، وذلك لأن عملية التعلم تعتمد على إدراك المثيرات المتواجدة حولنا وردة الفعل المناسبة لكل مثير حسب قوته وشدته . (عبد الهادي وآخرون ٢٠٠٠)

فالإعاقات التي تحصل للإدراك هي بمثابة تشوهات في الإدراك والتي تصف عملية الفهم والتعلم ، وتصف عملية استيعاب وتحليل المعلومات التي تصل عن طريق الدماغ، وهذا يؤدى إلى عجز الطفل وعدم مقدرته على الوصول إلى مستوى التعليم المناسب .

ويمكن تقسيم الصعوبات التي تندرج تحت الإدراك إلى ما يلي :

أ- صعوبات الإدراك البصري

فالإدراك البصري عبارة عن عملية مركبة من استقبال وتحليل المثيرات البصرية بواسطة الدماغ مثل التميز بين الضوء والظلام والقدرة على رؤية الأشياء الصغيرة .

فالأطفال الذين يعانون من صعوبات التعلم يعانون من تشوهات في الإدراك البصري تتمثل في استقبال وتنظيم وفهم لمعنى المثير البصري مع أن العين سليمة فهم يصعب عليهم ترجمة ما يرونه ، ولا يميزون علاقة الأشياء ببعضها البعض، فهم مثلاً لا يستطيعون تقدير المسافة والزمن اللازم لعبور الشارع قبل أن تصدمه سيارة ، ويعانون أيضاً من عدم القدرة على التمييز بين الاحجام والأشكال المسافات ، ولا يستطيعون تذكر الكلمات التي يرونها وترتيب الصور التي تحكي قصة معينة .

ب- صعوبات الادراك السمعي

يعرف الادراك السمعي على أنه القدرة على تحليل المعلومات التي تم الحصول عليها عن طريق حاسة السمع وفهم هذه الكلمات وإعطائها معنى . وطفل صعوبات التعلم يمتلك حدة سمع عادية، ولكن لديه مشكلة في معرفة أوجه الشبة والاختلاف بين درجة الصوت وارتفاعه ومعدله وحدته فيؤدي ذلك الى سماع الاطفال ذوي صعوبات التعلم الى أصوات تختلف تماماً عما يسمعه الطفل العادي . والطفل الذي يعاني من صعوبات التعلم يصعب عليه تذكر الاشياء التي سمعها ، وعدم القدرة على التمييز بين الكلمات المتشابهة في اللفظ وعدم القدرة على التمييز في مصدر الصوت .

ج- صعوبات في التمييز النفسي

تقدم لنا حاسة اللمس معلومات عن البيئة التي حولنا ، ولذلك نجد أن الأطفال الذين لديهم صعوبة في حاسة اللمس سوف يكون لديهم صعوبة في أداء المهات التي تحتاج الى حاسة اللمس مثل استخدام السكين ، والشوكة والملعقة واستخدام الألوان ، والمقص والكتابة والرسم ، ومهارة حمل والتقاط الأشياء والخلط بين الاتجاهات الستة، فوق، تحت، يمين ، يسار ، أمام ، خلف .

د- صعوبات الاغلاق

يقصد بالاغلاق معرفة الكل حين يفتقد جزء أو أكثر من الكل ، فعلى سبيل المثال إذا تم عرض صورة أرنب وكان أحد أجزائها مفقود، فإن الطفل الذي يعاني من مشكلة في الاغلاق سوف تكون لديه صعوبة في معرفة الحيوان ، وينطبق ذلك على الادراك السمعي فالطفل الذي يعاني من صعوبة في الاغلاق السمعي سوف تكون لديه صعوبة في معرفة الكلمات المنطوقة إذا سمع جزءاً منها فقط مثلاً "تلفوا"، فإنه لا يستطيع معرفة معنى هذه الكلمة .

١- اضطرابات اللغة والكلام ، يعاني الأطفال ذوو صعوبات التعلم من واحدة أو أكثر من مشاكل الكلام واللغة وتتمثل صعوبات اللغة عند الأطفال بناء الجمل وتركيبها والأخطاء اللغوية والنحوية ، وحذف الكلمات وإضافة بعض الكلمات الى الجمل   .

ويمكن تصنيف اضطرابات اللغة الى ما يلي :-

أ- صعوبات اللغة الاستقبالية الشخصية

ب- صعوبات اللغة الداخلية

جـ- صعوبات اللغة التعبيرية

أ- صعوبات اللغة الاستقبالية الشخصية

حيث يمكن للأطفال الذين يعانون من صعوبات اللغة الاستقبالية الشخصية من سماع كلام الآخرين ولكنهم يفهمون معناه ، بحيث يفشل الأطفال في ربط الكلمات المنطوقة مع الأشياء والأعمال والخبرات والأفكار وعدم القدرة على التمييز بين الكلمات والصعوبة في اتباع التعليمات والأوامر وتعلم المعاني المتعددة للكلمة نفسها.

ب- صعوبات اللغة الداخلية

تعتبر صعوبات اللغة التكاملية من أكثر أنواع اضطرابات اللغة شدة، فالأطفال يعانون من هذه الصعوبة يفهمون ما سمعوه ولكنهم لا يستطيعون ربطه بخبراتهم السابقة، فحين يعرض مثلاً على الطفل كوب ويُطلب منه تسميته فإنه يستجيب لذلك ولكل من يسأل ماذا نفعل بالكوب ، فإنه يكون غير قادر على الاستجابة .

ج- صعوبات اللغة التعبيرية

الأطفال الذين يعانون من هذه الصعوبة يكونون عاجزين عن القدرة عن التعبير عن انفسهم من خلال النطق والكلام .

٤- صعوبات في عملية التفكير

لديهم عدة مؤشرات تدل على وجود صعوبات في عملية التفكير لديهم ، وذلك أنهم مثلاً يجدون صعوبة كبيرة في تنظيم أفكارهم قبل أن يقوموا بالاستجابة ويعانون أيضاً من ضعف في التفكير المجرد ، والاعتماد الزائد على المدرس وعدم القدرة على التركيز وعدم الاهتمام بالتفاصيل وعدم تذكر التعليمات وتنفيذها والصعوبة في تطبيق ما تعلموه.

٥- المظاهر العصبية

تظهر على الأطفال الذين يعانون من صعوبات التعلم بعض المظاهر العصبية وتتمثل هذه المظاهر بما يلي :-

أ- الاشارات العصبية الخفيفة ، وتظهر هذه الاشارات عند الاطفال ذوي صعوبات التعلم في المظاهر الحركية الدقيقة.

ب- الاضطرابات العصبية المزمنة والتي تعود الى اصابات الدماغ التي تحدث قبل الولادة أو أثناءها أو بعدها .

ج- عدم وجود اعاقة عقلية في العائلة ، وهذا يعني أن الأطفال ذوي صعوبات التعلم هم من الاطفال العاديين ، فتاريخ أسرهم لا يشير الى وجود حالات الاعاقة العقلية لديهم أو أحد أفراد أسرهم.

٦- المظاهر السلوكية ، يعاني كثير من الطلبة المصابين بصعوبات التعلم في التعلم من نشاط حركي زائد ، فيكون الطالب مشحوناً بالحركة ومن الصعب السيطرة عليه ، ويجد صعوبة في التركيز على ما هو مهم من المثيرات وعدم قدرته على تركيز انتباهه لفترة كافية من الوقت ، فهذا يجد من قدرته على التعلم ، بينما يعاني طلاب آخرون من الخمول، وقلة النشاط وفتور الشعور ولا يتسمون بالفضول والاستقلالية ، فدافعيتهم منخفضة وحدة انتباههم قصيرة ، ومن الصعب جذب أو شد انتباههم.(الروسان ، ٢٠٠١)

نسبة صعوبات التعلم

بسبب عدم الاتفاق على تعريف صعوبات التعلم وبسبب الاختلاف في طرق التشخيص وعدم الثقة بطرق التشخيص ، فقد اختلفت الدراسات في تحديد نسبة صعوبات التعلم ، ففي دراسة أجراها مايكل بست وبوشز في الولايات المتحدة الأمريكية حول نسبة الأطفال الذين يعانون من صعوبات التعلم فتبين أن (٧-٨)% من الاطفال في المدارس الابتدائية هم من الاطفال ذوي صعوبات التعلم ، وقد تبين من خلال الدراسة أن نسبة ذوي الصعوبات هي من أعلى نسب بقية الاعاقات الأخرى ، حيث إن نسبة الاعاقات العقلية هي ٢.٣% ، ونسبة الاعاقة السمعية هي ٠.٦% ونسبة الاعاقة البصرية حوالي ٠.١% ونسبة ذوي الاضطرابات الانفعالية حوالي ٢% ، أما الجمعية الأمريكية الاستشارية للاطفال المعاقين في الولايات المتحدة الأمريكية فقد حددت أن نسبة الاطفال ذوي صعوبات التعلم في المدارس الابتدائية تتراوح من (١-٣)% .

أما في الأردن فلم يتم اجراء دراسات احصائية حول نسبة الأطفال الذين يعانون من صعوبات التعلم ، وهذا يقتضي اجراء دراسات لتحديد حجم هذه الظاهرة في المدارس .

(الروسان ، ٢٠٠١)

* اساليب تشخيص صعوبات التعلم

تهدف عملية تشخيص الطلبة ذوي صعوبات التعلم الى جمع البيانات عن الطلبة التي تم الحصول عليها وتحليلها ، وذلك بهدف تقديم الخدمات التربوية والتعليمية المناسبة ومن هنا لا بد للاخصائي الذي يقوم بعملية التشخيص ان لا يعتمد على اختيار واحد بل عليه أن يختار مجموعة من الاختيارات والأساليب التي تسمح للطفل ذوي صعوبات التعلم بالاستجابة بطرق متعددة مثل الكلام والاشارة والكتابة وغيرها من الاستجابات .

وتمر عملية التشخيص بخطوات محددة وهي :ـ

١- اجراء تشخيص شامل لتحديد الأطفال ذوي صعوبات التعلم

٢- اجراء تقويم تربوي شامل لتحديد مجال القصور في الموضوعات الدراسية

٣- تقرير إذا كان الطفل يعاني من أي من الاعاقات الحركية أو البصرية أو السمعية أو العقلية أو الاضطرابات الانفعالية ، ففي حالة وجود مثل هذه الاعاقات فإن الطفل يُستثنى مـن اعتباره يعاني من صعوبات التعلم .

٤- تقرير إذا كان الطفل بحاجة الى علاج طبي أم لا

٥- تقرير إذا كانت الخبرات التعليمية التي يتعرض لها الطالب مناسبة لعمره أم لا

٦- البحـث عـن أسـباب صـعوبات الـتعلم ، وذلك مـن خـلال البحـث عـن الأسـباب الكامنـة لصعوبات التعلم ، كالعوامل البيولوجية والعوامل الانفعالية والعوامل التربوية والنفسية.

٧- بناء خطة تربوية فردية خاصة لكل طالب يعاني من صعوبات التعلم .

ويتم قياس مظاهر صعوبات التعلم بعدة أدوات يمكن استخدامها في هـذا المجـال وفيما يلي أبرز تلك الأدوات :

١- السلوك : ويتمثل في القدرة على التعامـل مـع الآخرين والتكيـف في المواقـف الاجتماعيـة وتحمل المسؤولية وانجاز المهمات المعطاة اليه .

٢- النمو الحركي : وتتضمن مدى قدرة الطفل على التآزر الحركي العام ، والقدرة علـى التعامـل مع الأشياء المحيطة بالفرد حركياً . (الروسان ، ٢٠٠١)

ثالثاً : اختبارات التحصيل المقننة

تعتبر اختبارات التحصيل المقننة من أكثر الاختبارات الشائعة مع الطلبة ذوي صعوبات التعلم، وذلك لأن انخفاض التحصيل هو السمة الرئيسية عند الأطفال ذوي صعوبات الـتعلم، وتهدف هذه الاختبارات لتحديد مواطن القوة والضعف لدى هؤلاء الطلبة، وذلك بهدف بناء خطط فردية مناسبة لكل طالب ومن اشهر هذه الاختبارات :-

١- اختبار التحصيل في القراءة كاختبار (جراي للقراءة الشخصية)

٢- اختبار التحصيل في الرياضيات ومنها اختبار مفتاح الحساب لتشخيص الرياضيات .

رابعاً : اختبار القدرة العقلية

تهدف اختبارات القدرة العقلية الى تحديد ومعرفة مـا إذا كـان الطالـب يعـاني مـن تدنٍ في قدراته العقلية أم لا ، فإذا تبين أن الطالب تقع قدراته العقلية ضـمن المعـدل أي بـين (٨٥-١١٥) ، وأظهر الطفل في نفس الوقت نقصاً في التحصيل الاكاديمي، فإن ذلك يكون مؤشراً على وجود حالة من صعوبات التعلم .

خامساً : اختبارات التحصيل غير المقننة

تكون هذه الاختبارات مهمة من قبل المعلم ، بحيث يتم من خلال هذه الاختبارات مقارنة أداء الطالب بمستوى اتقان معين من التحصيل.(عبد الهادي وآخرون ، ٢٠٠٠)

سادساً : اختبارات التكيف الاجتماعي

تهتم هذه الاختبارات بالتعرف على مظاهر النمو والتكيف الاجتماعي للطفل، وذلك من خلال الكشف عن المظاهر السلبية في تكيفـه الاجتماعي . ومـن الأمثلـة علـى اختبـارات التكيف الاجتماعي اختبار فينلاند للنضـج الاجتماعـي واختبار الجميعـة الأمريكيـة للتخلـف العقلي والخاص بالسلوك التكيفي .

سابعاً : اختبار الينوي للقدرات السيكولغوية

بعد اختبار الينوي من أكثر الاختبارات معرفة في مجال صعوبات التعلم بحيث يمكن التعرف من خلاله على المظاهر المختلفة لصعوبات التعلم .

تم اعداد هذا الاختبار من قبل كيرك وهو مصمم للفئات العمريـة مـن سـن(٢-١٠) وتتراوح مدة تطبيق هذا الاختبار ساعة ونصف ويتم تصميمه في مقدار ٣٠ دقيقة .

ويتكون اختبار الينوي من اختبارات فرعية وهي :-

١- اختبار الاستقبال السمعي

٢- اختبار الاستقبال البصري

٣- اختبار الترابط السمعي

٤- اختبار التعبير اللفظي

٥- اختبار التعبير البصري

٦- اختبار التعبير الاشاري

٧- اختبار تكملة الجمل

٨- اختبار الاكمال السمعي

٩- اختبار الاكمال البصري

١٠- اختبار التركيب الصوتي

١١- اختبار التذكر السمعي المتسلل

١٢- اختبار التذكر البصري المتسلسل

وفيما يلي امثلة مختارة في اختبار الينوي للقدرات السيكولغوية

١- هل تأكد الكلام

٢- أنا أجلس على الكرسي بينما نام على ....

٣- ماذا تفعل عندما يعرض عليك آلة موسيقية مثل ....

٤- هذا ولد , هذا ....

وقد ظهرت صورة معدلة على البيئة الاردنية من هذا المقياس عـام ١٩٩١ مـن قبـل الباحث سالم بهـدف التعـرف عـلى القـدرات الـنفس لغويـة للطلبـة ذوي صعوبات التـعلم. (الروسان ، ٢٠٠١ : ٢١٥)

ثامناً : اختبار مايكل بست للتعرف على الطلبة ذوي صعوبات التعلم

هذا الاختبار هو من اعداد مايكل بسـت ، ويهـدف هـذا الاختبـار الى التعـرف عـلى الطلبة ذوي صعوبات التعلم ، ويكون من ٢٤ فقرة موزعة على خمسة أبعاد وهي :-

أ- الاستيعاب

ب- اللغة

جـ- المعرفة العامة

د- التناسق الحركي

هـ-السلوك الشخصي والاجتماعي

الاعتبارات التربوية لذوي صعوبات التعلم

يقصـد بالاعتبـارات التربويـة : هـي الطريقـة التـي يتم مـن خلالهـا تنظيـم بـرامج صعوبات التعلم ومن أشهر هذه الطرق :-

١- مراكز التربية الخاصة

٢- الصفوف الخاصة التي تكون تابعة للمدرسة العادية

٣- الدمج : من خلال دمج الأطفال ذوي صعوبات التعلم مع بقية الأطفال العاديين في الصف

أساليب تدريس الاطفال ذوي صعوبات التعلم

الاسلوب الاول : تدريس المفاهيم

١- العاب التصنيف : أعط الطالب أشياء تختلف عن بعضها بخاصية واحدة كاللون مثلاً، احضر صندوقين واطلب من الطلبة تصنيف هذه الأشياء حسب لونها ، مثلاً المكعبات الحمراء في صندوق الزرقاء في الصندوق الآخر .

٢- المطابقة – الترتيب : ان الخطوة الاولى في تطوير الفرد للمفاهيم والأرقام هي قدرته على التعرف على شيء أو شكل واحد ، مثلاً بامكانك أن تجعل الطالب يبحث عن المكعب الأحمر في الصندوق الذي يضم مكعبات بألوان أخرى مختلفة ، أو مثال آخر أطلب من الطفل أن يستخرج حبات اللوز من صحن تسالي مشكل .

٣- العاب النمط : احضر للطفل سلسة معينة تسير وفق نمط معين (يمكن استخدام الخرز) مثلاً، النمط الذي وضعته للطفل هو خرزة حمراء ثم بيضاء ثم حمراء ثم بيضاء واطلب من الطفل اكمال هذه السلسلة .

ثانياً : اسلوب تدريس العمليات الحساسية

١- مهارة الجمع : ان معرفة الطالب بحقائق الجمع تزوده بالأساس الجوهري لتعلم المهارات الحسابية الأخرى ، والجمع طريقة مختصرة للعد ، لذا يجب أن يتعلم الطلبة ان بإمكانهم اللجوء للعد إذا فشلو في استخدام كل الطرق الأخرى للجمع ، من الضروري أن يتعلم الطلبة اشارة الجمع (+) واشارة (=) ويدركوا معناها والتعليم الجمع نستخدم أولاً أشياء محسوسة (كالمكعبات) ثم شبه محسوسة وأخيراً الارقام المجردة .

٢- مهارة الطرح : بعد أن يتقن الطلبة مهارة الجمع اعرض المهارة التالية، وهي الطرح ، علم الاطفال الاشارة الجديدة (-) أو المدلول اللفظي لها (تأخذ من) ضع مجموعة

أشياء أمام الطالب مثلاً (٦) مكعبات ، وخذ من هذه المجموعة عدداً معيناً مثلاً (٤) مكعبات ، وأسأله كم تبقى ؟

بمعنى ٦-٤=٢ بامكان استخدام العداد لإيضاح المهارة يبين للطلبة أن ٤+٢=٦

٣- مهارة الضرب: إن معظم الطلبة ذوي صعوبات التعلم والذين يواجهون مشكلات في العمليات الحسابية غالباً ما يعانون من مشكلات في حقائق الضرب وفي هذه الحالات سيكون من المستحيل تعلم هؤلاء الطلبة لمهارة القسمة ، إن عملية الضرب هي طريقة مختصرة للجمع بدلاً من جمع (٢+٢+٢+٢) يمكن تعليم الطفل أن (٤×٢=٨) ويشير الباحثون الى أن مهارة الطرح لا يمن اعتبارها متطلباً سابقاً للضرب ، إذ يمكن للطلبة الذين يواجهون مشكلات في عملية الطرح أن يكون أداؤهم أفضل في عملية الضرب ، يبدأ المعلم في العادة بتقديم اشارة (X) أو المدلول اللفظي لها (نضرب) وهناك طرق كثيرة تستخدم مع طلبة صعوبات التعلم منها استخدام الحاسوب في تدريس الرياضيات .

البرامج المستخدمة لطلبة صعوبات التعلم القراءة والكتابة والتهجئة

أولاً : اسلوب فيرنالد

تختار المفردات من القصص التي أملاها التلميذ وتعلم كل كلمة كوحدة كاملة، ومن ثم يكتب الطالب الكلمة لتطوير معرفة وإدراك الكلمة .

يتكون هذا الاسلوب من أربع مراحل هي كالتالي :-

١- يختار المعلم كلمة ويكتبها بقلم ملون وبحروف كبيرة ومن ثم يتابع الطالب الكلمة ملامساً الورقة مع ذكر كل جزء من الكلمة بصوت مرتفع ، تكرر هذه العملية حتى يتمكن الطالب من كتابة الكلمة دون النظر النموذج وفي حالة ارتكاب الطالب خطأ ما عند تتبعه للكلمة يجب أن يبدأ مرة أخرى على أساس أن الكلمة تكتب كوحدة واحدة.

٢- في المرحلة الثانية :- يطلب من الطالب تتبع كل كلمة .

٣- في المرحلة الثالثة :- يتعلم التلميذ كلمات جديدة ، وذلك بالنظر إلى كلمة مطبوعة إذ يقرؤها لنفسه قبل كتابتها ، وهكذا يتعلم مباشرة من الكلمة المطبوعة وفي هذه المرحلة قد يبدأ الطالب القراءة من الكتب .

٤- في المرحلة الرابعة والأخيرة يصبح التلميذ قادرأ على إدراك الكلمات الجديدة بسبب تشابهها أو تشابه بعض أجزائها مع بعض الكلمات .

هذا وقد أكدت (janet ierner) المراحل الأربعة السابقة بقولها :- إن هذا الأسلوب يكتب المعلم الكلمة على ورقة - بمرورهاعلى الطالب - تتبعها بأصبعه - يلفظها المعلم أثناء تتبع الطالب - " تفعيل الحواس " - تكرار العملية - كتابة الطالب للكلمة دون النظر الى المثال - توضع في صندوق - يتم تجيمع كل الكلمات لتشكيل قصة يقرأها الطالب .

الوقت كاف لتتبع الكلمة - يتعلم كلمة جديدة بالنظر الى كتابة المعلم - يلفظها - يكتبها يتعلم كلمات جديدة - يكررها - هنا قد يستطيع أن يقرأ من الكتب بمعنى "توظيف القراءة " . يتذكر كلمات جديدة مشابهة أو جزء من كلمات سبق له أن تعلمها " تعميم المعرفة " .

ثانياً : اسلوب القراءة المتعدد الحواس (VKCT)

هذا الاسلوب مبني على اساس ان يقدم للتلاميذ محتوى الدرس بنماذج عدة من خلال المثيرات الحركية واللمسية مع النماذج السمعية والبصرية ، يُشار الى البرامج متعددة الحواس بكلمة (VAKT) وتمثل :Kinesthdtic-Auditory Visnal - (Tactilc)

وتعني بالترتيب البصرية / السمعية / الحركية / اللمسية لزيادة الاشارة اللمسية والحركية نستخدم الحروف البارزة والحروف الفائدة (المغرغة) .

لقد استخدم هذا الاسلوب في العلاج في التربية الخاصة .

عند تعليم كلمة في اسلوب (VAKT) فإنه على الطلبة :-

١- أن يشاهدوا الكلمة

٢- أن يسمعوا المعلم وهو ينطق الكلمة

٣- ان ينطق الطلبة الكلمة

٤- أن يسمعوا أنفسهم وهو ينطقون الكلمة

٥- ان يشعروا بحركة العضلات وهم ينطقون الكلمة

٦- أن يلامسوا السطح المقروء

ثالثاً : طريقة أساس القراءة

وهي مجموعة متتابعة من نصوص القراءة والمواد المكملة لها مثل كتب التمارين والبطاقات واختبارات التحصيل ووضع التلميذ في الصف المناسب ووجود الأفلام أيضاً .

يصف دليل المعلم الهدف من البرنامج ، كما ويمدنا بخطط تعليمية محددة، وباقتراحات النشاطات تنمية المهارات (تنمية مهارات جديدة والمهارات المثيرة لدافعية الطلاب والمحفزة لها) وأسئلة لفحص مدى استيعاب نص القراءة ، وهي تبدأ سهلة تزداد صعوبتها تدريجياً الى أن تصل الصف الثامن وهي تبنى على خبرات الطفل العامة واهتماماته .

وقد تركز سلسلة القراءة الاساسية على الطريقة المركزة على المعنى أو الطريقة المركزة على الرمز ، ونقدم هذه السلسلة مهارات قرائية في ادراكه الكلمة والاستيعاب كما تعمل السلسلة على ضبط ومراقبة المفردات من مستوى الى المستوى الذي يليه، يزودنا كتاب القراءة الذي يرافقه دليل المعلم وكتاب التمارين للطالب بنشاطات مختلفة تساعد في :-

١- تعلم مهارات التعرف على الكلمة (بما فيها الأصوات وادراكها)

٢- زيادة معدل القراءة

وهناك ميزات عديدة لطريقة اساس القراءة :

١- كتب القراءة موجهة الى تدريب التلاميذ على الاستيعاب ، وهي مدرجة من السهولة الى الصعوبة حتى تصل الى الصف الثامن . يقدم لنا دليل المعلم اقتراحات ونشاطات وخطوات تفصيلية لطريقة التدريس ، تتطور مهارات القراءة بطريقة نظامية تتابعية. تضم السلسلة مفرادات اساسية وتتكرر في سياق الدروس لتعزيز التلاميذ .

رابعاً : طريقة التأثير العصبية

طورت هذه الطريقة لتعليم القراءة للأطفال الذين يعانون من صعوبات شديدة في القراءة وهي مبنية على النظرية التي تقول بأن التمليذ يستطيع أن يتعلم عند سماع صوته وصوت شخص آخر ، يقوم المعلم بالقراءة بشكل سريع وبصوت مرتفع ، ويجب تشجيع

التلاميذ على السير مع المعلم في القراءة وأن لا يهتم كثيراً بالأخطاء ، وعندما يصل التلميذ الى متابعة القراءة الجاهرة ، يستطيع المعلم خفض صوته ، والقراءة بشكل أقل سرعة ، كما يقوم التلميذ تتبع الكلمات المقروءة بإصبعه ، ويجب ملاحظة أنه يجب على المعلم أن يبدأ بمستوى اقل قليلاً من مستوى التمليذ الحقيقي ، وبالتدريج يتقدم التلميذ حتى يصل الى مستوى أقرانه في القراءة .

تركز هذه الطريقة على الترميز السريع ، وقد تكون فعالة مع الأطفال في سن العشر سنوات أو أكبر من ذلك كما وتتكون مادة القراءة من عبارات وفقرات :-

أخيراً تنطلق هذه الطريقة من ثلاثة مبادئ رئيسية :-

١- التعبير الشفوي

٢- الطلاقة

٣- ثقة التلميذ بمستوى نفسه في قدرته على القراءة

خامساً : تدريبات هيبج – كيرك (Hig Kirk) للقراءة العلاجية

لقد تم تطوير هذه التدريبات والتمارين للأطفال المتخلفين عقلياً من فئة القابلين للتعلم في مدرسة في ولاية ميتشجن الأمريكية ، فقد تم تطوير نظام القراءة الصوتية بطريقة منظمة باستخدام المبادئ التي تعرف الآن بالتعليم المبرمج ، كما وقد استخدم هذا النظام منذ عام ١٩٣٦ دون تنقيح .

ولعل هذا النظام الصوتي المبرمج ليس طريقة لتدريس جميع الأطفال موضوع القراءة فقد ذكر كيرك أن التدريبات قد بنيت وصممت للأطفال الذين يحتاجون الأسلوب منظم يسير خطوة بخطوة من اجل تطوير الاستقلالية في قراءة الكلمات .

سادساً : اسلوب جلنجهام

هذا الاسلوب مبني على تعليم صوت الحرف للتلميذ باستخدام اسلوب متعدد الحواس ، فتقدم الحروف ضمن كلمات تعتبر مفاتيح لتعليم الحروف مثلاً:(FUN) كما ويتم التعلم بهذا الاسلوب ضمن الإجراءات التالية :-

يعرض المعلم الحرف على لوحة أمام التليمذ ، ثم يذكر المعلم اسم الحرف ويكرر التلميذ ذلك ، ومن ثم ينطق المعلم صوت الحرف على التلميذ أن يعطي صوت الحرف .

يقدم المعلم الصوت الذي يمثل الحرف دون عرض اللوحة ويطلب اليه أن يذكر اسم الحرف الذي له هذا الصوت ؟

يكتب التلميذ الحرف بحرص ويشرح شكله ، وهذا بذلك يعلم التلميذ الكتابة ، وأخيراً يؤدي التلميذ المجموعة الأولى من عشرة أحرف (A,B,F,I,J,K,M,D,T) ويتعلم كيف يخرج هذه الحروف كي يكون كلمات مثل (MAP,PIT) وعندما يذكر المعلم كلمة فعلى التلميذ أن يقوم بالتالي :-

١- تكرار الكلمة

٢- كتابة الحروف أثناء نطقها

٣- يقوم بقراءة الكلمة التي كتبها

إن اسلوب جلنجهام يركز على التكرار والتدريب حيث يتم تعليم مهارات التهجئة والكتابة وذلك بربطها بمهارة القراءة .

يتضمن المواد التعليمية لأسلوب جلنجهام كلمات صوتية وقصصاً قصيرة هذا الأسلوب يعتمد على التراكيب (القواعد) اعتماداً كبيراً ويحتاج الى خمسة دروس اسبوعياً لمدة سنتين على الأقل .

واجبات التهجئة الفورية هي أيضاً جزء من هذا الاسلوب فينما يقوم الطالب بكتابة الحروف ، هناك بعض الانتقادات على هذا الاسلوب منها :-

١- إن اجراءات التدريس جامدة

٢- الأسلوب تنقصه النشاطات الشائعة وذات المعنى

٣- ومع ذلك فإنه من الممكن استخدامه مع الطلاب الذين يعانون من صعوبات في القراءة .

الخصائص الاجتماعية

١- تشتت الانتباه

ويعرف الانتباه على أنه عملية توجيه وتركيز الوعي نحو مثير أو منبه معين واستبعاد المثيرات الأخرى .

ويعتبر تشتت الانتباه من السمات الرئيسية التي تميز الأفراد ذوي صعوبات التعلم ، ويعود تشتت الانتباه عند هؤلاء لعدة أسباب منها :-

٢- النشاط الزائد

يعرف النشاط الزائد على أنه عبارة عن حركات جسمية تفوق الحد الطبيعي أو المقبول وهو من أكثر الخصائص لظاهرة عند الأفراد ذوي صعوبات التعلم ، ويعود النشاط الزائد عند هؤلاء لعدة أسباب منها :-

اسباب عضوية : أسباب بيئية (بعض الأغذية ، التسمم بالرصاص .. الخ) التعزيزالخاطئ لهذا السلوك ،وعدم القدرة على ضبط الذات . وعندما يرتبط سلوك النشاط الزائد بالمشكلات المتعلقة بالضبط يمكن تعريفه اجرائياً على أنه يتمثل في السلوكات التالية:-

الخروج من المقعد ، التحدث دون استئذان ، التجوال في غرفة الصف ، القاء الأشياء على الارض ، الازعاج اللفظي وما الى ذلك من الافعال غير الانضباطية .

وقد استخدم عدد من المصطلحات للدلالة على النشاط الزائد من مثل (الحركة الزائدة ، الخلل الوظيفي البسيط في الدماغ، متلازمة شتراوسي) .

٣- العزو

ونقصد بمفهوم العزو أن الأفراد ذوي صعوبات التعلم غالباً ما يعزون فشلهم لعوامل داخلية كالقدرة والذكاء ، وأما نجاحهم فيعزونه لعوامل خارجية كالحظ والصدفة، وذلك بعكس الأفراد العاديين الذين يعزون فشلهم بعوامل خارجية كالحظ وصعوبة الأسئلة أو المرض ... الخ ، أما النجاح فيعزونه لعوامل داخلية تتمثل بالذكاء والجهد الشخصي .

لذلك نحن نرى أن الأفراد ذوي صعوبات التعلم يطورون لديهم احساساً بأن الفشل ملازم لهم في كل المهمات الموكلة اليهم مما يؤثر على مفهومهم لذواتهم وكفايتهم الذاتية.

٤- صعوبات في الحركات الكبيرة

حيث يعاني بعض الطلبة ذوي صعوبات التعلم من صعوبات في المشيـ، الجري، القاء الأشياء والتقاطها، الى غير ذلك من الأفعال التي تحتاج الى العضلات الكبيرة لأدائها، وهذه الصعوبة لديهم تدفع الآخرين لعدم اشراكهم في اللعب معهم مما يكون له تأثير سلبي على الأفراد ذوي صعوبات التعلم من حيث مفهومهم لذاتهم وعلاقتهم مع الآخرين ويولد لديهم ايضاً احساساً بعدم الكفاية الذاتية والاجتماعية .

٥- صعوبات في الحركات الدقيقة

والمقصود هنا هو وجود صعوبة لدى الأفراد ذوي صعوبات التعلم في عملية التآزر البصري - الحركي، والسلوكات التي تحتاج لحركات دقيقة والتي تظهر جلياً في عدم القدرة على الكتابة وعمل الاشياء التي فيها نوع من الدقة، وهذا بالتالي سيؤثر على مفهوم الفرد لذاته وثقته بنفسه واحساسه بالكفاية الذاتية .

٦- الخمول وقلة النشاط

وكما يعاني الأفراد ذوي الصعوبات التعلم من النشاط الزائد، هناك فئة منهم يعانون من الخمول وقلة النشاط، ويوصفون بأنهم هادئون وميالون للكسل، ويعود هذا الخمول لعدة أسباب منها :-

ضعف الدافعية، عدم الثقة بالقدرة على النجاح بالمهات، تعلم الاعتمادية على الآخرين في قضاء الحوائج، وهذه الأسباب كلها تدفعهم للكسل والخمول وعدم الرغبة في القيام باي مهمة تقدم لهم .

٧- نقص الشعور بالأمن

ويعود سبب هذا الشعور الى تكرار فرص الفشل عند هؤلاء الأفراد ذوي صعوبات التعلم مما يدفعهم الى التوتر والخوف من القيام بالمهمات الموكلة اليهم لكي لا يكرروا الفشل فيها، فيتولد لديهم هذا الشعور بعد الأمن كما قدمت لهم مهمة ما .

٨- سهولة الاستثارة بالمثيرات البصرية

حيث يعاني الأفراد ذوي صعوبات التعلم من سهولة وسرعة استثارتهم وتشتتهم نحو المثيرات البصرية الأكثر ابهاراً، لذلك يجب ابعاد المثيرات غيرالمطلوبة وغير

المهمة عند اعطاء المهمة المطلوب تدريسها . كما أنه يجب استغلال هذه الخصيصة في مجال عمل وسائل تلفت الانتباه الاطفال وتجذبهم لتأويه المهمة .

٩- سهولة الاستثارة بالمثيرات السمعية

حيث يعاني الأطفال ذوي صعوبات التعلم من سهولة وسرعة التشتت تجاه المثيرات السمعية التي تحدث في محيطهم ،لذا فمن الواجب على المدرس هنا المحاولة قدر الإمكان ابعاد هؤلاء عن الأماكن التي توفر مثيرات سمعية واصوات يمكن أن تساعدهم على التشتت والابتعاد عن الدرس ، وأيضاً يمكن أن يستغل المعلم هذه الخصيصة لكي يقوم باستخدام الوسائل التي تصدر أصواتاً لأهداف تعليمية عند شرح درس ما .

١٠- الاتكالية

وهي الاعتماد على الآباء والمعلمين من حيث المساعدة الزائدة أو بث الطمأنية في نفوسهم عند تأديتهم للنشاطات ، حيث تستمر السلوكات الاتكالية في الصفوف الابتدائية والمتوسطة مع بعض الطلبة ذوي صعوبات التعلم .

ويمكن أن يعزى سلوك الاتكالية عند هؤلاء الأطفال الى عدم تطوير سلوك الاستقلالية لديهم من قبل الأهل منذ الصغر ، والى الحماية الزائدة لهم من قبل ذويهم، بالاضافة الى شعورهم بعدم الكفاية الذاتية للقيام بالمهمات الموكلة اليهم وحدهم ، وهذاه كله يؤدي الى تطوير شعور الاتكالية لديهم .

١٢- العدوانية

وتعرف العدوانية على أنها السلوك الذي يؤدي الى الحاق الأذى الشخصي بالآخرين ، وقد يكون الأذى نفسياً أو جسمياً .

وتعزى العدوانية لعدة أسباب منها : التسيب من قبل الأهل والمحيطين ، تقليد النماذج العدوانية مع الحصول على تعزيز جراء ذلك ، وأيضاً يمكن أن يكون العدوان ناتجاً عن تراكم خبرات الفشل في النواحي الأكاديمية والنواحي الاجتماعية، مما يدفع بالطفل الى تطوير مشاعر الكراهية للآخرين وبالتالي تطوير سلوك العدوانية تجاههم ، كما أننا يمكن

أن نرجع العدوانية للحساسية الزائدة عند هؤلاء الأفراج الناتجة عن ضعف ثقتهم بأنفسهم والنظرة الدونية لذواتهم .

١٣- القلق

يعرف القلق بأنه حالة من الشعور بعدم الارتياح والاضطراب والهم المتعلق بالحوادث والمواقف المستقبلية ، والقلق الذي نتحدث عنه هنا هو صفة القلق الذي يشمل الاحساس الدائم بالتوتر والذي لا يتعلق بأحداث بيئية أو مصادر خطر ، وإنما يرتبط بشكل أساسي بالتوترات الناتجة عن خبرات الفشل المتكررة في المجال الأكاديمي والمجال الاجتماعي ، حيث يطور الأفراد ذوو صعوبات التعلم سلوك القلق هذا بشكل مبالغ فيه مما يؤثر على نفسياتهم بشك سلبي .

وهناك أسباب عديدة لتطور هذا الشعور عند هؤلاء تتمثل في عدم الاحساس بالأمن الناتج عن خبرات الفشل المتكررة التي تطور لديه احساس بعدم الكفاية وتجلعه لا يقدم على القيام بالمهمات التي توكل اليه ، وأيضاً من أسباب القلق الاحباط المستمر الناتج أيضاً عن الفشل المتكرر في المهمات والذي يولد سبباً آخر وهو الشعور بالذنب من كثرة الاخطاء التي تقع بها نتيجة هذا الفشل المتكرر .

١٤- ضعف الثقة بالذات

تعد هذه الخصيصة من أكثر الخصائص الملازمة للأفراد ذوي صعوبات التعلم ، وتمثل السبب الرئيسي للكثير من المشكلات التي تظهر عند هؤلاء الأفراد من مثل الاتكالية والانسحاب ونقص الشعور بالأمن ونقص الدافعية وغيرها من الخصائص والمشاكل التي يتصف بها معظم هؤلاء الأفراد ذوي صعوبات التعلم .

ويشتمل مفهوم ضعف الثقة بالذات على مفاهيم ذاتية سلبية أومتدنية ، حيث يحط الفرد هنا من قدر نفسه ، وينظر اليها نظرة دونية ، كما أنه قد يهتم بما يفكر به الناس الآخرون حوله وما يشعرون به نحوه ، نتيجة الى افتقادة الى ثقته بنفسه ، وضعف الثقة بالذات يحدث نتيجة فشل الفرد في المجال الأكاديمي وعدم قدرته على القيام بالمهام المعطاة له بالشكل الصحيح ، بالاضافة الى فشله في المجال الاجتماعي وعدم قدرته على عمل علاقات مع الآخرين وجعل نفسه محبوباً لهم .

١٥- نقص في القدرة على التعبير عن المشاعر

هنا يعاني بعض الأطفال ذوي صعوبات التعلم من مشكلة في التعبير عن المشاعر في المواقف المناسبة واختيار الحالات الانفعالية المناسبة لهذه المواقف .

ويمكن أن ينتج هذا عن ندرة الاتصال والتفاعل بين هؤلاء الأطفال والمحيط الاجتماعي من أجل ممارسة هذه الانفعالات في المواقف المناسبة ، وأيضاً تلعب النماذج المحيطة بالأطفال ذوي صعوبات التعلم دوراً في اكتساب هؤلاء الأطفال هذه السلوكات وتعلميها لهم .

١٦- صعوبات في المهارات الاجتماعية

يواجه الأفراد ذوي صعوبات التعلم مشكلات في تلبية المتطلبات الاجتماعية الأساسية للحياة اليومية مثل الترحيب بالآخرين ، تقبل النقد ، تقبل المديح من الآخرين ، اعطاء تغذية راجعة إيجابية ، ويرجع الباحثون مثل هذه المشاكل الى وجود ضعف عند هؤلاء الأطفال في قدرتهم على فهم الارشادات الاجتماعية القادمة من الآخرين ، ولا شك ان القصور في مهارات الاتصال هذه يؤدي الى اضطرابات نفسية وضعف في التفاعل الاجتماعي وعجز في تبادل الحوار مع الآخرين ، وعدم القدرة على الاستجابة الملائمة ، وعدم القدرة على المشاركة في مجالات النشاط المدرسي وتكوين اتجاهات سلبية نحو المدرسة ، لذلك في الغالب نجد أن الافراد العاديين يواجهون الأفراد ذوي صعوبات التعلم بمشاعر تجاهل ورفض لهم .

١٧- الاكتئاب

يعتبر الاكتئاب هو السلسلة الأخيرة في سلسة المشاكل التي يعاني منها الأفراد ذوي صعوبات التعلم ، حيث ان شعور الاكتئاب يتولد نتيجة تراكم المشاكل السابقة وعدم حلها ، مما يدفع هؤلاء الأفراد ذوي صعوبات التعلم الى الفرق في حالة من الاكتئاب ، ويكون تأثيرها كبيراً وسلبياً على الجانب الأكاديمي والاجتماعي عند هؤلاء الأفراد .

لذا يجب على الأفراد المحيطين بهم كالأهل والمدرسين العمل على أن لا يصل الأفراد ذوي صعوبات التعلم الى هذا المستوى من الشعور بالاكتئاب من خلال المثابرة

والاجتهاد في حل أي مشكلة لدى هؤلاء الأفراد ذوي صعوبات التعلم لكي لا يصلوا الى حالة الاكتئاب هذه . (الوقفي ، ١٩٩٢) .

طرق حل مشكلات الاذكياء

إن الأطفال القادرين على الأداء العالي منهم اطفال أذكياء وهم اولئك الذين يظهرون تحصيلاً مرتفعاً أو امكانات وقدرات في المجالات التالية منفردة أو مجتمعة:

١- قدرة عقلية عامة.

٢- قدرات تحصيل محددة.

٣- إبداع أو تفكير منتج.

٤- قدرة قيادية.

٥- فنون بصرية وادائية.

٦- قدرة نفس حركية. (Johansen & Corn, ١٩٨٧; Itailahan & Kauffman, ١٩٩١)

وربما تكون الدراسة الطولية التي بدأ لويس تيرمان بتنفيذها عام ١٩٢٥ بهدف جميع المعلومات عن خصائص ما يقرب من ألف طفل درجات ذكائهم تزيد عن (١٢٠) درجة من أشهر الدراسات. وفي هذه الدراسة تبين أن من بين الخصائص المميزة للأشخاص المتفوقين ما يلي:

١- سرعة التعلم.

٢- الاهتمام بدراسة السير الذاتية.

٣- الميول العلمية.

٤- القراءة قبل دخول المدرسة.

٥- الاستمتاع بالتعلم

٦- التعليل التجريدي الجيد

٧- القدرات اللغوية الجيدة

٨- القدرة على التخيل. (الخطيب والحديدي، ١٩٩٧)

اتجاه في حل المشكلات المتعلقة بالأطفال الاذكياء:

إن الأطفال الاذكياء غير محميين من المشكلات بسبب قدراتهم العقلية غير العادية وتعرضهم هذه القدرات لبعض الخبرات في الصعوبات الاجتماعية والنفسية وهذه القدرات غالباً ما تؤدي إلى مشكلات مثل تدني التحصيل أو عدم الانسجام، وعدد لا يستهان به من الاطفال الأذكياء يتعرضون لمشكلات اجتماعية ونفسية في وقت ما من حياتهم وقد تكون المشكلات قوية وتؤثر على محيط الأسرة.

ان الاتجاه الأقوى في عدم افتراض وجود مشكلات نفسية واجتماعية عند الطفل والعمل على التركيز على تنمية قدرات الأطفال مع الأخذ بعين الاعتبار للمشكلات الداخلية وهذا يؤدي الى منهج الوقاية الافضل والأكثر فاعلية في دعم المتميزين.

ولحماية هذه الفئة من التعرض لأشكال المشكلات السالفة الذكر فلابد من برامج وقائية تشمل كل الفئات التالية:

١- الوالدين

ركزت (Rimm, ١٩٩٦) على أهمية تدريب الوالدين وتوعيتهم في فهم سلوك الأطفال ومنهم مشكلاتهم وكيفية دفعهم لمزيد من الانجاز ويجب ابراز دور الوالدين. فالوالدية الجيدة مهمة في التعليم لان التعليم نادراً ما يؤثر في الوالدية ما اذا كانت مناسبة ام لا .

ونظام الارشاد الوقائي يأتي من ضرورة توفير المساعدة للوالدين من خلال تقديم المعلومات المناسبة لهم وتوجد جهود قليلة لضم الوالدين الى نقد التربويين، فهناك الكثير من المؤسسات المهتمة بتربية الأطفال المتميزين نستثني دور الوالدين واذا أعطتهم دور المشاركة أو توفير المعلومات التثقيفية، فهذا يكون نادرا مع الانتباه الى أهمية تزويد الوالدين بالكتب والمراجع والتي تتحدث عن خصائص الأطفال المتميزين والمشكلات التي يتعرضون لها وكيفية تقديم المساعدة لهم.

وتتم الوقاية من المشكلات السلوكية والاجتماعية وتلافيها اذا تنبه الوالدان لهذا الأمر مبكراً في بداية حياة الطفل ومن المهم مساعدة الوالدين في فهم ومعرفة الخصائص الخاصة بأطفالهم الأذكياء والتي تجعل من هؤلاء الأطفال يبدون مختلفين بالنسبة لابائهم.

وهذا يساعد في الموازنـة بـين التوقعـات فـي البيـت والمدرسـة والتـوازن والثبـات فـي الاتجاهات نحو الطفل حيث أن الأهالي لا يشتركون في انشطة المدرسة حتى يبلغ طفلهم سن المدرسة وبالتالي لا يتم ارشاد الوالدين للطفل المتميز إلا بعد الصف الثاني او الثالث الأساسي. واكدت (Damian, ١٩٩٦) على دور العلاقة بـين البيـت والمدرسة والظروف العائليـة ودور أولياء الأمور في حل مشكلات ابنائهم.

٢- تثقيف واشتراك العاملين في مراكز رعاية الطفولة:

هناك جهود قليلة لمساعدة الأطفال الصغار الاذكياء وأهاليهم لصعوبة الكشـف الدقيق عن الأطفال الاذكياء في سن مبكر وأيضا ان المسؤولين والمشرفين علـى مراكـز رعاية الطفولة أو النفسيين اللذين يعملون مع أهالي الأطفال الاذكياء الصغار يتعرضون لتـدريب قليل. وبالتالي يكونون عاجزين عن تقديم الخدمة المناسبة لأهالي هـؤلاء الأطفـال. ولـذلك يجب الاهتمام لمساعدة الممرضات والمشرفين على مراكز الطفولـة والنفسـيين وممـن يشـرفون على تقديم الخدمات للأطفال في سن مبكر مع الأخذ بعين الاعتبار الأطفال الاذكيـاء وأهاليهم وعلى المؤسسات التي تعني بالاهالي والمعلمين أن تبذل جهوداً لاستدعاء المتخصصـين لتـدعيم التوعية والبرامج التعليمية المناسبة.

٣- الالتحاق بالمدارس الموجودة

هناك تواصل قوي بين الأهل والمدرسة خاصة، واذا كان لـدى الطفل قـدرات عقليـة غير عادية حينها على المدرسة ان تكون أكثر قربا من أهالي الأطفال ولكن عندما يكون الطفل في أسر الاقليات في المجتمع فان اتصال والديه في المدرسة يكون أقـل فاعليـة مـن غـيرهم، وبالتالي فإن الوضع الاجتماعي للأسرة قد يـؤدي الى أن يكون أطفالهم الاذكياء اكثر عرضـة للنقص في الدعم النفسي والاجتماعي الذي يحتاجه من الأسرة.

٤- مرونة التعليم

من عمر (٦-١٨) سنة يمضي الطفل القدر الأكبر مـن عمـره فـي المدرسة وبالتـالي فإن المناهج مصممة للطفل العادي أو دون العادي ومن هنا فإن الطفل المتميز يصاب بالاحبـاط وتصبح لديه اتجاهات سلبية نحو المدرسة.

الى أي مدى يكون في المدرسة مرونة في ايجاد خيارات للأطفال الاذكياء بناء على الحاجات الفردية للاذكياء كي يصبح الاحباط والاتجاهات السلبية أقل حدوثاً.

هناك سبعة جوانب من جوانب المرونة في التعليم من الممكن لاغلب المدارس العادية أن تقدمها وهي:

١- القبول المبكر في المدرسة.

٢- تخطي الصفوف

٣- مواد متقدمة

٤- الاسراع في المنهاج

٥- التقدم المستمر في الصف العادي

٦- الالتحاق بالصفوف المتقدمة

٧- الاشراف الفردي

وهذه الخيارات تخفف من حدوث مشكلات اجتماعية ونفسية لدى الاطفال الاذكياء وذلك في حالة عدم توفر برنامج تعليمي خاص بالطلبة المتميزين.

٥- حلقات المناقشة لأولياء الأمور:

هناك أسلوب فعال وهو ادارة حلقات مناقشة لأهالي الاطفال الاذكياء. بحيث تنظم بشكل يلتقي فيه الاهالي مرة كل اسبوع على مدى عشرة أسابيع متتالية تقريباً.

فهذا يساعد الأهالي على بناء فهم قوي لشخصيات ابنائهم وفهم للبيئة الثقافية التعليمية التي يعيشون بها هم وابنائهم وهذه اللقاءات تساعد الأهالي على تبادل الخبرات في تربية ابنائهم المتميزين وتساعدهم على تقبل الكثير من سلوكات ابنائهم واعتبارها سلوكات طبيعة وبناء الحس المناسب في بناء وجهات النظر وتعطي هذه اللقاءات الكثير من الاقتراحات في الأساليب وأشكال السلوك المناسبة لوالدية الأطفال الاذكياء وتعليمهم.

في حين أن آباء الاطفال العاديين تحدث لقاءاتهم مع بعضهم بشكل غير رسمي ويحصلون دائماً على فرصة مناقشة موضوع تنشئة الابناء مع بعضهم. إنما من غير المألوف وغير المعتاد ان يحصل أهالي الاطفال الأذكياء على فرص للحصول على التثقيف مثل هذا المصدر لمناقشة الأهالي الجماعية حيث يصبح الأهالي أكثر وعياً

(بالخبرات الوالدية) للأطفال الاذكياء واكثر تقبلاً لسلوكات أطفالهم الناجمة عن المستويات والقدرات المتقدمة لهؤلاء الأطفال حيث تنعكس هذه السلوكات على اشكال مختلفة مثل الحساسية وحدة الخراج وغيرها.

٦- المخيمات الصيفية وخبرات التجمعات الأخرى:

من اكثر الفوائد الممكن ملاحظتها والتي تدعم التطور الاجتماعي والنفسي- المناسب للأطفال الأذكياء وهي ما تحققه المخيمات الصيفية وبرامج العطل الاثرائية والمؤسسات المتعلقة بخدمات الاذكياء، بحيث يشعر الطفل الذكي أن له نظراء وزملاء ينتمي لهم، كما ويحصل على خبرات تعليمية اكثر ملاءمة فمجرد شعور الطفل الذكي انه مقبول مع فريق من نظرائه فهذا بحد ذاته مؤثر قوي وتقدم هذه البرامج خدمات تلبي حاجات كثيرة للطفل الذكي، فهي تغطي كل النقص في الجوانب التعليمية والخبرات الشخصية الذاتية والنفسية المفقودة في البرامج التعليمية العادية.

٧- الارشاد المهني :

ان مجرد تعدد القدرات لدى الأطفال الاذكياء يستدعي تقديم ارشاد مهني لهم فالتخطيط للدراسة في الكلية والجامعة يجب ان يبدأ في وقت مبكر بالنسبة للأطفال الاذكياء مقارنة بالأطفال العاديين، فالإرشاد للتعليم العالي والاختيار المهني له أهمية كبيرة.

خاصة اذا كانت فئة الأطفال الاذكياء من الاناث أو من الاقليات في المجتمع ووجدت (Maxey, ١٩٩١) فروقاً بين الجنسين في اختيار مهنة المستقبل حيث بدت القدرة على اختيار المستقبل عند الذكور أعلى منها عند الاناث، وهذه الفروق لابد وأن تسترعي اهتمام القائمين على برامج المتميزين والمرشدين والأهل، ويجب اخذها بعين الاعتبار وركز (Geffen, ١٩٩٦) على عملية الوعي بالطلبة المتميزين أبناء الأقليات.

٨- بناء اتجاهات في التأييد والدفاع عن الأطفال المتميزين :

نادا (Renzalli and Sternberg, ١٩٩٦) بأهمية تغيير اتجاهات المجتمعات السلبية نحو المتميزين والعمل على تهيئة الظروف والامكانات البيئية الملائمة لتطورهم

والعمل على توفير الدعم المالي لبرامج المتميزين ودعم احتياجاتهم وضرورة تطوير برامج التعليم العام .

إن كبر حجم الصعوبات الاجتماعية والنفسية التي تواجه الأطفال الاذكياء هي نتيجة ازدواجية وتناقض أفكار ثقافة المجتمع تجاههم أو العداوة الموجهة لهم خاصة اذا كان هؤلاء الاطفال مبدعين وغير تقليديين ، هنا يصبح من المهم ضرورة تغيير اتجاهات المجتمع نحوهم من خلال الدفاع عنهم ومناصرتهم ويصبح التشريع ضرورياً لدفع النظام التعليمي للاهتمام بهم وبأسرهم فيصبح النظام التعليمي لتحمل مسؤولية تعليمهم التعليم المناسب ومسؤولية توجيه النصح والارشاد لوالديهم، فالتغير بالاتجاهات ضروري للتقليل من ازدواجية المجتمع وتناقض نظرية بالنسبة للأطفال الأذكياء، ولتحقيق الدعم المناسب لهم والاقتناع بضرورة تنمية قدرات هؤلاء الأطفال هذا ونادي (Humphrey, ١٩٩٣) بضرورة العمل على تغيير معتقدات ومواقف المعلمين تجاه الأطفال المتميزين والعمل على تغيير الأساليب والممارسات التي يستخدمونها داخل الصف العادي.

إن الأطفال الاذكياء بحاجة الى نماذج يقلدونها، فأدوار هذه النماذج تساعد على التخفيف من سلبية الأطفال الأذكياء في التعلم والشعور بالاكتئاب. كما أن الاطفال في الجماعات الأقلية في المجتمع بحاجة للدفاع عنهم وتأييدهم خاصة لانهم في أقلية مزدوجة، هم أقلية كاذكياء، وأقلية كفئة اجتماعية ثانوية. (السرور، ١٩٩٨)

بناء اتجاه في الارشاد والعلاج النفسي

من المعروف ان المرشدين النفسيين ومستوى مراكز الرعاية والعناية المبكرة بالأطفال لديهم القليل (إن وجد) من التدريب في مجال مساعدة الأطفال الأذكياء وأسرهم وذلك في المجال العاطفي أو الصعوبات الشخصية والنفسية، وان هذه الفئة من الأفراد غالباً ما تثير الدراسات يكون لديهم اتجاهات سلبية نحو هؤلاء الأطفال ويرى باحثون آخرون أن هذه الفئة من الأفراد غالباً ما تتلقى تدريبها على أساس صحي جسمي فقط.

ولا تتلقى تدريباً في مجال كيفية تنمية قدرات الطفل العقلية ويتدربون بتركيز على ملاحظة تخلف فعاليات الفرد مقارنة بالمجموعة العادية التي ينتمي اليها، اكثر مما

يتدربون على ملاحظة الاخفاق في ابراز قدرات الفرد وتحقيقها والتي تبدو أحياناً كشكل ولون من تخلف أداء الفرد.

إن الكثير من حاجات ومشكلات الأطفال الأذكياء واليافعين تخدم من قبل المرشدين أو النفسيين أو أطباء الأمراض العقلية في حين أن كثيراً من الحالات أو المشكلات قد تفهم خطأ او قد تسمى او تعرف بشكل غير دقيق أو جزئي الدقة. وإن أشكال السلوك الكثيرة من سلوك الأطفال الاذكياء أو اليافعين. قد تفهم على أنها أعراض لحالات أخرى مختلفة "مثل: ملاحظة بعض السلوكات التي قد تصنف بأنها سلوكات غير سوية، كما أن الحساسية العالية والتزمت والعناد واحلام اليقظة عند الطفل الذكي قد تصنف بأنها (اضطراب في الانتباه) ايضاً فإنه (اكتئاب الوجود) قد يسمى ويشخص بشكل صحيح لكن قد لا يرب بذكاء الفرد ولمعان عقله.

أما الشخصية السلبية والشعور السلبي عن الذات والنفسي، لدى الطفل المتميز قد تفسر بنقص في الاصدقاء وأشكال السلوك الساخرة في الصف للطفل الذكي الذي يكون موجوداً في مكان تعليمي غير مناسب لحاجاته، قد تشخص بشكل خاطيء على أن الطفل يعاني من نمط في اضطراب السلوك.

بناء اتجاهات في القياس والتقويم :

أحياناً هناك حاجة لاختبارات نفسية معتمدة، وهذا ربما يكون بسبب اختلافات التشخيص وربما لأن المدرسة أو الأهل بحاجة (لرأي آخر)، وبالتالي يصبح من الضروري والمهم للمسؤولين أن يقوموا بعمل مثل هذه المقاييس ليعرفوا أكثر عن الأطفال الأذكياء.

مثلاً في اختبارات الشخصية والدوافع فإن الأطفال الأذكياء غالباً ما يعطون استجابات ربما تظهر أنها غير صحية وغير مرضية في حين أنها ببساطة انعكاس لخيال قوي ممزوج بالحساسية فلابد من الانتباه لمثل هذا الشذوذ فكثيراً من الأطفال الاذكياء غالباً ما يشخصون بشكل خاطئ على أنهم يعانون من مشكلات نفسية خطيرة وصعبة. وربما أن معظم الاختبارات التي يكشف فيها عن الأطفال الاذكياء هي للكشف عن القدرات العقلية، فهناك متغيرات كثيرة تسمح بدخول غير قدرات الطفل الذكي ومجالات

التقلب والتغير تكون أكثر احتمالاً وحدوثاً منها عند الأطفال العاديين، فمثل هذه التقلبات والتغيرات قد تؤدي الى نتائج خاطئة غير صحيحة، وقد تشير الى صعوبات في التعليم او اضطرابات أخرى، هذا وحذر (Fiskkin, ١٩٩٦) من استخدام نتائج (WISCIT) كأداة لمعرفة مستوى التميز ونادى بضرورة الاحجام عن استخدام أدوات قياس الذكاء كعلاقة محددة للتعرف على المتميزين كذلك نبه (Humpherg, ١٩٩٣) الى ضرورة التغير في أساليب التقييم التي يستخدمها المعلمون، وأكد على سوء استخدام أدوات التقييم في مجالي الرياضيات والفيزياء.

الاتجاه العلاجي

إن استخدام الأساليب العلاجية في الغالب فعالة مع الأطفال الأذكياء وعائلاتهم، وذلك لأن قدراتهم في السرعة تساعدهم لان يكونوا سريعي الالتقاط والتطبيق للمقترحات العلاجية، كما ان اتجاه بناء العلاقات والتنظيم الداخلي الى حد ما فعال لأن هذا يتمشى مع تقوية القدرات الادراكية وكلاهما قد يكونان مساعدين.

فالجانب العلاجي يساعد الأطفال الاذكياء على ضبط استراتيجية التحدث مع الناس ويأتي كعلاج للنواحي الانفعالية المرتبطة بالضغط النفسي أو المثالية أو الاكتئاب ويساعد في هذا أن الانسان لديه استعداد فطري للبحث عن الاستقرار والتوازن والتواتر والتنظيم.

والعلاج الذي يقدم للعائلة على قدر من الأهمية، وذلك لأن الأطفال للاذكياء تأثير قوي على عائلاتهم، كما أنهم يتأثرون بعائلاتهم وإن وجود طفل ذكي في العائلة يغير نمط الحياة فيها وقد يدمره في بعض الحالات، فالعلاج المقدم للعائلة مهم وفاعل في مثل حالات (حشرية العائلة) أو العكس في مثل إعطاء الوالد للطفل دور الوالدية (كقوة اتخاذ القرارات) ويجب الانتباه الى أن العلاج الجانبي صعب مع الأطفال في مرحلة التعليم المتوسط، لأن الأطفال في هذه المرحلة يحتاجون لاهتمام زائد خاصة في مجال علاقاتهم مع الزملاء وتقييم الزملاء لهم ويكون العلاج الجماعي فعالاً مع الأطفال في سن مبكرة في بداية المرحلة الابتدائية او في المرحلة القانونية لأن علاقات الاصدقاء في مثل هذه

المراحل متشابهة الى حد ما كما أن الأطفال في المرحلة الثانوية غالباً ما يعانون من مسائل التساؤل حول الوجود واختيار المهنة.

إن ازدواجية الطفل الذكي بحد ذاتها هي تحدي، فمثلاً الاضطراب في تشتت الانتباه وكل المشكلات الملازمة له قد تظهر عند الطفل الذكي، ولكنها قد تكون ملازمة لمشكلات اخرى مثل الحدة وخصائص اخرى، ففي مثل هذه الحالة فان حالة التشخيص العلاجي يجب أن تأخذ الأولوية والعلاج يجب أن يكون سريع. (السرور، ١٩٩٨)

مفهوم الحلقات الثلاث (رنزولي)

يجد رنزولي أن معظم التعريفات للتميز تتضمن قدرات، حيث يرى تيرمان أن المتميزين هم الذين يشكلون أعمالا الا من الافراد الذين يتمتعون بالقدرة العقلية العامة المقاسة باختبارات الذكاء. وتعريف مكتب التربية الامريكي يوضح أن المتميزين هم اولئك المؤهلين بدرجة عالية ولديهم استعداد على التحصيل ويتمتعون بواحدة أو أكثر من القدرات التالية: قدرة عقلية عامة، قدرة قيادية، أكاديمية متخصصة، فنية، ابداعية، حركية.

وملخص الحلقات الثلاث يتمثل في:

- القدرة العقلية العالية - المثابرة - الابداع

أولاً: القدرة العقلية العامة وتقسم إلى:

أ- القدرة العقلية العامة:

وتتضمن مستويات عالية من التفكير المجرد، قدرات عددية، علاقات مكانية، ذاكرة، طلاقة، تكيف، تفكير انتقائي .

ب- قدرات عقلية خاصة

وهي تطبيق أي عنصر من عناصر القدرة العقلية العامة في واحد أو أكثر من مجالات المعرفة المتخصصة مثلاً، تصوير، موسيقى، قيادة، إدارة، وحل المشكلات في مجال معين.

ثانياً: المثابرة على المهمات

وهي القدرة على مستويات عالية من الاهتمام والحماس لموضوع معين أو مشكلة ما في مجال معين أو أي شكل من أشكال النشاط الانساني والقدرة على التحمل والتصميم وقوة الارادة والثقة بالنفس والعمل الشاق والتدريب والثقة بالقدرات الذاتية.

ثالثاً: الابداع

وهو أن يتمتع الشخص بقدرات ابداعية مثل: الطلاقة، المرونة، الاصالة في التفكير والاسهاب ، والانفتاح على الخبرات الجديدة، والاستعداد للمجازفة، دقة المفاضلة والموازنة بين الأشياء، إدراك الخصائص الجمالية للاشياء والافكار والاحداث الحساسية للتفاصيل. وأن هذه الحلقات الثلاث مرتبطة مع بعضها بحيث لا يمكن أن توجد واحدة منها عند الفرد ما لم يتواجد الحد الادنى على الأقل من الحلقتين التاليتين:

*** نموذج الانتاجية الابداعية:**

يعتمد هذا النموذج على استراتيجية الباب الدوار (RDIM) والخطوة الاولى فيه هي التعرف على الطلبة المتميزين وهم أعلى ١٢-٤٠% من المجموع الكلي لطلبة المدارس والخطوة التالية هي تعريف هؤلاء الطلبة إلى ثلاثة انماط من **البرامج الاثرائية:**

النوع الأول: مواد عامة، خبرات عامة، مجالات جديدة.

النوع الثاني: أن يعمل كل فرد أو مجموعة الافراد على حل مشكلات معينة.

ويوجد عوامل ثانوية تضاف الى مفهوم الحلقات:

- عوامل شخصية: تقدير الذات، إدارة، حدس، طاقة.

- **عوامل بيئية: تنشئة أسرية ، وضع عائلي، تعلم مدرسي**

- القدرات العقلية العالية: وتتصف بالثبات، بينما المثابرة والابداع وهما صفتان متفاوتتان نسبياً، ويمكن تطويرهما بالخبرة والتدريب.

- أن حجم هذه الحلقات ليس شرطاً أن يكون متساوياً، وقد يكون في فترة ما، حلقة المثابرة او الابداع شبه معدومة وفي مرحلة أخرى تأخذ دوراً كبيراً وهاماً ويرى رونزلي أن القدرة العقلية تبقى الأساس الأهم.

مفهوم إثراء البحث في مجال التميز (بترفيلد)

يرى بترفيلد أن التميز يتأثر باتجاهات الطفل نحو ذاتـه، اتجاهـات الأخـرين نحـوه ويتطلب الطفل المعرفي والاجتماعي.

تتضمن مفاهيم التمييز السائدة حاليـاً ضرورة ابداع منتجـات لهـا قيمـة اجتماعيـة متميزة والتنبؤ بإمكانية أن يصبح الفرد متميزاً منذ الطفولة ومن سلبيات هذه المفاهيم:

أ- توفير برامج تربوية خاصة للأطفال ربما لا ينتجون في المستقبل منتجات ذات جودة وقيمـة اجتماعية وحرمان آخرين من البرنامج ربما يصبحون متميزين مستقبلاً.

ب- تحد هذه المفاهيم من إمكانية دمج دراسة التميـز بالدراسـة الاوسـع للتطـور والفـروق الفردية في المعرفة.

جـ- تقيد عمل الباحثين الذين يريدون معرفة طبيعة التميز لدى الاطفال.

د- اضفاء سمة الثبات على سلوك التميز.

هـ- اثبات الهوية وتأكيد الشخصية عند المراهقة الموهوب بضرورة عن اظهار موهبته.

التميز كأداء متفوق:

لقد أدت الانتقادات السابقة للمفاهيم الحالية للتميز الى اقتراح مفهوم بـديل وهـو تعريف التغير على أنه الأداء المتفوق وأنواع الأداء المتميزة هـي امثلـة عـلى الأداء المتفـوق في أي مهمة لها قيمة عملية او اهمية نظرية.

أنواع الأداء التميز مثل:

١- تعلم مهارة جديدة بسرعة وسهولة.

٢- الاداء المتفوق فقط في أي ناحية من النواحي العقلية أو الفنية.. الخ

٣- المواهب المتخصصة المطرفة

٤- الاداء المتفوق على اختبار الذكاء.

كما أن هذا التعريف:

١- يتيح احتمالية حدوث الأداء في أي وقت ممكن.

٢- لا يلزم الباحثين بدراسة الثبات الطويل الامد للأداء المتميز .

٣- كما يؤدي الى زيادة أنواع السلوك المتميز.

٤- يمكن التمييز بين التميز بالذكاء العام والتميز بمواهب محددة.

دراسات في الأداء المميز لدى الأطفال:

تركز الدراسات على أن الطفل المتميز هو الذي يظهر تفوقاً في الأداء على اختبارات بياجيه الرياضية عن غيره من العاديين.

وأثارت هذه الدراسات جدلاً في قضايا عدة مثل: هل أداء هؤلاء الأطفال المتميزين مشابه لأداء الأطفال العاديين الأكبر سنا، وهل هم أقدر في حل المشكلات، وذلك ساعد في ايجاد اتجاهات أخرى فيما يتعلق بدراسة المعرفة لدى المتميزين إذ أن معرفة نجاح أو فشل الطفل على مهمة لا يمكنا من معرفة العمليات المسؤولة عن ذلك.

كما أن إحدى الدراسات الشائعة للفروق الفردية في المعرفة والعمليات التطورية تؤكد على الدور الحاسم لتحليل العمليات المعرفية الابتدائية في تحديد اكثر أنواع السلوك العقلي تعقيداً، وهذه النظريات تؤكد على اختلاف الناس في سرعة وآلية أداء المهمات التي تتضمن التعرف والاستدعاء لمثير مألوف وأن الاطفال الأكثر ذكاء هم الأكثر قدرة على استدعاء مثل هذه المعلومات.

ويرى بعض الباحثين أن الأداء المتميز للأطفال يكون نتيجة احراز معرفة وتحولات نوعية في التفكير اكثر مما هو نتيجة القدرة العقلية العالية أو البراعة في زيادة كمية المعلومات.

وباختصار فإن الدراسات تشير الى أن معرفة الطفل في مجال معين يعتبر عاملاً حاسم في اتخاذ قرار، فيما اذا كان هذا الطفل متميزاً أم لا في حل المشكلات المتعلقة بالتفكير والذاكرة السابقة في تلك المعرفة.

ومن المعروف أن الأطفال الأكبر سناً يمكنهم استخدام استراتيجيات لحل المشكلات بطريقة عفوية وأفضل من الأطفال الأصغر سناً والذين لم يتعلموها بعد، ولكن الدراسات لم تؤكد أن الأطفال المتميزون يمتلكون مثل هذه القدرة على بناء هذه الاستراتيجيات في السنوات المبكرة من العمر مثلهم مثل الكبار.

وهناك دراسات حول العمليات التي تساعد في أداء المتميزين مثل الفهم والتنظيم وحل الرموز والتصنيف واختبار المعلومة المترابطة وتطبيق المعلومات من خبرات سابقة. (السرور، ١٩٩٨)

نظريات التميز

إن تربية الأذكياء والموهوبين والمتميزين مسألة تربوية حديثة العهد، ولدى مع مطلع القرن الحالي، وترعرعت في السبعينيات، فشغلت الكثير من الباحثين في الأمور التربوية والتعليمية في عقد الثمانينات ودارت منافسة حامية بين قادة التربية المهتمين في هذا المجال، كل يدلي بنظرياته ونماذجه وأنظمته، وكل يزاحم الآخر مدعماً وجهة نظره بكثير من الابحاث والدراسات.

وقد اهتمت حركة تربية المتميزين منذ البداية ببناء الفرد المتميز من منطلق أن الاذكياء كنز من كنوز الامة، ولابد من استثمار هذا الكنز واستغلاله بالشكل المناسب، فجاءت فكرة البرامج الخاصة التي تبدو فيها فردية التعليم، مثلها مثل بقية البرامج الخاصة الاخرى، كالتي تعني بأصحاب مشكلات التعلم، وبرامج المعاقين عقلياً، وغيرها من البرامج. عندئذ بدأت حركة تعليم الاذكياء والمتميزين والموهوبين، فاهتم القادة التربويون بإيجاد عدة برامج لتعلم هذه الفئة، ومع تعدد البرامج تعددت الطرائق والأساليب في التعليم، كما تعددت طرائق ومعايير اختيار الطلبة، لكنها جميعا كانت تلتقي عند ضرورة تحقيق التعليم الخاص لمختلف أنواع الطلبة المتميزين مراعين في ذلك تنمية قدراتهم العقلية ومواهبهم بهدف إعدادهم للمساهمة في بناء الامة وتقدمها. (شقير، ١٩٩٩)

١- نظرية (ستستي ماهيلي) :

- البعد الثقافي والاجتماعي للموهبة.

- الثقافة والزمن وتأثيرهما على تطور الموهبة.

تشير الابحاث في مجال الموهبة إلى ان هناك أداء غير عادي في الموسيقى والشطرنج واللغات والرياضيات، فهل الاطفال الموهوبون قادرون على تطوير معارات في الموسيقى والرياضة واللغة لا يستطيعون ذلك في المجالات غير المعروفة وغير الواضحة، كما هو الحال في المجالات السابقة التي يبدو تعريفها واضحاً.

ولأن عدم اعطاء تعريف واضح للمجال لا يمكن من تطوير مقياس يمكن بواسطة نتائجه التنبؤ بالموهبة، فإن التفوق الموسيقى والرياضي مثلا، يمكن ملاحظتها لأن مفهومها قديم وواضح وتم تطويرهما والاتقان في مجالها.

وخلاصة القول: إن تعريف الموهبة المرتبط بالبعد الاجتماعي تم التعرف عليه عن طريق مقياس درجات الذكاء، وان الذكاء يدل على نماذج من التفكير تطورت في المجتمع وهو الذي ميزها، وبالتالي لا وجود له خارج إطار المجتمع. (العزة، ٢٠٠٠)

المتغيرات داخل المجال:

إن التوقعات الاجتماعية التي تعبر عن الموهبة تختلف من مجال لآخر، لكنها ايضا تختلف داخل المجال الواحد على مرور الزمن، وذلك بسبب التفاعل الداخلي والعوامل الثقافية للبيئة حيث إن تعريفها الاجتماعي قد تغير، وكذلك التعبير عنها، وبذلك أصبح من كان يسمى موهوباً حسب المعايير الماضية لم يعد كذلك حسب المعايير الحديثة. (احمد ١٩٩٨: ٢٢٤)

- مضامين النموذج الاجتماعي الثقافي:

إن الموهبة من الممكن أن تظهر، ثم يتم تزويدها وأثراؤها بالبيئة الثقافية ومن هذه الاحتمالية، فإنه يمكن التعرف على الطفل الموهوب، وبالتالي يجب أن تعرف اكثر عن الذكاء المتعدد وعن المهارات الكامنة لدى الطفل والتي لم تكشف عنها بعد .

- التكوين المؤقت للموهبة:

إن الموهبة عند الفرد حالة دائمة، وإن مراحل النمو المختلفة تعمل على ايجاد نقلات نوعية، وهذا يتطلب الاقرار بأن الموهبة ليست صفة ثابتة، ولكنها متغيرة متحركة تعتمد على التغيرات داخل الفرد والبيئة.

واتجاهات النمو التي تعبر عن هذه الديناميكية:

- العوامل الفسيولوجية (عمر الفرد)
- التطور المعرفي
- تغير متطلبات المجال
- تغير متطلبات الحقل (واينرنر، ١٩٩٩)

أولاً: الموهبة ومراحل العمر:

إن الطفل الموهوب الذي لديه الموهبة الموسيقية مثلاً، وبتوجيه الأهالي والمعلمين يمكن تطوير هذه الموهبة، ولكن عندما يدخل على مرحلة المراهقة قد يشعر أن هذه الموهبة تستولي على اهتمامات أخرى في حياته، ومن هنا فإن العديد من البالغين الذين نجحوا في الابقاء على مواهبهم أصبح عليهم الاختيار بين موهبتهم وحياتهم الاجتماعية ومعظم هؤلاء الذين تخلوا عن مواهبهم اعترفوا أن السبب هو التزامات اسرية، والعكس كذلك؛ إذ إن بعضهم أنهى حياته الزوجية من أجل التفرغ لموهبته. (ابو سماحة وآخرون، ١٩٩٢)

ثانياً: الموهبة والتطور المعرفي:

كما يقول بياجيه أن المعرفة ليست تراكماً كمياً في المعلومات أو القدرات فقط وإنما تتطور عن طريق إعادة التنظيم بالطريقة التي نفكر بها، فالمتميز يفكر بنفس الطريقة التي يفكر بها العادي، ولكنه يكون أسرع وبخاصة في العمليات المجردة.

ثالثاً: تغير متطلبات المجال:

ربما تكون المسألة في تغير المتطلبات المعرفية في مرحلة جديدة في المجال وتعمل على تثبيط الأداء غير العادي مما يسبب التغير.

رابعاً: تغير متطلبات الحقل:

المجال يعني نموذجاً مركباً ثقافياً من فرص السلوك، يتطلب مجموعة واضحة من المهارات الحس حركية والمعرفية . أما الحقل فهو التنظيم الاجتماعي للمجال، والحقل يحتوي على كل الحالات المتعلقة بالمجال، فهو يحدد النماذج الاعتيادية في السلوك والأدوار المتوقعة من الاشخاص، والكثير من الموهوبين في مجال معين قد انسحبوا من اعمالهم بسبب عدم ملاءمة الادوار.

وبسبب ما تقدم لا يمكن التنبؤ بما سيكون عليه وضع موهبة معينة عند طفل في الخامسة بعد أن يصبح مراهقاً أو راشداً ، وبالتالي الموهبة صفة متغيرة ومرنة. (شقير، ١٩٩٩)

٢- نظرية سيجلر - مفهوم التداخل والاستنتاج

ميز سيجلر بوضوح بين مجموعتين من مجموعات التميـز، حين ميـز الاولى بالانتاج المبدع، ويقاس المبدعون بنوعية الانتاج لديهم، أما الثانيـة فذات علاقة بـالتميز الحـادث في البيت أو المدرسة ويقاس باختبارات الـذكاء IQ وتظهر الفجـوة بـين البحـث عن المجموعـة الأولى وعن الثانية من خلال:

أ- القضايا التعريفية

ب- الصفات المميزة للأفراد

جـ- تطبيقات الابحاث والابحاث المستقبلية

الاختلاف في آليات تصنيف انجازات المتميزين:

وتصنف هذه الآليات على أساس مستوى انجازات المتميزين إلى:

أ- المعلومات الاولية

ب- عمليات الانتاج للمعلومات

جـ- تحليل القواعد والاستراتيجيات (احمد، ١٩٩٨)

أولاً: المعلومات الأولية:

إن التفوق في المعلومـات الاولية يـؤدي إلى البحـث عـن مصادر التميز، والتعميم والاختلاف في كيفية تخزين المعلومات في الذاكرة ثم استدعاؤها بفعالية في مختلف المجالات، كما أن الفهم الدقيق لهذه العملية مهم بالمقارنة مع فهمنا لمفاهيم مثل الابداع والادراك، ولقد لوحظ أن هناك ارتباطاً بين الانجاز لمهمات والسرعة في استرجاع المعلومات واختبارات الذكاء.

ثانياً: عمليات الانتاج للمعلومات الاولية للعمليات:

من الآليات التي تعد مهمة في انجازات المتميزين:

أ- التركيب: وهو جمع الأجزاء المنفصلة من المعلومات مع بعضها لحل المشكلات.

ب- المقارنة: ربط المعلومة الجديدة والمعرفة الموجودة والتعرف على اوجه التشابه والاختلاف بينهما.

وقد تبين أن المتميز لديه قدرة اكبر على أداء هذه الآليات مقارنة بغيرها من العاديين.

ثالثاً: تحليل القواعد والاستراتيجيات:

إن قواعد واستراتيجيات العلاقة بين المتميزين وغيرهم هي:

١- سلسلة التطورات المتشابهة حين يستخدم الأطفال المتميزون نفس القواعد مثل العاديين ولكنهم يكتبون الخبرة قبل غيرهم ويتقدمون بسرعة أكبر.

٢- التعلم يصبح أسرع باستخدام استراتيجية تعليم المصطلحات والذاكرة.

٣- خبرات مساعدة

ب- سلسلة التطورات المختلفة:

المتميز يقفز بالاستراتيجيات دون تسلسل ويمكنه ايجاد استراتيجيات غير عادية .

خصائص مستوى التميز:

أهم خصائص المتميزين، وصف مستوى التميز، سواء كان التميز المدرسي أم الانتاج الابداعي، وأهم أجزاء التميز هي: الذكاء، نفاذ البصيرة، ما وراء المعرفة، الادراك، تجارب الحياة الحاسمة وهذا يساعد على تعريف المتميزين وفهم فكرة تبلور الخبرة، فهناك من الأشخاص من يميل بطبيعته الى أمر ما، أما الخبرة فهي لتقوية الاهتمام ولزيادة الفهم في مجال المهارة، ويركز سجلر، على أهمية الادراك، ويصفه بأنه المعرفة الواعية لاستعمال الاستراتيجية في موضعها والتحول في التدريب والقدرة على التنظيم والتعلم. كما يرى أن تقييم مستوى التميز يعتمد على التجديد، ودقة الاستنتاج، والبناء الضمني والنجاح في ربط النظريات الموضحة للاختلافات الفردية.

ما تتضمنه الممارسات التربوية في برنامج تعليم المتميزين:

تعليم المتميزين يشتمل على ثلاث اساسيات هي :

أ- هل يعطي هؤلاء الطلاب تعليماً خاصاً؟

ب- كيف يتم اختيارهم؟

جـ- عندما يتم اختيارهم ما نوع البناء الذي يعطي لهم؟

وتعليم المتميزين يتيح لهم الفرصة للمساهمة بفعالية في المجتمع:

أولاً: اختيار الطلبة: يتم هذا الاختيار من خلال التعرف على جوانب التميز عندهم، واختيار المعايير المتخصصة مثل الذكاء ، الابداع والحركة وغيرها.

ثانياً: معايير القبول إذ يناقش سيجلر مشكلة القبول في الصفوف الخاصة، بحيث يحتوي على ١٥-٢٠%

ثالثاً: الاعداد كيف نربي هؤلاء الطلاب بشكل جيد، لقد سجل سيلجر معايير مختلفة للنجاح بحيث تتضمن بعض الاختلافات في طريقة تعليم المتميزين.

وبالرغم من هذه الاختلافات فإن هدف هذه البرامج يبقى في مجال دفع الطلاب للأفضل وتوفير الظروف التي يمكن أن يبدعوا فيها.

٣- نظرية (فلدمان) مفهوم الموهبة كما يراها علم نفس التطوري:

يعد علماء التطور، ان الموهبة تقع خارج نطاق اختبارات الذكاء، فاختبارات الذكاء لا تعطينا الا فكرة محدودة عن الموهبة.

أنواع علماء التطور:

عالم التطور: باحث يتولى دراسة مشكلة واضحة تتعلق بالتغير ويوليها جل التركيز والبحث، ومن هذا المنطق هناك نوعان من علماء التطور:

أ- التصغيريون: هم الذين يهتمون بكميات التغير القليلة، ويميلون الى تنظيم ما يكتشفونه حسب الزيارات النوعية.

ب- التكبيريون: هم العلماء الذين يهتمون بكميات التغير الكبيرة وينظمون اكتشافاتهم بشكل سلمي ترتيبي ، أي أنهم يميلون الى نظرية التقسيم إلى مراحل، أو يسمون بالمرحليين.

بالرغم من الفروق بين هذين القسمين إلا انهم يتشاركون في عدة مواصفات هي:

١- أنهم يركزون على العمليات العقلية.

٢- يرتبون مراحل الاتقان حسب الافضلية كقياس القدرة العامة.

٣- بدأوا بالنظر الى الموهبة كميدان خاص .

عرض لبعض المصطلحات المهمة:

الموهبة: الاستعداد للتفاعل البناء مع مظاهر مختلفة من عالم التجربة.

الابداع: انشاء صيغ جديدة في نفس المجال، أو تفسير الصيغ الموجودة بأسلوب جديد وإعادة التنظيم، وعادة ما تحدث تغيرات ليست كبيرة.

العبقرية: هو الذي يغير المجال كلياً أو يعيد تنظيمه كليا .

مجالات التطور الخاصة:

هناك مجموعة اساسية من القدرات أو الوظائف المعرفية واردة في كل اداء عقلي سواء عند الموهوب أو غير الموهوب.

بناء على ذلك يرى علماء التطور الموهبة على أنها: وظيفة لاستغلال واحدة أو اكثر من هذه القدرات الأساسية كي نحقق اتقان المجال الخاص.

مثال: لاعب الشطرنج طور واستغل هذه القدرات كي يتقن هذا المجال لذا تراه يحتفظ في ذاكرته بنماذج عديدة من النقلات المناسبة قد تصل الى (١٠.٠٠٠ أنموذج) . (أحمد، ١٩٩٩)

لماذا يقضي البعض سنوات عديدة في لعبة الشطرنج ولكنه لا تحسن؟

هذا تعود إلى أن معظم الناس إما انه ليست لديهم تلك القدرات أو لم يطوروها بعد، لذلك لا يحدث تحسن وإن بذل الوقت والجهد شيء لازم من أجل الانجاز لكن ذلك لا يكفي لتحقيق انجاز غير عادي.

العمليات التحولية :

إن الاهتمام ينصب هنا حول كيفية التحول من مستوى اتقاني بسيط إلى آخر معقد في أي مجال من مجالات المعرفة سواء كان مجالاً عاماً (يتقنه الجميع) أو خاصاً (تتقنه فئة خاصة).

أما بالنسبة للموهوب تكون حركته اسرع بين مراحل الاتقان وايضاً فإن عدد المراحل بالتالي التي سيتقنها ستكون اكثر من التي سيتقنها العادي، كما أن المجال الذي يختاره الموهوب يتم اختياره من قبل عدد قليل جداً من الناس. وان الافراد الاكثر اتقاناً للمجال من غيرهم يتأثرون بالصفات الفردية والنزعات الطبيعية كالمواهب والفروق الشخصية، اذ تلعب دوراً فاعلاً في اتقان المجال وهناك أثر للأهل والمعلمين والزمان في عملية الاتقان كما للحالة التطورية للمجال نفسه أثر في اتقانه في لحظة معينة.

ويؤكد بعض العلماء مثل جربر وغيره على ان العمل الابداعي يقوم به اشخاص ذوو اهداف، ينظمون جهودهم ويسيرون حياتهم وفق هـذه الاهـداف (يركزون حياتهم عـلى أهداف عميقة الا يحيدوا عنها) وفي هذا المجال يظهر مصطلحات هما:

أ- المنجز غير الكامل: وهو الفرد الذي لا يؤدي ما تسمح به قدراته (أقل) .

ب- المنجز الكامل: وهو الفرد الذي يؤدي ما تسمح به قدراته.

رسم الخرائط : درس كل مـن بياجيه وآخرون رسـم الخرائط لأنها ربما تكون أغنـى مصـدر للمعلومات حول تطور المساحة والمنطق في تفكير الأطفال، واقترحا ستة مستويات بدءاً مـن الرسم البسيط الى المعقد. كما أن رسم الخرائط يمكن تحليله إلى أجزاء من حيث المهارة دون أن يفقد مزاياه. والطفل الموهوب اثناء انتقاله مـن مرحلـة الى مرحلة تظهر افكار جديدة تدفعه إلى مستوى متقدم من مراحل المجال.

وإذا كان في المستوى الثالث يمكن ان يقفز إلى المستوى الخامس أو السادس ولكنهما ترجعـا فيما بعد الى مركز النظام، أي مهارة تقود الى المركز الخامس وقد ترجع الى المرحلـة الثالثـة في الفحص الثاني .

ومن ذلك نستنتج:

أ- ليست الفكرة جديدة مجرد مهارة تحرك للأمام، بل عبارة عن قفزة من مكان ما داخل النظام نحو مستوى متقدم، ويمكن أن تتقدم مرحلتين أو ثلاث مراحل تطورية.

ب- الأفكار الجديدة لها ميل للتراجع الى مركز النظام.

هل الأفكار الجديدة تظهر بالصدفة؟

هناك حقائق تنفي فكرة عشوائية الصدف وهي:

- حقيقة ان نفس العناصر هي التي تحول إلى افكار جديدة تنفي ذلك الرأي.

- إن الأفكار الجديدة تميل الى الرجوع لمنتصف النظام وهو اكثر المراكـز اسـتقراراً، وبسرعة لا تستطيع الصدف ان تصل اليها.

- الفكرة الجديدة: لها تأثير جدي وجذاب على بقية النظام الـذي يتبعـه الطفل الـذي يرسـم الخرائط، ويقصد بالجذب أن العناصر الجديدة تتقدم إلى الامام بسرعة مـما يبعـث العنـاصر الأخرى إلا وتلحق بها.

دراسات الأطفال العباقرة: خلاصة هذه الدراسات تقول إن الطفل العبقري قادر على أداء نفس مستوى أو مقارب لمستوى شخص بالغ محترف لمجال عقلي.

مصطلح التصادف: وهي وجود قوي مختلفة في آن واحد لتشكيل العرقية، مثل القدرات العقلية، عائلة الطفل، رفاقه، معلموه، العناصر الثقافية والتاريخية، المجال الذي يتقنه الطفل. (العزة، ٢٠٠٠)

٤- نظرية (ديفدسن) دور البصيرة في التميز؟

تؤكد هذه النظرية على ما يلي:

- فهم الافراد الموهوبون والمتميزون شيء ضروري للأفراد المعاملين معهم، وتقديم البرامج لهم، وتصميم المناهج التي تخدمهم.

- أسباب دراسة القدرات التبصرية:

أ- لأن المنجزات الذكائية غير العادية قبل الاكتشافات العلمية والاختراعات الجديدة تتضمن في محتواها نوعاً من البصيرة الرئيسة.

ب- لأن من الممكن من خلال دراستنا لموضوع البصيرة دراسة المشكلات بمختلف ابعادها وهناك افراد ليسوا معلمين لكنهم موهوبون ضمنياً بالبصر . (شقير، ١٩٩٩)

العمليات التفاعلية الخاصة:

وتركز على الافكار والنتائج الناتجة عن التفكير الباطني او الالهام، والتي تأتي نتيجة اندفاعات متسارعة من الترادفات الذهنية المتفاعلة مما يؤدي الى المفاضلة بين حلول المشاكل ثم تحليلها لافراز مفهوم جديد، وتعمل على تخزين علاقات في ذاكرة الفرد يمكن تطبيقها احتمالياً وتسجل استجابات قطعية بمفهوم (صح، خطأ) تركز هذا على الأفكار والقدرات التبصرية الناتجة عن التفكير اللاشعوري ودور الالهام الناتج عن العمليات العقلية السريعة، وتعمل العمليات الخاصة على حل المشاكل فوق العادية الموجودة في اختبارات الذكاء والابداع.

ثانياً: اللاشيئية الخاصة:

وهي من النظريات التقليدية حول التبصر ، وترى أنها امتداد لعمليات الاستقبال، والادراك، والتعلم، والاستنباط، والتبصير نتاج لهذه العمليات التفاعلية الطبيعية، والنظرية اللاشيئية خاضعة للتفكير التبصري ضمن ثلاث مجالات هي:

أ- الترميز الاختياري (التصنيف): مجموعة من المعلومات عن خلفية تدعيم التذكر، ومن الأمثلة عليها دراسة تاريخ المريض وانتقاء الطبيب لبعض المعلومات أو الاعراض، فينتقي الطبيب ببصيرته الاعراض، رغم تشابه الاعراض بين الأمراض.

ب- التجميع الاختياري (الربط): وهذا يحدث عندما يكون هناك منبه، أو شيء ما غامض، ويتكون اكثر من طريقة لحل مشكلة ما، وترتبط مجموعة من الحلول للوصول الى حل للمشكلة، والتبصر يحدث نتيجة لوضع عناصر غير مرتبطة بموقف المشكلة بطريقة غير واضحة المصدر بحيث إنها تبلور جوهر المشكلة في كيفية تجميع العناصر، مثلاً الطبيب ببصيرته يقرر حل المشكلة من خلال توافر كافة المعلومات والتي احياناً لا تكون لها علاقة بالمشكلة.

جـ- المقارنة الاختيارية (مقارنة جميع الخبرات) : حدوث التبصر من خلال مقارنة العلاقات غير الواضحة في معلومات جديدة مع معلومات قديمة تعلمها الفرد، من خلال التحليل والتشبيه المجازي والنماذج المستخدمة في حل المشكلة، وهذا يؤدي الى فهم المعلومة الجديدة أكثر من سابقتها ومثالها، قيام الطبيب بالتعرف على أعراض المرض من خلال مراجعته للأعراض المشابهة سابقا لدى مرضى آخرين. (وايرنز، ١٩٩٩)

أشارت دراسات ديفدسون المعززة لنظريتها إلى ما يلي:

- يخبر الاطفال المرتفعو الذكاء مشاكل تبصر رياضية ولفظية بشكل أفضل من الأطفال الاقل ذكاء.
- الاطفال المرتفعو الذكاء يختارون ويطبقون بشكل تلقائي معلومات مناسبة من المشاكل التبصرية بينما يحتاج الأطفال ذوو الذكاء المتوسط تعليمات لاستخدام المعلومات المناسبة.

- الاطفال ذوو الذكاء العالي يجمعون ويدمجون المعلومات المناسبة بشكل تلقائي وفي المقابل يحتاج الاطفال ذوو الذكاء الأقل لتعليمات لتوجيههم في تجميع المعلومات.

إن الاطفال ذوي الذكاء العالي يطبقون امثلة مناسبة بشكل تلقائي عندما يحلون مشاكل التبصر، أما الأطفال ذوو الذكاء المتوسط فيحتاجون لتعليمات صريحة وعادلة قبل الانتفاع القبلية . (بو سماحة وآخرون، ١٩٩٢)

٥- نظرية (هنسلي) مفهوم التمييز والاندماج والمضمون والتنازع والالتزام

يرى هنسلي أن تركيبة الموهبة تعتمد على فرضيات مردها:

أ- تعدد الاستجابات البشرية.

ب- تعدد القدرات

جـ- الارتباط المعقد للقدرات.

وأن التميز مجموعة من اتحاد القدرات الآتية:

- رؤية الاحتمالات التي لا يراها الآخرون.
- القدرة على التصرف في هذه الاحتمالات بطريقة غير عادية.
- القدرة أو التغلب على العوائق في فترة زمنية محددة.
- انتاج استجابة مادية، بدنية.
- مشاركة الناتج من العملية مع المجتمع بطريقة مؤقتة أو دائمة.

دور الذكاء في التمييز:

يتكون الذكاء من الذكاء البيولوجي والذكاء النفسي

أ- الذكاء البيولوجي: وهو مستوى فعالية الجهاز العصبي وهو وراثي، ويجعل الموهبة ممكنة، ولا يؤكد بأنها سوف تحدث.

ب- الذكاء النفسي: يحدد عن طريق مجموعة من العوامل البيئية وهي مسؤولة عن إظهار التمييز والذكاء النفسي هو كيفية استخدام الذكاء البيولوجي في العمل والنشاط، لذا فهو أكثر مسؤولية عن اظهار الموهبة. (العزة، ٢٠٠٠)

مكونات التمييز:

أ- الاندماج: هو طريقة التقاء القدرات المختلفة وعملها مع بعضها البعض لانتاج نواتج ذات معنى أو نواتج ابداعية والتمييز ينشأ عـن طريـق مـا وراء المعرفـة ومـا وراء الـوعي الابداعي، ومن عناصر الاستجابة غير العادية:

- البصيرة أو الحكمة: وهي تغير الاحتمالات الى موقف وتشير الى الامكانات واستقبال الممكـن في أي حالة.

- التخطيط: تحليل الموقف أو الحالة وتحديد المشكلة وتعريفها.

- القدرة التنفيذية: الدافعية والاستجابة لحل مشكلة وتحويل الافكار الى عمل ملمـوس يـؤثر على الآخرين.

- التبصر: عمليات نفسية وهي الترميز، التجميع، المقارنة والتركيز على المعلومات ذات العلاقة بالمشكلة، وابعاد المعلومات التي ليس لها علاقة.

ب- المضمون: هو مجموعة من العوامل الموقفية التي تحدد نوعية وقيمة الانتاج، جزء متمم للتمييز، مجال واسع لايصال المواهب الفردية المميزة، وهو الأساس في مفهوم التمييز والمضمون هو الانتاج كقيمة كبيرة في المجتمع، وقيمة قليلة في مجتمع آخر، وهذا الاختلاف يرجح الى عدم إدراك قيمته ووقت ظهوره.

جـ- التنازع: هو القدرة على تجاوز العقبات الموجودة في الاندماج والمضمون، وهو كذلك تجاوز العقبات التي تولد انحراف التغيير، ويعمل على شحذ تطور الفرد المتميز.

د- الالتزام: يشير لنوعية وشدة ومدة الجهد المبذول لانتاج التغيير والاستجابة غير العادية، وهو مكون ضروري في الاستجابة غير العادية، والالتزام بالمهمة هو ما أشار اليه رونـزلي في نموذجه الثلاثي. (شقير، ١٩٩٩)

٦- نظرية (ستيرنبرغ) النظرية الثلاثية في الذكاء

لم تكن هذه النظرية هي الاولى التي تكونت من ثلاثة أبعـاد بـل سبقتها كـل مـن نظرية الذكاء للعالم جيلفورد الذي قال ان الذكاء يتكون من عمليات ومحتوى ونواتج، ايضا نظرية العالم كاتل الذي قال أن الذكاء هو قدرات عامة وخاصة وعوامل اولية

بالإضافة لتعريف رنزولي للذكاء بأنه يتكون من قدرة عقلية فوق المعدل والالتزام بالمهمات والابداع.

وتتكون نظرية سيترنبرغ من ثلاث نظريات فرعية هي:

أ- النظرية المركبة (ذكاء داخلي) والذكاء هنا يرتبط بالمكونات الداخلية للفرد والمكون هو عملية معلوماتية أساسية تحدث داخل الفرد، وتتألف من:

- ما وراء المكونات: عمليات عقلية تستخدم التخطيط والتحكم واتخاذ القرار لاداء المهمات.

- أداء المكونات: عمليات تستخدم الترميز والتجميع والمقارنة والاستجابة.

مكونات المعرفة المكتسبة : عمليات تستخدم لتعلم الأشياء الجديدة واكتساب المعرفة.

ب- النظرية التجريبية: (ذكاء الخبرة) والذكاء هنا يقاس بمدى توفر المهارتين التاليتين:

- القدرة على التعامل مع المهام الجديدة.

- القدرة على معالجة المعلومات ذاتياً.

اذا فهذه النظرية ترتبط بكل من العاملين الداخلي والخارجي للفرد وتسمى بذات الوجهين.

جـ- النظرية القرينية: (الذكاء الخارجي) والذكاء هنا يتكون من التكيف الهادف، والتشكيل، واختيار بيئات العالم الحقيقي المرتبطة بحياة الفرد ومعايير الذكاء تبدو من خلال:

- قدرة الفرد على العمل اليومي وأداء انجاز متميز دون تعليم مسبق.

- مقارنة سلوك الفرد مع السلوك المثالي للانسان الذكي.

٧- مفهوم التميز (فلدهوزن):

يرى فيلدهوزن أن مفهوم التميز يتكون من استعداد نفسي- وبدني وانجاز متفوق ومستوى عالٍ من التحصيل والانجاز ويلعب الحظ دوراً في تطوير التميز، ولكن المدرسة والاسرة لهما اكبر الاثر في تلبية حاجات المتميزين، وكذلك يرى أن مفهوم التميز يحتوى على:

- القدرة العقلية العامة.

- الموهبة

- مفهوم الذات الايجابي
- الدافعية للتحصيل

أولاً: القدرة العقلية العامة:

وهنا تفسر الذكاء بأنه حالة أو قدرة عامة، ولكن البعض يفترض أنه مكون من حقائق متعددة، ويرى أن القدرة العقلية العامة مجزءة لعوامل ذات مستوى كبير ومستوى صغير لتسهيل اكتساب المعرفة ودعم التفكير العملي المنهجي.

وتتغير هذه المستويات من عقد لآخر، كما أن مقاييس الذكاء تقيس قدرة منعكسة من السلوك المتعلم، وتزودنا بمؤشرات لتقييم التميز، ولا وجود لمحكات تقيس الانجازات العالمية العالية، ويتم الكشف عن المتميزين باستخدام اختبارات الذكاء واختبارات اخرى مثل الملاحظات والترشيحات.

ثانياً: الموهبة

ويمكن الكشف عنها عن طريق الانتاج، وهناك عشرة مجالات للموهبة هي: الذكاء، العلوم، القيادة، الابداع ، الفن، الكتابة، التمثيل، الموسيقى، الموهبة الميكانيكية، الموهبة الفيزيائية، وهناك مقاييس لتقدير السمات السلوكية هي: التعلم، الدافعية، الابداع، القيادة، الفن، الموسيقى، التمثيل، مهارات الاتصال الدقيقة، مهارات الاتصال التعبيرية، القدرة على التخطيط، ووضع فيلدهوزن مفهوم لمجالات الموهبة، وربط بينها وبين الموهبة والنجاح المدرسي، وهذا يظهر في: الميادين الاكاديمية، العقلية، ميادين الابداع الفني، المجالات المهنية.

ثالثاً: مفهوم الذات

يتضح مفهوم الذات من خلال المشاريع والدراسات والانشطة، وتشجيع الطلبة على فهم قدراتهم، ويتم تعزيز وتشجيع مفهوم الذات من خلال تزويد المدارس بالمشرفين والمعلمين والخبراء.

رابعاً: الدافعية للتحصيل

يرى فليد هوزن أن اكثر الطلبة ترشيحاً لخدمات برامج المتميزين هو اولئك الطلبة الذين يمتلكون قدرات عقلية عامة ومواهب بالإضافة الى الدافعية، ويكونون ذوي

رغبة في التحصيل، وتظهر لديهم طاقات بلا حدود. ويرى أن الهدف من الخدمات هو إثارة وتطوير الدافعية للتحصيل.

خامساً: الابداع

أشار عدة علماء الى صعوبة قياس الابداع ووضعه ضمن مفهوم التميز على الرغم من أهمية اختبارات تورانس لقياس الابداع، ويرتبط تركيب الابداع بوظائف شخصية، منها الانطواء، الحدس، الاستقلالية الفردية، المرونة، تفتح العقل، اليقظة والحساسية.

سادساً: المعرفة أو المعلومات

لم يتم بحث العلاقة بين المعرفة والتعليم والتحصيل مع التميز ويجب ان يتلقى اليافعون والموهوبين بعض الارشاد من أجل تعريفهم ببعض ميادين الدراسة كمقدمة للانجاز الابداعي، ولهذا فمن الممكن أن نستفيد من المعرفة الكبيرة والتحصيل والمهارات في تشخيص الفرد المتميز.

٨- ثاننبام: مفهوم التميز والمنهج النفسي الاجتماعي:

وصف تاتبام الموهبة بثلاث خصائص رئيسية ذات ابعاد تسلسلية وتصنيفية وسيكولوجية، وهذه يمكن ايضاحها على النحو التالي:

أ- الطبيعة التسلسلية للموهبة: تم تعريف الموهبة من منظور اجتماعي وثقافي بناء على الفروق العامة، وفي المجتمعات الغربية، صنفت الموهبة حسب مراتب اخلاقية، اجتماعية اقتصادية، وتتغير أماكن هذه المراتب من فترة لاخرى.

ب- الطبيعة التصنيفية للموهبة : لا يوجد سبب لتفضيل مجال معين من النشاط على آخر في التميز، وما الذي يتميز به الابداع العالي عن المنخفض وهناك سبب يعود لسرعة تلاشي السلوكات الابداعية. (العزة، ٢٠٠٠)

وقسم ثاننبام الموهوبين حسب الندرة، والفائض والنسبة والشذوذ في التميز:

- المواهب النادرة: وهذه تتم بدعم بسيط مما يجعل الحياة اكثر أمناً ووضوحاً وصحة، مثل اكتشاف مطعوم شلل الأطفال.

- المواهب الفائضة: وهي قدرات نادرة وتظهر من خلال انتاج عظيم في الفن أو الادب وهناك اختلاف بين المواهب الفائضة والمواهب النادرة، ويعود الى اعجاب المجتمع من حيث النوع وليس من حيث الكم، وليس في حال تفوق شخص على آخر، والمواهب النادرة تحفظ النفس والجسد معاً، أما المواهب الفائضة فتحفظ النفس الانانية فقط.

- المواهب النسبية: وتتمثل في فئة الأطباء والمحامين والمعلمين، وهم أشخاص متخصصون ذوو مهارات عالية المستوى.

- المواهب الشاذة: وتتمثل في الاشخاص الموهوبين الذين لا يهتم المجتمع بهم بشكل خاص، ولا يعتبر مواهبهم ذات قيمة .

جـ- الطبيعة السيكولوجية: وهي تنظر للموهبة من مفهوم نفسي يعتمد على:

- التأكيد على العبقرية، فقد ذكر جالتون بأنها وراثية، وأهمل البيئة وتاريخ الطفولة.

- الاستعداد في مرحلة الطفولة ودرجة الذكاء، وبدأ هذا في عمل تيرمان وانجازه لقياس ستانفورد بينه لذكاء الاطفال.

- المواهب المتعددة : ومدلولها ان الفرد الموهوب هو الذي يملك عدة قدرات حسب رأي رينزولي، وليس قدرة عقلية عالية فقط.

- نظرية بدون قياس: هناك أساليب للكشف عن الموهبة والعبقرية دون أدوات قياس مثل الانتاج والانجاز.

- السمات العقلية وغير العقلية: النظرية النفسية تعتمد على السمات العقلية مثل الذكاء، وسمات غير عقلية مثل الرغبة والدافعية ومفاهيم أخرى.

- التعريف النفسي المقترح: وهو استعداد وقابلية لانتاج افكار جديدة في مختلف النواحي، وهي تركز على ان مواهب الاطفال غير متجانسة ولا توجد معايير ثابتة لمقارنة ادائهم الا بأداء اقرانهم. (احمد، ١٩٩٨)

العوامل التي تربط الوعد بالتحقيق:

ان التميز نتيجة تفاعل خمسة عوامل هي:

- القدرة الخاصة: يجب التركيز على الانجازات الخاصة للطفل التي يبرر فيها لا على القدرات العامة فقط.

- القدرة العامة: وتقاس بحاصل الذكاء

- العوامل غير العقلية: ويجب الاخذ بعين الاعتبار الرغبة ، الدافعية ، القدرة العقلية.

- العوامل البيئية: توفير بيئة مناسبة مثل تشجيع الوالدين والاقران، واستخدام المكتبات.

- عوامل الحظ: مثل مقابلة شخص معين في ظرف معين، أو ازدحام سوق العمل.

وان تحقق الموهبة هو نتيجة للعوامل الخمسة السابقة وفشل الموهبة يعود لغياب عامل واحد فقط، وهذا هو الفرق بين الوعد والتحقيق .

٩- جالجر: التعريف التربوي للتميز وسياسته التطبيقية

ركز جالجر على التحري عن القضايا التي تحيط بالتعريف التربوي للتميز وقد انبثق تعريف التميز من الفروق الفردية ومن الممارسات التربوية والحاجة الى مدارس لتصميم برامج تربوية خاصة للمتميزين. والتميز من خلال الفروق الفردية : جاء من خلال دراسات مثل دراسة جالتون حول العبقرية، واظهرت ارتباطاً بين القدرات الطبيعية الوراثية من جانب ومستوى الاداء العبقري من جانب آخر. كما طور بينيه اختباراً لقياس القدرات العقلية، إذ ارجع القدرات الوراثية الى فروق في العمليات العقلية العليا.

وركز (جالجر) على قياس القدرات المعرفية للأفراد والمرتكزة على العمليات العقلية، وتم تعديل هدف قياس المهارات في تقييم الذكاء.

لمعرفة استراتيجيات فهم بينيه الذكاء وتتمثل في:

أ- كيف يتطور وينضج الاطفال عقلياً (بينيه، بياجيه)

ب- ما هي كفاءات الاطفال التي تشكل الذكاء (وكسلر، جيلفورد)

جـ- كيف يستطيع الكائن البشري حل المشاكل أو خزن الذكريات أو الحفاظ على الانتباه (براون استيس). وقد تطور تعريف التميز تبعاً للتطور العقلي، وهو الأداء المتفوق او المتفق في سن عمليات عقلية، هي الذاكرة، الربط، التصنيف، التفسير، التقييم، الوظيفة التنفيذية.

أساس التفوق العقلي:

رغم إبراز دور الوراثة، اثبتت الابحاث ان التميز هـو نتيجـة تفاعـل الوراثـة والبيئـة معا.

التعريف التربوي والتقدم الاكاديمي:

نتيجة الخلافات في وجهات نظر الـدوائر التربويـة، اعتمـد مكتـب التربيـة الامريكي (١٩٧٢) تعريفه التربوي للتميز، وعليه تبنت المدارس برامجها الخاصة وليس بناء على الفروق الفردية.

الحالة الفردية للابداع في الدوائر التربوية:

يجب فصل مفهوم الابداع عن التفوق العقلي، حيث إن الترابط ضعيف بـين التميـز والابداع، وركز المربون مثل (تورانس ١٩٧٩)، على أهمية احتواء فعاليـات عقليـة لا توجـد في تعريف التميز وكذلك بني تورانس اختباره في التفكير الابداعي على أساس نموذج بينيه الذكاء (جيلفورد) حيث ركز في اختباراته على قياس القدرات الابداعيـة: الطلاقـة، الاسهاب، الاصالة المرونة.

ونتيجة الانتقادات التي وجهت للتعريف التربـوي، جـاء تعريـف رينـزولي ليتضـمن مكوناً اجتماعياً هو تفاعل بين حلقات ثلاث: قدرة عقلية فوق المتوسطة، مثابرة، ابداع.

ولم يراع المفهوم التربوي للتميز الفروق الثقافية كما أن امتداد المفهوم الثقافي للتميز لم يشمل عدداً من التلاميذ المتميزين من ثقافات مختلفـة، لـذلك يسـتخدم (جـالجر وكـورت رايت) ثلاث استراتيجيات لمحاولة تجاوز الاختلافات الثقافية، وهذه تتمثل في:

أ- تعديل معايير التميز

ب- البحث عن ادوات جديدة اكثر عدالة من الناحية الثقافية

جـ- التشخيص (شقير، ١٩٩٩)

١٠- نظرية الذكاء المتعدد (جاردنر) :

هذه النظرية تحدث عن ابعاد متعددة في الذكاء، وتركز على حل المشكلات والانتاج المبدع، على أن الذكاء يمكن أن يتحول الى شكل من أشكال حل المشكلات او الانتـاج. وهـذه النظرية لا تركز على كون الذكاء وراثياً. أم هو تطور طبيعي، ونتيجة

للبحث والدراسة وجد جاردنر أن الأشخاص العاديين تشكل لديهم على الأقل سبعة عناصر مستقلة من عناصر الذكاء الانجازي وهذه الأنواع من الذكاء هي:

١- الذكاء اللفظي: وتمثله كتابة الشعر وبالتالي فهو مرتبط بالذكاء اللغوي.

٢- الذكاء المنطقي: القدرات المنطقية والرياضية العلمية أي الذكاء في الرياضيات.

٣- الذكاء المكاني: القدرة على تشكيل نموذج لعالم فراغي وأن يكون قادراً على المناورة والعمل باستخدام هذا النموذج مثل الرسم والهندسة.

٤- الذكاء الموسيقي: ويتمثل في القدرات الموسيقية.

٥- الذكاء المتعلق بالتوازن الحركي: القدرة على حل المشكلات وعمل المنتجات باستخدام الجسم كاملاً أو جزءاً منه كالرقص والرياضة.

٦- الذكاء الشخصي- الاجتماعي: القدرة على فهم الآخرين وكيفية التعاون معهم مثل السياسيين، والقدرة على ملاحظة الفروق بين الثابت خاصة التناقض في طباعهم وكلامهم ودافعيتهم.

٧- الذكاء الشخصي الذاتي: القدرة على تشكيل نموذج صادق عن الذات واستخدامه هذه القدرة بفاعلية في الحياة، وقدرة الفرد على فهم نفسه جيداً، وتألق عاطفته، وقدرته على التميز.

وأن هذه الأشكال السبعة من الذكاء يجب تطويرها عند الناس، وأن ننظر الى العقل نظرة كلية تقود الى ما يسمى بالمدرسة المركزية الفردية، التي تقدم على فهم وتطوير أدوات مناسبة لكل شخص، وذلك يعتمد على افتراضين أساسيين هما:

أ- أن البشر لهم اختلافات في القدرات والاهتمامات وبالتالي نحن لا نتعلم بنفس الطريقة.

ب- وحسب هذه المدرسة المركزية الفردية يطلب من المربين العاملين فيها ما يلي:

- أن تكون هناك محاولات لفهم قدرات واهتمامات الطلاب.
- استخدام ادوات عادلة في القياس تركز على القدرات.
- المطابقة بين حاجاته المجتمع وهذه الاهتمامات.
- حرية التدريس للطلبة (اختيار الطلبة للطريقة التي يريدون الدراسة بها)

وتجدر الاشارة الى أن مثل هذه المدرسة بحاجة إلى إدارة قوية وصامدة أمام الضغوط والابتعاد عن التفكير الاحادي الذي توجده اختبارات الذكاء الفردية.

مكونات الذكاء حسب هذه النظرية:

هذه النظرية تقول: إن الذكاء يكمن في القدرة على حل المشكلات وتقديم انتاجات ذات أهمية في موقع معين مثل (الشعر، الموسيقى، الرسم) اما حل المشكلات مثل (لعبة الشطرنج، او انهاء قصة معينة) كما أن هذه النظرية يقول بالاصل البيولوجي للذكاء، فمن لديه اعاقة أو أي مرض عقلي لا تكون لديه القدرة على حل المشكلات او الانتاجية، وهي في نفس الوقت تركز على التنشئة الثقافية لكل جانب من جوانب الذكاء .

النمو التطوري للذكاء حسب هذه النظرية :

إن كل نوع من أنواع الذكاء يبدأ بقدرة ابتدائية تتطور خلال مراحل، وهذه القدرة تظهرمنذ السنة الاولى من عمر الفرد، أما المراحل فهي:

أ- التعبير عن الذكاء من خلال نظام الرموز (كلمات للتعبير عن اللغة، أغاني للتعبير عن الموسيقى)

ب- عندما يحدث تطور في القدرة تتطور الرموز ايضا، فبدل الكلمات فقط تدخل أيضا الرياضيات ورموزها، وتدخل النغمة الموسيقية.

جـ- ثم تحدث مرحلة النضج، وفيها يتم التعبير عن الذكاء بوسائل مهنية وغير مهنية، اذ يصبح الشخص كما يريد، موسيقي، شاعر.. الخ

أهمية هذه النظرية :

- لقد تم إغفال الكثير من المواهب ودفنها بسبب الاعتماد على التقييم الفردي واختبارات الذكاء، وهذه النظرية تساعد على الكشف عنها.

- توجيه كل فرد للوظيفة التي تناسبه.

- تساعد كثيراً على حل المشاكل اذا استخدم نوع الذكاء المناسب وبشكل جيد.

تبلور الخبرة:

تحدثت ايضاً نظرية جاردنر عما يسمى بالخبرة المتبلورة وهي قابلية التفاعل بـين الفرد وميدان من ميادين الحياة، وهـذا التبلور قـد يحـدث مبكراً في حياة الفرد وقد يـأتي متأخراً.

وهذه النظرية (الخبرة المتبلورة) طورت عن نظرية الذكاء المتعدد، والتي تفترض أن الشخص العادي يمتلك قدرات سبع (اللغة، الموسيقى، الرياضيات، الذكاء المكاني) ولكن هـذه القدرات لا تتبلور الا اذا انخرط الفرد في ميدان مـن هـذه الميادين وعمل فيه على تطوير قدرته بالتدريس والممارسة.

وأن تبلور الخبرات أو صقلها يـأتي بالتدريس، وتتمركـز هـذه الطبيعـة في الاهتمام الشخصي بعناصر محددة (مواد، خبرات، مشاكل) ويجب تشكيل فكرة ذاتية على قاعـدة مـن الخبرات لدى الفرد، وأن الاهـتمام بـالفرد والترتيبـات التـي تـدعى – الخبرات المتبلورة- هـو متضمن في نظرية الذكاء المتعدد أو المركب والتي تـرى أن الشخص العادي لديه سبعة أنواع من الذكاء هي (اللغـة، الموسيقى الرياضيات المكـاني، حركة عضلية، شخص ذاتي وشخص اجتماعي) وقد سبق الحديث عن هذه الأنواع.

وهناك دراسة شملت (١١) مؤلفاً وملحناً موسيقياً عبقرياً، وجد أن (١٠) منهم كـانوا موهوبين جداً عندما كانوا أطفالاً وأن هذه الخبرة تبلورت لـديهم، كـذلك الحـال في الدراسـة التي أجريت على علماء الرياضيات، فوجد أن معظمهم كان يتمتع بموهبة عاليـة في الطفولـة وعبر مراحل متعددة تبلورت هذه الخبرات (الموهبة) .

١١- مفهوم البناء الذاتي للأشخاص المتميزين (جربر):

هذه النظرية تحدث عن:

- الأنواع المختلفة للموهبة
- الوقت الذي نحتاجه للتفكير
- شكل الحياة الابداعية
- تحريك الذات والاحساس بالخصوصية

أولاً: انواع الموهبة :

يرى بعض العلماء أن الموهبة تقوم على (الاثراء الجمالي للخبرة الانسانية وتحسين فهمنا للعالم، ودور الخبرة في التقدم البشري) اما جربر فقد كان اهتمامه في نظريته على فهم كيفية قيام المتميزين بأعمالهم، ولذا طرح سؤالين هما:

أ- هل هناك إمكانية لتحويل الموهبة الى إبداع ؟

ب- هل هناك علاقة بين الموهبة والابداع ؟

وللاجابة، كان لابد من التفكير في العلاقة بين التميز المبكر وابداع الكبار، والتفكير بهذه العلاقة يبدأ من خلال:

١- فهم عمليات التطور للأشخاص العاديين.

٢- النشاطات والاهتمامات والخبرات الذاتية للفرد لها أثر في تطور التميز.

٣- اعتماد التميز على الظروف الاجتماعية والتاريخية.

٤- دراسة حياة المبدعين الكبار أفضل طريقة لفهم التميز.

ثانياً: الوقت الذي نحتاجه للتفكير:

يقول جربر: اذا أردنا تحويل الموهبة إلى ابداع، فيجب الاخذ بعين الاعتبار الوقت المطلوب لذلك يرى أن عمل المبدع يقوم على أمرين:

أ- الوقت والجهد اللازم لايجاد عمل عظيم، وعمر الفرد.

ب- العمل الطويل والمثابرة + التخطيط والتكرار = انجاز ابداعي

لذلك فإن المبدع يحتاج إلى وقت طويل للانجاز ويجب ان يكون المبدع قادراً على العطاء وأن تكون لديه روح الهدف والمثابرة والقوة الذاتية والامكانات الشخصية اللازمة.

ثالثاً : شكل الحياة الابداعية

لعل الأشكال النمطية حول حياة المبدعين، تقول: أن المبدع يتصف بالنضج المبكر والالتزام، والتحصيل والتتبع التلقائي للأهداف (التغذية الراجعة) ويرى (جربر) ان ذلك ليس شرطاً وأن هناك بعض الاستثناءات مثل اينشتاين الذي لم يتعلم الكلام قبل الثالثة.

رابعاً: تحريك الذات والاحساس بالخصوصية

ويوضح (جربر) أن مفهوم الـذات الصحيح مـن أجـل العمـل الابـداعي يجب أن

يتضمن:

١- توجيه العمل وتوجيه الذات.

٢- إدراك التباين بين الواقع والممكن والعيش في العالم الممكن.

٣- الارادة والتصميم لانجاز المهام المنوطة بالفرد والالتزام بالوقت.

٤- الاحساس بالجرأة والطموح والشجاعة.

وفي النهاية يقول المؤلف أن خلاصة جربر تمثل فيما يلي:

١- ربط الموهبة بالتحصيل

٢- ضرورة تكيـف المنهج العلمـي لملاءمـة الموهـوب، والتركيـز علـى أهميـة المعرفـة الذاتيـة
والمعرفة بالعالم المحيط.

٣- ضرورة اخذ الوقت الكافي للانجاز.

٤- ضرورة توفر مهارات القوة الذاتية والمصادر الشخصية مع وجود روح الهدف.

٥- الوقت اللازم للتفكير + شكل الحياة الابداعية + الشعور بالخصوصية = شكل الذكاء

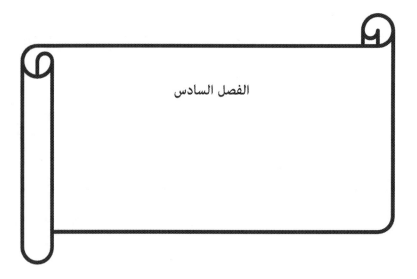

الفصل السادس

محتويات الفصل السادس

الذكـاء Intelligence

* الذكاء والقدرات العقلية
* العوامل التي ساعدت على حركة القياس العقلي (الذكاء)
* تعريف مصطلح الذكاء
* هل الذكاء قدرة عامة أم عدة قدرات ؟
* الذكاء وفعالية الدمار
* من هو الانسان الذكي
* قياس الذكاء
* مقاييس الذكاء
* نظريات الذكاء
* ثبات الذكاء
* التوزيع الطبيعي للذكاء
* الذكاء وفعالية الدماغ
* عوامل الذكاء
* هل الذكاء موروث أم مكتسب ؟

الذكاء والقدرات العقلية Intelligence and mental abilities :

يتحدث الرجل العادي عن الذكاء وكذلك عالم النفس الا أنه مفهومه عندهما قد يختلف، وقد يكون متناقضاً. ومع ذلك فالذكاء مفهوم له دلالة لا يمكن فهمها إلا استناداً الى حقائق ونظريات مرتبطة به.

لقد برز الاهتمام بالفروق الفردية عن قديم الزمان، وخاصة الفرق الفردية في مجال القدرة على التعلم والتكيف. كما برز الاهتمام بالأشخاص الذين يمتلكون قدرات عالية في ميدان وأكثر من النشاط الانساني. (العزة، ٢٠٠٠)

يتردد في الأوساط التربوية شعار يقضي بأن تساعد المدرسة كل طالب على تحصيل أقصى ما تمكنه قدراته من تحصيله ومع سعة انتشار هذا الشعار وبساطته كما يبدو لأول وهلة إلا أنه ينطوي على مشكلات متعددة:

كيف نعرف مستوى ما يملكه الفرد من قدرات؟

هل نستطيع تعريف القدرة تعريفاً جاماً مانعاً؟

هل يمكن قياس القدرة؟

هل يمتلك الفرد قدرة عامة واحدة هي التي تيسر له تحصيل المعارف أم أن ثمة جملة من القدرات المختلفة يختص كل منها بتحصيل نمط من المعارف؟

هل القدرة ثابتة عبر الزمان فطرية قابعة في جبلة الفرد الأولى أم أنها مكتسبة وتنمو مع الظروف والشرائط المحيطة؟

إن أول ما يطالع به الباحث عن إجابات لهذه الأسئلة تلك الخلافات القائمة بين علماء النفس وهم يردون على هذه التساؤلات، إذ كانوا يتحدثون عن مفهوم واحد ولكن برطانة مختلفة. فهو على حد تعبير بعضهم قدرة أو قابلية وعلى حد تعبير بعض آخر ذكاء واستعداد أو إمكان وقد تباينت مع تباين وجهات نظرهم لهذا المفهوم محاولاتهم لقياسه وأساليبهم في وضع الاختبارات الخاصة به حتى أخذ الأمر يبدو كما لو أنهم يتحدثون عن مفاهيم مختلفة. (الوقفي، ١٩٨٩)

لم يشغل علماء النفس بشيء منذ مطلع القرن الحالي وحتى هذا اليوم بشيء أكثر مما شملهم موضوع الذكاء واختباراته الخاصة لعدة أسباب هي:

- إن الحديث يتناول موضوعاً علمياً ليس به وجود مادي بالمعنى المحدد وتنسب له في نفس الوقت أعظم وأفضل الانجازات التي يقدمها العقل البشري في ميدان الابداع الانساني.

- إن موضوع الذكاء تتجاذبه قوتان قد لا تكونان بالضرورة متعاكستين الا أن أقل ما يقال عنها غير متوازيتين، حيث تحاول القوتان جاهدتين أن تنسبا موضوع الذكاء لهما، وأولهما الدراسات الانسانية ومنها علم النفس، وثانيها العلوم الطبيعية والعلوم البيولوجية والهندسة الوراثية.

- إن موضوع الذكاء يشيع استخدامه كمصطلح عند عامة الناس وعند أهل الاختصاص.

- إن الصراع كان ولا يزال وسيبقى قائماً بين عاملي البيئة والوراثة ومدى مساهمة كل منهما في الذكاء كماً ونوعاً وقدرتها على التحكم فيه والسيطرة عليه. (الداهري والكبيسي، ١٩٩٩)

العوامل التي ساعدت على حركة القياس العقلي "الذكاء" :

أول ما نشأ القياس كان في علم الفلك، ثم جاء (دبال، ١٩٨٦) واهتم بالفروق الفردية، وفي عام (١٨٧٩) ظهر أول مختبر لعلم النفس على يد "فونت" وكان اهتمامه منصباً على الفروق الفردية في مجال الاحساس والادراك.

ثم جاء "جالتون" وأدخل العوامل الوراثية في دراسة الذكاء وأثرها في إحداث الفروقات الفردية، كما أنه زود علم القياس ببعض المصطلحات. ثم جاء كاتل وكان له فضل كبير في الاهتمام بالقدرة العقلية، حيث حاول وضع بطارية من الاختبارات لقياس القدرة العقلية عام (١٨٩٠) ونتيجة لحركة كاتل انصب الاهتمام على القدرة العقلية، مما دعا بينيه الى تكوين مقياس ذكاء كان النموذج لاختبارات الذكاء اللاحقة.

كما كان للحرب العالمية (الأولى والثانية) دور في إظهار أهمية الاختبارات الفردية وبناء اختبارات جمعية، فقد ظهر في هذه الفترة اختبارات "ألفا" واختبارات "بيتا" للجيش الأمريكي.

كما كان للتقدم العلمي والتكنولوجي والانفجار السكاني دور آخر في تطور مقاييس الذكاء، حيث ظهرت أهمية الناس الأذكياء ودورهم في الابداع والابتكار من أجل حل مشكلات عديدة مثل مشكلات الغذاء ومشكلات التعليم.. الخ

تعريف مصطلح الذكاء:

تعددت تعاريف الذكاء وذلك حسب النظريات التي درسته، وقبل البدء باستعراض بعض هذه التعاريف، سنعود بالتاريخ قليلاً إلى الوراء ذلك لنلقي نظرة على مفهوم الذكاء عند العلماء اليونانيون:

١- أفلاطون: حيث أنه ميز بين الجوانب التي تعني بالتفكير وحل المشكلات والتأمل والاستدلال وسموها بالجوانب العرفانية للطبيعة الانسانية وبين الجوانب الشعورية للسلوك البشري بما فيهما من انفعالات ومشاعر وعواطف وإرادة. كما أكد أفلاطون على الفروق الفردية والقدرات العقلية، فقد ميّز أفلاطون بين الفطرة والتنشئة، وفسر الفروق الفردية على أساس الوراثة، فقد ميز بين الرجل الذهبي الذي يتمتع بذكاء رفيع وبين الرجل الفضي صاحب الذكاء العادي وبين الرجل النحاسي صاحب الذكاء المتدني.

٢- أرسطو: قابل بين النشاط والسلوك الملاحظ عند الفرد والقدرات الافتراضية التي يرتكز عليها السلوك، ويطلق على مفهوم القدرة مصطلح "البنية الكامنة" أي أن هناك بنية كامنة تفسر بها القدرة التي لاحظناها والذكاء نوع من البنية الكامنة ويستنبط من السلوك الملاحظ. (العزة، ٢٠٠٠)

وإذا أردنا استعراض مفهوم لمصطلح الذكاء لوجدنا أنفسنا في بحر من التعاريف حول الذكاء، وسنذكر بعض الأمثلة من هذه التعاريف على سبيل الذكر لا الحصر:

٣- تعريف تيرمان: "الذكاء هو القدرة على التفكير المجرد"

٤- تعريف شتيرون: "الذكاء هو القدرة على التكيف"

٥- تعريف دولارد وميللر: "الذكاء هو القدرة على التعلم"

٦- تعريف كوهللر: "القدرة على الاستبصار وإدراك العلاقات"

٧- تعريف توندايل: "القدرة على ايجاد الارتباطات بين الأشياء"

٨- تعريف جودارد: "الذكاء هو القدرة على الاستفادة من الخبرات السابقة في حل المشكلات الخاصة والتنبؤ بالمشكلات المستقبلية"

٩- كالفن: القدرة على التوافق.

١٠- هينمون: القدرة على امتلاك المعرفة

١١- ديربورن: القدرة على التعلم والاستفادة من الخبرة.

١٢- بورنك: القدرة على الأداء الجيد

١٣- سبيرمان: القدرة على إدراك العلاقات.

١٤- كورانف: القدرة على الافادة من الخبرة للتوافق مع المواقف الجديدة.

١٥- جاريت: القدرة على النجاح

١٦- بينيه وسيمون: القدرة على المحاكمة والتعليل والفهم

إذا تمعنا في المفاهيم السابقة لمصطلح الذكاء لوجدناها مكونة من:

أولاً: ثلاثة مفاهيم وهي، أن الذكاء صفة تتواجد لدى الأفراد بدرجات مختلفة، وأن الذكاء قدرة افتراضية عامة تظهر في مجالات متعددة من الحياة وتظهر خلال سلوك الفرد الملاحظ وتقاس من خلال مظاهر، أما المفهوم الثالث فهو أن الذكاء وليس قدرة مطلقة بل نسبية.

ثانياً: تبدو التعاريف السابقة مختلفة ظاهرياً الا أنها تتفق مع بعضها في عدة أمور منها: أن الذكاء قدرة تفكيرية عامة، أن هذه القدرة العامة تتضمن الإدراك والتخيل والتذكر والمحاكاة و.. الخ، أن الذكاء يتضمن قدرة على تناول بعضها مع بعض مثل الربط بين الخبرات السابقة واللاحقة وأن الذكاء عبارة عن قدرة تفكيرية موجهة نحو غاية وهدف.

ثالثاً: هناك تعاريف كلية للذكاء تجمع التعاريف السابقة؛ تعريف وكسلر: حيث عرف الذكاء بأنه "نظام من القدرات الخاصة بالتعلم وإدراك الحقائق العامة غير المباشرة وبخاصة المجرد منها بيقظة ودقة والاحاطة بالمشكلات مع المرونة والفطنة في حلها".

طبيعة الذكاء :

هل الذكاء قدرة عامة أم عدة قدرات ؟

لقد استخدم العلماء للإجابة عن هذا السؤال طريقة التحليل العاملي، وهذا أمر احصائي محض وهناك رأيان في هذا المجال:

الرأي الأول: يرى أن الذكاء قدرة عامة تنظم على أساس مبدأ احتواء لعدد من القدرات الأقل منها عمومية ويمثل هذا الرأي كلا من، سبيرمان، ثيرستون، بينيه.

الرأي الثاني: يرى أن الذكاء يتألف من (١٢٠٠) قدرة، مصنفة تحت ثلاثة أبعاد، ويمثل هذا الرأي جيلفورد حيث يعرف القدرة بأنها "عملية ذهنية تستخدم مع نوع من المضمون لإنتاج ناتج من نوع معين".

الذكاء وفعالية الذكاء ؟ سباق التسلح !

لقد ظهرت قوتان عملاقتان بعد انتهاء الحرب العالمية الثانية هما: أمريكا وروسيا، وقد عقد كل طرف منهما تحالفات مع عدد لا بأس به من دول العالم المختلفة.

حيث عرف الحلف الروسي بحلف وارسو Warso والحلف الأمريكي بحلف الأطلسيـ Atlantic ولقد ساد جو من عدم الثقة والريبة بين هذين الطرفين خوفاً على مصالحهما المختلفة في العالم، ولذلك لجأ كل منهما لتقويه نفسه بصناعة الأسلحة الفتاكة ليستطيع أن يدافع بها عن نفسه أمام خصمه، ولقد سبق الروس الأمريكان في غزو الفضاء الأمر الذي دفع الأمريكيين الى إعادة النظر في السياسات التربوية في بلدهم، وبدأوا بالاهتمام بالموهوبين لكي يلحقوا بالروس في هذا المجال، وهذا الأمر لم يكن غريباً حيث أن الامم تلجأ لابنائها الأقوياء والقادرين في أوقات الأزمات وعند الشعور بالخطر والتهديد. ومما لا شك فيه هي فئة الموهوبين والمتميزين، ولعل الأمة العربية هي من أحوج الأمم للاستفادة من ثمرات عقول موهوبيها لتتمكن من ترسيخ وجودها وتوطيد قدراتها على أراضيها والمدافعة عن تراب وطنها والعيش بكرامة أمام الأمم الأخرى. (العزة، ٢٠٠٠)

من هو الانسان الذكي ؟

سؤال ليس من السهل الاجابة عنه، حيث يختلف التعريف باختلاف مفاهيم الأفراد في موضوع الذكاء. فنحن كتربويين يصعب علينا تحديد تعريف الذكاء لمن هم في سن

الطفولة وذلك لصعوبة قياس الذكاء، وانما نتحسس أو نراقب السلوكات الذكية عند الأطفال بغية تنميتها وتوجيهها. والسلوكات الذكية وصفات الشخصية في الابداع، من الأهمية بمكان لأن نتعلمها ونعرفها ونتعلم كيف ننميها لدى الأطفال، أما الذكاء أو من هو الذكي فالزمن وحده هو الكفيل بالاجابة عن هذا السؤال، أي أن الطفل الذي يمتلك القدرات العقلية المبينة في سلوكيات ذكية منذ الصغر، إذا ما أتيحت له بيئة النمو المناسبة، وتوّج مستقبله بالانتاج الجديد وغير العادي، الانتاج الذي يعود بالخير والفائدة على مجتمعه أو لكثير من المجتمعات والخياليين غالباً لا يتم تمييزهم في المدارس من قبل معلميهم، والتاريخ مليء بالأمثلة على مثل هؤلاء الأشخاص.

من هنا جاءت الصعوبة في الرد على مثل هذا السؤال (من هو الشخص الذكي)؟ ويبقي الذكاء احتمالاً حتى يثبت نفسه:

* آينشتاين: بلغ من العمر سنة الرابعة دون أن يستطيع الكلام وبلغ سن السابعة دون أن يستطيع القراءة.

* اسحاق نيوتن: كانت علاماته المدرسية ضعيفة.

* بتهوفين: قال عنه معلم الموسيقي ذات مرة أنه ميؤوس منه.

* الأدميرال ريتشارد بيرد: أحيل على التقاعد من الجيش بسبب عدم مناسبته للخدمة وبعدها طار فوق القطبين.

* ابراهام لنكولن: دخل أحد الحروب برتبه كابتن وخرج منها مدنياً.

* ليوتولستري: فشل في دراسته في الكلية.

* والت ديرني: طرد من عمله من قبل أحد محرري الصحف بسبب أنه لا يملك مقدرة تقديم الأفكار الجديدة.

* توماس أديسون: عندما كان طبياً قال له معلمة: إنك غبي جداً في تعلم أي شيء

* ونستون تشرشل: رسب في الصف السادس. (السرور، ١٩٩٨)

قياس الذكاء

تنسب البدايات الفعلية لحركة قياس الذكاء لأخريات القرن التاسع عشر- ومع كثرة من انبروا لهذه المهمة الا أن محاولاتهم لم تكن تسير في مسار صحيح للاستدلال على

الذكاء حيث كانوا يقيسون سمات لا تعتبر من طبيعة عقلية محضة كقياسهم القدرة على التمييز الحسي- وزمن رد الفعل والقدرة على تمييز الأوزان والحس بالألم وغير ذلك من السمات. إلا أن الفرنسيين بينيه وهنري قاما بأبحاث عن الذكاء بتوجه مختلف، وذلك حينما ذهبا الا الاستدلال على الذكاء من القدرة على التذكر والانتباه والاستيعاب، وهي جميعاً فعاليات عقلية مستمدة من مفهومهما للذكاء الذي اعتبره سمة عامة جداً وعرفاه بأنه القدرة على التكيف الفعال مع المحيط.

وفي عام (١٩٠٤) كلفت السلطات التعليمية في باريس بينيه بوضع وسيلة للتمييز بين الأطفال الأسوياء القادرين على التعلم وضعاف العقول تمهيداً لوضعهم في مؤسسات خاصة بهم، على أن تميز هذه الوسيلة كذلك الأطفال عسيري التعلم عسرة أساسها الاهمال وعدم الاهتمام لا قلة للقدرات العقلية. فقام بينيه مساعده سيمون عام (١٩٠٥) بوضع اختبار مكون من ثلاثين مهمة تتناول عمليات عقلية مختلفة ومرتبة ترتيباً تصاعدياً وفق صعوبتها وتتصف تلك المهمات (الأسئلة) بحدتها من حيث أنها لم تكن تعلم في مناهج مدرسية.

مقاييس الذكاء:

هناك عدة مقاييس للذكاء ولكنها تختلف في الشيء المراد قياسه، وهذه المقاييس تتألف من مجموعة متنوعة من الفقرات لقياس القدرات العقلية الخاصة التي يعتقد أنها تمثل دوراً في القدرة العقلية العامة، ومن هذه المقاييس:

١- اختبار بينيه :

يعد اختبار بينيه أشهر اختبارات الذكاء، نشره عام (١٩٠٥) ثم أجريت عليه تعديلات عام (١٩٠٨) وفي عام (١٩١١) وفي عام (١٩١٦) قام بترمان بإجراء تعديلات واضافات عليه وسمي بعد ذلك باختبار ستانفورد بينيه. (الداهري، ١٩٩٩)

يتكون هذا الاختبار من سلسلة من المهمات مصممة لكل عمر على حده، وعند تطبيق الاختبار يبدأ الفاحص كما تقتضي التعليمات بالأسئلة المخصصة لعمر أقل من عمر المفحوص بسنة أو اثنتين أو أكثر حسب فراسة الفاحص حول ذكاء المفحوص وذلك بحثاً عن العمر القاعدي Basal agc وهو العمر الذي يجيب فيه المفحوص عن كافة

الأسئلة المخصصة له. ثم يشرع في إعطاء الأسئلة تقدماً للوصول نحو العمر السقفي Cielling age وهو العمر الذي يعجز فيه المفحوص تماماً عن إجابة أي سؤال من الأسئلة المتخصصة له. وبين العمر القاعدي والعمر السقفي يحسب مجموع العلامات التي يحصل عليها المفحوص لتحديد مقدار عمره العقلي وذلك بالرجوع الى جداول خاصة مزود بها دليل الاختبار. (الوقفي، ١٩٨٩) وتجدر الاشارة هنا الى أن هذا الاختبار يعد الأساسي لاختبارات الذكاء اللاحقة. يقيس هذا الاختبار قدرات الفهم والتحليل والحكم كما يقيس ذكاء الأفراد من سن الثانية وحتى الرشد ١٨ عاماً.

وقد اشتمل المقياس على (١٥) اختباراً منفصلاً هي:

المفردات، تذكر الجمل، التحليل، الاستيعاب، تذكر الأرقام، العلاقات اللفظية، بناء المعادلات، السخافات، النسخ، تذكر الأشياء، المصفوفات، سلاسل الأرقام، قص الورق، عمل عقد من الذاكرة. وتحسب نسبة الذكاء على أساس العمر العقلي/ العمر الزمني × ١٠٠ (العزة، ٢٠٠٠) افترض بينيه في هذا الاختبار أن الطفل الغبي مشابه للطفل السوي في أوجه نموه ولكنه يختلف عنه فقط في مستوى النمو العقلي. بعبارة أخرى فإن أداء الطفل الغبي على فحوص الذكاء سيكون في مستوى أداء طفل سوي يقل عنه في العمر الزمني. وحتى الآن لم تثبت صحة هذا الافتراض على أية حال حيث أن بعض الأطفال العاديين في مستوى الذكاء قد تكون لديهم قدرة عجيبة على الاستظهار ومع ذلك فهم غير قادرين على المحاكمة العقلية أو التفكير المجرد.

٢- مقياس وكسلر للصغار :

تم وضع هذا المقياس عام (١٩٤٩) وعدل أكثر من مرة وآخرها عام (١٩٧٤) ويقيس ذكاء الأطفال من سن ٦ سنوات الى سن ستة عشر وأحد عشر شهراً. وقد بين المقياس من قسمين أحدهما لفظي والآخر أدائي. أما فقرات الاختبار اللفظية فهي المعلومات، الاستيعاب، المتشابهات، المفردات بالإضافة الى فقرة احتياطية وهي مدى الأرقام.

أما فقرات الاختبار الأدائية فهي خمس فقرات وهي: إكمال الصور، ترتيب الصور، تصميم القوالب، تجميع الأشياء، الترميز وهناك فقرة إضافية هي المتاهات. وتجدر الاشارة الى أن هذا المقياس لا يعتمد على العمر العقلي، ويعطي نسبة ذكاء كلية، وأخرى لفظية وأخرى أدائية. كما جرى تحويل نسبة الذكاء الى نسبة ذكاء انحرافية متوسطة (١٠٠) وانحرافها (١٦) درجة. (العزة، ٢٠٠٠).

٣- مقياس وكسلر للكبار :

وضع عام (١٩٣٩) وعدل وطور عدة مرات، كما أنه قنّن وطور على البيئة الأردنية وأوجدت له دلالات صدق وثبات. ويقيس ذكاء الأفراد من سن ١٦ سنة الى سن ٧٥ سنة ، ويتألف المقياس من جزأين؛ هما:

أ- الاختبارات اللفظية: وعددها ستة اختبارات هي المعلومات، الفهم، الحساب، المتشابهات، مدى الأرقام، المفردات.

ب- الاختبارات الأدائية: وعددها خمسة اختبارات هي رموز الأرقام، تكميل الصور، رسوم المكعبات ، ترتيب الصور ، تجميع الأشياء.

والمقياس يعطي ثلاث نسب ذكاء وهي:

أ- نسبة كلية

ب- نسبة لفظية

جـ- نسبة أدائية

والمقياس وفقرات الاختبار ليست مبنية على العمر العقلي. (الوقفي، ١٩٨٩)

إن ما تم ذكره سابقا كأمثلة على مقاييس الذكاء، اختبار بينيه ومقياس وكسلر للأطفال الراشدين، تعتبر من أشهر مقاييس الذكاء الفردية، حيث تجدر الاشارة هنا الى وجود أنواع أخرى من مقاييس الذكاء وهي كما يلي:

* الاختبارات الجمعية، أشهرها:

١- اختبار ألفا Alpha : حيث يعد اختبار ألفا الجمعي من أوائل الاختبارات الجمعية التي أعدها مجموعة من الباحثين باشراف Yereks بعد أن طور الأفكار التي قدمها لهم Otis حيث طبق هذا الاختبار مع اختبار تيتا على (١٧٠٠٠٠٠) مجند أمريكي.

٢- اختبار بيتا Beta : يعطي هـذا الاختبار للأشخاص غيـر القـادرين عـلى القـراءة والكتابـة ويتألف من سبعة اختبارات منها المتاهـات وتحليل المكتبـات وفحص الأرقام واكمال الصور، ويبلغ مجموع فقراته (١٠٩) فقرة.

اختبارات الذكاء المتحررة من آثار الثقافة، أشهرها:

١- اختبـار كاتيـل Cattell : ويتـألف هـذا الاختبـار الـورقي مـن ثلاثـة مسـتويات أو ثلاثـة اختبارات:

أ- الاختبار الأول للأعمار من (٤-٨) سنوات وللراشدين المتخلفين عقلياً.

ب- الاختبار الثاني للأعمار من (٨-١٣) سنة وللراشدين العاديين.

جـ- الاختبار الثالث للأعمار من (١٣-١٩) سنة وللراشدين المتفوقين.

٢- اختبار كوافن Geedenoagh : وهو اختبار رسم الرجل، أعدته الباحثـة كودانـف ويطلب فيه من الشخص أن يرسم صورة لرجل، ويقدم التقدير فيه على أسـاس دقـة الطفل في الملاحظة وارتقاء التفكير المجرد لديه دون الاهتمام بالمهارة الفنية في الرسم عند حسـاب الدرجة تعطي درجة لكل جزء من الجسـم يرسمه الطفل وتفاصيل الملبس والنسب وغيرها، حيث بلغت عدد المفردات التي يعطي عليها درجات (٧٢) مفـردة. (الـداهري، ١٩٩٩)

نظريات الذكاء :

لقد تعددت وتنوعت نظريات الذكاء، وسوف نشير الى أهمها، كما هو آتٍ:

١- نظرية ثورندايك: تؤكد هذه النظرية على أن الذكاء يتكون من روابط بين التنبيهـات وبـين الاستجابات، وأن الذكاء هو القدرة على المتعلم وأنه يتكون من ثلاثة أنواع:

أ- العملي

ب- الاجتماعي

جـ- النظري

٢- نظرية كانيه: حيث أوضح كانيه أن الذكاء هو القدرة على التعلم ويتكون من ثمانية أنواع من التعلم تختلف فيما بينها من الأبسط الى الأكثر تعقيداً، وهي:

أ- التعلم الاشاري

ب- التعلم الاجرائي

جـ- التعلم الاجرائي المركب

د- الارتباط اللفظي

هـ- التعلم التمييزي

و- تعلم المفاهيم

ز- تعلم القواعد

ح- حل المشكلات

٣- نظرية بياجيه : أكد بياجيه على أن الذكاء ينبغي أن يعالج في ضوء ثنائية معينة، فله طبيعة ومنطقية في آن واحد، فمخ الانسان هو مصدر للنشاط العقلي جزء حي من كائن حي وهو يشترك مع الأعضاء الأخرى في خصائصها العامة على الرغم من أن لكل منها تنظيماً يختلف عن غيره من الأعضاء. ومما يميز نظرية بياجيه تأكيدها على الاعتماد المتبادل بين الكائن الحي والبيئة التي يعيش فيها، وأن الكائن الحي والبيئة هما في حالة تفاعل مستمر فضلاً عن وجود حالة توازن بينهما. (الداهري، ١٩٩٩)

٤- نظرية سبيرمان، نظرية العاملين (s,g) (١٨٦٣-١٩٤٥) :

يرى سبيرمان أن في كل عملية عقلية، هناك عامل (g) يشترك في جميع أوجه النشاط العقلي للفرد، وهي الطاقة العقلية التي تعمل في العالم العقلي وتتدخل في الأسس المعرفية للفرد وهي الأساس في عملية التفكير التي يقوم بها الفرد وهناك عامل خاص (s) محدد موجود في نشاط عقلي ولا يوجد في النشاطات الأخرى.

٥- نظرية ثيرستون، العوامل الطائفية: ويرى فيها ثيرستون أن الذكاء مكون من ستة مكونات رئيسية هي:

أ- القدرة العددية

ب- القدرة اللفظية

جـ- العامل المكاني

د- الطلاقة الكلامية والمحاكمة العقلية

هـ- السرعة الادراكية

و- الذاكرة

وهذه تشكل بموجبها ما يسميه القدرة العقلية الأولية

٦- نظرية هب (الذكاء الموروث والذكاء الوظيفي): حيث يرى هب أن هناك نوعين من الذكاء هما:

أ- المكونات الوراثية: وهو الذكاء الذي يورث أو الاستمداد الفطري وهذا النوع له دور كبير في القدرة على التعلم.

ب- الذكاء الوظيفي: وهو ما يقوم به عقل الفرد في لحظة ما، وهذا النوع يمكن قياسه.

حيث يرى هب أن هذين النوعين من الذكاء مترابطان.

٧- نظرية كاتل (السيّال، المتبلور) : حيث يرى كاتل أن هناك نوعين للذكاء وهما:

أ- الذكاء السيال: وهذا النوع يعتمد على الوراثة ويبلغ ذروته عند سن ١٥ سنة، وهذا النوع يتعلق بالمهام التي تتطلب من الفرد أن يتكيف مع مواقف جديدة.

ب- الذكاء المتبلور: وهو تلك القدرات التي تتبلور بسبب التعلم والخبرة (المؤثرات البيئية) ويستمر في النمو حتى سن ٣٥ سنة، ويوصف بالثبات.

٨- نظرية جيلفورد (البناء) : وتعد نظرية جيلفورد من النظريات التي فسرت الذكاء على أساس النمو العقلي، حيث إن الذكاء له ثلاثة أبعاد منظمة كالبناء، وهي:

أ- العمليات العقلية: وهي العمليات التي يستخدمها الفرد في لحظة ما، وهي:

١- المعرفة: الاكتشاف والتعرف

٢- التذكر: حفظ واسترجاع ما تعرف عليه الفرد

٣- التفكير التمحيصي: وهو التفكير الفعال الذي يؤدي الى إجابة واحدة صحيحة.

٤- التفكير التشعيبي: وهو التفكير الفعال الذي يؤدي الى البحث في اتجاهات مختلفة، وفي عدد من الاجابات المحتملة للمشكلة.

٥- التقييم: وهو الوصول الى قرارات عن مدى صلاحية ما نعرف أو نتذكر وما عن التفكير في مشكلة ما.

ب- المحتوى: وهناك أربعة أبعاد للمحتوى:

١- المحتوى الحسي: وهي المواد الحسية التي ندركها من خلال أعضاء الحس.

٢- المحتوى الرمزي: وهي نظام معين من الرموز مثل الأرقام والأبجدية.

٣- المحتوى اللغوي: وهي المعاني اللغوية للأفكار.

٤- المحتوى السلوكي: وهي السلوكيات العامة ذات الطابع الاجتماعي والانفعالي.

جـ- النتائج: حيث يرى جيلفورد أنه اذا طبقنا عملية معينة على محتوى معين، فإنه ينتج عنها ستة أنواع من النتائج وهي كما يلي:

١- الوحدة: وهي جزء محدد من المعلومات .

٢- الأصناف: وهي وحدات من المعلومات تجمعها بعض الخاصيات المعينة.

٣- العلاقات: وهي صلة بين وحدات المعلومات تعتمد على متغيرات تنطبق على كل متغيرات وحدة من هذه الوحدات.

٤- الأنسقة: مركز منظم مكون من المعلومات أجزاؤها مترابطة ومتفاعلة.

٥- التحويلات: وهي نوع من التغير للمعلومات الموجودة أو إعادة تأويلها.

٦- التضمينات: وهي أي نوع من التجاوز أو التعارض في المعلومات.

وبالتالي يكون لدى الفرد ٤ × ٥ × ٦٠ = ١٢٠٠ قدرة بنائية . (العزة، ٢٠٠٠)

وتجدر الاشارة هنا الى تكامل النظريات السابقة المفسرة للذكاء، حيث إنها تتكامل مع بعضها البعض بحيث نجد أن :

أ- نظريات التنبيه والاستجابة تركز على البيئة.

ب- النظريات العاملية تركز على البيئة.

جـ- نظرية بياجيه تركز على التوازن بين العمليات الداخلية والبيئة الخارجية. (الداهري، ١٩٩٩)

ثبات الذكاء :

تشير الدراسات التي أجريت، على أن هناك ثباتاً نسبياً في نسبة الذكاء عند الفرد، وهذا الثبات يتراوح بين زيادة (١٠ درجات) أو نقصان (١٠ درجات) في نسبة الذكاء، أما اذا حدث تغير مفاجئ في نسبة الذكاء عند الفرد فيعود ذلك إما لصدق وثبات الاختيار أو إلى حالة المفحوص النفسية أو طريقة إجراء الاختبار.

أما أصحاب اختبارات الذكاء فإنهم يفترضون أن هناك ثباتاً نسبياً في ذكاء الفرد، ويقوم الافتراض على أساس أن الصفة المقاسة يجب أن تكون ثابتة غير متأثرة بظروف الخبرة والبيئة. وهذا الافتراض يقود الى أن الذكاء يعتمد على عوامل وراثية وهذا أدى الى القول بأن ما يصدق في بيئة قد لا يصدق في بيئة أخرى.(العزة ، ٢٠٠٠)

مع أن الذكاء كما تقيسه فحوص الذكاء لا يبدأ بالاستقرار قبل بداية السنة الثلاثة المدرسية وذلك عندما يكون تطور اللغة عند الأطفال قد نما بشكل جيد إلا أن درجة ثباته فيما بعد تظل على مستوى مقبول طوال سنوات الدراسة. إن مثل هذا الثبات في قيمة معامل الذكاء يمكن أن يستدل عليه في فترات زمنية متلاحقة. ويبدو أن كلما كان الفاصل الزمني بين مرات إعطاء الفحص كبيراً نتج عن ذلك انخفاض في مستوى معامل الارتباط الناتج وهي نتيجة يمكن للواحد منا أن يتوقعها. ولكن هنا تجدر الاشارة الى أن نسبة الذكاء تقل مع التقدم في العمر فمع أنه من المناسب لأغراض المقارنة أن تعتبر متوسط الذكاء (١٠٠) في حالة أي مجموعة عمرية الا أنه من الضروري أن نعلم أن الذكاء كما تقيسه فحوص الذكاء تقل قيمته تدريجياً مع التقدم في العمر . (عدس، ١٩٩٧)

إن حقيقة تأثير الذكاء بالبيئة والوراثة معاً تؤدي الى الاستنتاج بأن تغير الظروف البيئية يعني منطقياً تغيراً مقابلاً في الذكاء أو لنكون أكثر دقة فنقول تغيراً في علامة الفرد في اختبارات الذكاء. ونشير إلى أن الذكاء في مرحلة الطفولة غير ثابت خصوصاً قبل سن الخامسة، أما بالنسبة لثبات الذكاء في سن الرشد فليس ثمة اتفاق بين الباحثين حوله خصوصاً بين وكسلر وبين ميرنزوليمان. (الوقفي، ١٩٨٩)

التوزيع الطبيعي للذكاء :

تتوزع درجات الأفراد في الذكاء على شكل منحنى، ويسمى منحنى التوزيع الطبيعي. وهو نموذج لرسم بياني يتكون من شقين متماثلين حول خط المتوسط وشكله يشبه شكل الجرس، ولذا يسمى بالمنحنى الجرسي أو بمنحنى بنجهاوس نسبة لصاحب النظرية. (العزة، ٢٠٠٠)

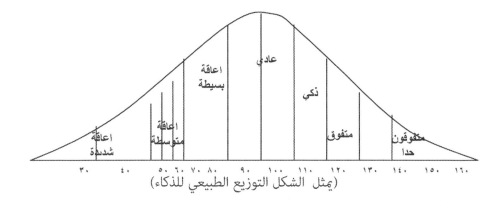

(يمثل الشكل التوزيع الطبيعي للذكاء)

وفيما يلي توضيح لما سبق

- ١٤٠ فما فوق متفوق جداً ويمثلون ٠.١٣%
- ١٣٩-١٢٠ متفوق ويمثلون ٢.١٤%
- ١١٩-١١٠ ذكي ويمثلون ١٣.٥٩%
- ١٠٩-٩٠ متوسط الذكاء (عادي) ويمثلون ٦٨.٢٦%
- ٨٩-٨٠ إعاقة بسيطة ويمثلون ١٣.٥%
- ٧٩-٤٠ إعاقة متوسطة ويمثلون ٢.١٤%
- ٣٩ فما دون تخلف عقلي شديد ويمثلون٠.١٣%

الذكاء وفعالية الدماغ :

إن مستوى الذكاء العالي يفهم على أنه فعالية وعمل الدماغ المتقدم، وأن عمل العقل يأتي نتيجة تفاعل وتداخل العوامل الوراثية والعوامل البيئية، في حين أن الشكل الأساسي لتنظيم الدماغ يتشكل منذ الولادة وغالباً ما يكون توزيع الخلايا فيه مكتمل.

إن فعالية وعمل الدماغ ما بعد الولادة تنشط وتعمل في حالة وجود البيئة الحافزة، ويبدو أن ما تقدمه الجينات الوراثية يوفر الاطار العام للذكاء، والذي اذا لم يستخدم يختفي، في حين أنه سيكون قادراً على النمو إذا ما توفرت له البيئة المنشطة. ولنعرف

كيف يمكن أن يوجد بعض الأشخاص الأذكياء وبعضهم غير ذلك، يجب أن تكون واسعي الاطلاع على أسس البناء ووظائف العقل البشري.

عندما يولد الانسان يحتوي العقل البشري على (١٠٠-٢٠٠) بليون خلية دماغية، وكل خلية عصبية لها مكان يحدد لها وتكون قابلة للتطور مع الزمن وقادرة وجاهزة لأن تحقق أعلى المستويات من إمكانية الطاقة العقلية للانسان. هذا ومع الاستثناءات البسيطة فإن جميع الأطفال القاصرين يأتون ويولدون مع مواهبهم والتي هي عبارة عن صفات حركية موروثة، بينما لا تستطيع تطويرها أكثر بسهولة لأنها عملية صعبة، وفي نفس الوقت فهي ضرورية اذا استطعنا استخدام الخلايا الدماغية التي لدينا، فإننا بالتالي نكون قادرين على معرفة ملايين المعلومات التي تخدمنا في حياتنا اليومية، وفي الواقع أن هناك توقعاً بأننا حقاً نستخدم ما يقارب (٥%) من قدرة الخلايا الدماغ وكيفما استخدم هذا النظام العقلي المعقد يصبح أساساً لنمو وتطور الذكاء والشخصية، ولنوعية الحياة التي سيحياها ويختبرها الأفراد.

تشكل الأعصاب الوحدة الأساسية في الدماغ وهي تتركب من جسم الخلية الأساسي والزوائد المتشجرة التي تشكل تفرعات الخلية العصبية والمحور العصبي، وفي داخل جسم الخلية الأساسي تحدث المعاملات الكيمائية والومضات العصبية التي تحافظ على حياة الخلية. إن النشاط ما بين الأعصاب يتم عن طريق اتصال الزوائد المتشجرة للخلية مع المحور العصبي لخلية أخرى.

إن الزيادة في سرعة وقوة الاتصال تستطيع التأثير في عملية التعلم، وبالتالي هذه هي الاختلافات التي نراها بين العقول التي تبدي تقدماً وسرعة في النمو. (السرور، ١٩٩٨)

عوامل الذكاء :

هل الذكاء ناتج للوراثة وحسب أم عائد الى الظروف المحيطة وحسب؟ أم أنه نتاج للتفاعل بينهما؟

إن محاولات الاجابة عن هذا التساؤل ليست حديثة، حيث شهدت المساحة السيكولوجية ألواناً من التعصب لعامل دون الآخر، ثم تطور البحث للوقوف على أي

العاملين أشد تأثيراً على الذكاء من الآخر، ثم كانت النقلة الأخيرة في البحث وعمادها التساؤل عن كيف يتم التفاعل بين الوراثة والمحيط. ومع أن المشكلة الأخيرة هي أحدث ما يبحث في هذا المجال الا أن البعض لا يزال يغلب عاملاً على آخر. فقد خلص جنس من دراسة واسعة قام بها الى أن ما نسبته (٧٠%-٨٠%) من الذكاء عائد الى الوراثة.

غير أن جنكس وزملاؤه انتهوا بعد مراجعة للدراسات السابقة حول الموضوع الى الاعتقاد بأن الرقم الذي أعطاه جنس مبالغ فيه تماماً وأن تأثير الوراثة تقع في نطاق ٤٥% وأن ليس ثمة دراسة أخرى تدعم استنتاجات جنس التي استقبلت عند نشرها عام (١٩٦٩) من طلابه في جامعة بيركلي الأمريكية بالمقاطعة والدعوة الى فصله من الجامعة.

وقد تصدى أنصار البيئة الى مهاجمة أنصار الوراثة في المعلومات التي قدموها عن القوائم، حيث تقضي الأمور وفقاً لما يراه القائلون بالوراثة أن لا يكون ثمة فارق، معللين ذلك بأن البيئة السيكولوجية الأولى لأي توءم بصرف النظر عن كونهما متماثلين أو غير متماثلين تميل الى أن تكون أكثر تماثلاً من البيئات الأولى للأخوة. فضلاً عن أن نظريات الوراثة لا تفسر ـ وجود الفروق بين ذكاء الأخوة الذين يولدون قبل غيرهم إذ تشير نتائج اختبارات الذكاء الى أن الأخوة الأكبر ينزعون الى أن يكونوا على سبيل الاجمال أكثر ذكاء من الأخوة الصغار. (الوقفي، ١٩٨٩)

هل الذكاء موروث أم مكتسب ؟

سؤال يبادر الأذهان دائماً، وفي هذا الصدد يذكر بأن الذكاء يجمع بين الوراثة والبيئة، حيث إن هناك عدة عوامل تؤثر في الذكاء، منها:

١- العوامل الوراثية: حيث تشير الدراسات الى أن السيادة الوراثية لجينات الذكاء تلعب دوراً في توريث الذكاء، فإذا تزوج ذكي من ذكية وكانت صفة الذكاء سائدة، فإن أولادهم يخرجون أذكياء مثلهم مع بعض الفروق. هذا بالنسبة لمتوسطي الذكاء أو الأغبياء. أما إذا كانت صفة الذكاء عند أحدهم سائدة وعند الآخر متنحية فستكون الفروق بين الأبناء كبيرة.

٢- العوامل البيئية، ومنها:

أ- عوامل رحمية: فقد يصاب الجنين بمرض الزهري أو أن تكون الأمم مدمنة فيؤثر ذلك على نمو الدماغ وبالتالي على الذكاء.

ب- عوامل بيئية بعد الولادة: وتشمل التأثيرات البدنية كسوء التغذية والأمراض التي تصيب الجهاز العصبي المركزي.

جـ- عوامل بيئية داخل الأسرة: فقد يكون هناك تمييز بين فرد وفرد داخل الأسرة، او الالتحاق بمدارس مختلفة، أو مرض طفل في فترة حاسمة من حياته المدرسية، أو رفاق المدرسة.. الخ أو ترتيب الطفل في الأسرة.

د- عوامل بيئية بين الأسر كالمكانة الاجتماعية والاقتصادية والثقافية.. الخ . (العزة، ٢٠٠٠)

إن أسلوب (ثيرستون) والنتائج التي تم الحصول عليها بموجبه قد ولدت الآمال بإمكانية إرجاع الذكاء الى عدد من العوامل الأولية عن طريق مبدأ التحليل العاملي. إنه يبدو ولحد الآن أن الدراسات التي استخدمت مبادئ التحليل العاملي لم تسفر عن وجود أي اتفاق على عدد العوامل المؤلفة للذكاء أو نوعيتها، ولكن هـذا لا يعنـي أن مبـدأ التحليـل العاملي عديم الفائدة إنه عبارة عن وسيلة تساعدنا في مراجعة أسئلة المفحوص وتعديلها كما يساعد في تحديد العوامل ذات الصلة بها، ولا يخفى علينا ما للفحوص من فوائد في تحديد العوامـل المؤثرة في الذكاء واستنباطها واستنتاجها من خلال تلك الفحوص. وعلى كل حـال فـإن الطـرق المتقدمة في التحليل العاملي والتي تحاول الاستفادة من الحاسبات الالكترونية السريعة جـداً يمكن أن تخرج علينا بنتائج تغير من مفاهيمنا الخاصة بطبيعة الذكاء والعوامـل المكونـة لـه. (عدس، ١٩٩٧)

الذاكـرة Memory

* الذاكرة

* تعريف الذاكرة

* طبيعة الذاكرة

* قياس الذاكرة

* كيفية خزن المعلومات

* أنماط الذاكرة

* الفرق بين الذاكرة القصيرة والطويلة المدى

* العوامل التي تساعد على التذكر

* النسيان

* بعض العوامل التي تساعد على النسيان

* نظريات النسيان

الذاكرة Memory :

إننا قد نتذكر الأثر الجارح لكلمة قاسية وجهت الينا، ولكننا قد لا نتذكر أشياء هامة في حياتنا كعيد ميلاد أخ أو أخت لنا. إننا قد نتذكر لعدة سنين تاريخ سقوط بغداد الرشيدة ولكننا لا نتذكر على سبيل المثال القانون الرياضي الخاص بحجم الكرة. إن ذاكرتنا لسبب أو لآخر لا تعمل كآلة تصوير، حيث إن التفاصيل فيها تكون وكأنها مخزونة في ذاكرة كيميائية. وإنه ليس من الغريب أن نجد الكثير منا يوافقون على أنه في مجال التذكر والنسيان فإن الوصول الى مخزون الذاكرة واخراجه الى حيز الوجود أمر يحتاج الى نوع من المهارة أو أنه من في حد ذاته. (عدس، ١٩٩٧)

إن فهم موضوع التذكر والنسيان يعتبر أساساً لفهم التعلم، ذلك لأن هذا الموضوع يعتبر من أهم المواضيع التي تشغل بال المربين باستمرار لأننا نريد من المتعلمين تذكر مادة التعلم التي تم تخزينها في الذاكرة بعد مضي مدة من الزمن، ونريدهم أن ينقلوا ما تعلموه الى مواقف الحياة المختلفة. وبذلك فإن الباحث في التعلم والعوامل المؤثرة فيه لا يستطيع أن يغفل دور التذكر والنسيان في التعلم، حيث إن الفلاسفة والعلماء على مر العصور قد لفتوا النظر الى مشكلة النسيان وأثرها على التعلم. وقد انتشر عن العلماء المسلمين مقولة (آفة العلم النسيان) بمعنى أن المرض الذي يصيب المتعلمين هو مرض النسيان، كما أن علماء المسلمين قد قرنوا النسيان بارتكباهم الذنب.

التذكر عملية هامة في استمرار الخبرة الانسانية واستمرار انسانية الانسان وإلا لكان يعيش من غير ماضٍ يتعرف عليه بوصفه ماضياً ولكان الزمان الذي يعيشه ضيق الرقعة محدود الآفاق لا يكاد يعتد به الى الأمام فيخطط لمواجهة المستقبل، ولا الى الوراء فينتفع بما في ماضيه من خبرات وتجارب ولهذا فإن الذاكرة كانت في طليعة موضوعات علم النفس استرعاء للتجريب والدراسة ولا يزال البحث جارياً للوقوف على الكيفية التي تتم بها عملية الاحتفاظ والأسس الفيزيولوجية للذاكرة. (الوقفي، ١٩٨٩)

تعريف مصطلح التذكر والذاكرة :

يعرف التذكر بأنه قدرة الفرد على استدعاء أو استرجاع أو إعادة ما سبق أن تعلمه أو احتفظ به في ذاكرته سواء كان حركياً أو لفظياً، أو هو قدرته على التعرف على

حدث أو شيء سبق له أن تعلمه أو عرفه وتمييزه عن غيره، أو هو قدرة المرء على القيام بالعمل بنفس الطريقة التي كان قد عمل بها. والتذكر يتضمن اكتساب المعرفة أو الخبرة كخطوة أولى ويتبعها فيما بعد استدعاء او تذكر ما تم اكتسابه .

وقد قدمت جملة تعاريف للتذكر تحوم في النهاية حول تحديد بأنه: عملية تخزين لمواد التعلم فترة زمنية ما، تعريف بفترة الاحتفاظ، واسترجاعها على اعتبار أن الاسترجاع تناول هذه المواد من المخزون واستعادة لما سبق الاحتفاظ به. (الوقفي، ١٩٨٩) والتذكر مصطلح يتضمن اكتساب المعرفة أو الخبرة كخطوة أولى ويتبعها فيما بعد استدعاء أو تذكر ما تم اكتسابه. (عدس، ١٩٩٧)

عرفت الذاكرة بعدة تعريفات، منها:

١- عملية عقلية يتم بها تسجيل وحفظ واسترجاع الخبرة الماضية.

٢- دراسة العمليات التي تتوسط بين امتصاص المعلومات واستعادتها فيما بعد. (الداهري، ١٩٩٩)

٣- الذاكرة ملكة الاحتفاظ بالمعلومات وتخزينها.

هذا ويعرف (صالح الداهري، ١٩٩٩) في مؤلفه علم النفس العام الذاكرة بأنها: عملية عقلية تتضمن أربع عمليات هي ترسيخ المعلومات وخزنها والاستدعاء والتعرف في العملية التي تتحقق بها استجابة الألفة بالأشياء أو الموضوعات التي عرفها الانسان وخبرها من قبل.

ويتضح لنا مما سبق أن جميع تعاريف الذاكرة تركز على عمليات ثلاث أساسية واستراتيجية هي:

١- عملية الادخال والاستقبال

٢- عملية الاحتفاظ والخزن

٣- عملية الاسترجاع

طبيعة الذاكرة :

مع حدوث التعلم يحدث تغير ما في الفرد يعرف بالأثر الذاكري، ويقع هذا التغير في مكان ما من الجهاز العصبي لم يكشف العلم عنه بعد بالرغم من شيوع الحديث عن

أسس فيزيولوجية للذاكرة على البعض، ومن هؤلاء فريق يبث الاعتقاد بوجود أسس كيميائية احيائية للذاكرة قوامها نوع من الأحماض DNA يتكون منها العنصر ـ الجوهري للجينات. وهذا الحامض الموجود في كل خلية حية ينتج مادة أخرى RNA توجه الفعالية الكيميائية التي تؤثر على تطور الخلية بما في ذلك انتاج البروتين. وقد تبين أن إعطاء عقار يزيد من انتاج DNA يحسن ذاكرة الحيوانات وإن إعطاء عقار مضاد له يضعف ذاكرتها. (Fernald, 1978)

تنتج الاشارة الكهربائية الضعيفة للقشرة الدماغية ذكرى أصوات عندما كان الفرد يقدم باختزال المعلومات، غير أن قصور العلم عن الكشف يقينا عن هذه الأسس يجعل البعض الآخر يحجم عن الخوض في هذا الأمر ويقف عند حد القول بوجود قوة ما للربط بين المنبه والاستجابة، فالذاكرة تخزن في الدماغ كتسجيلات دائمة يمكن استرجاعها مفصلة وكاملة إذا قدم المنبه المناسب لاسترجاعها من حيث تثوي ساكنة، وأي نسيان يحدث يكون ناتجاً عن فشل في الاسترجاع لا عن فشل في التخزين والاحتفاظ، ويعرف هذا الفرض بإعادة ظهور الذكرى.

وقد أصبح يعرف عن علماء النفس المعرفي حديثهم عن نظم أو آليات التصنيع المعرفي للذاكرة والمراحل الثلاث التي تتم في التصنيع، وهي كما يلي:
أولاً: عملية استقبال وترميز للمعلومات على شكل صور عقلية أو ألفاظ وتتصل هذه الخطوة بالعمليات الادراكية وتخضع لقوانينها.
ثانياً: عملية التخزين لهذه المعلومات مرمزة حفظها وفي سجل المعلومات الذاكري.
ثالثاً: عملية استرجاع هذه المعلومات واستحضارها من حيث هي مسجله. (الوقفي، ١٩٨٩)
أشكال الذاكرة وقياسها وخزن واسترجاع المعلومات:
توجد هناك عدة كيفيات تستخدم في الكشف عن قدرتنا على التذكر، وهذه الكيفيات هي: الاحتفاظ والاسترجاع والتعرف ومع أن ما سنذكره عن خصائص كل شكل من هذه الأشكال للذاكرة فيما يلي إلا أنه لا يعدو كونه من النوع التقليدي، ومع ذلك يقدم لنا مفاهيم مبسطة عن طبيعة كل كيفية منها تفيدنا في المجال العقلي أكثر من افادتها لنا

في المجال النظري. وباختصار نستطيع بدء الكلام بالقول إن هناك ثلاث وسائل أساسية يستخدمها علماء النفس لقياس الذاكرة هي:

أولاً: الاحتفاظ، ينبغي أن تمتص الخبرة في البيئة حتى تصبح ضمن المكونات العقلية للفرد ولكي يستطيع الفرد استعادتها ينبغي أن تحدث لها عملية تخزين، فالعقل يختار ما يخزنه وما يستطيع تخزينه لفترة طويلة.

ولما كان في قدرة الانسان الاحتفاظ بالمعلومات المرمزة لفترات زمنية متفاوتة تصل أحياناً الى عدة سنوات، فقد اهتم العلماء بمسألة تخزين المعلومات والاحتفاظ بها. وقد افترض الباحثون أن الذاكرة تكون في اقوى أو أفضل أشكالها بعد التعلم مباشرة ثم تأخذ بالضعف أو الاضمحلال مع مرور الزمن. وقد ينسى الفرد بعض أو كل ما تعلم من أشياء فيعجز عن استدعائها وتذكرها ولكنه يتعرف عليها فور مشاهدته لها من جديد أو سماع ما يذكره بها من تلميحات أو تصريحات أو اشياء ترتبط بها فتنشط ذاكرته ويعبر عنها بالأسلوب المطلوب.

ولاختبار مدى الاحتفاظ بالتعلم يطلب من الفرد أولاً أن يحفظ شيئاً جديداً وليكن مثلاً قائمة من المقاطع الصماء. وبعد فترة راحة قد تتراوح بين ثوان قليلة وسنوات قليلة، يطلب منه أن يعيد حفظ هذه المادة ويعتبر النقص المطلوب لحفظ القائمة مرة ثانية أو النقص في عدد الأخطاء أو النقص في عدد المحاولات اللازمة للحفظ علاقة على استمرار الاحتفاظ.

ويمكن القول بشكل عام أن الاحتفاظ بالتعلم الحركي يدوم مدة أطول من الاحتفاظ في التعلم اللفظي، فمع قليل من التمرين يمكن للفرد أن يستعيد قدرته على ركوب الدراجة التي لم يركبها منذ سنين. وعلى وجه التأكيد فإننا نتذكر بعض الحقائق والاشعار وأموراً أخرى معنا مدة طويلة ولكن غالباً التفاصيل تتلاشي مع مرور الزمن . (عدس، ١٩٩٧)

ثانياً: الاسترجاع:

إن عملية الاسترجاع هي عبارة عن استجابة لمثير، هذا هو أكثر أنواع التذكر استخداماً في التجارب المخبرية لقياس القدرة على الحفظ. وفي أمور الحياة العادية فإن عمليات الاسترجاع كثيرة ومتعددة، ويسهل اعطاء العديد من الأمثلة عليها. إنك سرعان

ما تتبين بأنك ما زلت قادراً على استرجاع قصيدة شعرية سبق لك أن تعلمتها منذ زمن بعيد أيام الطفولة مثلاً. أنه عندما تتم عملية اكتساب الخبرات لأول مرة فإن مثيراً واستجابة يحدثان معاً، وفي وقت الاسترجاع فإن المثير يميل الى اثارة نفس الاستجابة التي سبق أن ارتبط بها. ومن الجدير بالذكر أن البحث ما زال جارياً عن الطريقة أو الكيفية التي يتم لنا بموجبها استرجاع ما سبق وأن تعلمناه. فنحن لحد الآن لا نزال نجهل الكثير عن كيفية خروج الأشياء التي نتذكرها الى مجال الذاكرة.

قد يعرف الاسترجاع بأنه قدره المرء على استدعاء أو إعادة مادة سبق تعلمها أو الاحتفاظ بها في ذاكرته. ويعبر المرء عن عملية التذكر لفظاً بإعادة الألفاظ والكلمات والعبارات التي كان قد حفظها أو أداء بإعادة القيام بالعمل المتذكر بنفس الطريقة التي كان قد تعلم بها. والاسترجاع طريقة مألوفة لدى جميع الطلبة الذين يكون عليهم أن يؤدوا امتحانا من نوع المقال.

والاسترجاع يختبر بسهولة في المختبر ففي أحد أنواع التجارب المسماة "تجربة الاسترجاع الحر" يعرض على الأفراد قائمة من البنود سيختبرون فيها فيما بعد. وبعد مضي بعض الوقت يطلب منهم أن يسترجعوا أكبر عدد ممكن من البنود. فمثلاً يمكن أن يعرض على الأفراد قائمة من الكلمات مثل (شرطة، شباك، واضح، بشار، رسالة، يدهن.. الخ) أو قائمة من المقاطع الصماء مثل (قب، بح، سد، وك، بف.. الخ) ويطلب من الأفراد أن يكتبوا أو يذكروا أكبر عدد ممكن من هذه البنود بأي ترتيب يرغبون به وتحسب درجة الاسترجاع بالنسب المئوية للبنود الصحيحة.

ويجدر الآن ذكر أن من الأفراد من تكون لديهم القدرة على استرجاع مواد لفظية قوية جداً، والبعض الآخر قد تكون قوتهم على استرجاع المواد الصورية أكبر من اللفظية والأفراد في هذا مختلفون.

ثالثاً: التعرف

يعتبر هذا المقياس أسهل من سابقه، فمن لا يستطيع الاسترجاع يمكنه أن يتعرف، ذلك أن عملية التعرف تختلف وظيفياً عن عملية التذكر من حيث أن التعرف يبدأ بشيء يعين على الاسترجاع في حين أن التذكر بحث في الذاكرة عما يطلب استرجاعه.

(الوقفي، ١٩٨٩) . التعرف هو القدرة على التمييز بين الأشياء التي سبق أن مرت بخبرتنا أو التي تعلمناها وبين أشياء جديدة. كأن يميز الطفل بين كلمات أخذها وبين كلمات لم يأخذها بعد. وكذلك كأن نرى صديق لنا فسرعان ما نتعرف عليه من بين الوجوه الأخرى، كما وأننا نتذكر اسمه ونتذكر ما يتعلق به من معلومات وكم وكيف أمضينا وقتنا معه، وغير ذلك مما يخصه.

إن الطالب في حالة قياس الذاكرة عن طريق فحوص التعرف يعطي بنوداً سبق له أن تعلمها بحيث تكون مختلفة أو مختلطة عن بنود أخرى جديدة عليه ويطلب إليه أن يتعرف على البنود التي سبق له تعلمها. والتعرف هو ما يحدث عندما نرى شخصاً ما يبدو مألوفاً جداً لدينا ولكننا لا نستطيع أن نتذكر أسمه، وفي التعرف تختبر قدرة الفرد على التعرف على البنود التي درسها لتوه عن طريق عرض هذه البنود مختلطة مع بنود أخرى جديدة (مشتّته) ثم نطلب من الفرد تحديد تلك البنود التي درسها. (بني جابر، ٢٠٠٢)

إن معظم الطلبة يوافقون على أن النتائج التي يحصلون عليها في حالة فحص يقيس التعرف تكون أفضل من النتائج التي يحصلون عليها في حالة أي نوع آخر من الفحوص.

ففي حالة فحص من نوع الاختيار من متعدد ينتظر أن تكون نتائجه أفضل مما هي عليه في حالة فحص من نوع المقال، حيث يطلب اليهم الاسترجاع التام من الذاكرة. إن الطالب في حالة قياس التذكر عن طريق فحوص للتعرف يعطي بنوداً سبق له أن تعلمها بحيث تكون مختلطة مع بنود أخرى جديدة عليه ويطلب اليه التعرف على البنود التي سبق له أن تعلمها ولذلك فإن مستوى التذكر المطلوب يكون أقل مما هو عليه في حالة الاسترجاع أو التذكر التام، كما ذكرنا سابقاً في أسئلة المقال، ومن هنا فلا غرابة أن نجد أن نتائج الطلاب في حالة فحوص الاسترجاع أقل بوجه عام من الاسترجاع غير التام (التعرف) .

أنماط الذاكرة :

١- الذاكرة قصيرة المدى :

إننا نقصد بالذاكرة قصيرة المدى تلك الذاكرة التي نحتاج الى استرجاعها بعد وقت قصير من اختزانها بخلاف الذاكرة التي نحتاج الى استرجاعها بعد وقت قصير من اختزانها. إن الذاكرة قصيرة المدى يجب عليها أن تنافس غيرها من أنواع الذاكرة حتى تظل بارزة في مجال الانتباه بحيث يسهل استرجاعها حتى يطلب ذلك.

هذه الذاكرة هي مخزن وقتي يستطيع الشخص فيه الاحتفاظ بعدد محدد من المعلومات لوقت قصير (من عدة ثوان الى عدة دقائق) حتى إما أن يتم نسيانها أو أنها تتعرض لمعالجات جديدة ومن ثم يتم نقلها الى الذاكرة طويلة المدى، ومن الأمثلة على ذلك الاحتفاظ برقم هاتف معين لفترة من الزمن تمكن أحد الأفراد من الاتصال بصاحب هذا الرقم.

تشير الخبرة العادية الى أن الاحتفاظ بالأرقام يتطلب ترديده أو تكراره بين الفرد ونفسه طيلة فترة استخدامه، فإذا تم الاتصال بالشخص المطلوب فسيزول الرقم من الذاكرة قصيرة المدى لعدم ضرورة الرجوع اليه .

يعلل النسيان الذي يصيب الذكريات في الذاكرة قصيرة المدى بمبدأ الاستبدال، فإذا كانت المعلومات تتولى على الذاكرة فإن المعلومات الجديدة تحل محل المعلومات السابقة وتطرد من الذاكرة المحدودة السمة. (الوقفي، ١٩٩٧)

أشارت الدراسات العلمية الى أن انتقال المعلومات من جهاز الذاكرة قصيرة المدى الى جهاز الذاكرة البعيدة المدى أمر بطيء ولا يحدث فجأة، وأن المدى الانتقالي يستغرق ما بين (٢٠-٣٠) دقيقة.

كما وأشارت الدراسات العلمية الى أن انتقال المعلومات من جهاز الذاكرة قصيرة المدى الى جهاز الذاكرة بعيدة المدى هي عملية انتقائية، ويظهر أن العنصر المهم في انتقائها هو تحديد مدى استخدامها في المستقبل. (الداهري، ١٩٩٩)

٢- الذاكرة طويلة المدى:

وهي الذاكرة التي تستطيع الاحتفاظ بكمية كبيرة جداً من المعلومات ولفترات زمنية قد تصل في بعض الأحيان الى عدة سنوات . هذا وإن إيداع أية معلومات جديدة في الذاكرة طويلة المدى يأخذ في العادة جهداً كبيراً ولكنها حال وصولها الى هناك فإنها تميل الى أن تسكن وتصبح في سبات حتى يتم تفعيلها واستدعاؤها من جديد، ولا يعرف أحد سعة الذاكرة طويلة المدى بالضبط، فالناس يتذكرون حقائق ومفاهيم وأحداث ومهارات كثيرة بحيث أن بعضها تم لهم اكتسابها وهم صغار السن. (بني جابر، ٢٠٠٢)

إن الأساس الأهم في ترميز الذاكرة الطويلة المدى للمواد اللفظية يتم على أساس معاني هذه الألفاظ، ومثال ذلك قد يتذكر أحد الأفراد كلمة (سعيد) بدلاً من كلمة (مسرور) (الوقفي، ١٩٨٩)

الفرق بين الذاكرتين القصيرة والطويلة :

يمكن التمييز بين الذاكرة طويلة المدى والذاكرة قصيرة المدى في النواحي التالية:

١- كمية المعلومات: هي أكبر في الذاكرة الطويلة من الذاكرة القصيرة.

٢- مدة الاحتفاظ بالمعلومة: هي أكثر في الذاكرة الطويلة من القصيرة.

٣- المعلومات المخزنة: أقل تأثراً بالمعلومات أو المدخلات الجديدة في الذاكرة الطويلة أما في القصيرة المدى فهي أكثر تأثر.

٤- تقوم الذاكرة طويلة المدى بمعالجات كثيرة جداً للمعلومات المرمزة أو المخزنة بشكل أولي فتحولها وتطورها وتنظمها بحيث تأخذ أشكالاً تمكن من الاحتفاظ بها لفترة زمنية طويلة على عكس الذاكرة قصيرة المدى.

٣- الذاكرة الحسية:

إن المنبهات التي تطرق الحواس تمكث فيها للحظة قبل أن تصنف أو تؤول، وتقدر لحظة مكوث الأثر الذاكري في عضو الحس من أجزاء من الثانية الى بضع ثوان قبل أن يرسل عضو الحس بالأثر الذاكري الى حيث يخزن في نمط آخر من الذاكرة. (الوقفي، ١٩٨٩)

وتشتمل الذاكرة الحسية:

الذاكرة البصرية والذاكرة السمعية والذاكرة الشمية والذاكرة الذوقية والذاكرة اللمسية. (الداهري، ١٩٩٩)

وقبل الانتهاء من تناول موضوع أنواع الذاكرة لابد للاشارة الى ما يلي:

* تقسم الذاكرة من حيث النشاط العقلي المركب إلى:

١- ذاكرة حسية

٢- ذاكرة لفظية

٣- ذاكرة حركية

٤- انفعالية

* تقسم الذاكرة من حيث أهداف النشاط الى نوعين:

١- ذاكرة إرادية

٢- ذاكرة لا إرادية

* تقسم الذاكرة من حيث زمن الاحتفاظ بالمعلومات الى نوعين:

١- ذاكرة قصيرة المدى

٢- ذاكرة طويلة المدى (الداهري، ١٩٩٩)

العوامل التي تساعد على التذكر:

يمكن تقسيم العوامل التي ساعدت أو تساعد على التذكر الى العوامل التالية:

١- العمر: يختلف الأشخاص في قدرتهم على التذكر تبعاً لأعمارهم، فمدى الذاكرة يتقدم طبقاً لنمو العمر الا انه يتوقف عن الزيادة الى حوالي سن السادسة عشرة، كما أن مدى الذاكرة يتأخر بشكل واضح في الشيخوخة.

٢- الجنس: ثبت من التجارب العلمية أن الاناث يتفوقن على الذكور في تذكر المادة عديمة المعنى (المادة الصماء) بينما يتفوق الذكور على الاناث في تذكر المادة المبنية على الفهم.

٣- الذكاء: هناك علاقة موجبة جزئية بين الذكاء والتذكر، فالأذكياء أقوى في القدرة على التذكر من الأشخاص الأقل ذكاء ولكن لا يعني ذلك أن كل شخص قوي الـذاكرة يكون ذكياً أو أن كل شخص ضعيف الذاكرة يكون غبياً.

٤- الصحة: فقد ثبت أن الأمراض المعدية الطويلة لهـا أثرهـا عـلى القـدرة عـلى التـذكر وأن الصحة العامة تؤثر على الذاكرة بوجه عام.

٥- الدافع الشخصي: حيث أن رغبة الفرد في تعلم المادة التعليمية تزيد من تذكرها.

٦- طبيعة المادة المنظمة: حيث تشير الأبحاث الى أن الموضوعات التـي يتعلمهـا الفـرد تكـون أسهل في التذكر في الحالات التالية:

أ- كلما كانت ذات معنى بالنسبة للمتعلم.

ب- ارتباط موضوع التعلم بخبرات المتعلم.

جـ- طول المدة حيث أن المادة الطويلة تستغرق وقتاً وجهداً أعلى مما تتطلبه المادة القصيرة.

د- الألفة والمعرفة بالموضوع المتعلم.

هـ- السهولة في المادة المتعلمة والصعوبة,

و- موضوع المادة حيث أن الجزء الأول والأخير من المادة أسهل من التذكر.

٧- طريقة عرض المادة التعليمية حيث أنها كلما ارتبطت عند المتعلم بشيء ما كانت أسهل.

٨- التداخل والتعارض حيث أن التداخل والتعارض يؤدي إلى ضعف التذكر لبعض المعلومـات وتذكر البعض الآخر.

٩- الفاصل الزمني بين التعلم والحفظ حيث وجد أن النسيان بعد التعلم مباشرة يكـون أقـل من النسيان بعد التعلم بفترات طويلة جداً.

١٠- العوامل الفيزيقية الأخرى، مثل توفر المكان المناسب وتوفر المقعد المريح، وتوفر الهـدوء والبعد عن المشتتات وخلـق تـوتر معقـول للفرد يسـاعد عـلى سرعـة اكتسـاب الـتعلم والتذكر.

النسيان :

إن النسيان ليس بالعملية السلبية التي تحصل مع مرور الزمن، إننا في حالة الكثير من المهارات المتعلمة يمكن أن ننسى ما يجب علينا عمله، وهذا بالطبع ليس هاماً كتذكرنا لما يجب أن نتعلمه . إن النسيان ليس أمراً لا يمكن تفاديه، لانه حتى مع مرور الزمن الطويل مع عدم الاستعمال فإن المواد اللغوية والأفكار يمكن الاحتفاظ بها.

النسيان هو عدم القدرة على التذكر أو التعرف أو إعادة التعلم بسرعة مناسبة. وعادة ما يعزى الفشل في تخزين الأثر الذاكري وتثبيته بشكل محكم الى الفشل في استرجاع الأثر الذاكري بالرغم من تخزينه بشكل جيد، وذلك لعدم وجود مفتاح مناسب يساعد على الاسترجاع.

النسيان هو فقدان كلي أو جزئي لبعض ما تعلمه الشخص سابقاً من معارف ومهارات أو هو عجز مؤقت أو نهائي عن الاستدعاء والتذكر في صوره المختلفة. العلاقة بين النسيان والوقت تمثل منحنى النسيان وهو يربط بين المادة المحفوظة والفترة الزمنية التي تمضي بعد عملية الحفظ . (بني جابر، ٢٠٠٢)

لاحظ منحنى النسيان :

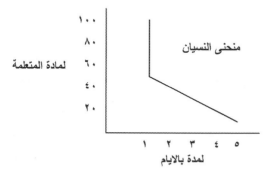

يلاحظ أن المادة المتعلمة تأخذ في التناقص كلما مرت فترة زمنية بعد عملية الحفظ الى أن تصل نسبة المادة الى درجة الانخفاض فيتوقف التناقص بعدها.

بعض العوامل التي تساعد على النسيان :

١- التعلم المنقوص: إن التعلم الذي يحدث على هيئة قراءة عابرة لموضوع معين أو كتاب ما أو مجرد النظر فقط الى الملخصات يسمى التعلم المنقوص، وهو من العوامل التي تساعد على النسيان. وهذا يعني أنه إذا أردنا تقليل النسيان يجب علينا القيام بعملية استذكار للمعلومات ذات الصلة بعد قرائتها مباشرة والبحث حول المبدأ العام الذي تدور حوله التفاصيل ومحاولة تذكر الحقائق الهامة.

٢- تداخل بعض النشاطات الأخرى: إن هذا العنوان يوحى لنا بأنه حتى نستطيع تذكرها نتعلم فعلينا أن نقلع عن النشاطات التي يمكننا أن نتداخل مع ما تم تعلمه أو حتى أنها تشوش عملية التعلم منذ البداية.

٣- الاتجاهات وأثرها على النسيان: إن الناس يميلون الى تذكر الأمور التي تتوافق مع اتجاهاتهم والى نسيان الأمور التي لا تتفق معها.

إنه يبدو من الطبيعي بعد رحلة طويلة أو مع مرور الزمن أن تظل الخبرات السارة في الذاكرة بينما ننسى الخبرات غير السارة.

وفي دراسات أجريت لتحديد تأثير الاعلانات على الأفراد فقد وجد أن الناس يتذكرون الاعلانات التي لها صلة باحتياجاتهم الشخصية وينسون ما عدا ذلك.

٤- بقايا التعلم في الذاكرة: إن أحد الطرق للتأكد من أن ما تم تعلمه لم ينس كلية هو عن طريق اعادة تعلم ما سبق تعلمه ولكنه نسي ـ بشكل كلي او جزئي. ونحن كأشخاص راشدين فإن جميعاً نعرف أن هناك بقايا لما نتعلمه في ذاكرتنا، فحين نتعلم قصيدة شعرية وحين نعاود تذكرها بعد فترة من الزمن نجد بأن هناك بقايا منها لا تزال محفوظة، وفي نفس الوقت نلاحظ بأنه إذا أردنا تعلمها من جديد سوف نستغرق وقت قصير نسبياً، مقارنة بالوقت الأصلي عند تعلمها في المرة الأولى. (عدس، ١٩٩٧)

نظريات النسيان :

تناولت الدراسات المبكرة مفهوم النسيان وفسرته بطرق مختلفة تبلورت في النظريات التالية:

١- نظرية التلف: تقوم هذه النظرية على افتراض مفاده أن الأثر التذكري يضعف مع مرور الزمن على نحو آلي نتيجة لبعض العمليات الآلية الذاتية والتغيرات العضوية التي تصيب حياة الأفراد مثل تعرض الفرد لأذى في الدماغ او نتيجة للعمليات الجراحية التي يتعرض لها الفرد أو نتيجة أعمال الهدم التي تتم لخلايا الدماغ مع مرور الزمن.

إن البرهان التجريبي القاطع على صحة هذه النظرية غير قائم بالرغم من توافر بعض الأدلة، فقط لوحظ أن فتى فقد بصره وهو في عمر السنتين، إنه عندما استعاد بصره بعد عدة سنين لم يقو على تذكر أية صورة بصرية وظهر عليه كأنه ولد غير مبصر، وهناك دعم لهذه النظرية يأتي من التجارب في نطاق الذاكرة القصيرة حيث تتعرض الكثير من المعلومات للضياع بعد ثوان معدودات. (الوقفي، ١٩٨٩)

٢- نظرية تغير الأثر: وهذه النظرية تدعي أن الناس يشوهون بشكل منهجي المادة المحفوظة وأن هذا التشويه يحدث النسيان فذاكرة الفرد بالنسبة لما سبق أن رآه تميل الى أن تتغير بطرق معينة حيث تتحول الى الأشكال الأكثر تناسقاً والأقل نقصاً. ويتم تغيير مضمون الذاكرة بناء على مبدأ من المبادئ التالية: الاغلاق (أي الميل الى اغلاق شكل مفتوح) الشكل الحسن (أي الميل الى كمال الشكل)، التناسب (أي الميل الى توازن الشكل) (بني جابر، ٢٠٠٢)

٣- نظرية التداخل : يعود النسيان طبقاً لهذه النظرية الى تداخل المعلومات الجديدة مع القديمة المخزنة سابقاً في الذاكرة مما يؤدي إلى اعاقتها لتذكر المعلومات القديمة ويسمى التداخل في هذه الحالة (كف الأثر الرجعي) وقد يأخذ التداخل اتجاهاً معاكساً لما سبق وعندها تسمى هذه الحالة (كف الأثر القبلي) .

٤- نظرية الامحاء: تتجه هذه النظرية في تفسير النسيان نحو تخزين المعلومات، فتفترض ان تخريباً مفاجئاً يصيب الذكرى الجديدة، بمعنى أن ظروفاً وعوامل معينة تعقب الخبرة الجديدة مباشرة تعمل على استئصالها قبل أن تغدو ذكرى ثابتة. (الوقفي، ١٩٨٩)

٥- نظرية الكبت (النسيان المتعمد): حيث تفسر هذه النظرية النسيان الى الكبت باعتباره الظاهرة التي تتمثل في عدم قدرة الشخص على استرجاع المعلومات التي قد تسبب له التعاسة.

نسب فرويد النسيان في هذه النظرية الى عوامل عائدة الى الفرد، فرغباته واحباطاته تدعوانه لأن ينسى، بمعنى أن النسيان عملية يندفع الفرد اليها اندفاعاً من ذاته لكي يبعد عن وعيه كبت الأفكار والمشاعر المؤلمة وغير المواتية. (الوقفي، ١٩٨٩)

٦- نظرية الاسترجاع: تنص على أن النسيان عندما يحدث لا يعني بالضرورة أن المعلومات قد فقدت من الذاكرة تماماً بل إنها لم تجد المثيرات او التلميحات (المفاتيح) الكافية لأن تسمح باسترجاعها، وهذا يعني أن درجة التذكر تتوقف على توافر المفاتيح المناسبة لاسترجاع المادة المخزنة.

٧- نظرية النسيان البناء: وفيها يصف عالم النفس الانجليزي Bartlet النسيان على أنه ليس عملية سلبية مثله في ذلك مثل الذكريات التي تقبع ساكنة في الذاكرة بل هو عملية ناشطة وعملية بناءة .

٨- نظرية المفهوم المعاصر للنسيان: والتي ترد النسيان الى الفشل في ترميز هذه الحوادث على نحو مناسب أو الى فشل في الاستراتجيات التي يتبعها الفرد لاسترجاع هذه المعلومات علماً بأنه تتوافر لدى الفرد المفاتيح المناسبة لاسترجاع المادة المخزنة.

هل يمكن تحسين الذاكرة ؟

جاءت مختلف التجارب تؤكد على أن الذاكرة لا تحسن ولكن عملية التذكر يمكن أن تحسن بتحسين نظم الذاكرة من ترميز وتخزين واسترجاع.

سيكولوجية التفكير

تعريف التفكير :

التفكير هو عبارة عن سلسلة من النشاطات العقلية التي يقوم بها الدماغ عندما يتعرض لمثير يتم استقباله عن طريق واحد أو اكثر من الحواس الخمسة. والتفكير بالمعنى الواسع هو عملية بحث عن معنى في الموقف أو الخبرة (Baall 91) والتفكير مفهوم مجرد كالعدالة والظلم والشجاعة والكرم, لأن النشاطات التي يقوم بها الدماغ عند التفكير هي نشاطات غير مرئية وغير ملموسة, وما نشاهده او نلمسه في الواقع ليس الانتاج فعل التفكير سواء كانت بصورة مكتوبة أو منطوقة ام حركية.

وهناك حاجة للتفريق بين مفهومي "التفكير" ومهارات التفكير، وذلك لأن التفكير عملية كلية نقوم عن طريقها بمعالجة عقلية للمدخلات الحسية والمعلومات المسترجعة لتكوين الأفكار أو استبدالها او الحكم عليها. وهي عملية غير مفهومة تماماً وتتضمن الادراك والخبرة السابقة والمعالجة الواعية والحدس وعن طريقها تكتسب الخبرة معنى.

أما مهارات التفكير: فهي عمليات محددة تمارسها وتستخدمها عن قصد في معالجة المعلومات مثل، مهارات تحديد المشكلة، ايجاد الافتراضات غير المذكورة في النص أو تقييم قوة الدليل أو الادعاء.

والتفكير يتألف من مهارات متعددة تسهم كل منها في فاعلية عملية التفكير، ويتطلب التفكير تكاملاً بين مهارات معينة ضمن استراتيجية كلية في موقف معين لتحقيق هدف ما .

خصائص التفكير :

يمكن اجمالها فيما يلي:

١- التفكير سلوك هادف لا يحدث في فراغ او بلا هدف.

٢- التفكير سلوك تطوري يزداد تعقيداً مع نمو الفرد وتراكم خبراته.

٣- التفكير الفعال هو التفكير الذي يستند الى افضل المعلومات الممكن توافرها ويسترشد بالأساليب والاستراتيجيات الصحيحة.

٤- الكمال في التفكير امر غير ممكن في الواقع والتفكير الفعال غاية يمكن بلوغها بالتدريب والمران.

٥- يتشكل التفكير من تداخل عناصر المحيط الذي يضم الزمان (فترة التفكير) الموقف او المناسبة والموضوع الذي يجري حوله التفكير.

٦- يحدث التفكير بأشكال وانماط مختلفة (لفظية، رمزية، كمية، مكانية، شكلية) لكل منها خصوصيته . (جروان، ١٩٩٩)

تعريف التفكير الابداعي :

هو نشاط عقلي مركب وهادف توجهه رغبة قوية في البحث عن حلول والتوصل الى نتائج لم تكن معروفة في السابق ويتميز التفكير الابداعي بالشمولية والتعقيد، لانه ينطوي على عناصر معرفية وانفعالية واخلاقية متداخلة يتشكل حالة ذهنية فريدة وهناك تغيرات مقابلة للتفكير الابداعي وهو التفكير المنتج، والتفكير المتباعد والتفكير الجانبي .

مهارات التفكير الابداعي :

١- الطلاقة :

القدرة على توليد عدد كبير من البدائل او الافكار او المشكلات او الاستعمالات عند الاستجابة لمثير معين والسرعة والسهولة في توليدها.

٢- المرونة :

وهي القدرة على توليد الأفكار بحيث تكون متنوعة وليست من نوع الأفكار المتوقعة عادة وتوجيه او تحويل مسار التفكير مع تغير المثير أو متطلبات الموقف، والمرونة عكس الجمود الذهني ومن أشكالها المرونة التلقائية، التكيفية، اعادة التعريف.

٣- الأصالة :

هي اكثر الخصائص ارتباطاً بالابداع والتفكير الابداعي والاصالة بمعنى الجدة والتفرد وهي التي تركز على نواتج الابداعية ويستخدم كمكمل للحكم على مستوى الابداع.

٤- الافاضة :

وهي القدرة على اضافة تفاصيل جديدة ومتنوعة لفكرة او حل لمشكلة أو لوحة من شأنها ان تساعد على تطويرها واغنائها وتنفيذها.

٢- الحساسية للمشكلات :

وهي الوعي بوجود مشكلات او حاجات او عناصر ضعف في البيئة او الموقف، ويعني ذلك ان بعض الأفراد اسرع من غيرها في ملاحظة المشكلة والتحقق من وجودها في الموقف. واكتشاف المشكلة يمثل خطوة أولى في عملية البحث واضافة معرفة جديدة او ادخال تحسينات وتعديلات على معارف او منتجات موجودة .

ويرتبط بهذه القدرة ملاحظة الاشياء غير العادية او الشاذة او المحيرة في محيط الفرد او اعادة توظيفها او استخدامها واثارة تساؤلات حولها.

عقبات التفكير الابداعي :

اشارت عدة مراجع الى وجود عقبات كثيرة ومتنوعة في طريق تنمية مهارة التفكير الابداعي والتفكير الفعال. ولذلك يجب ان ينتبه المعلمون والمدربون والاباء على تحديد هذه العقبات حتى يمكن التغلب عليها بفاعلية عند تطبيق البرنامج التعليمي وقد صنف الباحثان اساكس وبترفنجر (Isakson & Treffinger 1985) عقبات التفكير الابداعي في مجموعتين رئيستين هما :

١- العقبات الشخصية وتتمثل في :

أ- ضعف الثقة بالنفس

ب- الميل للمجاراة

جـ- الحماس المفرط

د- التشبع

هـ- التفكير النمطي

و- عدم الحساسية او الشعور بالعجز

ز- التسرع وعدم احتمال الغموض

ح- نقل العادة

٢- العقبات الظرفية :

ويقصد بها تلك المتعلقة بالمواقف ذاته او بالجوانب الاجتماعية او الثقافية السائدة

ومن اهم هذه العقبات :

أ- مقاومة التغير

ب- عدم التوازن بين الجد والفكاهة

جـ- عدم التوازن بين التنافس والتعاون (الجروان، ١٩٩٩)

عوامل نجاح تعليم التفكير :

يؤكد خبراء علم نفس التفكير على ان التفكير لا يحدث في فراغ بمعزل عـن محتوى معين او مضمون، فعملية التعليم والـتعلم محكومـة بعوامـل عديـدة تشـكل الاطار العـام، وهناك عوامل عديدة كانت سبباً في نجاح تعليم التفكير منها :

١- المعلم:

ويعد من أهم عوامل نجـاح بـرامج تعليم التفكير وقد اورد الباحـث راش ورفاقه (Rachs at ed 1986) عدة خصائص وسلوكات يتوجب ان يتحلى بها المعلمـون مـن اجـل توفير البيئة الصفية اللازمة لنجاح عملية تعليم التفكير وتعلمه منها:

أ- الاستماع للطلبة .

ب- احترام التنوع والانفتاح .

جـ- تشجيع المناقشة والتعبير .

د- تشجيع التعلم النشط

هـ- تقبل افكار الطلبة

و- اعطاء وقت كاف للتفكير

ز- تنمية ثقة الطلبة بانفسهم

ح- اعطاء تغذية راجعة ايجابية

ط- تثمين افكار الطلبة

٢- البيئة المدرسية والصفية :

تؤكد الدراسات حول الفاعلية المدرسية أن درجة الانسجام والتكامل بين هذه المكونات تتأثر بالخصائص العامة للبيئة المدرسية والصفية وهذه هي أهم الخصائص في نجاح برنامج تعليم مهارات التفكير :

أ- المناخ المدرسي العام.

ب- فلسفة المدرسة وأهدافها.

جـ- مصادر التعلم وفرص اكتشاف المواهب.

د- العلاقات المدرسية

هـ- المجالس المدرسية.

و- المناخ الصفي

ز- أساليب التقييم

ثالثاً: ملاءمة النشاطات التعليمية لمهارات التفكير.

رابعاً: استراتيجية تعليم مهارات التفكير. (جروان، ١٩٩٩)

سيكولوجية المبدع :

١- عشق الجديد : واضح ان الابداع هو تقديم الجديد غير المسبوق، والمجالات الابداعية تظل مفتوحة امام العقول المبدعة ومن أهم المجالات التي تتسع للجديد هي:

١- المجال الادبي

٢- المجال الفلسفي

٣- المجال التكنولوجي

٢- الجرآة والاقدام :

وهناك عدد من العوامل تجعل الشخص المبدع مقداما جريئاً ومن هذه العوامل:

١- التربية منذ الطفولة

٢- التحدي والعصيان

٣- العدوانية

٤- حب المغامرة

٥- ارادة القوة

٣- الثقة بالنفس :

وهناك عدد من الظواهر السلوكية تتبدى لدى الشخص الذي يتمتع بالثقة بالنفس

ومن هذه الظواهر:

١- وضوح الرؤيا

٢- الثقة بالنفس ليست دقة شاملة وانما هي تتركز في جانب معين من الحياة.

٣- الحالة النفسية للمرء تحدد مدى ثقته بالنفس

٤- التوازن النفسي

٥- قوة الارادة .

العلاقة بين الثقة بالنفس وبين الإبداع

هذه الصلة تتمثل في :

١- التصورات العقلية

٢- المزاج والحالة الوجدانية

٣- ارادة الابداع

٤- نقد الآخرين

وهناك مجموعة من العوامل المثبطة التي تحد من ابداع الشخص المبدع وهي:

١- نقد الآخرين

٢- اللامبالاة

٣- عقد المقارنات بين ابداعات المبدع وبين ابداعات اخرى

٤- تحقيق الذاتية :

يتسم الشخص المبدع بأنه ذاتي المركز بمعنى انه يحس بالثنائية التي تشكل من قطبين اساسيين هما ذاته والاخر الواقع المحيط به. والابداعية التي يتسلح بها المبدع تتسم بالجدة والابتكار فالسبيل الى قهر الواقع الخارجي من جانب المبدع هو احلال الابداعية محل النمطية والشخص المبدع غير قانع بما يقع عليه من واقع خارجي بل هو شخص متبرم بما يجده حوله من اشياء وممارسات.

٥- اكتشاف العلاقات الدقيقة :

لا شك أن المبدع يتمتع بمستوى ذكاء مرتفع، ومن خصائص الذكاء الأساسية القدرة على ادراك العلاقات الدقيقة بين الاشياء وايضا ادراك العلاقات الدقيقة بين العلاقات نفسها.

وينقسم المبدعون في الواقع الى ثلاث فئات اساسية في ضوء حالتهم المزاجية من حيث علاقتها بالعلاقات وهذه الفئات هي:

١- فئة المستقرين مزاجيا

٢- فئة المتقلبين مزاجيا

٣- فئة اللاشعوريين

٤- فئة المعبرين بالكلام يوظفون ادراكهم للعلاقات في ضوء الارادة

٥- فئة الفنانين التشكيليين

٦- فئة الفنانين الموسيقيين

٧- فئة المخترعين

٨- فئة السياسين والرواد الاجتماعيين

مزايا الابداعية :

١- التمايز والامتياز :

الواقع ان الغالبية العظمى من الناس عظيمون، وان قلة قليلة – ان لم تكن نادرة من الناس ابداعيون.

ولا شك ان الشخص المبدع يحمل في شخصيته مجموعة من الخصائص التي تميزه عن سائر الناس النمطيين.

ومن أهم الخصائص :

١- الروح الثورية

٢- العثور على نقطة الانطلاق

٣- المثابرة وطول النفس

٤- التخطيط واعادة التخطيط

٥- التمكن من فنيات العمل وطريقة ادائه
والانشطة الذهنية التي يمتاز بها الشخص المبدع من سائر الناس تتحدد بما يلي:
١- الاستيعاب الانتقائي
٢- الخيال الخصب
٣- القدرة على التحليل والتركيب والتجديد والتعميم
٤- القدرة على الثقة
٥- النشاط الابداعي اللاشعوري

٢- دفع عجلة الحضارة :

نستطيع القول إن الحضارة البشرية هي ثمرة للابداع البشري فالمبدعون يعملون على الاستقرار بالحضارة الى آفاق بعيدة. فهم يوسعون قطاع المعرفة والممارسة البشرية من جهة ثم هم يخلقون قطاعات معرفية وتكنولوجية جديدة لم تكن موجودة أصلاً من جهة أخرى.

٣- قيادة الحياة وتوجيهها :

ان من اعظم ما يتميز به الانسان المبدع انه لا ينقاد مع تيار الحياة وانما هو يقود تيار الحياة ويوجهه الجهة التي يختارها هو وان شخصاً كهذا متمتع بالحرية الكاملة في خياراته، فهو يخط طريقاً جديداً للحياة انه الوحيد الذي يختار لنفسه ما يريد.
والمبدع يقود الحياة نحو المجهول ولكن ذلك المجهول لا يظل مجهولاً بل يكتشف خفاياه واسراره في ذهن المبدع وتتمثل قيادة الحياة وتوجيهها التي يضطلع بها المبدعون عبر الزمان والمكان في مجموعة من الميادين يستطيع تحديدها وهي:
١- الميدان العسكري القتالي
٢- المجال الزراعي
٣- المجال المعرفي العلمي والفلسفي
٤- الميدان التكنولوجي والصناعي
٥- الميدان التربوي
٤- ارتياد آفاق المجهول

٥- الاستمتاع بالحدة

وتأتي نتيجة لما نحسه المبدع بمجموعة من المزايا التي يحظى بها في عمله منها:

١- الاحساس بالتفرد والامتياز .

٢- الاحساس بان عمله الابداعي يصير نموذجاً او نمطاً وقالباً يصب الناس من بعده عقولهم او عواطفهم او ارادتهم فيه.

٣- احساس الشخص المبدع بأنه استطاع ان يرتفع عن المستوى النمطي الذي يضرب في اثره معظم الناس.

٤- احساس المبدع بأن ما يقوم بإبداعه له قيمة في ذاته وليس لمجرد ان تكون له فائدة.

٥- تحقيق الذات واخراج الموهبة المطمورة الى الواقع الحي.

وهناك مجموعة من الظواهر السلوكية التي تبتدي لدى المبدع نتيجة احساسه بالاستمتاع بالجدة التي يقف عليها في عمله الابداعي ومن هذه الظواهر السلوكية:

١- الاكتفاء الذاتي:

ما يحصل عليه المبدع من متعة في عمله الابداعي لا يجعله مشوقاً للبحث عن متع أخرى خارج نطاق ذلك العمل.

٢- عدم التبرم بالحياة :

لأن المبدع يضطلع بنشاط يتسم بالجدة والابتكار والابداع والشعور بالملل لا يجد الى قلبه سبيلاً.

٣- خلو البال وعدم التعرض لكثير من المشكلات :

ان المبدع يصب همه كله في الكشف عن الجديد والاستمتاع به، ومن هنا فإنه لا يجد رغبة لديه في التلذذ بالدخول في مشاكل مع الآخرين.

٤- الزهد في كثير من متع الحياة :

ان المبدع لا يقيم القيمة لقسوة الحياة فكل ما يهمه هو الحد الادنى من الامكانيات المادية التي تسمح بأن يعيش في غير حاجة الى الآخرين.

٥- ومن المظاهر السلوكية التي يتمتع بها المبدع بفضل جدية وحدة تفكيره انه يدرك علاقات دقيقة لا يستطيع غيره ادراكها، فهو يرى ما لا يراه الآخرون او يسمع ما لا يسمعه الاخرون، فدقة الحس والذكاء المرتفع والقدرة على سبر المجهول والاستمتاع بالحدس والادراك الذهني المباشر هي جميعاً من الظواهر السلوكية التي تصاحب مشاعر المبدع في اثناء استمتاعه بالجدة. (ميخائيل، ١٩٩١)

برامج تنمية التفكير الابداعي :

اجريت في جامعة مينسوتا (Minesota) عدة تجارب في اعداد برامج لتدريب المدرسين على تنمية التفكير الابداعي وقد اورد المليجي (٢٠٠٠) في كتابه بعض النتائج المستنبطة من عشرين تجربة على أطفال المدرسة الابتدائية:

١- بعد اجراء برنامج تدريبي للمدرسين على تنمية التفكير الابداعي وجد أن بعض المدرسين يريدون مكافأة التفكير الابداعي لتلاميذهم ولكن الكثير منهم غير قادر على أن يفعل ذلك بكفاءة نتيجة وجود بعض الخصائص في شخصيتهم او نتيجة لادراكاتهم للتوقعات الاجتماعية.

٢- عند مناقشة الكتابة الابداعية للأطفال، يبدو ان اذهان المدرسين كانت مشغولة بالاتجاهات النقدية والعلاجية.

٣- رغم ان كثيراً من المدرسين قد تطوعوا من أجل تنفيذ برامج التفكير الابداعي، فإنهم كانوا أكثر ميلاً للكف عن فعل ذلك. ما لم يتدخل ناظر المدرسة في التجربة ويعطي مواققته المباشرة.

٤- ظهر ان تقييم المدرسين لانتاج تلاميذهم له أثر هام في تنمية مواهبهم الابداعية. (المليجي، ٢٠٠٠)

أثر التقييم في الانتاج المبتكر :

ظهر من التجارب السابقة ان تقييم المدرسين لاعمال تلاميذهم له دور هام في تنمية قدراتهم الابداعية ويبدو أثر ذلك فيما يلي:

١- التفرقة في مكافأة البنين والبنات على تفكيرهم الابداعي يؤثر في النمو الابتكاري الكامل للجنسين في بعض النواحي.

٢- التدريب غير المقيم ينتج اصالة واكمالات وحساسية أكثر مما ينتج التدريب المقيم في معظم الحالات.

٣- عندما استخدم تقييم التلاميذ لآراء زملائهم ظهر للتقييم الابداعي أثراً أكثر فاعلية من التقييم النقدي في الانتاج والاصالة والاكمال والحساسية وغيرها.

٤- وجود المنافسة يزيد من الطلاقة والمرونة والاصالة في التفكير الابداعي.

٥- اذا تفوق عضو بدرجة ملحوظة على زملائه في قدرات التفكير الابداعي، فإنه غالبا ما يواجه ضغوطاً للتقليل من انتاجه واصالته ويحدث إصراراً ليثبت إسهامه الايجابي في نجاح الجماعة.

٦- قد تعمل النشرات الدورية مثل مجلة المدرسة على رفع القيمة التي يضعها الاطفال على آرائهم الخاصة وآراء زملائهم.

١- برنامج فيلوهوزن:

تكوين العادات التفكيرية عندنا جزء من الحياة، وتكون هذه العادات على صورة قيمة نفسانية من حيث أنه اقتصاد في الجهد، أما اعمال الفكر في اختيار السبيل المناسب كل يوم ولحظة نفيه عناء، والافضل ان يحتفظ به ليستفاد منه في اتخاذ القرارات ذات الشأن، وفي نفس الشيء يصدق على طرق تفكيرنا وتكوين اراءنا، غير أنه يوجد ومن الناحية الاخرى في العادات التفكيرية لدى سامعيه يستطيع استعمالها سلاحاً له، إن عادات التفكير قد تولد فينا ميلاً الى اغلاق الذهن دون الاراء الجديدة. هذه الوسيلة نفسها يمكن استعمالها وكما يقول هوزن "ان للعقل سلطاناً كبيراً على الجسم" وهو أمر صحيح.

ليس في عاداتنا التفكيرية التي قد يطلب الينا ان نرتاب في سلامتها، عادة ما يمكن أن تكون من الوضوح بمثل وضوح القناعة عندنا بأن هندسة أقليدس يجب ان تكون واضحة وصحيحة، ووضوح القناعة ظاهرياً بأمر ما لا يكون ضماناً لصحته، فإذا اقتنعتا بهذا فإنه ينبغي علينا ان نكون على استعداد لأن نجري بجرأة تجارب تهدف الى التشكيك في صحة ما يتراءى لنا من الحقائق القائمة على عاداتنا التفكيرية وحدها والنظرية النسبية مثال بالغ النفع في الدلالة على خطر العادات التقليدية في التفكير في اغلاق اذهاننا، اننا نبدأ فقط برؤية في أي مدى لا تكون اراؤنا على حق أو باطل وعلى تكوين عادة النظر في

المشكلات على أسلوب يسقط من هذا النظر أي تأثير لوجهه نظرنا فإننا نكون بذلك قد تخلصنا بعض الشيء من هذه النسبية في آرائنا وأحكامنا.

ويمكن اجراء هذه التجربة على الفقرة التالية المأخوذة من خطاب عثرت عليه مصادفة من احدى الجرائد، وهي فقرة مثيرة لكل من النفس وهي تشير الى أنه هل العادات التفكيرية مستقلة انه احدى المشكلات العملية ذات الأهمية القصوى التي ننظر فيها الى الوضع من وجهة نظر غير وجهة نظرنا الخاصة كانت العقبة وهي مشكلة تولد الشجار بين الاخرين، وثمة خطر آخر يتهدد الذين يرفضون عادات تفكيرية مقبولة لدى الجميع، وهو انهم قد يتربى عندهم عادة الكفر بالامور عنادا ولكي يكوّن الشخص مجموعة من العادات التفكيرية التي يحتمل أن تكون معينة له بنفس القدر الذي يعيقه نظام عادات تفكيرية معاكسة، والتي تدفع المرء لقبول ما يعتقده الاخرون.

ليست العادات التفكيرية هي العوامل الداخلية الوحيدة التي تجعلنا ميالين الى التفكير الاعوج. ففي الأمر أيضا تحيزات والـتعلم بذاته لا ينجينا مـن هذا العجز ولكنه في الواقع لا يفعل ذلك بحكم الضرورة وغالباً ما يكون المتعلمون المثقفون متقيدين بتحيزاتهم.

ومن الحقائق المعروفة أن الطفل يولد وهو مجهـز بأدواتـه النطق ويصرخ صرخـة الميلاد وتعتبر صرخته عملية فسيولوجية، ولكنها حاجـة تعبيرية توظف في واقع حياته من خلال ذلك يستطيع الفرد استخدام مصطلحات ومرادفاتها وتتوفر لديه خيارات وقوالب كلامية. (أسعد، ١٩٩٧)

يتبني برنامج فيلدهوزن الى تزويد الطلبـة بـالخبرات والتـدريبات التـي تـنقلهم مـن مرحلة العمليات المادية الى مرحلة العمليات المجردة التي يبدأ فيها تطور التفكير المنطقـي والعلمي، وتركز على الاستكشاف ومهارات التفكير والاستدلال والتعرف عـلى العلاقـات فمن محتوى المواد الدراسية التقليدية وقد طورته برامج تمثل هذا الاتجاه لطلبة السنة الاولى في جامعة نبراسكا في أمريكا ويرى هذا البرنامج أن التفكير الناقد هو حل المشكلات أو التحقق من أنشئ وتقييمه بالاستناد الى معايير متفق عليها مسبقا. ويتطلب استخدام المستويات المعرفية العليا الثلاثة من وجهة نظر بلوم (التحليل، التركيب، التقويم).

وهذا التفكير ليس مرادفاً لاتخاذ القرار أو حل المشكلة وليس مجرد تذكر أو استدعاء بعض المعلومات كما انه ليس مرهوناً باتباع استراتيجية منظمة لمعالجة الموقف. ومن هنا يفرق هذا البرنامج بين التفكير الناقد وحل المشكلة بالتركيز على نقطتي البداية والنهاية فالتفكير الناقد يبدأ بوجود ادعاء او استنتاج أو معلومة، بينما حل المشكلة يبدأ بوجود مشكلة، وكيف يمكن حلها والتفكير الناقد هو الانفتاح على افكار جديدة، ومتى الحاجة الى معلومات اكثر حول شيء ما، وتجنب الاخطاء الشائعة، والبحث عن الأسباب والبدائل ومعرفة المشكلة بوضوح واستخدام مصادر علمية موثوقة والتعامل مع مكونات الموقف المعتمد بطريقة منظمة.

٢- برنامج فرانك ويليامز :

ويرى هذا البرنامج أن دراسة التفكير والأنشطة العقلية المختلفة في الجماعة اكثر حداثة من دراستها للفرد، وان التصنيف وتحليل الوظائف أكثر تقدماً عما هي عليه بالنسبة الى دراسة حل المشكلة الفردية ويحدد انشطة جماعة تحاول التفكير لحل مشكلة معقدة حيث يتم ذلك من خلال عدة محددات: أ- بنية التواصل: حيث إن لدى الجماعات قدرة على التواصل مع كل عضو من أعضائها، وبذلك تكون هناك افضل الظروف والشروط للتواصل الفكري وتوليد الانشطة لحل المشكلة، ويرى هذا البرنامج ان تحسين التفكير غاية مطلوبة ومرغوبة للذين يدركون أنه بإمكانهم تنمية وترقية أساليب التفكير وطرقه، ولتحسين التفكير يتوجه الافراد الى علماء النفس حيث يعطي لهم برنامج له مزايا ونقاط وأسباب كثيرة ومتنوعة ويعتبر أن العواطف التي تثور في اعماق الاخرين تؤثر على التفكير الواضح لأن استجابة الناس تكون عاطفية وعادة ما يعجزون عن التفكير الصحيح، وانه في علاقتنا الانسانية اليومية لا نستطيع دائما أن نفكر بهدوء وان نصل من المقدمات الى النتيجة بطريقة غير منطقية غير متناقضة. وتنظيم وإعادة التفكير من خلال التضمين وان الكل يحدد الجزء ولا يمكن إدراك الاجزاء الداخلية او المتضمنة في النمط أو الشكل الجيد، ونلاحظ أنه عندما تختلف الأشياء والموضوعات المدركة أو موضوع التفكير في اكثر من خاصية فإنه من الصعب ان يحتفظ المدرك او المفكر بتهيؤ جيد. ونرى أن

البرنامج يركز على الجانب المبدع من التفكير، أي التفكير الحقيقي وهو التفكير المنتج والذي يميزوه عن التفكير الاسترجاعي.

إن الادراك والتفكير بطريقة جديدة في تركيب المشكلة يؤدي الى الحل، واذا كان التفكير يعني ما يفكر الناس او ما ينتهون اليه فإنه من المؤكد أن الافكار كثيرا ما تكون افكارا عن الأشياء المدركة، كما أن التفكير يعني أيضا حل المشكلات وكثيرا ما تكون المشكلة مشكلة مكانية تتضمن ادراك علاقات. كما أن التشابه بين عمليات الادراك وعمليات التفكير بصرف النظر عن مادة التفكير او محتواه، ومع هذا فإن هذا البرنامج غني وموحٍ ومتطور بدرجة كافية، كما أنه واضح المعالم بدرجة تجعله جديرا بالدراسة والنظر الطويل.

ويعمد هذا البرنامج الى تحسين التفكير وتوسيع نطاقه وإخراج الآخرين من نطاق التفكير الضيق من خلال الاطلاع والقراءة وزيادة الثقافة العامة من اجل الارتقاء بالتفكير، الذي يؤدي الى التخلص من الركامات النفسية والتنفس عما كبت في دخيلة الانسان وإخراج ما في اللاشعور الى الشعور حتى لا يكون لها تأثير بعد ذلك في السلوك الذهني والاجتماعي وحتى لا تعمل على اعاقة التفكير، وكلما تم التخلص من هذه الأمور كان التفكير سليم ودقيق.

ويعتبر التصنيف مهارة تفكير أساسية لبناء الاطار المرجعي المعرفي للفرد بل ويمكن اعتبارها من أهم مهارات التعلم والتفكير الأساسية وليس هناك خلاف بين مراجع تعليم التفكير فيما يخص استراتيجية تنفيذ مهمات التصنيف وهي تتلخص في مجموعة خطوات :

١- تحديد الأهداف المؤملة من وراء عملية التصنيف للأفكار.

٢- تذكر المعلومات السابقة وتجميعها حول مدلولات او معاني البيانات.

٣- تذكر بعض المشكلات الى اجزاء ترتيبا حسب أهميتها.

وحتى يكون تصنيف الأفكار له اهمية لابد أن تكون هناك شمولية وثباتاً وانسجاماً ووضوحاً وترتيباً وتنظيماً للمعلومات ومعالجتها وتحليلها.

ويمكن أن نقول إن هذا البرنامج يرى أن التفكير هو غاية السلوك التكيفي أو هدفه لأننا عـن طريق التفكير نستطيع تحديد أهداف بعيدة المدى، ويساعد التفكير في تحديد الوسائل التي تفيدنا في تحقيق غايات معينة كما يحدث في تعلم المتاح حين يحدد المفحوص المسار الـذي يسير فيه حتى يصل الى هدفه. ويقوم التفكير بوظيفـة تعويضية حـين يحـل محـل السلوك الواقعي الفعلي، واتساع اللغة هو اتساع التفكير واتسع الحياة العقلية لدى الانسان واتساع تاريخه وعلمه ومنهجه وفلسفته. وينتج التفكير اللغة أي ان التفكير يصوغ اللغة كما أن اللغة توجه التفكير واتساع اللغة ضد اتساع التفكير وهو يصوغ اللغة بمعنى أن اللغة عند الانسان مقيدة ومحددة بعدة عوامل أو محددات منها مـا هـو بيولوجي وعقلي واجتماعـي فإذا استطعنا أن نتعرف على هذه العوامل التي تؤثر في اللغة وكيف تؤثر فيه فإننا نستطيع ان نضع أصابعنا على مفاتيح صياغة التفكير وتشكيلة اللغـة، أي كيـف يحـدد التفكير اللغة ويطورها.

٣- برنامج ستانلي دييغو :

ويعتبر من أبرز علماء التفكير الذين يدافعون بقوة عـن منهجيـة تـدريس مهـارات التفكير وأدواته بطريقة مباشرة، مستندا بذلك الى نتائج الدراسات والتطبيقات التـي أجريـت على برنامجه في كثير من دول العالم في مجالات التربية والادارة والصناعة.

ويتميز هذا البرنامج بأنه يمكن تطبيقه بصورة مستقلة على محتوى المواد الدراسية، وهذا هو الاتجاه الذي يتخذه ستانلي، ويمكن الاستفادة منه في اطار المواد الدراسية عـن طريـق اختيـار مواقف ومشكلات دراسية مـن محتوى المنهاج. ويصلح البرنامج للاستخدام في مستويات الدراسة المختلفة وهو مصمم على شكل دروس أو وحدات مستقلة تخـدم كـل منها أهدافـاً محددة، وهو برنامج متكامل من حيث وضوح أهدافه وأسـاليب تعليمـه ويتضمن البرنامج كثيرا من الأمثلة المشتقة من الحياة العملية والتي تحقق شرط الاثارة والاهتمام لدى الطلبة.

ويمتاز البرنامج بتصميم السهل وسهولة تنفيذه، ويتكون البرنامج من سـت وحدات تغطي جوانب عديدة للتفكير وتوسيع الادراك وتدريب الطلبة على التفكير في جميع جوانب الموقف وتنظيم التفكير حسب كل موقف والتفاعل والابداع والعمل من أجل

معالجة المشكلات، والتخطيط لاستخدام أدوات التفكير وترتيب الأولويات. كما أن مهارات التفكير بحاجة الى تدريب وكل فرد يحتاج إلى تعلم أو ممارسة مهارات وأساليب وقواعد وأدوات التفكير حتى يتمكن من التفكير بفاعلية، ويتم ذلك بصورة مباشرة بغض النظر عن المحتوى، ويمكن ادماج هذه المهارات والعمليات ضمن المحتوى، ويمكن استخدام الأسلوب المباشر واسلوب الدمج والتكامل ويكون لكل اسلوب مميزاته، فالأسلوب المباشر يعمل على تعليم مهارات التفكير بشكل مستقل عن محتوى المواد الدراسية، ويتم تحديد المهارة ولا توجد علاقة لمحتوى الدرس بالمنهاج ويتم الانتهاء من برنامج تعليم مهارات التفكير خلال فترة زمنية محددة، وقد يكون الدمج بين الأسلوبين ممكناً وقد يكون مفيداً، فالتفكير مفهوم معقد ينطوي على أبعاد ومكونات متشابكة تعكس الطبيعة المعقدة للدماغ البشري، وقد حدد خصائص التفكير من خلال هذا التصنيف فيما يلي:

أ- التفكير سلوك هادف لا يحدث في فراغ أو بلا هدف.

ب- التفكير سلوك تطوري يزداد تعقيداً وحذقاً مع نمو الفرد وتراكم خبرته.

جـ- التفكير الفعال هو التفكير الذي يستند الى أفضل المعلومات الممكن توافرها.

د- الكمال في التفكير أمر غير ممكن في الواقع، والتفكير الفعال غاية يمكن بلوغها بالتدريب.

ويتضمن التفكير الأساسي مهارات كثيرة من بينها المعرفة والملاحظة والمقارنة والتصنيف وهي مهارات يتفق الباحثون على أن إجادتها قبل أن يصبح الانتقال ممكناً لمواجهة مستويات التفكير المركب بصورة فعّالة.

تصنيف التفكير من حيث البرنامج

يمكن تصنيف التفكير من حيث فاعليته في البرنامج إلى:

- التفكير الفعّال: ويتحقق فيه تتبع أساليب ومنهجية سليمة للتفكير واستخدام افضل للمعلومات المتوافرة من حيث دقتها وكفايتها، وعلى الرغم من أن هذا البرنامج يهدف إلى تعليم مهارات التفكير إلا أنه يسعى أساساً الى تحديد موضوع أو مشكلة بكل وضوح ومتابعة الاطلاع الجيد على موضوع التفكير، والبحث عن عدة بدائل وعن الأسباب

والانفتاح على الافكار والمدخلات الجديدة، والالتزام بالموضوعية ومتابعة التفكير والقدرة على اتخاذ القرار.

- التفكير غير الفعّال: وهو التفكير الذي لا يتبع منهجية واضحة دقيقة، ويبنى على مغالطات وافتراضات باطلة أو متناقضة وحجج غير متصلة بالموضوع، وهذا يؤدي إلى التردد في اتخاذ القرار ووضع فرضيات مخالفة للواقع وتبسيط زائد للمشكلات. والاعتماد على الامثال والاقوال المعروفة في اتخاذ القرار دون اعتبار للموقف.

- التفكير المركب: ويتمثل في خمسة أنواع من التفكير: التفكير الناقد، التفكير فوق المعرفي، اتخاذ القرار، حل المشكلة، التفكير فوق المعرفي، التفكير الابداعي.

أما مهارات التفكير الأساسية فهي أقل صعوبة من استراتيجيات التفكير أو عمليات التفكير المركبة، ولكنها تتفاوت فيما بينها من حيث مستوى الصعوبة أو التعقيد وتضم مهارات التفكير الأساسية مهارات التفكير الناقد، ومهارات التفكير فوق المعرفية.

ويرى ستانلي أن مهارات التحليل والحكم والمجادلة مهمة في عملية التفكير والتفكير الناقد، ولكنها ليست كافية في حد ذاتها لافتقارها الى عناصر في غاية الأهمية من مثل: جوانب التفكير الانتاجية، والابداعية، والتوليدية، والتصميمية.

ويرمي هذا البرنامج الى الاهتمام بالمقارنة وهي إحدى مهارات التفكير الأساسية لتنظيم المعلومات وتطوير المعرفة وتتطلب عملية المقارنة التعرف على أوجه الشبه وأوجه الاختلاف بين شيئين أو أكثر عن طريق تفحص العلاقات بينهما، والبحث عن نقاط الاتفاق ونقاط الاختلاف، والتصنيف هي مهارة تفكير أساسية لبناء الاطار المرجعي للفرد، كما أنه من غير الممكن تنظيم معارفنا في ابنية وأطر متمايزة دون ايجاد نظم تصنيفيه جيدة.

ويهدف الى تعليم التفكير وتزويد الطلبة بالفرص الملائمة لممارسة نشاطات التفكير في مستوياتها البسيطة والمعقدة وحفزهم على التفكير، وهي عملية كلية تتأثر بالمناخ الصفي وكفاءة المعلم وتوافر المصادر التعليمية المثيرة للتفكير. ويختلف التفكير البسيط للإشارة الى النشاطات العقلية غير المعقدة التي تتطلب ممارسة احدى مهارات التفكير الأساسية التي تضم المستويات الثلاث الدنيا من تصنيف بلوم للأهداف التربوية وهي المعرفة

والاستيعاب والتطبيق، والمهارات الفرعية التي تتألف منها عمليات التفكير المعقدة كمهارات الملاحظة والمقارنة. والتفكير الفعال يصف التفكير بحيث يستند إلى افضل المعلومات الممكن توافرها لاتباع أساليب صحيحة في معالجة المعلومات، ويتطلب اجادة مهارات التفكير وتوافر عدد من القابليات الشخصية كالانفتاح والموضوعية والمثابرة وعدم التسرع في اصدار الأحكام. وهي احدى مهارات معالجة المعلومات وتحليلها ويقصد به إعادة صياغة المادة المسموعة او المرئية أو المكتوبة عن طريق مسح المفردات والأفكار وفصل ما هو أساسي عما هو غير أساسي، ومعالجة المفاهيم والأفكار وفصل ما هو أساسي عما هو غير أساسي، وحل المشكلات هي عملية تفكير مركبة يستخدم الفرد فيها ما لديه من معارف سابقه ومهارات من أجل القيام بمهمة غير مألوفة، أو معالجة مواقف جديد او تحقيق هدف لا يوجد حل جاهز لتحقيقه. ويمكن ان يكون التفكير محفزاً للابداع والمعالجة الابداعية للمشكلات في ميادين الحياة المختلفة ويعني توليد قائمة من الأفكار التي تؤدي الى حل المشكلة مدار البحث (جروان، ١٩٩٩).

والانسان بطبعه اجتماعي، فالطفل منذ ولادته وتخطيه مرحلة الطفولة المبكرة ودخوله المدرسة يسعى جاهدا الى التفاعل والتعرف على كل ما حوله، فيحاول جاهدا التفاعل مع البيئة الاجتماعية والمدرسية داخل المدرسة والصف أو خارجها، فيتعرف على زميله في المقعد بجواره ومن ثم على استاذه والذين خلفه وهكذا الى أن يتم التعارف بينه وبين جميع زملائه في المدرسة. ومع مرور الأيامه واستمرار التفاعل وتخطي التغيرات التي تصاحب الطفل ليصل الى مرحلة يقوم بها الطفل بدور تفاعلي ضمني مجموعة الأفراد فيكوّن الأصدقاء والأشخاص المفضلين بالنسبة له ليشكل ما يسمى بجماعة الرفاق، فيشكل منهم فريق كرة قدم ويشكلون معه رفاق الرحلات والتنزه والترفيه الى ذلك من أشكال الالتزام مع الجماعة. (نشواتي، ١٩٨٥) الا أن الفرد في جميع مراحل حياته وفي مختلف التغيرات التي تصاحب هذه المراحل لابد وأن يمر بما يعترض طريقه من عوائق ومشكلات إن كانت جسمية، مرضية، اضطرابات .

ان الطفل يسعى جاهدا على الحرص والمواظبه في أن يكون أحد افراد مجموعة الرفاق المخلص والمنتمي فكرا وعملا لاصدقائه فيقلدهم ويقلدوه، ويدخل معهم في مشاجرات

ويخالف القوانين فيهرب معهم خلال الحصص الدراسية من المدرسة ويشاغب معهم أبناء الحصة ويعتدي على فلان ويهزئ بفلان، وذلك حتى يكوّن جانبا لإعجابهم، وليكون في نظرهم أحد افراد الرفاق المنتمي الشجاع المخلص لصفات واخلاق وسلوكيات جماعته، وفي هذا القسم سنتناول ابرز المشاكل التي يواجها في علاقته مع رفاقه. لذلك سنتعرف على أهم مشكلتين من هذه المشكلات هي مشكلتا العلاقة مع جماعة الرفاق في العدوانية ومشكلة العزلة الاجتماعية. إن جماعة الأقران اكثر من مجرد افراد يصادف البعض لها أهدافاً ومعايير مشتركة، كما أن لجماعة الرفاق على التقبل الاجتماعي للطفل في جماعة الرفاق دوراً هاماً في النمو الاجتماعي للطفل وعملية التطبيع الاجتماعي من خلال التوحد مع الاقران والتعلم الاجتماعي وتعلم الادوار، ان بذور الانصياع لضغوط الرفاق توجد في الاعتماد الأول للطفل على الام، وكلما كبر الطفل زادت حاجته لضغوط الرفاق وتوجد في الاعتماد الأول للطفل حيث الاعتماد عليهم وفيه معايير حاجة الرفاق يحكمها في نفسه واذا أردنا ان نتعرف بشكل عام على مشكلات العلاقة مع الاخرين. (قناوي، ٢٠٠٠)

يفتقر بعض الطلبة الى الثقة بالنفس فينتمون نحو المشاركة بفعالية في الأنشطة الصفية، وربما تركوا بعض الأسئلة الصعبة عليهم بدون حل في دفاترهم دون أن يسألوا المعلم أو حتى زملاءه عنهم، وقد يغفل أو يتغافل عن هذه الفئة العديد من المعلمين، لأنها تحتاج إلى وقت وجهد وصبر في التعامل معهم، اذ إنه يشعر بالخوف والحرج والحساسية الشديدة من الزملاء والمعلمين إنه أخطأ في الإجابة، لذا فهي لا تؤثر على العزلة الفردية وتتجنب ما امكن العمل مع الزملاء القيام بالأنشطة الصفية.

ويجد بعض الأطفال أن الانسحاب إلى عالمهم أسهل من مواجهة الواقع عندما يكون هذا الواقع غير سار، ويشمل الانعزال بهذا المعنى وسيلة يدافع الطفل عنها عن نفسه ضد وقائع الحياة المحيطة غير المقبولة وانه يخلق عوالم خيالية بديلة، اما إذا فضل الطفل الحياة الداخلية الخيالية على الحياة الواقعية، طيلة الوقت تقريباً فإن حالته تستدعي الدراسة والتحليل والمعالجة، ان من بين اسباب عزلة الطفل قد يسبب الاباء والامهات انفسهم الانعزال الاجتماعي عند اطفالهم، ففي المواقف قد يشعر بأنه محط الانظار، فاذا

كان الوالدان يفتقران الى اللياقة والمهارات الاجتماعية، وقـد يتمركـز بعـض الأطفال حول ذواتهم بشكل مبالغ فيه فينفر عنه باقي الأطفال . (نشواتي، ١٩٨٥)

ومن هنا نستطيع ان نفرق مما سبق ما هو المقصود بالعزلة الاجتماعية وهو عـدم مشاركة الطفل اقرانه بالنشاطات الاجتماعية المختلفة او المتمثلة بالألعاب او غير ذلك، حيث إن أسبابها قد تعود بشكل عام الى أسباب شخصية تتصل بالفرد كوجود اعاقة او غير ذلك وأساليب التنشئة الاجتماعية الخاطئة او اختلاف الطبقات الاجتماعية بين الأفراد.

ويجد بين الأطفال أن الانسحاب الى عالمهم أسهل من مواجهة الواقع عندما يكون هذا الواقع غير سار، ويشتمل على وسيلة يـدافع فيها عـن نفسـه ضـد وقـائع الحيـاة طيلـة الوقت تقريبا فإن حالته تستدعي الدراسة والتحليل والمراجعة فإذا كان الوالدان يفتقران الى اللياقة والمهارات الاجتماعية المختلفـة فينسحب الأطفال الى مـوقفهم والى سـلوكهم المتسـم بالانسحاب فينفر عنهم باقي الاطفال من حيث يستطيع ان يفرق مـما سبق هـو المقصود بالعزلة الاجتماعية المتمثلة بالألعاب أو غير ذلك.

الحاسوب والتفكير :

يشهد العالم تغيرات هائلة في مختلف جوانب الحياة الانسانية، وأهم من ذلك أن ما يحدث من تغيرات تؤثر بصورة مباشرة أو غير مباشرة على مجرى تفكيرنا وحياتنا، ومهارات التفكير تتطور بتطور المجتمع ومتطلباته، ومن أبرز المجـالات التي نشهدها والتي أدت الى التطور السريع الهائل هو الحاسوب، وكما هـو معروف فإن الحاسوب قد دخـل في جميـع المجالات التعليمية والتربوية، الصناعية، التجارية وأصبح لـه أثـر في حياتنا لا يمكن تجاهله.

وقد ساهم الحاسوب في إحداث تغير كبير في حياة المجتمعات بحيث أصبح العمـل اكثر سرعة واكثر سهولة وتجاوباً، ولابد أن له أثراً كبيراً في عملية الادراك والتفكير.

ويرى (ستيرنبرج) الباحث في جامعة ولاية نورث كارولاينا أن الحاسوب أدخل آفاقاً جديدة ومهارات اكثر تطوراً في مجال التفكير، مما سـاعد المعلمـين والمـدارس معـاً في مجابهـة المعلومات القديمة ومواكبة التطور، وقد ساهم الحاسوب في تنمية التفكير لدى الأفراد وساعد الحاسوب على تحسين مهارة التفكير من خلال سهولة التدريب والممارسة

على هذه المهارة من خلال استخدام برامج الحاسوب المختلفة والمتطورة والتي تجعل الفكر يمتد الى أعماق هذا الجهاز ومكوناته واكتشاف مكنوناته واكساب الأشخاص خبرات مختلفة واستراتيجيات التفكير المختلفة كالتخطيط، واعادة بناء المشكلة، وتمثيل المشكلة بالرموز او الصور، والبرهان على صحة الحل، وقد ارتبط الحاسوب بالتفكير كونه استطاع تزويد الطلبة بالخبرات والتدريبات التي تنقلهم من مرحلة العمليات المادية الى العمليات المجردة التي يبدأ فيها تطور التفكير المنطقي والعلمي، وتركز على الاستكشاف والاستدلال وقد طورت العديد من البرامج الحاسوبية والتي أصبحت تدرس وتمثل اتجاهات الطلبة في الجامعات في الخارج.

وقد حددت الجمعية الأمريكية لتطوير التعليم عشرين مهارة تفكير اساسية يمكن تعليمها من خلال الحاسوب وتعزيزها في المدرسة وتشمل:

١- مهارات التركيز

٢- مهارات جمع المعلومات

٣- مهارات التذكر

٤- مهارات الترميز

٥- مهارات الاستدعاء

٦- مهارات تنظيم المعلومات

٧- مهارات التحليل

٨- مهارات التكامل والدمج

٩- مهارات التقويم

١٠- مهارات التفكير فوق المعرفية

١١- مهارات التخطيط

١٢- مهارات التقييم

١٣- مهارات التطبيق

١٤- مهارات الاستقراء

١٥- مهارات تحديد الأهداف

١٦- مهارات المراقبة

١٧- مهارات التركيب

١٨- مهارات دراسة الحلول.   (جروان، ١٩٩٩)

ويساهم الحاسوب في إنماء التفكير الابداعي، فإن الاتجاه الحديث هو توفير أجهزة الحاسوب في جميع المراحل التعليمية لتنمية التفكير الابداعي لدى الطلبة، وقد جاء الحاسوب لتحقيق الاختلاف في الأفكار والاتجاهات، وضمان حرية التعبير والمشاركة، واحترام رأي الأغلبية وممارسة المواطنة في عدم التردد بطلب الحقوق مقابل العمل بالواجبات.

وقد اعتبر هذا الجهاز الآن من مصادر التعلم وله أكبر الأثر في تطوير البنية التحتية لبرامج المدرسة وتنمية التفكير الابداعي فيها، ويمكن اكتشاف طالب لديه ميول للموسيقى ورعايته دون توافر الآت موسيقية وفرص للتدريب والعزف، واستخدام نشاطات التفكير المفتوحة أي لا تستلزم اجابة واحدة صحيحة بل تهدف الى البحث عن عدة إجابات قد تكون ملائمة. ويعطي الحاسوب فرصة لتوليد الأفكار والكشف عن طاقات الطلبة والتعبير عن خبراتهم الذاتية، ويعد الحاسوب من اكبر الوسائل التي تفتح آفاقاً واسعة للبحث والاستكشاف والمطالعة وحل المشكلات والربط بين خبرات التعلم السابقة واللاحقة والربط بين خبرات التعلم.

استراتيجيات تعلم مهارات التفكير من خلال الحاسوب

لابد من اعداد برنامج تعليم مهارات التفكير واستخدام الأسلوب المباشر وغير المباشر في تعلم أي مهارة وتتألف الاستراتيجية المباشرة لتعليم مهارات التفكير من عدة مراحل:

١- عرض المهارة بإيجاز

٢- شرح المهارة

٣- توضيح المهارة بمثال يختاره المعلم من الموضوع الذي يعلمه

٤- مراجعة خطوات التطبيق التي استخدمها المعلم.

٥- تطبيق المهارة من قبل الطالب بمساعدة المعلم.

٦- المراجعة والتأمل في الخطوات السابقة.

ويمكن أن نقول إن التفكير التقييمي في الحاسوب يركز على ثلاث مهارات اساسية:
التعرف على القضايا والمشكلات الأساسية التي قد تواجه الفرد، التعرف على الفروض الأساسية وتقييم هذه الفروض والتنبؤ بالمترتبات على فعل، والتواصل والتتبع في المعلومات وتصنيف المعلومات، والتخطيط لاستراتيجيات بديلة، وتقييم الحجج أو البراهين، وأهم ما يميز اسهامات الحاسوب في التفكير وجود الوضوح والدقة والصحة والربط والعمق والاتساع والمنطق والتي تسعى الى التفكير المنطق والناقد والاستدلال.
ولكل فرد طريقة خاصة في التعامل مع الآخرين او في الاستجابة لهم، وتنعكس العلاقات بين الأشخاص على سلوك الفرد في علاقته بالآخرين في المواقف المختلفة رغم من انها بالطبع لا تحدد سلوكه، ان اصحاب المراكز العليا والذين يشتغلون في مراكز أقوى مما يشغلها الاخرون بالأخص من هم أقل قوة منهم، وتنعكس الصورة عندما تكونوا اشخاصاً تابعين خاضعين ومرغمين، أما الأشخاص الذين يؤمنون بالمساواة فهم يؤمنون بعدم وجود فروق في القوة أو المكانة بين الأفراد، ولذلك فهم يعارضون الأدوار التسلطية وأدوار التبعية. (النيل، ١٩٨٥)

وبشكل أساسي يشارك الأفراد في جماعة ما لأنهم يعتقدون أنهم سيحصلون على رضا اكبر مما لو لم يشاركوا أو ينتموا للجماعة، دوافع الأفراد قد تتميز بالتوجه الشخصي أو التوجه للجماعة بالرغم أنه من النادر أن تصنف الأسباب في مجموعة واحدة او اخرى. فإن هذه الدوافع ينبغي النظر اليها كحقيبة مختلطة ستدفع سلوك الفرد، وينتمي بعض الافراد الى جماعة ما لما يمكنه تسميتهم بدافع التوجه للجماعة وهو أنهم يقبلون ويتوافقون مع هذه الجماعة بالرغم من أن الانجاز لا يبشر بمنافع الشخصية. على سبيل المثال قد يكون الناس نشيطين في حزبهم السياسي بالرغم من أنهم لا يعرفون المرشحين معرفة شخصية ولا يتوقعون ولا أي مكافآت انهم مندفعون الى العمل ويمثل أفضل الخيارات وسيكونون راضين. وهناك محددات معينة توضع لتحديد الأهداف يبدو أن هناك صورة نمطية ان الجماعات تتوصل الى الأهداف بأسلوب يعيد الى الاذهان اجتماع بلدة ما حيث كل شخص يتكلم ويقدم وجهة نظره، الاخرون يستمعون وينظرون إلى المعلومات ويتوصلون الى قرار يمثل الأسلوب الاكثر فاعلية للتعامل مع الوضع او على الاقل القرار

الأمثل الممكن. وتكشف دراساته مستويات الطموح في الافراد يكونون أهدافاً للجماعة ولتحقيق الهدف وتقوم الأهداف بدور العمل المحفز من حيث انها تدفع وعلى الرغم من ان كل عضو جماعة قد يساهم بدرجة ما في حركة الجماعة نحو هدفها، ويشبه هدف الجماعة هدف الفرد حتى ينهي سلسلة من التوتر كحاجة مثلاً. ويبدو الاهتمام قوياً في دفع الفرد نحو الهدف والمصلحة العامة تجاه الجماعة والاخرين والشعور بالمسؤولية وتحديد اكمال المهمة، ولا يكون الطريق الى الهدف بوضوح او حين لا يكون الطريق الى الهدف غير واضح.

أما من حيث ما يسمى بالحراك الاجتماعي بين الاخرين فإن الاوضاع في المجتمع والتفرقه بين ما يكون اجتماعياً عدة صور. وقد اثبتت الدراسات أن كفاءة الفرد نتيجة عمله وتعدد المهنة ويمكن من خلال ذلك الوصول الى ان افراد المجتمع والعادات والثقافات ويشير مصطلح الاتزان الانفعالي الى مجموعة من خصائص الشخصية التي ترتبط بالصحة الانفعالية والعقلية للفرد والتي تنعكس على بعض الخصائص الايجابية مثل التوافق والضبط الانفعالي، والاتزان الانفعالي وبعض الخصائص السلبية مثل القلق والدوافع والميول الاكتئابية والعصابية. والقلق هو خوف عام أو خاص بالنسبة لبعض الاحداث غير المعروفة او المستقبلية ورغم انه لا تكون بالضرورة مرتبطة بحادثة واضحة فإنه في الغالب يكون متعلقاً بنوع خاص من الأحداث.

إن القلق الصريح مستوى من القلق الذي يظهره الفرد في أي وقت ويقصد بقلق الامتحان المرتبط بإجراء الاختبار او بعملية التقويم ويظهرون عدم كفاية في علاقاتهم بالاخرين وبالجماعة ومستوى طموحهم للجماعة واستجاباتهم البطيئة ويسايرون المعايير بدقة ويغيرون احكامهم بالنسبة للجماعة وهم راضون عن الجماعة اكثر من الافراد غير القلقين حيث إن همومهم الشخصية تجعلهم يقيمون على الجماعة، وفي نفس الوقت تجعلهم يتوقعون القليل منها، ويعني التوافق الدرجة التي تعكسها شخصية الفرد على البيئة والتي تتضمن الناس الاخرين. ان كل الخصائص الخاصة بالميول العامة تختص بالتوافق الشخصي وهذه الخصائص تعرف وتقاس سلبياً. اذ انها سمات تتعامل بالميول الاكتئابية والجوانب المرضية وكل سمة لها علاقة بدرجة توافق الفرد مع بيئته وتنظيم شخصيته إن

نمط الارتباط بين مقاييس التوافق وسلوك الجماعة متسق تماماً، ففاعلية الجماعة ترتبط ارتباطاً موجباً بهذه الخصائص كالتوافق والضبط والانفعالية والاتزان الانفعالي. وترتبط ارتباطاً سالباً بهذه الخصائص كالاكتئاب والتوافق عملية ديناميكية مستمرة يحاول بها الفرد عن طريق تغيير سلوكه.

أما اذا اردنا الحديث عن خدمات الارشاد فهي غالباً ما تقدم فيما يسمى مراكز وعيادات ارشادية للأطفال ومن هذه المراكز ما يوجد في المدارس العادية حيث تركز خدمات ارشاد الأطفال على مجموعة من القضايا كتوفير جو مناسب للنمو السوي، والارشاد باللعب والمحافظة على الذات والارشاد الجماعي.

١

المراجع

المراجع العربية:

- أبو عليا، محمد مصطفى (١٩٨٣). السمات العقلية والشخصية التي تميز الطلبة المبدعين عن غيرهم في المرحلة الثانوية في عينة اردنية، رسالة ماجستير غير منشورة، كلية التربية، الجامعة الأردنية، الاردن: عمان.

- أبو عليا، محمد (٢٠٠١)، دليل ارشادي للتعامل مع العنف الاسري، الزرقاء.

- الرمضان، فاروق (٢٠٠١). سيكولوجية الاطفال غير العاديين، عمان: جمعية عمال المطابع التعاونية.

- السرور، ناديا. (٢٠٠٠). مدخل الى تربية المتميزين والموهوبين، عمان: دار الفكر للطباعة والنشر، ط٢ .

- الشنطي، راشد محمد. (١٩٨٣). دلالات صدق وثبات اختبارات تورنس للتفكير الابداعي، رسالة ماجستير غير منشورة، كلية التربية، الجامعة الأردنية، عمان.

- علاونة، شفيق. (١٩٩٤). سيكولوجية النمو الانساني، عمان: دار الفرقان للنشر والتوزيع.

- الخطيب، جمال. (٢٠٠٢)، ارشاد أسر الأطفال ذوي الحاجات الخاصة، عمان: مكتبة الفلاح للنشر والتوزيع، ط٢ .

- _____ (١٩٩٨)، التدخل المبكر مقدمة في التربية الخاصة والطفولة المبكرة، دار الفكر للطباعة والنشر، عمان.

- القذافي، رمضان. (١٩٩٦). رعاية الموهوبين والمبدعين، القاهرة: المكتب الجامعي الحديث.

- _____ (١٩٩٤) العلاج السلوكي المعرفي الحديث، القاهرة: دار الفجر للنشر والتوزيع.

- _____ (١٩٩٧)، التوجيه والارشاد النفسي، بيروت: مكتبة وهبة.

- _____ (١٩٩٣) سيكولوجية الاعاقة، ليبيا، الدار العربية للكتاب.

- عبد الستار، ابراهيم. (٢٠٠٢). الابداع قضاياه، وتطبيقاته، القاهرة: مكتبة الانجلوالمصرية.
- حسين، عبد المؤمن، محمد (١٩٨٦). سيكولوجية غير العاديين وتربيتهم، القاهرة، دار الفكر.
- حمودة، محمود (١٩٩١)، الطفولة والمراهقة المشكلات النفسية والعلاج، القاهرة.
- الروسان، فاروق (١٩٩٦)، سيكولوجية الأطفال غير العاديين (مقدمة في التربية الخاصة)، دار الفكر للطباعة والنشر والتوزيع، عمان.
- السعيد، خالد، حمزة (٢٠٠٢)، اضطرابات النطق عند الأطفال، مجلة الطفولة والتنمية، العدد الخامس، المجلد الثاني.
- ________ (٢٠٠٢)، العيوب الإبدالية عند الأطفال الطبيعيين ما بين ٣-٧ سنوات، مجلة الطفولة والتنمية، العدد السابع، المجلد الثاني.
- سيسالم، سالم، كمال، صادق، فاروق (١٩٨٨)، الفروق الفردية لدى العاديين وغير العاديين، الرياض، مكتبة الصفحات الذهبية.
- عبيد، السيد، ماجدة (٢٠٠٠)، تعليم الأطفال ذوي الحاجات الخاصة، عمان، دار صفاء للنشر والتوزيع.
- العزة، حسني، سعيد (٢٠٠١)، الاعاقة السمعية واضطرابات الكلام والنطق واللغة، عمان، الدار العلمية الدولية ودار الثقافة للنشر والتوزيع.
- ________ (٢٠٠٢)، صعوبات التعلم، عمان: دار الثقافة.
- ________ (٢٠٠٢)، المدخل الى التربية الخاصة للأطفال ذوي الحاجات الخاصة، عمان، الدار العلمية الدولية ودار الثقافة للنشر والتوزيع.
- ________ (٢٠٠١)، التربية الخاصة، الدار العلمية، عمان.
- اسعد، يوسف ميخائيل (١٩٨٨)، المشكلات النفسية، دار نهضة مصر للطبع والتوزيع، القاهرة.
- ________ (١٩٩٧)، تعليم التفكير، دار غريب للطباعة، القاهرة.

- حقي، ألفت (١٩٩٥) الاضطراب النفسي، مركز الاسكندرية.

- رفعت، محمد (١٩٨٦) الأمراض النفسية والعصبية، دار المعرفة للنشر والتوزيع، لبنان.

- الداهري، صالح، الكبيسي، وهيب (١٩٩٩)، علم النفس العام، دار الكندي للنشر والتوزيع، الأردن.

- داوود، ليلى (٢٠٠١)، مبادئ علم النفس، دمشق.

- يحيى، خولة أحمد (٢٠٠٠)، الاضطرابات السلوكية والانفعالية، دار الفكر للطباعة والنشر والتوزيع، عمان.

- دافيدون، لنا.ل ترجمة محمود عمر، (١٩٨٠)، مدخل علم النفس، دار المريخ للنشر والتوزيع، السعودية.

- عبد الرزاق، عماد (١٩٨٧) الاعراض والأمراض النفسية وعلاجها، دار الفكر للنشر والتوزيع، عمان.

- ابو عيطة، سهام درويش (١٩٩٧) مبادئ الارشاد النفسي، عمان: دار الفكر للطباعة والنشر والتوزيع.

- جلجل، نصرة عبد المجيد (٢٠٠٠) علم النفس التربوي المعاصر، القاهرة: دار النهضة العربية .

- الخليدي، عبد الحميد، وهبي، كمال حسن (١٩٩٧)، الأمراض النفسية والعقلية، بيروت: دار الفكر العربي.

- الخوالدة، محمد، وصوالحة، محمد (١٩٩٩) تنشئة الطفل، اربد: دار الكندي للنشر والتوزيع.

- الداهري، صالح حسن، والعبيدي ناظم هاشم (١٩٩٩)، الشخصية والصحة النفسية، اربد: دار الكندي للنشر والتوزيع.

- _____ (٢٠٠٠)، مبادئ الارشاد النفسي، اربد: دار الكندي للنشر والتوزيع.

- الروسان، فاروق، سالم، ياسر، وصبحي، تيسير (١٩٩٤)، رعاية ذوي الاحتياجات الخاصة. عمان: دار الثقافة: كتاب القدس المفتوحة.

- زهران، حامد عبد السلام (١٩٩٨)، التوجيه والارشاد النفسي، القاهرة: عالم الكتب.

- الزعبي، محمد احمد (٢٠٠١)، الأمراض النفسية والمشكلات السلوكية والدراسية عند الأطفال، الاردن: دار زهران للنشر والتوزيع.

- الزيات، فتحي مصطفى (١٩٩٨)، صعوبات التعلم، القاهرة: دار النشر للجامعات.

- سري، اجلال محمد (٢٠٠٠)، علم النفس العلاجي القاهرة: عالم الكتب للنشرـ والتوزيع والطباعة.

- الشناوي، محمد محروس (١٩٩٤)، نظريات الارشاد والعلاج النفسي، القاهرة: مكتبة الغريب.

- _____ (١٩٩٧)، التخلف العقلي، دار غريب، القاهرة.

- _____ (١٩٩٦)، العملية الارشادية والعلاجية، القاهرة: دار غريب للطباعة والنشر.

- _____، وعبد الرحمن، محمد السيد (١٩٩٨)، الاضطرابات النفسية والعقلية والسلوكية، صنعاء: مكتبة الجيل الجديد.

- صالح، قاسم حسين، والطارق، علي (١٩٩٨)، الاضطرابات النفسية والعقلية والسلوكية، صنعاء: مكتبة الجيل الجديد.

- عبد اللطيف، فاتن (٢٠٠١)، صحة الطفل، الاسكندرية: جامعة الاسكندرية.

- العيسوي، عبد الرحمن (١٩٩٤)، العلاج النفسي، الاسكندرية: دار المعرفة الجامعية.

- كفاني، علاء الدين (١٩٩٩)، الارشاد النفسي الأسري، القاهرة: دار الفكر العربي.

- كازدين، آلان، ترجمة محمد، عادل عبد الله (٢٠٠٠)، الاضطرابات السلوكية للأطفال والمراهقين، السودان، عربية للطبع والنشر.

- كامل، محمد علي (١٩٩٨)، ذوي الأوتيزم، القاهرة: مكتبة النهضة المصرية.

- مرسي، سيد عبد الحميد (١٩٨٦) الارشاد النفسي والتوجيه التربوي والمهني، القاهرة: مكتبة وهبة.

- يوسف، جمعة السيد (٢٠٠٠)، الاضطرابات السلوكية وعلاجها، القاهرة، دار الغريب للطباعة والنشر والتوزيع.

- السرطاوي، زيدان وآخرون (١٩٨٧)، المعاقون اكاديميا وسلوكياً، دار عالم الكتاب، الرياض.

- النصراوي، مصطفى، والقروي يوسف، (١٩٩٥)، دليل المربي المختص في مجال الاعاقة الذهنية، المنظمة العربية للثقافة والعلوم، تونس.

- جميل ، سمية (١٩٩٨) التخلف العقلي ، استراتجيات موجهة الضغوط الاسرية، مكتبة النهضة المصرية، القاهرة.

- حسين، محمد عبد المؤمن (١٩٨٧)، سيكولوجية غير العاديين وتربيتهم، دار الفكر الجامعي.

- حلاوة، محمد السيد، (١٩٩٨) التخلف العقلي في محيط الاسرة، المكتب العلمي للنشر والتوزيع.

- عبيد، ماجدة (٢٠٠١)، مناهج وأساليب تدريس ذوي الحاجات الخاصة، دار صفاء، عمان.

- _____ (٢٠٠٠)، تعليم الاطفال ذوي الحاجات الخاصة، دار صنعاء، عمان.

- داود، فوزي وآخرون (١٩٨١) مراكز المعوقين عقلياً انشاؤها، ادارتها، وزارة التنمية الاجتماعية.

- الحديدي، منى صبحي (١٩٩٨)، الاعاقة البصرية، دار الفرقان للنشر.

- شقير، زينب محمود (١٩٩٩)، سيكولوجية الفئات الخاصة، مكتبة النهضة، القاهرة.

- _____ (١٩٩٩)، رعاية المتفوقين والموهوبين والمبدعين، القاهرة، مكتبة النهضة المصرية.

- القريطي، عبد المطلب (١٩٩٦)، سيكولوجية ذوي الحاجات الخاصة، دار الفكر، القاهرة.

- _____ (١٩٩٨)، في الصحة النفسية، دار الفكر العربي، القاهرة.

- نجدي، سمير ابو زيد، (١٩٩٧)، فنون المعوقين وطرق تدريسها، مكتبة الزهراء، القاهرة.

- الوقفي، راضي (٢٠٠١)، اساسيات التربية الخاصة، كلية الاميرة ثروت، عمان.

- _____ (٢٠٠٣)، صعوبات التعلم، كلية الأميرة ثروت، عمان، الأردن.

- حلمي، اجلال اسماعيل (١٩٩٩)، العنف الاسري، القاهرة: دار قباء للطباعة والنشر والتوزيع.

- السنوي، معتصم زكي (٢٠٠٢)، مجلة التربية، قطر، بعنوان العنف في برامج التلفاز وأثره في تنشئه الطفل العربي، العدد الثاني والاربعون بعد المائة، السنة الحادية والثلاثون.

- صالح، قاسم حسين (١٩٨١)، التلفزيون والاطفال، بغداد: دار الحرية.

- مختار، وفيق صفوت (١٩٩٩)، مشكلات الأطفال السلوكية، الاسباب وطرح العلاج، القاهرة: دار العلم.

- العيسوي، عبد الرحمن (١٩٩٠)، الارشاد النفسي، الاسكندرية: دار الفكر الجامعي.

- وين، ماري (١٩٩٩) ترجمة عبد الفتاح الصبحي، الأطفال والادمان التلفزيوني، الكويت.

- الزيات، فقي (٢٠٠٢)، المتفوقون عقلياً ذوو صعوبات التعلم، كلية التربية، جامعة المنصورة.

- كيرك، كالفن (١٩٨٨)، ترجمة زيدان السرطاوي وآخرون، صعوبات التعلم الاكاديمية والفائية، الرياض، الدار البيضاء للنشر.

- عكاشة، أحمد (١٩٩٨)، الطب النفسي المعاصر، مكتبة الانجلو المصرية، القاهرة.

- ملحم، سامي محمد (٢٠٠١)، الارشاد والعلاج النفسي، دار المسيرة، عمان.

- غريب، غريب عبد الفتاح (١٩٩٩)، علم الصحة النفسية، مكتبة الانجلوالمصرية، القاهرة.

- القذافي، رمضان محمد (١٩٩٣)، الشخصية نظرياتها اختباراتها وأساليب قياسها، منشورات الجامعة المفتوحة.

- عبد الرحمن، محمد السيد (٢٠٠٠)، علم الأمراض النفسية والعقلية، دار قباء، القاهرة.

- موقع انترنت (www.adelsadek.com

- موقع انترنت (www.yashabab.net

- ربيع، محمد شحاته (١٩٩٤)، قياس الشخصية، دار المعرفة الجامعية، الاسكندرية.

- أبو سماحة، كمال، وآخرون (١٩٩٢)، تربية الموهوبين والتطوير التربوي، عمان: دار الفرقان.

- أحمد، لطفي بركات (١٩٩٨)، الفكر التربوي في رعاية الموهوبين، جدة، تهامة.

- واينبريز، سوزان (١٩٩٩)، تربية الأطفال المتفوقين والموهوبين في المدارس العادية، العين: دار الكتاب الجامعي.

- بني جابر، جودت وعبد العزيز، سعيد (٢٠٠٢)، المدخل إلى علم النفس، عمان: مكتبة دار الثقافة للنشر والتوزيع والدار العلمية الدولية.

- السرور، ناديل هايل (١٩٩٨) مدخل الى تربية المتميزين والموهوبين، عمان: دار الفكر للطباعة والنشر والتوزيع.

- عدس، عبد الرحمن وتوق، محي الدين (١٩٩٧)، المدخل الى علم النفس، عمان: دار الفكر للطباعة والنشر والتوزيع.

- العويضة، سلطان بن موسى، الارشاد النفسي والموهبة، دراسات العلوم التربوية العدد ٢، المجلد ٢٩، ٢٠٠٢.

- حسانين ، حمدي، الموهوبون أساليب اكتشافهم وسبل رعايتهم في التعليم الأساسي، مكتبة التربية العربي لدول الخليج، ١٩٩٧ .

- محفوظ، نبيل، خصائص الموهوبين، رسالة المعلم، العدد ٤، المجلد ٣٦، ١٩٩٥ .

- حواستين، زيدان وحواستين ، مفيد، تعليم الأطفال الموهوبين، ط١، دار الفكر، عمان، ١٩٨٩.

- الحروب، انيس، نظريات وبرامج في تربية المتميزين والموهوبين، ط١، دار الشروق، عمان، ١٩٩٩ .

- كريكر، ليندا سلفرمان، ترجمة سعيد العزة، ارشاد الموهوبين والمتفوقين، ط١، دار الثقافة، عمان، ٢٠٠٤ .

- معوض، خليل، قدرات وسمات الموهوبين، دار الفكر الجامعي، الاسكندرية، ١٩٨٤ .

- جروان، فتحي عبد الرحمن (١٩٩٩)، تعليم التفكير (مفاهيم وتطبيقات)، دار الكتاب الجامعي، عمان، الاردن.

- ابو حطب، فؤاد (١٩٩٨)، التفكير دراسات نفسية، مكتبة الانجلوالمصرية.

- دروس، لطيف (١٩٩٣)، التفكير الواضح، دار نهضة مصر، القاهرة.

- نشواتي، عبد المجيد (١٩٨٥)، علم النفس التربوي، دار الانجلوالمصرية، القاهرة.

- قناوي، هدى محمد عبد المعطي (٢٠٠٠) علم نفس النمو المظاهر، دار الفكر.

- النيل، محمود (١٩٨٥)، علم النفس الاجتماعي، دار غريب للطباعة، القاهرة.

- الحيدري، انس (١٩٨٥)، دليل الوقاية من الاعاقة، وزارة التنمية الاجتماعية، القاهرة.

- سليمان، السيد عبد الرحمن (١٩٩٩)، سيكولوجية ذوي الحاجات الخاصة، ج١، القاهرة، مكتبة زهراء الشرق.

- عبد الرحيم، عبد المجيد، بركات، لطفي (١٩٧٩)، تربية الطفل المعوق، القاهرة، دار النهضة المصرية.

- عبده، البار الدين، حلاوة السيد (١٩٩٧)، الاعاقة السمعية والحركية، ج١، الاسكندرية، المكتب العلمي للنشر والتوزيع.

- عبده، بدر الدين، حلاوة السيد (١٩٩٧)، الاعاقة السمعية والحركية، ج٢، الاسكندرية، المكتب العلمي للنشر والتوزيع.

- أحمد، لطفي بركات ، عبد الرحيم، عبد المجيد (١٩٧٩) تربية الطفل المعوق، ط٣، مكتبة النهضة المصرية.

- فهمي، محمد سيد (٢٠٠١)، السلوك الاجتماعي للمعوقين، دراسة في الخدمة الاجتماعية، المكتب الجامعي الحديث، الاسكندرية.

- الخطيب، جمال والحديدي، منى (١٩٩٧)، المدخل الى التربية الخاصة، الكويت والامارات: مكتبة الفلاح للنشر.

- القريوتي، يوسف والسرطاوي، عبد العزيز والصمادي، جميل (١٩٩٥)، المدخل الى التربية الخاصة، دبي، الامارات: دار القلم.

المراجع الاجنبية:

- Albano, E. (1980). The effect of an experimental training program on the creative thinking abilities of adults, Dissertation. Abstract international 42, 869.
- Alencar, Eunice, and Soriano, M. L. (1985). Challenges to the development of creative talent. Gifted International, V. 1, No.1, pp. 4-8.
- Amabile . T. M. (1983). The social psychology of creativity. NewYork, Springer- Verlage.
- Ambrose, D. (1989) Panoramic scanning: Essential element of higer- order thought.
- Ammerman, R. and Hersan, M. (1990) , Children at risk, Plenum Press . NewYork .
- Baldwin, A. Y. (1981). Effect of process oriented instruction on thought of gifted students. Exceptional Children, V. 47, No.5, pp. 326-330.
- Barbireri, Edmund. L. (1988). Talents Unlimited: One school's success story Educational Leadership, pp. 45, No. 7, p. 35.
- Barron, Jonathan. (1988) Thinking & Deciding, p. 32.
- Bayer, K. B (1987) Practical strategies for the teaching of thinking Untied States.
- Bee, H. (1985), The Developing Child fourth edition . NewYork: Harper and Row, Publishers.
- Bender, W.N. (Ed) Learning Disabilities: Best paractices for professional Phildadelphia, PA: Butter worth-Heine man, 1993.
- Burch, Catherine, B. (1986) Bridging curriculum with creative characteristics models, Gifted Child Quarterly, V.30, No.4, pp. 127-172.
- Burke, E. (1985) Enhancing adult divergent thinking ability using Edward de Bono's method. Dissertation Abstract International. 45, 3580.
- Burns, B. (1990) The effects of group training activities on students initiation of creative investigations. Gifted Child Quarterly, V. 34, No.1, pp. 31-35.
- Burt, Cyril. (1975), The Gifted child, John Wiley and Sons, NewYork.

- Canadian Association for children with learning Disabilities, Anything can Be, Ottawa canadin Association for children with learning disabilities 1983.
- Canadian Learning Disabilities Association, Bringing Literacy within Reach, Identifying and Teaching Adults with learning Disabilities, Ottawa, Learning Disabilities Association of of canada 1991.
- Canadian Ministry of Education: Hand book for teachers of students with Learning Disabilities ontario: Ministry of Education 1986 .
- Carol, I. (1988) Extending talentes unlimited to secondary schools. Educational Leadership, pp. 45, 36-39.
- Caropreso, J. Edward & Couch A, Richard (1996) Creativity and Innovation in Instructional Design and Development: The Individual in The Workplace. Education Technology , Nov. Dec. pp. 31-39.
- Carr, Martha & Brokowski, John. (1987) Metamemory in Giffed Children, Gifted Child Quarterly, V. 31, No.1, Winter, pp. 40-44.
- Carr, Marths. (1996), Metacognition and giftedness. Roepel Review Volume 18 - No. 3 - P. 211-220.
- Carter, Margie (1992) Training teachings for creative learning experiences, Child Care Information Exchange, pp. 85, 38-42.
- Chambers, H.J. (1988) Teaching throughout the curriculum. Educational Leadership. Pp. 45-56.
- Daugherty, Marthan, White , C. Stephen ,Hanning, Brencla, H. (1994) Relationships among private speech and creativity measurementss of young children . Gifted Child Quarterly, V. 38, No.1, pp. 21-26 .
- Davidson Worhaw. T. (1992). Enhancing Thinking Through Cooperative Learing.
- Davis, G. A. (1986) Creativity is forever. Hant Publishing Company, USA .
- Davis, G. A. (1996) Measuring and predicting Issues and strategy. Paper presented at the conference entitled. "The Role of the School, The Family and Society in The Development of creativity", University of Qatar , Doha, 25-28 March.
- Davis, Gary (1989) Objectives and Activities for Teaching Creative Thinking, Gifted Child Quarterly, V.33, No.2, Spring , pp. 81-83.
- De Bone, E. (1980) The CoRT thinking program. Ist ed, SRA. USA.
- De Bono, E. (1976) Teaching thinking Ist ed. European services LTD England.
- Fernald, L. D. and P.S. Fernald (1978) Introduction to Psychology. 4th ed. Boston: Houghton and Mifflin Co.

- Gallagher, J. (1985). Teaching the Gifed Child (3ed) , Boston, Allyn & Bacon.
- http://www.geocities.com/caqit/Hill/7138/Mary/Cutting.html
- Johnson, S. Corn, A. (1987). Screening Assessment for afield Elementary Student A. Method for Identifying Cuffed ness , Susan K. Johnson .
- Karnes. F. A. & Collins. E. C. (1980) Handbook of instructional resources and references for teaching the gifted . Boston: Allyn & Bacon.
- Kramond, B, and Boskila, K. Finland (1994) Are expressions of creativity culturally dependent? An exploratory comparison of two countries. Gifted and Talented International, V. 9, No.1, pp.8-9.
- Kurt, A & Franz, J & Harry , P. (1993). International Hand Book of Research and Development of Gifted and Talent pergames (Oxford).
- Kypros, B. (1984) Facility of higher order thinking skills throught an adult education model for parent. The Creative Child and Adult Quarterly, V. XIV, No. 34 . pp. 1-4.
- Marazano, Robert, J and others. (1989) Dimensions of thinking: a frame-work for curriculum and instruction. ASCD. Virginia.
- Mayer, E. Rechard, (1983) Thinking Problem Solving Cognition. W.H. Freeman and Company, ch.1. pp. 7-14.
- McCreevy Ann, College Dane. (1990) Darwin and Teacher: Analysis of mentorship between Charels Darwin and Professor John Henslow, Gifted Quarterly V. 34, No. 1.
- Mcgreevy, Ann Loftus. (1994) Childhood of promise: Analysing gifted behavior in young literary lives. Gifted and Talented International, V.9, No.2, pp. 74-78.
- Meador, Karen, (1993) Surviving a creative child's early year. Gifted Child Today, V. 16, No. 2, pp. 57-59 .
- Mercer, C. R. and mercer, A Teaching students with Learning Problems (3rd Ed) NY: Macmillan, 1993.
- Miller, Deborah Ann. (1992) Critical thinking skills related to preclinical medical school course examinations. Dissertation Abstracts International, 53 (4): 1074-A .
- Miller, Helen & Sawyers, Janet. (1989) A Comparison of Self and Teachers Ratings of Creativity in Fifth Grade Children. The Creative Child and Adult Quarterly. V. XIV, No. 3-4.
- Moor, Lucia C. Sawyers. Janet K . (1987) The stability of original thinking in young children . Gifted Child Quarterly, V.31, No.3, pp.126-128.

- Munoz, Patricio, C. and Torres Miguel, R. (1985) The education of the active televiewer of school Age .

- Nancy M, Robinson, Identiying and Nurturing Gifted, U.S.A, University of Washington, p. 513 .

- Nash, Bill (1985) Resedents column Commumique. National Association For the Gifted, Oct. p. 1.

- National / State Leadership Training Institute on the Gifted and Talented. Jul. Aug. Sep/ 1985. Quarterly Bulletin, V.12, No.3, pp. 3-6.

- Neitzey, Sharon C. (1992). Implementing a training workshop to improve parent use to appropriate home activities with kindergarten children .

- Norris, Stephen, P. (1985) Synthesis of research on critical thinking. Educational Leadership, V. 42, No. 8, pp. 40-45.

- Oliver, A. (1984) Blockages to creativity Paper presented at the ICE G/t, Stellenbosch, Rs. Africa 26-29 .

- Reuzulli, J. (Ed) (1986). Systems and Models for Developing Programs for the gifted and Talented. Mansfield Center, CT. Creative Learning Press.

- Silver, (L.B) The misunderstood child, a Gu'der for parents of Learning Disabled children 2rd Ed, Blue Ridge summit, PA: TAB Books, 1992.

- Smith , C.R. Learning Disabilities, The Instruction of Learner Task and Stettling (3rd Ed) Boston, MA: Allyn and Bacon 1994.

- Torrance, E. P. and others (1990). Torrance Test of Creative Thimring. Scholastic Testing Service, INC. Bersen Ville Illinois. V.S.A.

- Wolf, J. & Stephans, T. (1982). Gifted and Talented. In Haring (Ed), Exceptional Children and Youth Columbus, Ohio: Charks E. Marrill.

- www.be-free.info/parents/Ar/emoabusepa.htm

- www.ect/news.php?action=view8id=218=f757

الفصل الثالث

T0148125

Printed in the United States
By Bookmasters